JAVA 객체 지향 디자인 패턴

지은이 **정인상**

현재 한성대학교 컴퓨터공학과 교수로 재직 중이다. 누구보다 뜨거운 열정을 품고 한 사람이라도 프로그래밍에 좀 더 익숙해지기를 바라는, 인자한 분이다. 관심 분야는 애자일 프로세스와 테스트, 객체지향 설계, 테스트 프로세스, 테스트케이스 자동 생성이다.

지은이 **채흥석**

현재 부산대 정보컴퓨터공학부 교수로 재직 중이다. 척박한 국내 프로젝트 현실에 객체지향 CBD 관련 기법을 직접 적용하면서 나름의 이론 체계를 정립했으며, 지금도 소프트웨어 개발 프로세스의 개선을 위해 다양한 실험적 연구 활동을 활발히 하고 있다. 관심 분야는 객체지향 설계, 컴포넌트 기반 설계, 테스트 케이스 설계, 테스트 프로세스다.

자바 객체지향 디자인 패턴 UML과 GoF 디자인 패턴 핵심 10가지로 배우는

초판 1쇄 발행 2014년 4월 2일
초판 6쇄 발행 2021년 10월 25일

지은이 정인상, 채흥석 / **펴낸이** 김태헌
펴낸곳 한빛미디어(주) / **주소** 서울시 서대문구 연희로2길 62 한빛미디어(주) IT출판부
전화 02-325-5544 / **팩스** 02-336-7124
등록 1999년 6월 24일 제25100-2017-000058호 / **ISBN** 978-89-6848-091-1 93000

총괄 전정아 / **책임편집** 홍성신 / **기획** 이중민 / **교정** 김연숙 / **진행** 홍현정
디자인 표지 더 그라프
영업 김형진, 김진불, 조유미 / **마케팅** 박상용, 송경석, 한종진, 이행은, 고광일, 성화정 / **제작** 박성우, 김정우

이 책에 대한 의견이나 오탈자 및 잘못된 내용에 대한 수정 정보는 한빛미디어(주)의 홈페이지나 아래 이메일로 알려주십시오. 잘못된 책은 구입하신 서점에서 교환해 드립니다. 책값은 뒤표지에 표시되어 있습니다.

한빛미디어 홈페이지 www.hanbit.co.kr / **이메일** ask@hanbit.co.kr

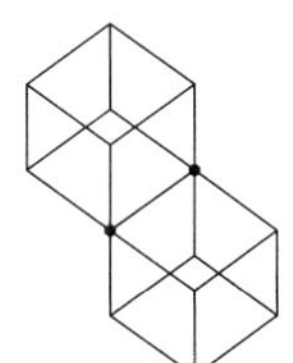

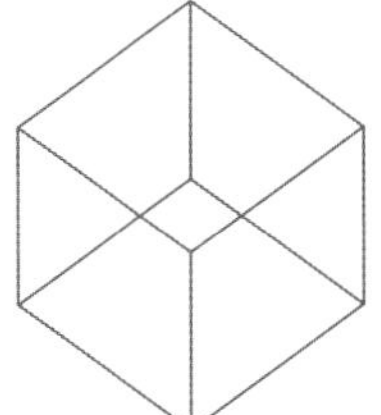

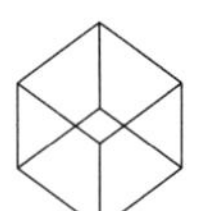

JAVA 객체 지향 디자인 패턴

UML과 GoF 디자인 패턴 핵심 10가지로 배우는

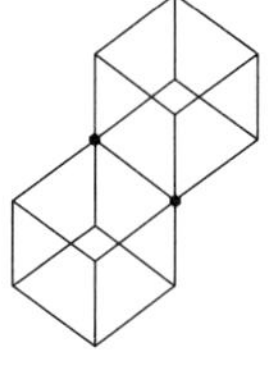

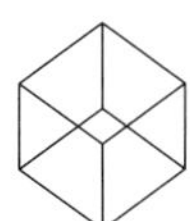

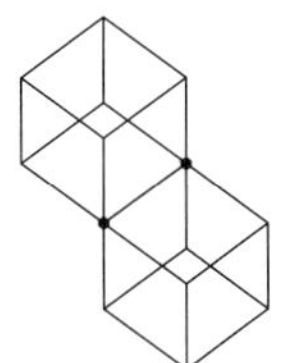

지은이의 말

거의 1년에 걸친 작업을 마치고 출판사로부터 책의 서문을 부탁받았을 때 1초의 망설임도 없이 서문에 꼭 넣어야겠다는 단어가 떠올랐습니다. 바로 '변화'입니다. 이 단어의 의미를 이 책에서 꼭 설명하고 싶었습니다. 만약 이 책의 마지막 쪽을 덮고 (물론 그 전이라도) '변화'의 의미를 이해했다면 이 책을 쓴 목적을 이루었다고 해도 무방하리라 생각합니다.

'디자인 패턴'을 학생들에게 가르친 지가 얼마나 되었는지 알아보려고 학교 종합 정보 시스템에 접속해봤습니다. 2006년부터 강의했더군요. 벌써 8년이란 세월이 흘렀네요. 그러나 강의를 하면 할수록 진흙 속에 숨어 있는 진주를 찾는 기분이었습니다. 작년에는 보이지 않던 것이 올해에는 보이는 그런 기분 말이죠.

항상 제가 수업 첫 시간에 학생들에게 던지는 질문이 있습니다.

'클래스'가 무엇인가요?

대부분의 학생은 이 질문에 '멤버 변수와 메서드가 포함된 무엇'이라고 답합니다. 왜냐하면 디자인 패턴을 수강하는 거의 모든 학생이 C++나 자바 같은 객체지향 프로그래밍 언어에 대한 지식이 있기 때문입니다. 이와 같은 언어로 프로그램을 작성할 때 가장 많이 사용하는 것이 클래스일 겁니다. 또한 학생 스스로 작성했던 클래스 안에 속성을 표현하려고 멤버 변수를 사용하고, 행위를 표현하려고 메서드를 사용하므로 클래스를 이처럼 정의할 것입니다. 물론 이 대답이 잘못된 것은 아닙니다. 그러나 속성과 행위가 합쳐진 그 무엇으로 클래스를 바라봤을 때는 꼭 그렇지는 않습니다. 실제 현업이나 그 전에 경험하지 못한 도메인에서 프로그래밍할 때 어떤 것을 클래스로 만들어야 하는지가 매우 어려울 수 있기 때문이죠.

프로그래밍을 배우는 사람이라면 누구라도 프로그래밍을 잘하고 싶을 것입니다. 제 경험에 미루어 프로그래밍을 잘하는 가장 좋은 방법은 다른 사람이 만든 프로그램을 열심히 살펴보는 것입니다. 물론 전제가 있습니다. 경험이 많고 실력 있는 프로그래머가 작성한 좋은 프로그램을 살펴봐야 합니다. 그러나 여기에 함정이 있습니다. 경험이 많고 실력이 있다고 해서 항상 좋은 프로그램을 만드는 것은 아닙니다. 좋은 프로그램이 만들어지기까지는 여러 조건이 충족되어야 하지만 가장 중요한 한 가지는 비슷한 문제에 바로 적용할 수 있어야 한다는 겁니다. 이런 경우 디자인 패턴은 수십 년 동안 자주 반복되던 문제가 발생한 상황에서 재사용할 수 있는 해결책을 제공합니다.

이 책에서는 지금까지 소개된 모든 디자인 패턴을 다루지는 않습니다. 책의 전반부에 해당하는 1장부터 3장까지는 디자인 패턴을 이해하는 데 필요한 객체지향의 기본 개념을 다루고 실제 이를 바탕으로 소프트웨어를 설계할 때 지켜야 하는 원칙을 설명합니다. 반드시 알아야 하는 UML도 다루었습니다. 4장에서는 디자인 패턴을 간단히 소개하고 5장부터 14장에 걸쳐 가장 기본이 되고 핵심이 되는 10개의 디자인 패턴을 소개했습니다. 만약 이 책에서 소개한 디자인 패턴을 이해하고 실제 프로그래밍에 적용할 수 있다면 소개되지 않은 다른 디자인 패턴을 이해하는 것도 그리 어려운 일은 아닐 거라고 생각합니다.

세상은 변합니다. 변화되지 않은 세상은 죽은 세상일 겁니다. 따라서 기존의 것을 바꾸고 새로운 것을 항상 받아들일 수 있는 준비가 되어 있어야 합니다. 변화를 두려워하면 발전이라는 달콤한 열매를 맛볼 수 없을 겁니다. 이게 세상의 이치입니다. 프로그래밍도 마찬가지입니다. 좋은 프로그램은 항상 변화에 대응할 준비가 되어 있습니다. 이 책을 읽는 독자라면 뭐가 변화되는지에 대해 항상 두 눈을 부릅뜨고 살펴보기 바랍니다. 디자인 패턴은 좋은 프로그램을 만들기 위한 도구입니다. 그러므로 디자인 패턴을 제대로 이해하려면 만들어진 프로그램을 흔들어 보고 어떤 것이 변화되는지를 잘 살펴봐야 합니다.

클래스는 변화의 기본 단위입니다.

2014. 3_ **정인상, 채흥석**

대상 독자

이 책은 객체지향의 기본 개념을 소개하면서 재사용성과 확장성이 높은 소프트웨어를 개발하는 데 필요한 설계 원칙을 설명한다. 그리고 대표적인 디자인 패턴 10개를 자세히 설명한다.

클래스를 포함해 객체, 속성, 연산뿐만 아니라 클래스 사이의 상속, 즉 일반화 관계와 연관 관계 등 객체지향의 기본 개념을 자세히 설명하므로 객체지향에 대한 이해가 부족하더라도 이 책을 읽고 이해하는 데는 어려움이 없을 것이다. 또한 클래스 다이어그램과 시퀀스 다이어그램도 책의 전반부인 1장~4장에서 자세히 설명하므로 UML에 대한 이해가 없어도 이 책을 보는 데는 어려움이 없을 것이다.

단, 이해를 도울 수 있도록 객체지향 개념, 설계 원칙, 디자인 패턴은 모두 자바로 작성한 소스 코드와 함께 설명한다. 그러므로 자바 프로그래밍의 경험이 있다면 이 책을 이해하는 데 많은 도움이 될 것이다. 클래스, 상속, 다형성 등을 이용해 디자인 패턴을 소스 코드로 구현하는 관점에서 자바를 사용하므로 클래스, 상속, 다형성을 지원하는 C++, C# 프로그래머라도 자바로 작성된 소스 코드를 쉽게 이해할 수 있을 것이다.

요약하면 자바(권장), C++, C# 등의 객체지향 프로그래밍 경험이 있다면 이 책의 내용을 이해하는 데 어려움이 없으며, 클래스, 상속, 다형성 등의 기본 개념을 바탕으로 재사용성과 확장성이 우수한 대규모 소프트웨어를 설계하는 방법을 습득할 수 있을 것이다.

책의 구성

1장부터 4장까지는 디자인 패턴을 이해하고 적용하는 데 필요한 기본 개념과 디자인 패턴의 개요를 다룬다.

- 1장은 객체지향의 기본 개념인 클래스와 클래스 사이의 관계를 설명한다. 그리고 이러한 클래스들을 표현하는 표준 언어인 UML 클래스 다이어그램을 설명한다.

- 2장은 클래스를 바탕으로 한 객체지향의 원리인 추상화, 캡슐화, 일반화(상속), 그리고 다형성을 설명한다.
- 3장은 재사용성과 확장성이 높은 소프트웨어를 설계하는 기본 원칙인 SOLID 원칙을 설명한다.
- 4장은 디자인 패턴의 개요로서, 디자인 패턴이 무엇이고 왜 필요한지를 설명한다. 그리고 대표적인 디자인 패턴인 GoF 디자인 패턴의 핵심을 설명한다.

5장부터 14장까지는 GoF 디자인 패턴 중에서 비교적 기본이면서 중요한 역할을 하는 10개의 패턴을 설명한다. 각 패턴은 모두 다음의 방식에 따라 소개했다.

- **예제 제시**: 패턴을 설명하는 데 사용할 예제를 설명한다. 스트래티지 패턴에서는 로봇을 예로 들고, 싱글턴 패턴에서는 프린터 관리자를 예로 들었다.
- **문제점 설명**: 디자인 패턴을 사용하지 않은 일반적인 방식으로 설계한 예제와 결과를 보여주고, 이 설계가 갖는 문제점을 자세히 설명한다.
- **해결책 소개**: 일반적인 설계가 갖는 문제를 해결할 수 있는 개선된 설계 방식으로서 디자인 패턴을 적용한 설계를 설명한다.
- **패턴 설명**: 해당 디자인 패턴의 핵심 개념, 구성 요소와의 관계를 클래스 다이어그램과 순차 다이어그램으로 설명한다.
- **연습문제**: 해당 디자인 패턴을 이해하고 적용할 수 있는 능력을 갖출 수 있도록 문제와 모범 답안을 제시한다.

다음 표는 장별로 소개되는 각 디자인 패턴에서 다루는 예제와 연습문제에서 사용된 예제다.

장	패턴	예제 문제	연습문제
5장	스트래티지 패턴	로봇	도서 판매
			공의 이동/출력
			사람의 이동
			가짜(Fake) 프린터
6장	싱글턴 패턴	프린터 관리자	티켓 발행기
			서버 팩토리
7장	스테이트 패턴	형광등	도서 대출
			음료 자동 판매기
8장	커맨드 패턴	만능 버튼	TV 리모컨
			엘리베이터 버튼
9장	옵서버 패턴	성적 출력	배터리 관리
			엘리베이터 위치 표시
10장	데커레이터 패턴	도로 표시	이메일
			자동차 옵션
11장	템플릿 메서드 패턴	엘리베이터 모터	고객 보고서
12장	팩토리 메서드 패턴	엘리베이터 스케줄링	엘리베이터 모터
			자동차 운행
13장	추상 팩토리 패턴	엘리베이터 부품	내비게이션
14장	컴퍼지트 패턴	컴퓨터 부품	디렉터리 관리

이 책을 보는 방법

이 책을 효과적으로 읽기 위한 가장 좋은 방법은 1장부터 차례대로 읽는 것이다. 이 책은 객체지향의 기본 개념과 원리 그리고 설계 원칙을 간결하면서도 새로운 시각으로 설명하므로 도움이 될 것이다.

만약 객체지향의 기본 개념과 원리를 이미 숙지했다면 '3장 SOLID 원칙'부터 읽어도 좋다. SOLID 원칙도 이해하고 있다면 '4장 디자인 패턴'부터 읽어도 좋다. SOLID 원칙도 이해하고 디자인 패턴도 어느 정도 이해하고 있다면 5장부터 소개하는 각 패턴을 순서대로 읽어도 좋다.

5장부터 14장까지 소개하는 10개의 각 패턴은 다른 패턴과 독립적으로 설명한다. 그러므로 특정 패턴만이 궁금한 독자라면 해당 패턴만 선별해서 학습하는 것도 하나의 방법이다. 단, 앞 장에서 소개한 패턴을 이용해 새로운 패턴을 설명하기도 하므로 참고하기 바란다.

다음 그림은 각 패턴을 설명할 때 사용한 다른 패턴과의 연관 관계를 보여준다. 예를 들어 '13장 추상 팩토리 패턴'에서는 '6장 싱글턴 패턴', '12장 팩토리 메서드 패턴'의 개념도 함께 사용한다. 그리고 12장에서는 '5장 스트래티지 패턴', '6장 싱글턴 패턴', '11장 템플릿 메서드 패턴'의 개념도 함께 사용한다. 그러므로 패턴 사이의 사용 관계를 고려해 패턴을 학습하면 더욱 효과적이다.

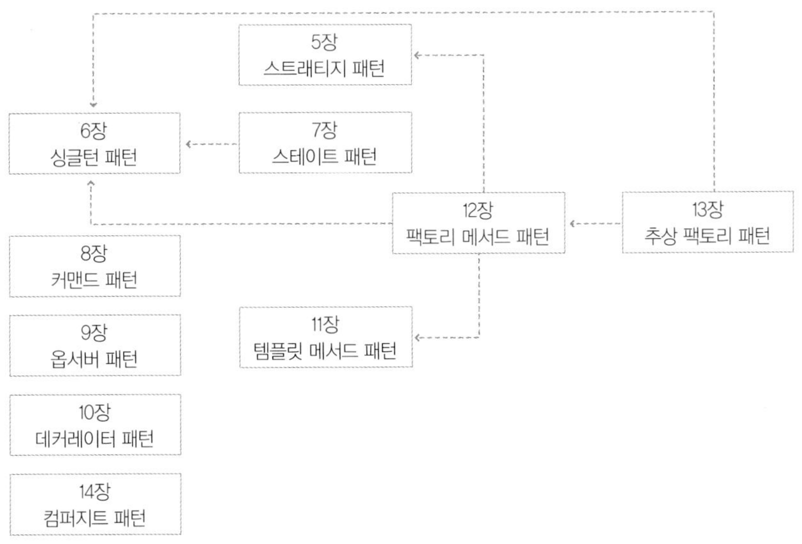

CONTENTS

CHAPTER 3 SOLID 원칙

CHAPTER 4 디자인 패턴

CHAPTER 5 스트래티지 패턴

CHAPTER 6 싱글턴 패턴

CHAPTER 7 스테이트 패턴

CHAPTER 8 커맨드 패턴

CHAPTER 9 옵서버 패턴

CHAPTER 10 데커레이터 패턴

CHAPTER 11 템플릿 메서드 패턴

CHAPTER 12 팩토리 메서드 패턴

CHAPTER 13 추상 팩토리 패턴

CHAPTER 14 컴퍼지트 패턴

CHAPTER 1

객체지향 모델링

학습목표

- 모델링 이해하기
- UML 다이어그램 이해하기
- 클래스 다이어그램 이해하기

1.1 모델링

패션 모델Model은 새로운 옷이나 최신 유행의 옷을 발표할 때 관객들에게 그 옷의 맵시를 보이는 것을 직업으로 하는 사람을 일컫는다. 특히 모델은 연출자가 지시하는 바를 이해하고 응용할 수 있어야 하며, 새로운 상품을 이해하고 상품의 특징과 장점을 소비자에게 인상적으로 전달할 수 있는 능력도 갖추어야 한다. 한 예로 자동차 모델을 살펴보자. 바퀴가 몇 개이고 문이 몇 개인지 또한 어떤 스타일의 자동차인지를 모델을 통해 알 수 있다. 누구든 이 모델을 보고 바다를 항해하는 배를 만든다고 생각하지는 않을 것이다.

그림 1-1 자동차의 전체적 구조를 파악할 수 있는 자동차 모델

소프트웨어 개발에서 모델의 역할도 크게 다르지 않다. 소프트웨어 모델을 통해 서로의 해석을 공유해 합의를 이루거나 해석의 타당성을 검토할 수 있을 뿐만 아니라 현재의 소프트웨어 시스템 또는 앞으로 개발할 소프트웨어의 원하는 모습을 가시화하는 데 도움을 주기 때문이다. 또한 모델을 통해 소프트웨어 시스템의 구조와 행위를 명세할 수 있으며 시스템을 구축하는 틀과 구축된 소프트웨어의 문서화 기능을 제공할 수도 있다.

Keypoint_ 모델의 역할

- 서로의 해석을 공유해 합의를 이루거나 해석의 타당성을 검토한다.
- 현재 시스템 또는 앞으로 개발할 시스템의 원하는 모습을 가시화한다.
- 시스템의 구조와 행위를 명세할 수 있으며 시스템을 구축하는 틀을 제공한다.

모델은 추상화abstraction에 바탕을 두고 만들어져야 한다. 추상화는 대상을 표현할 때 대상의 상세한 면을 있는 그대로 다 표현해주지는 않는다. 특정 관점에서 관련이 있는 점은 부각시키고 관련이 없는 면은 무시하는 것이 필요하다. 가령 대학교 학사 지원 업무에서 학생을 모델링할 때 학생의 머리카락 수나 색깔은 학사 지원과는 전혀 관련이 없으므로 모델링 대상에서 제외될 수 있다. 그러나 학생의 학번이나 현재 수강하는 수강 과목 등은 학사 지원 업무에서 매우 중요한 요소이므로 무시해선 안 된다.

그림 1-2 대학 학사 업무의 추상화

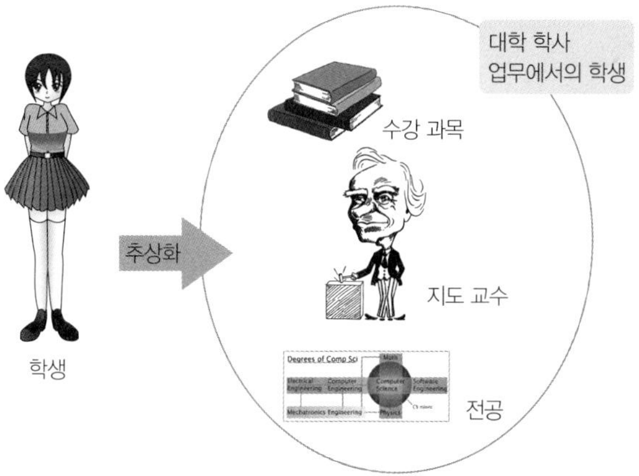

1.2 UML

모델링Modeling를 하려면 시스템을 모델로 표현해주는 언어가 필요하다. 대표적인 모델링 언어로 UMLUnified Modeling Language이 있다. UML은 요구 분석, 시스템 설계, 시스템 구현 등의 시스템 개발 과정에서 개발자 사이의 의사 소통이 원활하게 이루어지도록 표준화한 통합 모델링 언어다. 이 언어는 객체 관련 표준화 기구인 OMGObject Management Group에서 1997년 11월 제임스 럼버James Raumbaugh의 객체 모델링 기술Object Modeling Technique, OMT, 이바 야콥슨Ivar Jacobson의 OOSEObject-Oriented Software Engineering, 그래디 부치Grady Booch의 OOADObject Oriented Analysis and Design 방법론 등을 통합해 만들었다. 1997년 OMG에서 UML 1.1을 발표한 이후 UML 2.0을 거쳐 2011년 현재 UML 2.4까지 발표했으며, 2012년 10월에는 UML 2.5 베타를 발표해 논의 중에 있다.

표 1-1 UML 다이어그램의 종류

분류	다이어그램 유형		목적
구조 다이어그램 (structure diagram)	클래스 다이어그램 (class diagram)		시스템을 구성하는 클래스들 사이의 관계를 표현한다.
	객체 다이어그램 (object diagram)		객체 정보를 보여준다.
	복합체 구조 다이어그램 (composite structure diagram)		복합 구조의 클래스와 컴포넌트 내부 구조를 표현한다.
	배치 다이어그램 (deployment diagram)		소프트웨어, 하드웨어, 네트워크를 포함한 실행 시스템의 물리 구조를 표현한다.
	컴포넌트 다이어그램 (component diagram)		컴포넌트 구조 사이의 관계를 표현한다.
	패키지 다이어그램 (package diagram)		클래스나 유즈 케이스 등을 포함한 여러 모델 요소들을 그룹화해 패키지를 구성하고 패키지들 사이의 관계를 표현한다.
행위 다이어그램 (behavior diagram)	활동 다이어그램 (activity diagram)		업무 처리 과정이나 연산이 수행되는 과정을 표현한다.
	상태 머신 다이어그램 (state machine diagram)		객체의 생명주기를 표현한다.
	유즈 케이스 다이어그램 (use case diagram)		사용자 관점에서 시스템 행위를 표현한다.
	상호작용 다이어그램 (interaction diagram)	순차 다이어그램 (sequence diagram)	시간 흐름에 따른 객체 사이의 상호작용을 표현한다.
		상호작용 개요 다이어그램 (interaction overview diagram)	여러 상호작용 다이어그램 사이의 제어 흐름을 표현한다.
		통신 다이어그램 (communication diagram)	객체 사이의 관계를 중심으로 상호작용을 표현한다.
		타이밍 다이어그램 (timing diagram)	객체 상태 변화와 시간 제약을 명시적으로 표현한다.

현재 UML 2.0에서는 시스템의 구조structure와 동작behavior을 표현하는 13개 다이어그램을 제공하는데, 이와 같이 많은 다이어그램을 제공하는 이유는 다양한 관점에서 시스템을 모델링하기 위함이다. 건축물 진입, 건축물 내·외부의 관계를 보여주는 공간 구조와 형태 표현, 규모와 설비를 고려한 구조물 레벨과 크기 표현, 하중을 전달하는 구조 시스템 평면도, 건축물 외관을 표

현하는 수평선과 수직으로 바라본 모습을 표현하는 입면도 등이 있는 건축 설계 도면을 생각하면 이해하기 쉬울 것이다.

1.3 클래스 다이어그램

자신의 집을 표현한다고 가정해보자. 방이 3개고 화장실과 주방이 있으며 3개의 방 중심에 거실이 있다고 말할 것이다. 이는 집의 정적인 구조를 표현한 것이다. 클래스 다이어그램은 시간에 따라 변하지 않는 시스템의 정적인 면을 보여주는 대표적인 UML 구조 다이어그램이다. 클래스 다이어그램은 시스템을 구성하는 클래스와 그들 사이의 관계를 보여준다. 주요 구성 요소는 클래스와 관계다.

1.3.1 클래스

클래스란 동일한 속성과 행위를 수행하는 객체의 집합이다. 예를 들어 현재 컴퓨터 공학을 전공하고 소프트웨어 공학을 수강하는 학번 1234인 3학년 철수와 같은 컴퓨터 공학을 전공하면서 데이터베이스 과목을 수강하는 학번 3456인 4학년 미미가 있다고 하자. 이때 철수와 미미는 이름, 전공, 학년, 학번, 수강 과목이란 공통적인 데이터를 가지며 두 사람 모두 과목을 수강할 책임이 있다. 따라서 철수와 미미는 하나의 객체로 여길 수 있다. 혹은 '학생'이라는 집합이나 클래스의 인스턴스(실체)로도 생각할 수 있다.

그림 1-3 클래스와 객체

학생 클래스
이름, 학번, 전공이 있으며
과목을 수강할 수 있는
사람들의 모임

클래스를 보는 또 하나의 관점은 객체를 생성하는 설계도로 간주하는 것이다. 이런 관점은 코드 1-1과 같은 실제 코드를 보면 쉽게 이해할 수 있다.

코드 1-1

```
public class Cat {
  private String name;

  public void meow() {
    System.out.println(name + "~~~~~~" + "웁니다");
  }

  public Cat(String name) {
    this.name = name;
  }
}
```

위 코드에서 소개한 Cat 클래스를 고양이를 만들어내는 설계도라고 생각하자. 이 설계도로부터 실제 고양이를 만들려면 다음과 같이 new 연산자를 사용하면 된다.

그림 1-4 Cat 클래스에서 생성된 고양이 객체

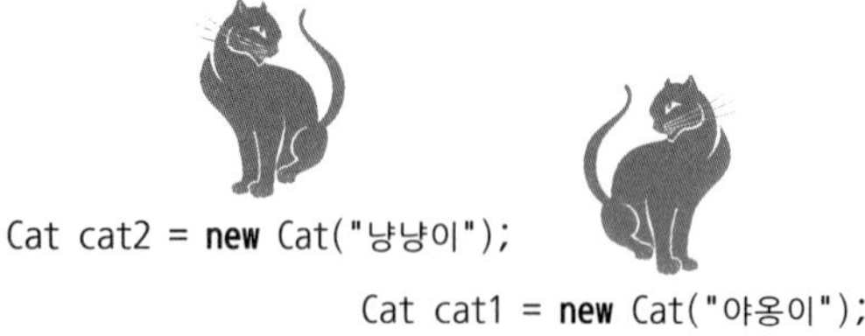
Cat cat2 = new Cat("냥냥이");
Cat cat1 = new Cat("야옹이");

위 두 줄의 코드로 두 마리의 고양이가 태어났다.

또한 고양이 설계도를 보면 이름도 가질 수 있고 울 수도 있다는 것을 알 수 있다. 이미 고양이를 만들 때 이름을 주었으며 다음 코드로 고양이를 울게 할 수 있다.

```
cat1.meow();
cat2.meow();
```

UML에서는 그림 1-5와 같이 세 부분으로 나누어진 박스로 클래스를 표현한다.

그림 1-5 UML 클래스의 표현 예

학생
–이름 –전공 –학번 –과목
+수강하다( )

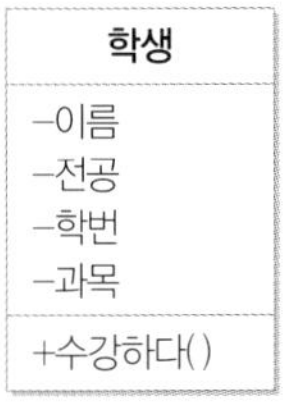

가장 윗부분에는 클래스 이름을, 중간 부분에는 클래스의 특징을 나타내는 속성을, 마지막 부분에는 클래스가 수행하는 책임, 즉 연산operation들을 기술한다.

경우에 따라 속성 부분이나 연산 부분은 생략할 수 있는데, 이런 경우에는 구획선을 그리지 않아도 된다. 그림 1–6은 모두 유효한 UML 클래스의 표현 예다.

그림 1-6 여러 가지 클래스의 표현 예

또한 클래스의 속성과 연산을 기술할 때는 '–'나 '+'와 같은 부호를 사용하는데, 이는 속성과 연산의 가시화visibility를 정의한 것이다. 가시화 정보는 외부에 속성과 연산을 어느 정도 공개하느냐에 따라 달라지며 UML에서는 표 1–2에서 소개하는 접근 제어자를 사용해 나타낸다.

표 1-2 접근 제어자

접근 제어자	표시	설명
public	+	어떤 클래스의 객체에서든 접근 가능
private	–	이 클래스에서 생성된 객체들만 접근 가능
protected	#	이 클래스와 동일 패키지에 있거나 상속 관계에 있는 하위 클래스의 객체들만 접근 가능
package	~	동일 패키지에 있는 클래스의 객체들만 접근 가능

그러나 속성과 연산에 가시화 정보를 항상 표시해야 하는 것은 아니다. 본래 클래스 다이어그램은 개념 분석 단계에서 구현에 이르기까지 광범위하게 사용되며, 속성 및 연산을 기술하는 상황에 따라 강조하는 것이 다를 수 있다. 분석 단계에서는 속성의 구체적인 타입 정보나 가시화 정보보다 어떤 것을 속성으로 하는지가 더 중요할 수 있으며, 설계 단계에서는 바로 코드 생성이 가능할 수 있는 정도로 구체적인 타입 정보와 가시화 정보를 기술하는 것이 일반적이다. 연산도 연산 이름을 제외한 인자의 목록이나 인자의 타입, 반환 타입 등과 같은 정보를 분석 단계에서는 생략할 수 있다.

표 1-3에서 '[ ]' 부분은 생략할 수 있는 항목이다.

표 1-3 속성과 연산 표기

	표기 방법
속성	[+|-|#|~]이름: 타입[다중성 정보] [=초기값]
연산	[+|-|#|~]이름(인자1: 타입1, … , 인자n:타입n): 반환 타입

그림 1-7은 2가지 형태의 Course 클래스 다이어그램이다.

그림 1-7 분석 단계의 클래스(좌)와 설계 단계의 클래스(우)

```
Course
----------------
id
name
numOfStudents
----------------
addStudent( )
deleteStudent( )
```

```
Course
----------------
-id: String
-name: String
-numOfStudents: Integer
----------------
+addStudent(student: Student): void
+deleteStudent(id: Integer): void
```

왼쪽의 Course 클래스는 속성과 연산 항목에 구체적인 타입 정보와 가시화 정보를 기술하지 않은 분석 단계의 클래스며, 오른쪽 Course 클래스는 바로 코드를 생성할 수 있게 하려고 구체적인 타입 정보와 가시화 정보를 기술한 설계 단계의 클래스에 해당한다.

Keypoint_ 클래스는 공통의 속성과 책임을 갖는 객체들의 집합이자 실제 객체를 생성하는 설계도다.

체크포인트_ 다음 클래스를 코드로 작성하라.

Course
−id: String −name: String −numOfStudents: Integer = 0
+addStudent( ) +deleteStudent( )

1.3.2 관계

클래스 하나로만 이루어지는 시스템은 존재하지 않는다. 한 사람이 모든 일을 처리할 때보다 여러 사람이 모였을 때 일을 좀 더 효과적으로 처리할 수 있듯이 다수의 클래스가 모인 시스템이 훨씬 더 효율적이기 때문이다.

객체지향 시스템도 여러 개의 클래스가 서로 긴밀한 관계를 맺어 기능을 수행한다. 표 1-4에는 UML에서 제공하는 클래스들 사이의 관계를 간략하게 정리해두었다.

표 1-4 관계

관계	설명
연관 관계 (association)	클래스들이 개념상 서로 연결되었음을 나타낸다. 실선이나 화살표로 표시하며 보통은 한 클래스가 다른 클래스에서 제공하는 기능을 사용하는 상황일 때 표시한다.
일반화 관계 (generalization)	객체지향 개념에서는 상속 관계라고 한다. 한 클래스가 다른 클래스를 포함하는 상위 개념일 때 이를 IS-A 관계라고 하며 UML에서는 일반화 관계로 모델링한다. 속이 빈 화살표를 사용해 표시한다.
집합 관계 (composition, aggregation)	클래스들 사이의 전체 또는 부분 같은 관계를 나타낸다. 집약aggregation 관계와 합성composition 관계가 존재한다.
의존 관계 (dependency)	연관 관계와 같이 한 클래스가 다른 클래스에서 제공하는 기능을 사용할 때를 나타낸다. 차이점은 두 클래스의 관계가 한 메서드를 실행하는 동안과 같은, 매우 짧은 시간만 유지된다는 점이다. 점선 화살표를 사용해 표시한다.
실체화 관계 (realization)	책임들의 집합인 인터페이스와 이 책임들을 실제로 실현한 클래스들 사이의 관계를 나타낸다. 상속과 유사하게 빈 삼각형을 사용하며 머리에 있는 실선 대신 점선을 사용해 표시한다.

연관 관계

두 개념이 연관되어 있을 때는 UML 연관 관계를 사용해 자연스럽게 나타낼 수 있다. UML에서 연관 관계는 연관된 클래스 사이에 선을 그어 표시한다. 가령 "교수(Professor 클래스)가 학생(Student 클래스)을 상담한다"라는 사실은 그림 1-8처럼 나타낸다. 두 클래스 사이의 연관 관계가 명확한 경우에는 연관 관계 이름을 사용하지 않아도 된다.

그림 1-8 Professor 클래스와 Student 클래스의 연관 관계

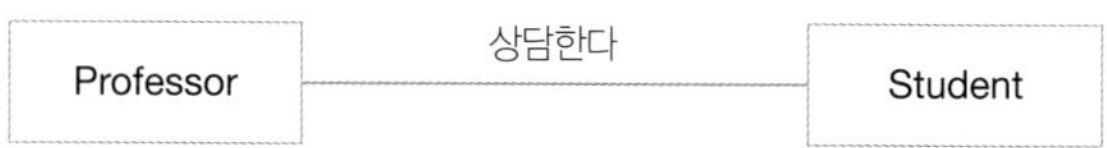

이와 같이 한 클래스가 다른 클래스와 연관 관계를 가지면 각 클래스의 객체는 해당 연관 관계에서 어떤 역할을 수행하게 된다. 이러한 역할은 클래스 바로 옆 연관 관계를 나타내는 선 가까이에 적을 수 있다.

그림 1-9에서 Professor 객체들은 조언자(advisor 속성)의 역할을, Student 객체들은 피조언자(student 속성)의 역할을 '상담한다'라는 연관 관계에서 담당한다. 역할 이름은 실제 프로그램을 구현할 때 연관된 클래스의 객체들이 서로를 참조할 수 있는 속성의 이름으로 활용할 수 있다.

그림 1-9 연관 관계에서의 역할

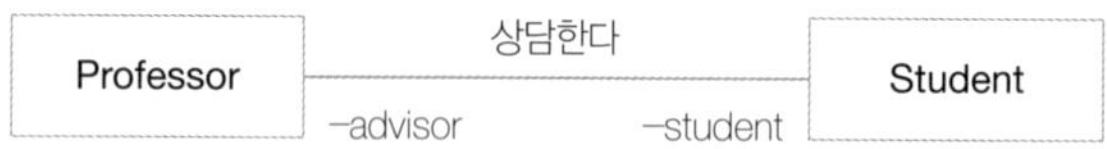

Keypoint_ 연관 관계의 역할 이름은 연관된 클래스의 객체들이 서로를 참조할 수 있는 속성의 이름으로 활용할 수 있다.

체크포인트_ 다음 클래스 다이어그램을 코드로 작성하라.

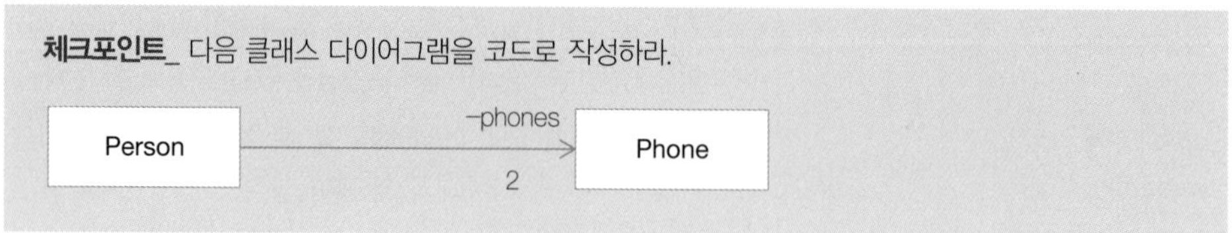

체크포인트_ 다음 클래스 다이어그램을 코드로 작성하라.

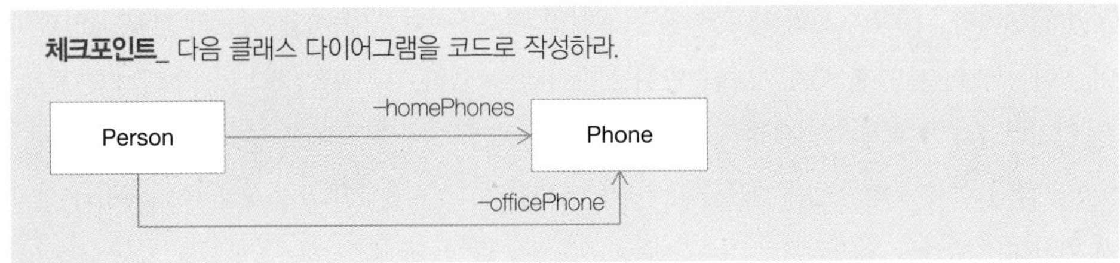

앞에서 예를 든 '상담한다' 연관 관계는 양방향bidirectional 연관 관계다. 양방향 연관 관계는 UML에서 두 클래스를 연결한 선에 화살표를 사용하지 않는다. 즉, 두 클래스의 객체들이 서로의 존재를 인식한다는 의미다.

체크포인트_ 그림 1-9를 코드로 작성하라.

그림 1-9와 같이 두 클래스 사이의 연관 관계를 나타내는 선에 아무런 숫자가 없으면 연관 관계가 일대일 관계임을 나타낸다. 즉, 교수 한 명에 학생 한 명만이 연관되어 있는 상태다. 그런데 실제로 학생 각각은 한 명의 교수와만 연관되어 있지만 일반적으로 교수 한 명은 매우 많은 학생을 상담한다. 이를 나타내기 위해 연관된 객체(`Student` 객체) 수를 연관된 `Professor` 클래스와 연결한 선 부근에 명시한다. 이를 다중성multiplicity이라고 한다.

표 1-5는 여러 가지 형태의 다중성 표시 방법에 대한 설명이다.

표 1-5 다중성 표시

다중성 표기	의미
1	엄밀하게 1
*	0 또는 그 이상
0..*	0 또는 그 이상
1..*	1 이상
0..1	0 또는 1
2..5	2 또는 3 또는 4 또는 5
1, 2, 6	1 또는 2 또는 6
1, 3..5	1 또는 3 또는 4 또는 5

'1'이 표시되어 있으면 1개의 객체가 연관되어 있다는 뜻이며, '*'는 0개 이상의 객체가 연관되어 있다는 뜻이다. 또한 객체 개수의 범위를 나타낼 수 있다. '1..*'는 1개 이상의 객체가, '0..1'은 없거나 1개의 객체가 연관되어 있다는 뜻이다. 특정 숫자를 콤마로 분리해 표시하면 해당 숫자만큼의 객체가 연관되어 있음을 나타낸다. 가령 '1, 2, 6'은 1개 또는 2개 또는 6개의 객체가 연관되어 있음을 의미한다.

그림 1-10은 한 교수에 여러 학생이 연관되어 있다는 사실을 나타낸다. 그러나 여전히 한 학생은 한 교수와만 연관을 맺을 수 있다.

그림 1-10 다중성 예

연관 관계는 방향성을 가질 수 있다. 예를 들면 그림 1-11의 '수강하다' 연관 관계는 Student 클래스에서 Course 클래스로 향하도록 되어 있다. 이는 학생(Student 객체)은 자신이 수강하는 과목(Course 객체)을 알지만 과목은 자신을 수강하는 학생들의 존재를 모른다는 사실을 의미한다. 이렇게 한쪽으로만 방향성이 있는 연관 관계를 단방향 연관 관계unidirectional association라 한다.

그림 1-11 단방향 연관 관계

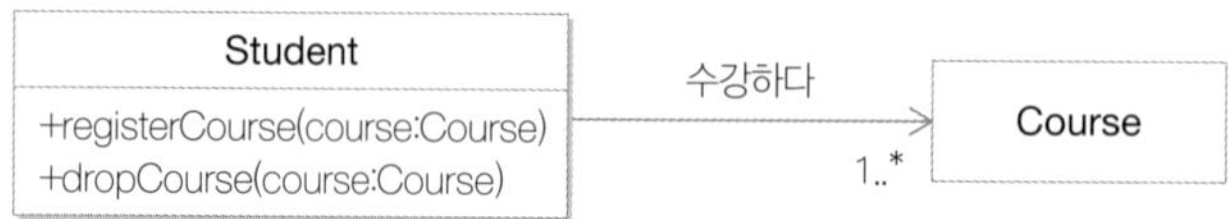

따라서 Student 객체는 Course 객체(들)를 참조할 수 있도록 구성해야 하지만 Course 클래스는 Student 객체를 참조할 속성이 존재하지 않아도 된다.

체크포인트_ 그림 1-11을 코드로 작성하라.

그런데 그림 1-11의 연관 관계는 Course 클래스 객체 하나에 Student 객체 하나만 연관되기를 원한다. 이는 한 과목에 한 명의 학생만 수강해야 한다는 이상한 관계가 된다. 이를 여러 명의 학생이 수강할 수 있는 일반적인 수강 관계로 개선하려면 그림 1-12와 같이 다중성을 수정할 필요가 있다.

그림 1-12 다대다 연관 관계

다중성을 수정하면서 단방향 연관 관계가 양방향 연관 관계로 변했다. 일반적으로 다대다 연관 관계는 단방향 연관 관계가 아닌 양방향 연관 관계로 표현되는 것이 적절하다. 그 이유는 스스로 생각해보기 바란다.

> **체크포인트_** 그림 1-12를 코드로 작성하라.

> **Keypoint_** 양방향 연관 관계는 서로의 존재를 안다는 의미다. 그에 반해 단방향 연관 관계는 한 쪽은 알지만 다른 쪽은 상대방의 존재를 모른다는 의미다.

> **체크포인트_** 다음 설명에 맞는 클래스 다이어그램을 작성하라.
>
> - 학생은 반드시 한 학교에 소속되어야 한다.
> - 학교는 학생이 반드시 100명 이상 있어야 한다.

다대다 연관 관계는 자연스럽게 양방향 연관 관계가 되므로 구현하기가 생각보다 복잡하다. 따라서 보통 다대다 연관 관계를 일대다 단방향 연관 관계로 변환해 구현한다. 그런데 이를 살펴보기 전에 먼저 연관 클래스association class를 알아두는 것이 좋다. 가령 그림 1-12에서 성적 정보는 어디에 두어야 할까? 보통 `Student` 클래스나 `Course` 클래스에 두어야 하지 않을까를 고민할 것이다. 그런데 `Student` 클래스나 `Course` 클래스 어디에도 둘 수가 없다. 성적은 `Student`와 `Course` 두 클래스 객체가 존재해야만 의미 있는 정보가 되기 때문이다.

예를 들어 '홍길동 학생이 A+'라는 말은 어색할 수 있다. 어떤 과목에서 A+를 받았다는 정보가 누락되었기 때문이다. 마찬가지로 소프트웨어 공학이 A+라는 말도 어색하다. "홍길동 학생이 소프트웨어 공학에서 A+를 받았다"라고 할 때만 의미가 통한다. 이처럼 성적 정보는 Student와 Course라는 두 클래스의 객체가 존재해야만 가치가 있다. 즉, 성적 정보는 클래스의 속성이 아닌 '수강하다'라는 연관 관계의 속성으로 다뤄야 한다. 이런 경우 연관 클래스를 사용하면 된다.

연관 클래스는 앞에서 설명했듯이 연관 관계에 추가할 속성이나 행위가 있을 때 사용한다. 그림 1-13처럼 연관 관계가 있는 두 클래스 사이에 위치하며, 연관 관계를 나타내려고 연결하는 선 중앙에서 연관 클래스까지 점선을 사용해 연결한다.

그림 1-13 연관 클래스

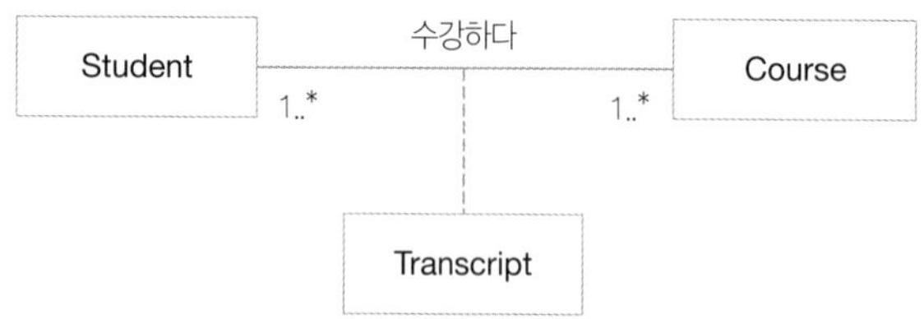

그럼 연관 클래스는 어떻게 구현해야 할까? 우선 연관 클래스에서 우리가 원하는 정보가 어떠한 형태인지 몇 가지 예를 들어보자.

- 홍길동은 2013년에 개설한 소프트웨어 공학에서 A+를 받았다.
- 홍길서는 2013년에 개설한 소프트웨어 공학에서 C를 받았다.
- 홍길동은 2013년에 개설한 디자인 패턴에서 A를 받았다.
- 홍길서는 2013년에 개설한 디자인 패턴에서 B를 받았다.
- 홍길남은 2013년에 개설한 데이터베이스에서 B+를 받았다.
- 홍길동은 2012년에 개설한 디자인 패턴에서 D를 받았다.

위 예에서 Student 클래스와 Course 클래스, Transcript(성적) 클래스를 추출할 수 있다. Transcript 객체는 Student 객체와 Course 객체를 연관시키는 객체이므로 Student 객체와 Course 객체를 참조할 수 있는 속성을 포함해야 한다. 또한 성적과 과목 개설년도와 같은 데이터는 Student 클래스나 Course 클래스에 속하지 않으며 두 클래스의 연관 정보이므로 이들도 Transcript 클래스의 속성이어야 한다.

그러나 학생 입장에서는 여러 과목의 성적을 받을 수 있고 마찬가지로 한 과목에서도 A+~F라는 여러 가지 성적이 산출된다. 따라서 Student 클래스와 Transcript 클래스의 연관 관계의 다중성은 일대다이며 Course 클래스와 Transcript 클래스의 다중성도 일대다가 된다.

그림 1-14는 이를 기반으로 그림 1-13을 다시 표현한 것이다.

그림 1-14 연관 클래스를 일반 클래스로 변환한 예

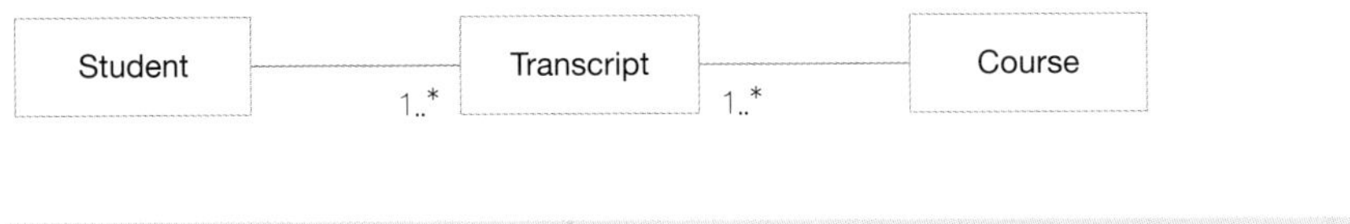

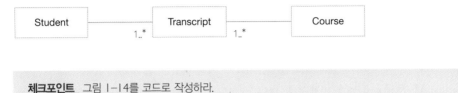

체크포인트_ 그림 1-14를 코드로 작성하라.

그런데 같은 학생이 같은 과목을 여러 번 수강할 수도 있는 만큼 주어진 학생과 과목에 여러 개의 성적 정보가 연관될 수 있다. 따라서 이러한 이력이 모두 온전하게 표현되도록 그림 1-14를 좀 더 수정할 필요가 있다. 이는 그림 1-15와 같은 클래스 다이어그램으로, 클래스 이름 아랫부분에 어떤 연관 관계의 이력history을 작성하면 된다. 가령 학생의 도서관 대출 이력을 표현하고 싶다면 다음과 같은 클래스 다이어그램을 설계하면 된다.

그림 1-15 이력의 표현

Keypoint_ 왼쪽의 연관 클래스는 오른쪽에 보이는 것과 같이 일반적인 클래스로 변환되어 구현된다.

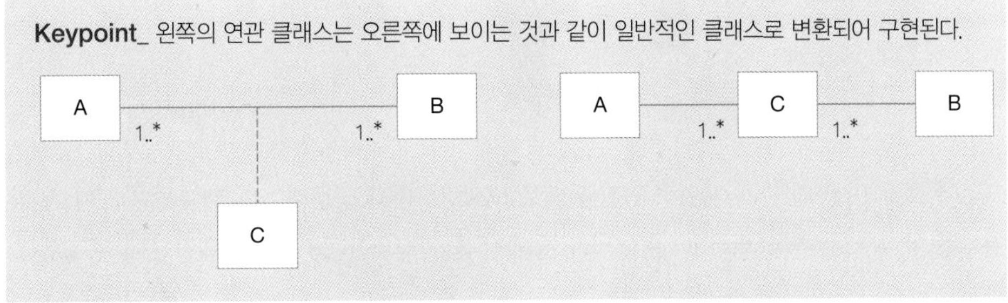

연관 관계는 때로는 재귀적reflexive일 수 있다. 재귀적 연관 관계란 동일한 클래스에 속한 객체들 사이의 관계다. 예를 들어 직원이라는 클래스를 생각해보자. 직원들 중에는 관리자 역할을 하는 직원도 있고 사원 역할을 하는 직원도 있다. 이를 간단하게 모델링하면 그림 1-16과 같다.

그림 1-16 직원 역할을 클래스로 모델링

그런데 현실에서는 관리자 한 명이 여러 명의 사원들을 관리한다. 물론 때로는 관리해야 하는 사원이 전혀 없는 관리자가 있을 수도 있다. 역으로 어떤 사원은 관리자가 없을 수도 있다(사장일 것이다). 그래서 문제가 발생한다. 만약 '홍길동' 관리자가 '홍길서' 사원을 관리한다고 하자. 그런데 공교롭게도 '홍길서'도 '홍길남'을 관리하는 관리자라면 '홍길서' 사원이라는 객체는 '관리자'와 '사원'이라는 두 클래스에 동시에 속하는 모순이 발생한다. 즉, '관리자'와 '사원' 역할을 클래스로 만들면 시스템이 변화할 때 유연성이 부족할 수 있으므로 가급적 역할을 클래스로 만들지 않는 것이 좋다. 그래서 생겨난 것이 재귀적 연관 관계다.

그림 1-17 재귀적 연관 관계

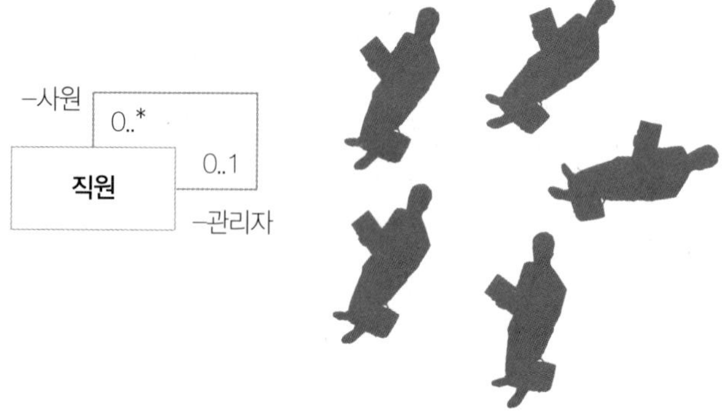

그런데 그림 1-17과 같이 재귀적 연관 관계로 모델링하더라도 문제는 여전히 남아 있다. 만약 '홍길동'이 '홍길서'를 관리하고 '홍길서'가 '홍길남'을 관리하는 상황에서 '홍길남'이 '홍길동'을 관리하는 상황도 있을 수 있기 때문이다. 이를 '관계의 루프'라고 하는데, 이런 상황을 배제하려면 그림 1-18과 같이 연관 관계에 제약을 설정해야 한다.

그림 1-18 재귀적 연관 관계에서 제약 설정

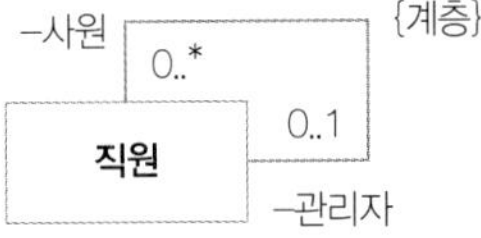

제약은 '{ }' 안에 미리 정해진 제약뿐만 아니라 어떤 문장도 자유롭게 쓸 수 있으며 클래스나 연관 관계를 포함한 UML 모델 요소가 따라야 하는 규칙을 붙여줄 때 사용한다. 이 예에서는 '{계층}'이라는 제약을 설정한다. '{계층}'이란 객체 사이에 상하 관계가 존재하고 사이클이 존재하지 않는다는 의미다.

일반화 관계

한 클래스가 다른 클래스를 포함하는 상위 개념일 때 두 클래스 사이에는 일반화 관계가 존재한다. 일반화 관계가 존재할 때 자식(또는 서브 클래스)이라 불리는 클래스는 부모(또는 슈퍼 클래스)라 불리는 클래스로부터 속성과 연산을 물려받을 수 있다. 이 때문에 객체지향 개념에서는 일반화 관계를 상속 관계라고 한다.

가전 제품과 세탁기 사이의 관계 혹은 TV, 식기세척기와 가전 제품의 관계는 모두 가전 제품과 'is a kind of 관계'다.

- '세탁기' is a kind of '가전 제품'
- 'TV' is a kind of '가전 제품'
- '식기세척기' is a kind of '가전 제품'

이때 가전 제품을 부모 클래스라 하며 세탁기, TV, 식기세척기를 자식 클래스라 한다.

UML에서 일반화 관계는 그림 1-19와 같이 두 클래스를 연결하는 화살표의 끝에 빈삼각형 표시를 해 표현한다. 삼각형 표시가 있는 쪽은 부모 클래스, 반대쪽은 자식 클래스를 나타낸다.

그림 1-19 일반화 관계

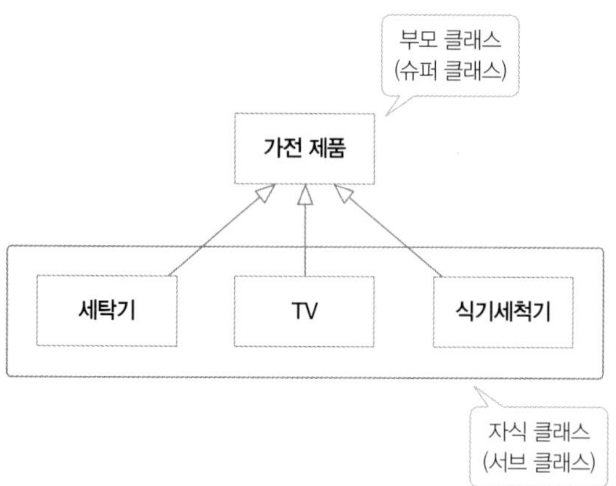

가전 제품은 세탁기, TV, 식기세척기의 공통 속성이나 연산을 제공하는 틀로도 생각할 수 있다. 예를 들어 세탁기, TV, 식기세척기가 모두 제조번호, 제조년도 및 제조회사와 같은 공통 속성을 지녔고, turnOn, turnOff와 같은 연산이 제공된다면 이와 같은 속성이나 연산은 가전 제품 클래스에 두고 상속받으면 된다.

그러나 turnOn이나 turnOff 같은 연산의 구현은 세탁기, TV, 식기세척기마다 다르다는 점에 주의해야 한다. 따라서 가전 제품 클래스에는 turnOn과 turnOff 연산의 정의를 제공하지 않고 자식 클래스에 정의하게 할 필요가 있다. 이때 부모 클래스인 가전 제품 클래스에 구현되지 않은 빈 껍데기만 있는 연산을 추상 메서드라 한다.

이와 같이 추상 메서드를 하나 이상 가지는 클래스를 추상 클래스라고 하며, 이는 다른 일반적인 클래스와는 달리 객체를 생성할 수 없다. UML에서는 추상 클래스와 메서드를 이탤릭체로 써서 구분하거나 스테레오 타입stereotype ('〈〈', '〉〉' 기호 안에 원하는 이름을 넣음)으로 표시한다.

체크포인트_ 다음 클래스 다이어그램을 코드로 작성하라.

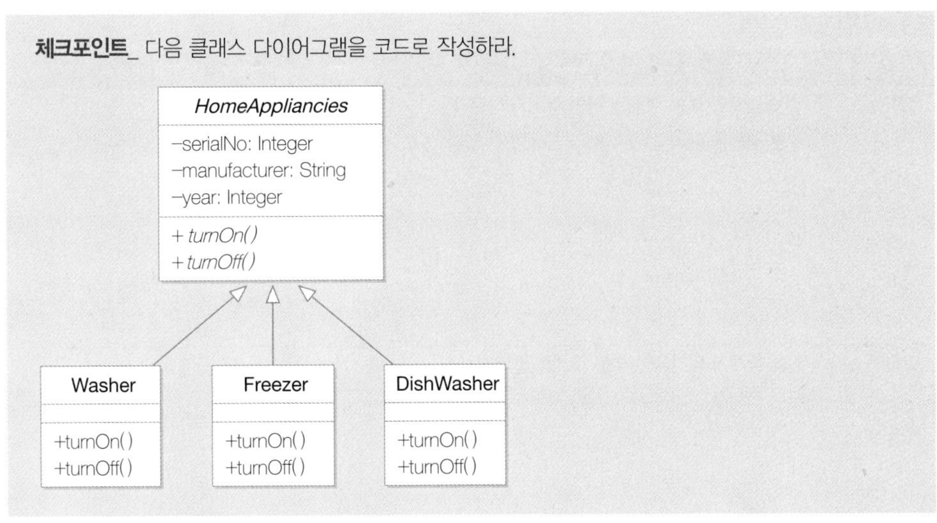

Keypoint_ 일반화 관계는 두 클래스 사이에 'is a kind of 관계'가 성립될 때 사용한다.

집합 관계

집합 관계는 UML 연관 관계의 특별 경우로 전체와 부분의 관계를 명확하게 명시하고자 할 때 사용한다. 집약aggregation과 합성composition 두 종류의 집합 관계가 존재한다.

집약 관계는 한 객체가 다른 객체를 포함하는 것을 나타낸다. '전체', '부분'과의 관계며 '전체'를 가리키는 클래스 방향에 빈 마름모로 표시한다. 특히 부분을 나타내는 객체를 다른 객체와 공유할 수 있는 경우에 집약 관계로 나타낸다. 이때 전체 객체의 라이프타임과 부분 객체의 라이프타임은 독립적이다. 즉, 전체 객체가 메모리에서 사라진다 해도 부분 객체는 사라지지 않는다.

합성 관계는 전체를 가리키는 클래스 방향에 채워진 마름모로 표시되며 부분 객체가 전체 객체에 속하는 관계다. 따라서 전체 객체가 사라지면 부분 객체도 사라지는 경우를 의미한다. 공유할 수 없는 객체를 사용할 경우에는 집약 관계가 아닌 합성 관계를 사용한다. 이때 부분 객체의 라이프타임은 전체 객체의 라이프타임에 의존한다. 즉, 전체 객체가 없어지면 부분 객체도 없어진다.

표 1-6 집합 관계

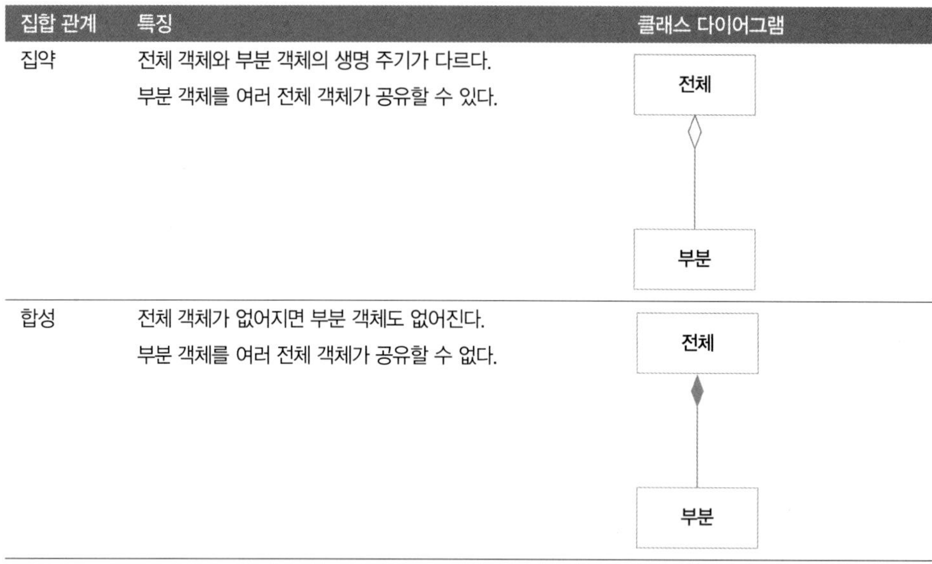

집합 관계	특징	클래스 다이어그램
집약	전체 객체와 부분 객체의 생명 주기가 다르다. 부분 객체를 여러 전체 객체가 공유할 수 있다.	전체 부분
합성	전체 객체가 없어지면 부분 객체도 없어진다. 부분 객체를 여러 전체 객체가 공유할 수 없다.	전체 부분

집약 관계와 합성 관계의 구분을 위해 코드 1-2를 표현하는 클래스 다이어그램을 작성해보자.

코드 1-2

```
public class Computer {
  private MainBoard mb;
  private CPU c;
  private Memory m;
  private PowerSupply ps;
  public Computer() {
    this.mb = new MainBoard();
    this.c = new CPU();
    this.m = new Memory();
    this.ps = new PowerSupply();
  }
}
```

이 코드에서 주목할 점은 생성자가 컴퓨터의 부품이 되는 Computer 객체들을 생성해 적절한 속성에 바인딩한다는 점이다. 가령 c1 = new Computer( )으로 Computer 객체가 생성되면 c1의 부품을 이루는 MainBoard 객체, CPU 객체, Memory 객체, PowerSupply 객체가 생성된다. 이러한 부품 객체들은 Computer 클래스의 객체 c1이 사라지면 같이 사라진다. 즉, 부품 객체들의 라이프타임이 Computer 객체의 라이프타임에 의존하는 관계가 형성된다. 이는 집약 관계보다는 합성 관계로 모델링한다.

그림 1-20 합성 관계

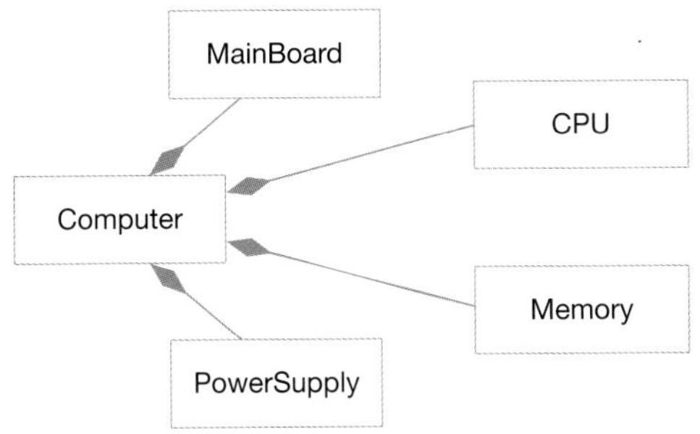

> **체크포인트_** "컴퓨터는 1개 이상의 CPU, 2개나 4개의 메모리, 1개의 파워공급기, 1개의 메인보드로 구성된다"를 합성 관계를 사용해 나타내라.

코드 1-3을 살펴보자.

코드 1-3

```
public class Computer {
  private MainBoard mb;
  private CPU c;
  private Memory m;
  private PowerSupply ps;

  public Computer(MainBoard mb, CPU c, Memory m, PowerSupply ps) {
    this.mb = mb;
    this.c = c;
    this.m = m;
    this.ps = ps;
  }
}
```

Computer 객체가 사라져도 부품을 구성하는 MainBoard 객체, CPU 객체, Memory 객체, PowerSupply 객체는 사라지지 않는다. 외부에서 이들 객체에 대한 참조만 받아 사용했기 때문이다. 즉, 전체를 표현하는 Computer 객체의 라이프타임과 부분 객체의 라이프타임은 무관하다. 따라서 집약 관계를 사용하여 모델링하는 것이 적당하다.

그림 1-21 집약 관계

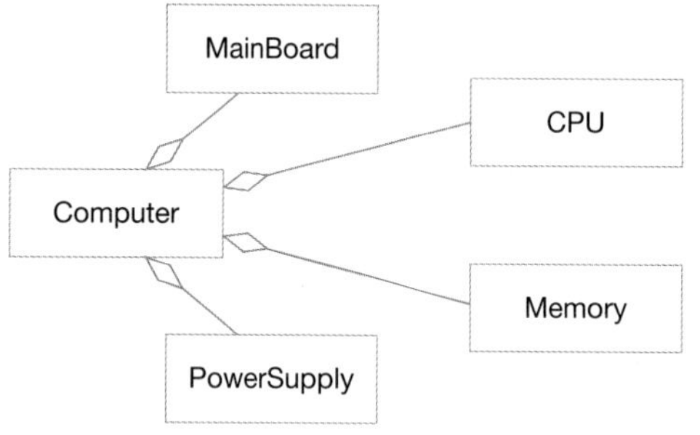

> **체크포인트_** 동아리와 학생의 관계에서 다음 사실을 모두 클래스 다이어그램으로 표현하라.
>
> - 학생은 한 동아리에만 가입할 수 있다.
> - 한 동아리에는 여러 명의 학생들이 있다.
> - 동아리가 없어지면 동아리에서 활동했던 학생들의 정보도 없어진다.

> **Keypoint_** 집약 관계와 합성 관계를 구분하려면 전체 객체와 부분 객체의 라이프타임 의존성을 살펴보라.

의존 관계

일반적으로 한 클래스가 다른 클래스를 사용하는 경우는 다음과 같이 3가지가 있다.

- 클래스의 속성에서 참조할 때
- 연산의 인자로 사용될 때
- 메서드 내부의 지역 객체로 참조될 때

한 클래스의 객체를 다른 클래스 객체의 속성에서 참조하는 경우에는 참조하는 객체가 변경되지 않는 한 두 클래스의 객체들이 오랜 기간 동안 협력 관계를 통해 기능을 수행한다고 볼 수 있다. 예를 들면 자동차(Car 클래스)를 소유한 사람(Person 클래스)이 자동차를 이용해 출근

한다고 할 경우 한 번 출근한 후 다음 날 출근할 때도 어제 사용한 자동차를 타고 출근할 것이다. 매번 출근할 때마다 다른 자동차를 사용하는 경우는 거의 없을 것이다. 이런 경우 사람과 자동차의 관계는 연관 관계며 Person 클래스의 속성으로 Car 객체를 참조한다.

그림 1-22 속성을 통한 연관 관계

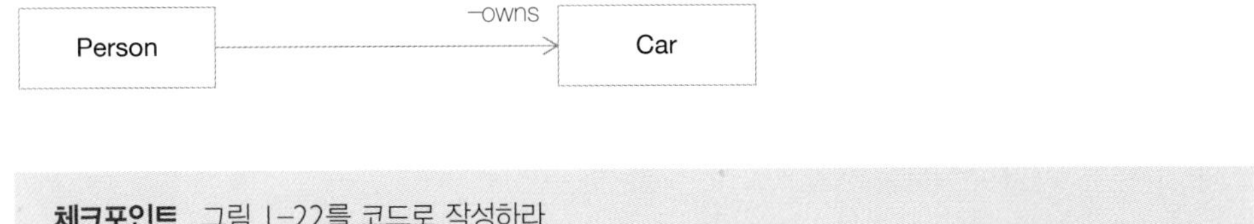

> **체크포인트_** 그림 1-22를 코드로 작성하라.

그리고 자동차와 주유기(GasPump 클래스)의 관계는 또 다르다. 자동차에 주유할 때 특정 주유소에 있는 특정 주유기만 고집해 매번 주유할 수는 없을 것이다. 이런 경우라면 주유 서비스를 받을 때마다 이용하는 주유기가 매번 달라지는 것을 의미하며 객체지향 프로그램에서는 사용되는 주유기를 인자나 지역 객체로 생성해 구현할 것이다.

그림 1-23 의존 관계

```
public class Car {
    ...

    public void fillGas(GasPump p) {
        p.getGas(amount);
        ...
    }
}
```

UML에서는 의존 관계를 점선으로 나타낸다.

그림 1-24 의존 관계와 연관 관계

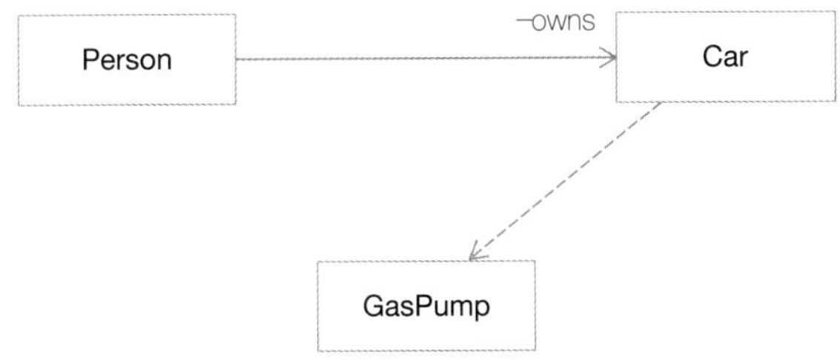

> **Keypoint_** 연관 관계는 오랜 시간 동안 같이할 객체와의 관계며 의존 관계는 짧은 시간 동안 이용하는 관계다.

인터페이스와 실체화 관계

인터페이스란 책임responsibility이다. 어떤 객체의 책임이란 객체가 해야 하는 일로서 해석할 수 있고 어떤 경우에는 객체가 할 수 있는 일로도 해석할 수 있다. 즉, 객체가 외부에 제공하는 서비스나 기능은 객체가 수행하는 책임으로 보는 것이다.

예를 들어 TV 리모컨은 TV를 켜거나 끄거나 볼륨을 높이거나 낮추거나와 같은 책임을 수행해야 한다. TV만 이런 책임을 수행하는 것일까? 형광등 스위치도 이와 같은 책임을 수행해야 한다. 수도꼭지도 turn_on과 turn_off 기능을 실행한다. 이때 인터페이스는 표 1-7과 같은 연산의 집합이다.

표 1-7 인터페이스와 책임

연산	의미
turn_on()	켜다
turn_off()	끄다

인터페이스를 어떤 공통되는 능력이 있는 것들을 대표하는 관점으로도 볼 수 있다. 가령 비행기와 새는 공통적으로 날 수 있는 능력이 있다. 이런 공통 능력이라는 관점에서 그림 1-25와 같이 비행기와 새를 그룹화할 수 있는 메커니즘이 바로 인터페이스다.

그림 1-25 인터페이스와 실체화 관계

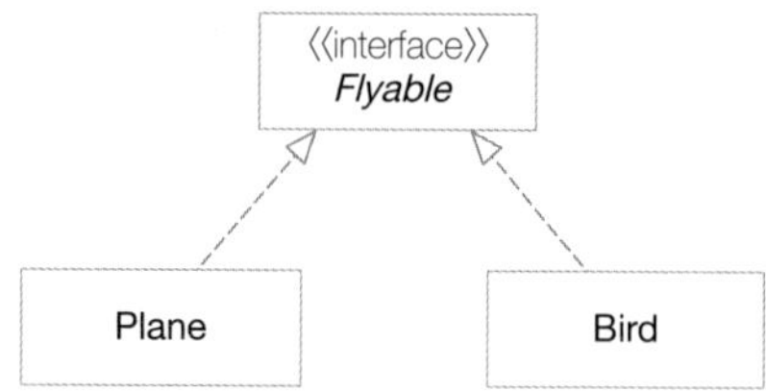

인터페이스 자체는 실제로 책임을 수행하는 객체가 아니며 TV 리모컨이나 형광등 스위치가 이와 같은 책임들을 실제로 수행하는 객체다. 따라서 책임과 이를 실제로 실현하는 클래스의 관계는 분리해서 보여줄 필요가 있다. UML에서는 인터페이스와 이를 실제로 실현한 클래스의 관계를 상속과 유사하게 빈 삼각형을 머리에 있는 실선 대신 점선을 사용해 표시한다. 이때 인터페이스는 클래스에 사용하는 사각형을 그대로 사용하고 인터페이스 이름 위에 `interface`라고 쓴다. UML에서는 이와 같이 기존의 기호를 새로운 개념에 이용하고자 할 때도 스테레오 타입으로 표기한다.

스테레오 타입은 '≪ ≫'에 원하는 이름을 쓰는데, 이때 '≪ ≫'에 들어갈 이름을 키워드keyword라고 한다. 그림 1-25는 새(`Bird` 클래스)와 비행기(`Plane` 클래스)를 `Flyable`이라는 인터페이스 실체화 관계로 표현한 것이다.

더 간단하게 인터페이스와 클래스 사이의 실체화 관계를 나타낼 수 있다. 그림 1-26은 그림 1-25를 다시 표현한 것이다.

그림 1-26 실체화 관계의 또다른 표현

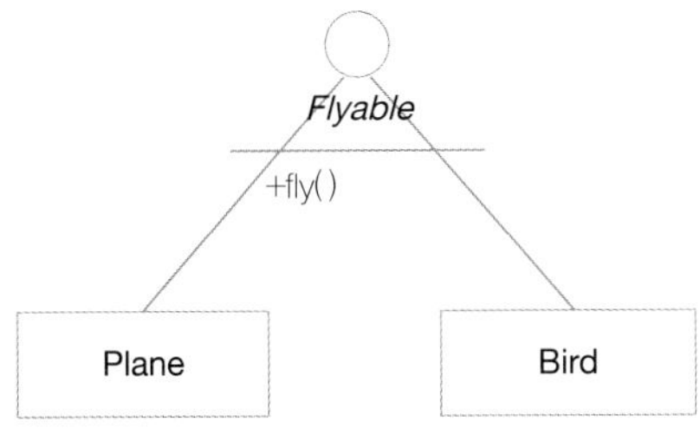

> **Keypoint_** 일반화 관계는 'is a kind of 관계'지만 실체화 관계는 'can do this 관계'다.

롤리팝lollipop과 같은 막대 사탕 모양을 흉내낸 인터페이스를 작은 원으로 그린 후 클래스와 인터페이스를 실선으로 연결했다.

25쪽

다음 클래스를 코드로 작성하라.

Course
−id: String −name: String −numOfStudents: Integer = 0
+addStudent( ) +deleteStudent( )

id, name, numOfStudents의 가시성과 타입이 모두 기술되어 있으므로 해당하는 가시성과 타입에 따라 코드로 표현하면 된다.

```
public class Course {
  private String id;
  private String name;
  private int numOfStudents = 0;

  public void addStudent() {
    // 여기에 무엇을 표현해야 할지는 아직 모른다
  }

  public void deleteStudent() {
    // 여기에 무엇을 표현해야 할지는 아직 모른다
  }
}
```

그러나 addStudent와 deleteStudent 메서드의 구체적인 작업 흐름은 단순한 클래스 정보만으로는 채울 수 없다. 따라서 UML은 동적인 작업 흐름을 기술하는 여러 가지 다이어그램을 제공한다. 특히 표 1-1의 행위 다이어그램이 주어지면 이와 같은 메서드의 구체적인 작업 내역을 기술하는 데 많은 정보를 얻을 수 있다.

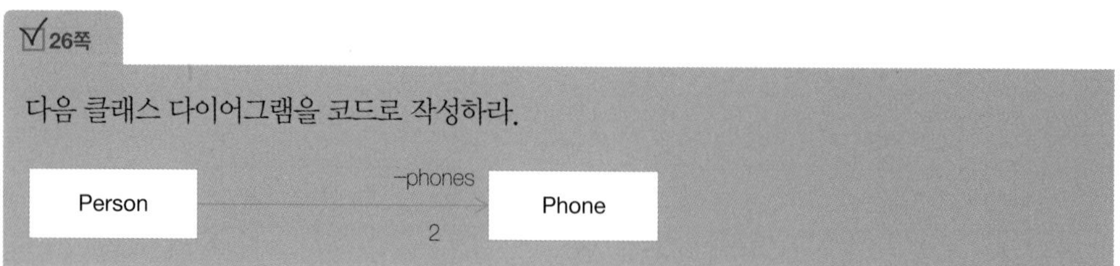

26쪽
다음 클래스 다이어그램을 코드로 작성하라.
Person
−phones
2
Phone

```
public class Person {
  private Phone[] phones;

  public Person() {
    phones = new Phone[2];
  }

  public Phone getPhone(int i) {
    if (i == 0 || i == 1)
      return phones[i]; // i = 0이면 집 전화, i = 1이면 사무실 전화

    return null;
  }
}
```

이 코드는 집 전화와 사무실 전화를 배열의 인덱스를 통해 구분해야 하므로 매우 불편하다. 이런 경우는 전화기의 역할을 구분해서 사용하면 해결할 수 있다.

☑ 27쪽

다음 클래스 다이어그램을 코드로 작성하라.

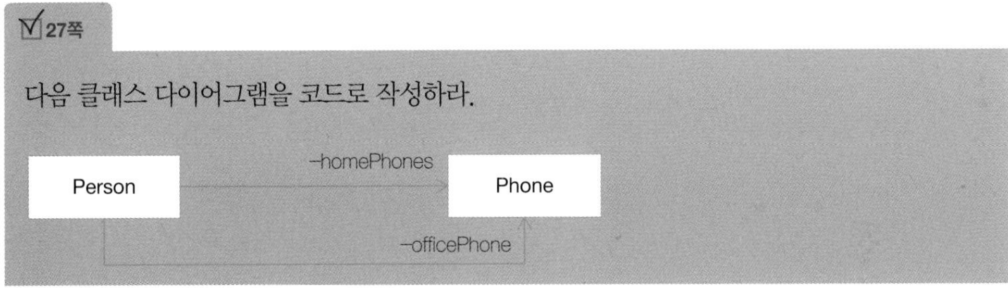


```
public class Person {
  private Phone homePhone;
  private Phone officePhone;

  public void setHomePhone(Phone phone) {
    this.homePhone = phone;
  }

  public void setOfficePhone(Phone phone) {
    this.officePhone = phone;
  }
```

```
  public Phone getHomePhone() {
    return homePhone;
  }

  public Phone getOfficePhone() {
    return officePhone;
  }
}
```

이 코드는 집 전화와 사무실 전화 각각에 참조가 이루어지므로 setter와 getter 메서드로 상황에 맞게 원하는 해당 전화기를 사용할 수 있다.

☑ 27쪽

그림 1-9를 코드로 작성하라.

```
public class Professor {
  private Student student;

  public void setStudent(Student student) {
    this.student = student;
    student.setAdvisor(this);
  }

  public void advise() {
    student.advise("상담 내용은 여기에...");
  }
}

public class Student {
  private Professor advisor;

  public void setAdvisor(Professor advisor) {
    this.advisor = advisor;
  }

  public void advise(String msg) {
    System.out.println(msg);
  }
```

```
}

public class Main {
  public static void main(String[] args) {
    Professor hongGilDong = new Professor();
    Student manSup = new Student();
    hongGilDong.setStudent(manSup);
    hongGilDong.advise();
  }
}
```

이 코드의 연관 관계는 양방향 연관 관계이므로 Professor 클래스 객체에서 Student 클래스 객체를 참조할 수 있는 속성(student)이 있고 Student 클래스 객체에서 Professor 클래스 객체를 참조할 수 있는 속성(advisor)이 있다. 또한 이 속성의 이름이 역할 이름을 활용한 것임을 알 수 있다.

28쪽

그림 1-11을 코드로 작성하라.

```
import java.util.Vector;

public class Student {
  private String name;
  private Vector<Course> courses;

  public Student(String name) {
    this.name = name;
    courses = new Vector<Course>();
  }

  public void registerCourse(Course course) {
    courses.add(course);
  }

  public void dropCourse(Course course) {
    if (courses.contains(course)) {
      courses.remove(course);
    }
  }
```

```
    public Vector<Course> getCourses() {
      return courses;
    }

    public class Course {
      private String name;

      public Course(String name) {
        this.name = name;
      }

      public String getName() {
        return name;
      }
  }
```

이 코드는 Student 객체 하나에 하나 이상의 Course 객체가 연관되어 있기 때문에 다중성을 구현했으며, Student 클래스에 대표적 컬렉션 자료구조인 Vector를 이용해 여러 개의 Course 클래스 객체를 참조할 수 있게 했다. 컬렉션 자료구조에는 Vector 외에도 Set, Map, ArrayList 등 여러 가지가 있으므로 상황에 맞는 적절한 자료구조를 선택해 사용하면 된다. 또한 이 코드는 Student 클래스에서 Course 클래스로 향하는 단방향 연관 관계이기 때문에 Course 클래스에는 Student 객체를 참조하는 속성이 정의되어 있지 않다.

☑ 29쪽

그림 1-12를 코드로 작성하라.

```
import java.util.Vector;

public class Student {
  private String name;
  private Vector<Course> courses;

  public Student(String name) {
    this.name = name;
    courses = new Vector<Course>();
  }

  public void registerCourse(Course course) {
```

```
    courses.add(course);
    course.addStudent(this);
  }

  public void dropCourse(Course course) {
    if (courses.contains(course)) {
      courses.remove(course);
      course.removeStudent(this);
    }
  }

  public Vector<Course> getCourses() {
    return courses;
  }
}

public class Course {
  private String name;
  private Vector<Student> students;

  public Course(String name) {
    this.name = name;
    students = new Vector<Student>();
  }

  public void addStudent(Student student) {
    students.add(student);
  }

  public void removeStudent(Student student) {
    students.remove(student);
  }

  public Vector<Student> getStudents() {
    return students;
  }

  public String getName() {
    return name;
  }
}
```

Student 클래스와 Course 클래스의 연관 관계가 양방향 연관 관계이기 때문에 양쪽 클래스에서 서로를 참조할 수 있는 속성을 정의했다. 또한 다중성이 다대다이므로 참조 속성은 Vector를 이용했다.

☑ 29쪽

다음 설명에 맞는 클래스 다이어그램을 작성하라.

- 학생은 반드시 한 학교에 소속되어야 한다.
- 학교는 학생이 반드시 100명 이상 있어야 한다.

Student ——— School (Student 측 100..*, School 측 1)

☑ 31쪽

그림 1-14를 코드로 작성하라.

```
import java.util.Iterator;
import java.util.Vector;

public class Student {
  private Vector<Transcript> transcripts;
  private String name;

  public Student(String name) {
    this.name = name;
    transcripts = new Vector<Transcript>();
  }

  public void addTranscript(Transcript transcript) {
    transcripts.add(transcript);
  }
}

public class Transcript {
```

```
  private Student student;
  private Course course;
  private String date;
  private String grade;

  public Transcript(Student student, Course course) {
    this.student = student;
    this.student.addTranscript(this);
    this.course = course;
    this.course.addTranscript(this);
  }

  public Student getStudent() {
    return student;
  }

  public Course getCourse() {
    return course;
  }

  public void setDate(String date) {
    this.date = date;
  }

  public String getDate() {
    return date;
  }

  public void setGrade(String grade) {
    this.grade = grade;
  }

  public String getGrade() {
    return grade;
  }
}

public class Course {
  private Vector<Transcript> transcripts;
  private String name;

  public Course(String name) {
```

```
    this.name = name;
    transcripts = new Vector<Transcript>();
  }

  public void addTranscript(Transcript transcript) {
    transcripts.add(transcript);
  }

  public String getName() {
    return name;
  }
}

public class Main {
  public static void main(String[] args) {
    Student s1 = new Student("manSup");
    Student s2 = new Student("gilDong");
    Course se = new Course("Software Engineering");
    Course designPattern = new Course("Design Pattern");
    Transcript t1 = new Transcript(s1, se); // manSup은 소프트웨어 공학 수강
    Transcript t2 = new Transcript(s1, designPattern); // manSup은 디자인 패턴 수강
    Transcript t3 = new Transcript(s2, designPattern); // gilDong은 디자인 패턴 수강

    // manSup은 2012년에 소프트웨어 공학에서 B0, 디자인 패턴에서 D+ 학점 취득
    t1.setDate("2012");
    t1.setGrade("B0");
    t2.setDate("2012");
    t2.setGrade("D+");

    // gilDong은 2013년에 디자인 패턴에서 C+ 학점 취득
    t3.setDate("2013");
    t3.setGrade("C+");

    Vector<Course> courses;
    courses = s1.getCourses();
    for (int i = 0; i < courses.size(); i++)
      System.out.println(courses.get(i).getName());
    }
  }
}
```

원래 Student 클래스와 Course 클래스의 다중성이 다대다이므로 한 학생이 수강한 모든 과목을 구할 수 있어야 하고, 마찬가지로 한 과목을 수강하는 모든 학생을 구할 수 있어야 한다. 이 코드에서 이러한 일을 실행하는 메서드를 정의하는 것은 그리 어렵지 않다.

다음 getCourses 메서드는 한 학생이 수강한 모든 과목을 구하는 작업을 실행한다.

```
public Vector<Course> getCourses() {
  Vector<Course> courses = new Vector<Course>();
  Iterator<Transcript> itor = transcripts.iterator();

  while (itor.hasNext()) {
    Transcript tr = itor.next();
    courses.add(tr.getCourse());
  }
  return courses;
}
```

과목의 수강생을 구하는 메서드도 동일하게 구현할 수 있다. 각자 구현해보기 바란다.

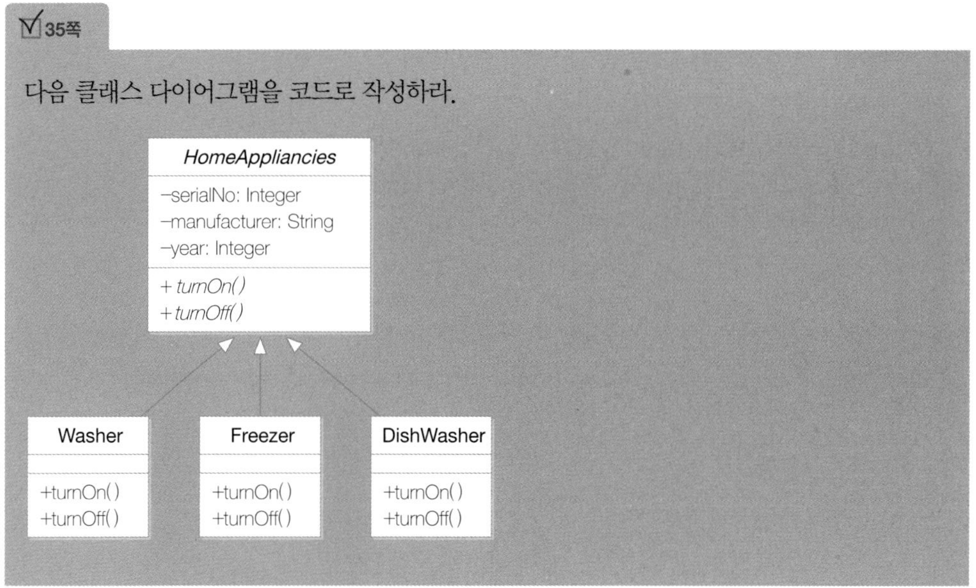

```
public abstract class HomeAppliancies {
  private int serialNo; // 제조번호
  private String manufacturer; // 제조회사
  private int year; // 제조년도

  public abstract void turnOn();
  public abstract void turnOff();
}

public class Washer extends HomeAppliancies {
  public void turnOn() {
    // 세탁기를 켜는 코드
  }

  public void turnOff() {
    // 세탁기를 끄는 코드
  }
}
```

나머지 Freezer나 DishWasher 클래스도 비슷하게 구현할 수 있다. 각자 구현해보기 바란다.

☑37쪽

"컴퓨터는 1개 이상의 CPU, 2개 또는 4개의 메모리, 1개의 파워공급기, 1개의 메인보드로 구성된다"를 합성 관계를 사용해 나타내라.

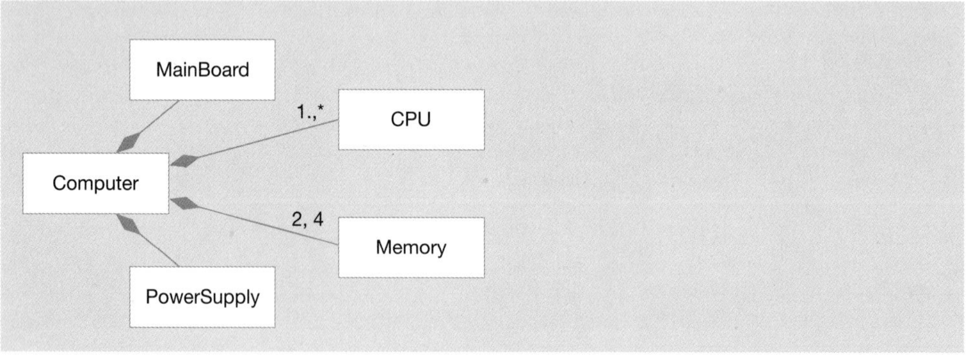

38쪽

동아리와 학생의 관계에서 다음 사실을 모두 클래스 다이어그램으로 표현하라.

- 학생은 한 동아리에만 가입할 수 있다.
- 한 동아리에는 여러 명의 학생들이 있다.
- 동아리가 없어지면 동아리에서 활동했던 학생들의 정보도 없어진다.

동아리 0..1 ◆———— 0..* 학생

39쪽

그림 1-22를 코드로 작성하라.

```
public class Person {
  private Car owns; // 이 속성으로 연관 관계가 설정된다

  public void setCar(Car car) {
    this.owns = car;
  }

  public Car getCar() {
    return this.owns;
  }
}

public class Car {
  // private Person person; // 단방향 연관 관계이므로 필요 없다
  ...
}
```

1. 다음 설명 중 모델링을 하는 이유가 아닌 것은?

① 서로의 해석을 공유해 합의를 이루거나 해석의 타당성을 검토하기 위해 모델링을 한다.

② 현재 소프트웨어 시스템 또는 앞으로 개발할 소프트웨어의 원하는 모습을 가시화하기 위해 모델링을 한다.

③ 구축된 소프트웨어의 문서화를 위해 모델링을 한다.

④ 개발될 소프트웨어의 모든 측면을 하나의 다이어그램으로 설명하기 위해 모델링을 한다.

2. 다음 UML 설명 중 올바른 것은?

① UML은 구조적 측면만을 모델링할 수 있으며 행위적 측면을 모델링하려면 특정 프로그래밍 언어를 사용해 보완되어야 한다.

② UML 모델은 구축할 시스템의 모든 측면을 가능한 한 상세하게 드러내야 한다.

③ UML은 OMG에서 제정한 대표적인 객체지향 프로그래밍 언어다.

④ UML은 요구 분석, 시스템 설계, 시스템 구현 등의 시스템 개발 과정에서 개발자 사이의 의사 소통이 원활하게 이루어지도록 한다.

3. 다음 설명에 가장 적합한 UML 다이어그램은?

- 소프트웨어, 하드웨어 네트워크를 포함해 실행 시스템의 물리적인 구조를 표현한다.

① 클래스 다이어그램　　② 배치 다이어그램
③ 상태 머신 다이어그램　　④ 유즈케이스 다이어그램

4. UML 다이어그램에 속하지 않는 것은?

① 복합체 구조 다이어그램　　② 객체 다이어그램
③ 페트리네트 다이어그램　　④ 타이밍 다이어그램

5. 다음 UML 다이어그램 중에서 성격이 다른 하나는?

① 활동 다이어그램　　② 통신 다이어그램
③ 상태 머신 다이어그램　　④ 클래스 다이어그램

6. 다음에서 올바른 UML 클래스 표현은?

① 클래스를 세 부분으로 구분된 박스로 표시한다. 가장 윗부분에 클래스 이름을 적어 넣고 중간 부분에 연산, 마지막 부분에 속성을 기술한다.

② 클래스 속성 부분은 생략할 수 있다.

③ 클래스의 연산 부분은 생략할 수 있지만 이 경우 구획선은 반드시 그려야 한다.

④ 클래스의 이름 부분이 아주 명확한 경우에는 생략이 가능하다.

7. 다음 클래스 다이어그램에 해당하는 코드를 작성하라.

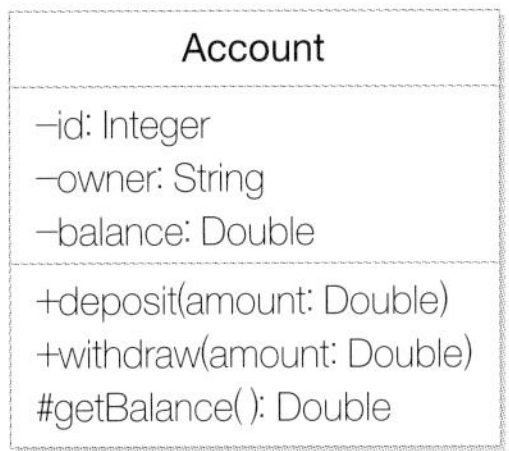

8. 다음 설명에 맞는 클래스 다이어그램을 작성하라.

- 고객은 여러 개의 신용카드를 소유할 수 있다.
- 신용카드가 없는 고객도 있다.
- 신용카드에는 어떤 고객 정보도 없다.

9. 다음 클래스 다이어그램 설명으로 올바르지 않은 것은?

① 한 사람은 여러 대의 자동차를 소유할 수 있다.

② 한 자동차는 여러 명이 소유할 수 있다.

③ 사람은 자신이 소유한 자동차를 알 수 있다.

④ 자동차 정보만으로는 누가 소유자인지 알 수 있다.

10. 다음 설명에 맞는 클래스 다이어그램을 연관 클래스를 사용해 작성하라.

- 사원은 여러 개의 작업을 수행한다.
- 한 작업은 여러 명의 사원에 의해 실행될 수 있다.
- 작업 일시와 작업 기간이 관리되어야 한다.

11 연관 클래스를 사용하지 않고 10번 문제의 조건에 맞는 클래스 다이어그램을 작성하라.

12. 그림 1-14를 구현한 코드(48쪽 체크포인트 해설 참조)에서 과목의 수강생을 구하는 getStudents 메서드를 구현하라.

13. 다음 클래스 다이어그램의 설명으로 올바르지 않은 것은?

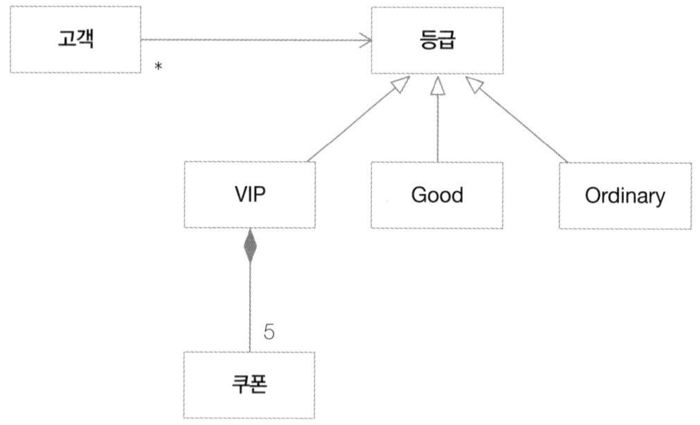

① 고객의 등급은 VIP, Good, Ordinary으로 나눠진다.
② VIP 등급의 고객은 여러 장의 쿠폰을 보유했다.
③ VIP 등급의 고객은 다섯 장의 쿠폰이 발급된다.
④ 쿠폰을 발급받은 VIP 회원이 탈퇴하면 쿠폰은 다른 회원에게 양도될 수 있다.

14 다음 설명에 맞는 클래스 다이어그램을 작성하라.

- 회원은 기업 회원과 개인 회원으로 구분된다.
- 기업 회원의 대표는 한 명이다.

15. 다음 클래스 다이어그램의 설명으로 올바르지 않은 것은?

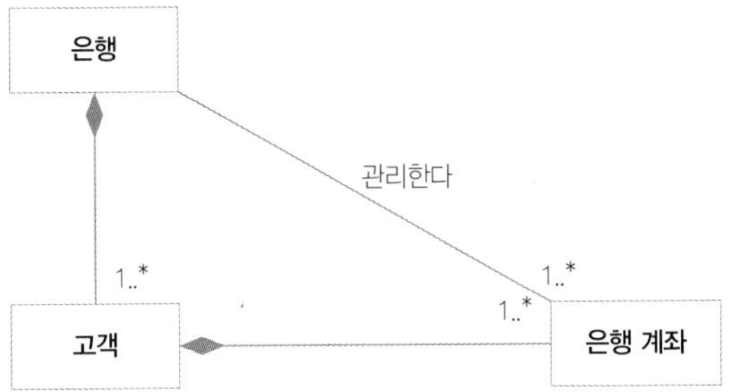

① 은행에는 고객 정보가 있으며 고객이 가진 은행 계좌를 관리한다.

② 고객은 복수의 은행 계좌가 있다.

③ 은행이 없어지면 고객 정보는 사라지지만 은행 계좌 정보는 없어지지 않는다.

④ 한 은행 계좌는 여러 명의 고객이 동시에 소유할 수 있다.

16. 한 과목이 선수 과목이 없거나 여러 개의 선수 과목을 가질 수 있는 상황을 클래스 다이어그램으로 작성하라.

17. 다음 설명에 맞는 클래스 다이어그램을 작성하라.

- 고객은 여러 가지 주문을 할 수 있다
- 주문 하나는 여러 가지 방법으로 결제할 수 있다.
- 지불 방법으로 신용카드, 현금, 체크카드가 있다.
- 각 주문에는 고객이 구입한 여러 물품들의 정보(물품 이름, 물품 구입 개수, 단가)가 있다.

18. '바람개비', '선풍기', '헬리콥터' 등은 회전할 수 있는 개체다. 이 속성을 이용해 이들을 클래스 다이어그램으로 작성하라.

CHAPTER 2

객체지향 원리

학습목표

- 추상화 이해하기
- 캡슐화 이해하기
- 일반화(상속) 관계 이해하기
- 다형성 이해하기

2.1 추상화

사람의 속성이나 행동을 생각해보자. 사람이라고 판단할 수 있는 속성이나 사람이 할 수 있는 행동은 너무 많으므로 1,000쪽의 책 한 권을 쓴다고 해도 사람의 모든 속성과 행동을 기술할 수는 없을 것이다. 또한 사람이라고 판단되는 속성이나 행동은 필요에 따라 선별해서 사용할 수 있다. 1장에서 언급했듯이 학사 지원 업무에서는 학생의 머리카락 개수나 색깔, 학생이 무엇을 먹고 입는지에는 관심이 없다. 그러나 병원 업무에서는 그 사람의 출신 대학교나 학점에는 관심이 없고 혈액형이나 과거 병원 진료 내역 등과 같은 정보가 관심의 대상이 된다.

이처럼 추상화란 어떤 영역에서 필요로 하는 속성이나 행동을 추출하는 작업을 의미한다. 추상화 덕분에 우리는 관심이 쏠리는 부분에 더욱 집중할 수 있는 힘을 얻을 수 있다.

좀 더 넓은 의미로 추상화를 파악해보자. 다음은 교육학 용어 사전에 나오는 추상화의 정의를 기술한 것이다.

> **"추상화는 사물들의 공통된 특징, 즉 추상적 특징을 파악해 인식의 대상으로 삼는 행위다. 추상화가 가능한 개체들은 개체가 소유한 특성의 이름으로 하나의 집합class을 이룬다. 그러므로 추상화한다는 것은 여러 개체들을 집합으로 파악한다는 것과 같다. 추상적 특성은 집합을 구성하는 개체들을 '일반화'하는 것이므로 집합의 요소들에 보편적인 것이다."**

그림 2-1 추상화

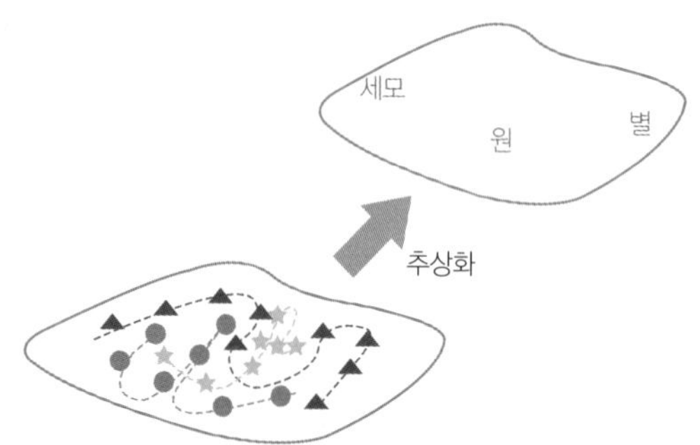

위의 복잡한 설명을 좀 더 명확하게 하기 위해 한 예를 들어보자. 커다란 운동장에 수많은 자동차가 주차되어 있다고 가정하자. 이 자동차들을 그룹화할 때 추상화 개념을 이용할 수 있다. 어떤 사람은 탈 수 있는 승객의 수를 기준으로 승합차와 승용차로 그룹화할 수 있고, 어떤 사람은 문의 개수에 따라 세단과 쿠페로 그룹화하려고 할 것이다.

이때 일반적인, 즉 승합차와 승용차로 그룹화하는 경우 승용차는 10인 이하를 운송하기에 적합하게 제작된 자동차들을 포함하고, 승합차는 11인 이상을 운송하기에 적합하게 제작된 자동차들을 포함할 것이라고 생각할 것이다. 그런데 자동차 관리법에는 다음 어느 하나에 해당하는 자동차는 승차 인원에 관계없이 이를 승합차로 본다고 명시되어 있다.

가. 내부의 특수한 설비로 인해 승차 인원이 10인 이하인 자동차

나. 국토해양부령으로 정하는 경형 자동차로서 승차 인원이 10인 이하인 전방조종자동차

다. 캠핑용 자동차 또는 캠핑용 트레일러. 그리고 자동차를 세단과 쿠페로 구분하는 경우는 문이 4개 있는 일반 자동차는 세단으로 구분하고, 문이 2개 있고 천장이 낮은 자동차는 쿠페로 구분한다.

위에 예로 든 법과 같이 구체적인 사물(자동차)들의 공통적인 특징(승객의 수, 문의 개수)을 파악해서 이를 하나의 개념(집합)으로 다루는 수단이 추상화다.

좀 더 복잡한 추상화의 예도 살펴보자. 만약 운동장에 온갖 종류의 자동차뿐만 아니라 각양각색의 자전거, 비행기, 배가 섞여 있다고 가정하자. 이들을 그룹화한다고 할 경우 십중팔구 자동차, 비행기, 배, 자전거 등과 같은 개념을 사용해 이들을 묶을 것이다. 이것도 추상화 개념이다. 가령 벤츠에서 만든 자동차의 모임과 아우디에서 만든 자동차의 모임이 있을 때, 이 둘을 자동차라는 개념(좀 더 정확하게 이야기하면 유럽 회사의 자동차)을 사용해 언급할 수 있다. 즉, 자동차는 아우디와 벤츠의 추상적 개념이다.

그림 2-2 추상화의 추상화

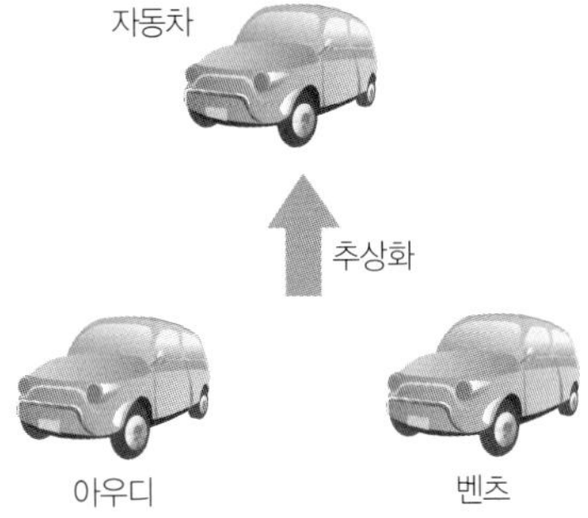

추상화는 객체지향 프로그래밍에서 매우 중요하다. 만약 추상화가 없다면 우리는 각각의 개체, 즉 자동차 각각을 구분해야 할 것이다. 가령 자동차 종류마다 엔진 오일을 교환하는 방식이 다르다고 하자. 그렇다면 아마도 코드 2-1과 같은 코드가 작성될 것이다.

코드 2-1

```
switch(자동차 종류)
  case 아우디: break;    // 아우디 엔진 오일을 교환하는 과정을 기술
  case 벤츠: break;      // 벤츠 엔진 오일을 교환하는 과정을 기술
end switch
```

이때 BMW와 같은 새로운 종류의 자동차 엔진 오일을 교환하는 기능을 추가하라는 요구사항이 있을 경우 코드 2-1은 코드 2-2와 같이 BMW의 엔진 오일을 교환하는 case문을 더 추가해야 한다(더 많은 부분을 수정할 수도 있다).

코드 2-2

```
switch(자동차 종류)
  case 아우디:    // 아우디 엔진 오일을 교환하는 과정을 기술
  case 벤츠:      // 벤츠 엔진 오일을 교환하는 과정을 기술
  case BMW:       // BMW 엔진 오일을 교환하는 과정을 기술
end switch
```

아우디, 벤츠, BMW와 같은 구체적인 자동차 대신 이들의 추상화 개념인 자동차를 이용할 경우라면 코드는 다음처럼 작성했을 것이다.

코드 2-3

```
void changeEngineOil(Car c) {
  c.changeEngineOil();
}
```

프로시저 changeEngineOil의 인자로 아우디, 벤츠의 추상화 개념인 Car[자동차]를 사용한다. 그런데 인자 어느 곳에도 구체적인 자동차 종류와 연관된 부분을 찾을 수가 없다. 따라서 이 코드는 어떤 새로운 자동차가 추가되더라도 변경할 필요가 없다. 물론 인자 c가 가리키는 구체적인 자동차의 종류에 따라 changeEngineOil 메서드가 다르게 실행될 필요는 있다. 이는 68쪽 '2.3 일반화 관계'에서 설명할 다형성 원리에 따른다.

Keypoint_ 각 개체의 구체적인 개념에 의존하지 말고 추상적 개념에 의존해야 설계를 유연하게 변경할 수 있다.

2.2 캡슐화

소프트웨어 개발자가 가장 많이 불평하는 사항은 무엇일까? 바로 요구사항의 변경이다. 항상 소프트웨어를 설계하거나 구현하는 중에 요구사항이 변경되기 때문이다.

그러나 달리 생각해보면 이는 불평할 사안이 아니다. 소프트웨어에서 요구사항의 변경이라는 것은 지극히 당연한 것이다. 아무리 시간을 많이 들여 요구사항을 철저하게 분석했더라도 개발 초반의 요구사항이 개발이 끝날 때까지 그대로 존속되는 경우는 없다. 차라리 요구사항의 변경을 당연하게 받아들이고 이에 대처하는 법을 터득해두어야 스트레스를 조금이라도 덜 받을 수 있을 것이다.

소프트웨어 공학에서 요구사항 변경에 대처하는 고전적인 설계 원리로는 응집도cohesion와 결합도coupling가 있다. 응집도는 클래스나 모듈 안의 요소들이 얼마나 밀접하게 관련되어 있는지를 나타내고, 결합도는 어떤 기능을 실행하는 데 다른 클래스나 모듈들에 얼마나 의존적인지를 나타낸다. 높은 응집도와 낮은 결합도를 유지할 수 있도록 설계해야 요구사항을 변경할 때 유연하게 대처할 수 있다.

Keypoint_ 요구사항 변경은 당연한 것이다.

캡슐화는 특히 낮은 결합도를 유지할 수 있도록 해주는 객체지향 설계 원리다. 캡슐화는 정보 은닉information hiding을 통해 높은 응집도와 낮은 결합도를 갖도록 한다. 정보 은닉이란 말 그대로 알 필요가 없는 정보는 외부에서 접근하지 못하도록 제한하는 것이다. 예를 들어 자동차의 가속 페달을 밟았을 때 어떤 과정을 거쳐 속도가 올라가는지 모르더라도 운전하는 데는 전혀 지장이 없다. 세탁기 역시 어떤 과정을 거쳐 세탁기 속에 있는 드럼이 동작하는지 모르더라도 세탁기를 사용하는 데는 전혀 문제가 없다.

그림 2-3 정보 은닉

정보 은닉은 왜 필요한 것일까? 소프트웨어는 결합이 많을수록 문제가 많이 발생한다. 한 클래스가 변경이 발생하면 변경된 클래스의 비밀에 의존하는 다른 클래스들도 변경해야 할 가능성이 커진다는 뜻이다. 이는 부부의 관계와도 같다. 사이가 너무 좋아 모든 비밀을 서로 공유하는 부부는 한 명이 슬퍼하거나 기뻐해도 다른 한 명이 그대로 영향을 받는다. 그러나 비밀을 서로 말하지 않고 은닉하는 경우는 그리 사이가 좋은 부부가 아니기 때문에 한 명이 기뻐하거나 슬퍼해도 상대방이 그다지 영향을 받지는 않는다.

보다 구체적인 예로 다음 코드를 살펴보자.

코드 2-4

```
public class ArrayStack {
  public int top;
  public int[] itemArray;
  public int stackSize;

  public ArrayStack(int stackSize) {
    itemArray = new int[stackSize];
    top = -1;
    this.stackSize = stackSize;
  }

  public boolean isEmpty() { // 스택이 비어 있는지 검사
    return (top == -1);
  }

  public boolean isFull() { // 스택이 꽉 차 있는지 검사
    return (top == this.stackSize - 1);
  }

  public void push(int item) { // 스택에 아이템 추가
    if(isFull()) {
      System.out.println("Inserting fail! Array Stack is full!!");
```

```
    }
    else {
      itemArray[++top] = item;
      System.out.println("Inserted Item : " + item);
    }
  }

  public int pop() { // 스택의 톱에 있는 아이템 반환
    if(isEmpty()) {
      System.out.println("Deleting fail! Array Stack is empty!");
      return -1;
    }
    else {
      return itemArray[top--];
    }
  }

  public int peek() {
    if(isEmpty()) {
      System.out.println("Peeking fail! Array Stack is empty!");
      return -1;
    }
    else {
      return itemArray[top];
    }
  }
}

public class StackClient {
  public static void main(String[] args) {
    ArrayStack st = new ArrayStack(10);
    st.itemArray[++st.top] = 20;
    System.out.print(st.itemArray[st.top]);
  }
}
```

ArrayStack 클래스는 배열을 사용해 스택을 구현했다. 주의해서 볼 것은 자료구조에 모두 public 키워드를 붙여 외부에 공개되어 있다는 점이다. 즉, StackClient 클래스처럼 push 메서드나 pop 메서드를 사용하지 않고 직접 배열에 값을 저장할 수 있다. 이런 경우 ArrayStack과 StackClient 클래스는 강한 결합이 발생한다.

가령 ArrayList 클래스를 사용해 스택 구현이 변경되면 StackClient 클래스도 따라서 변경되어야 하는데, 이는 StackClient 클래스가 은닉된 정보를 직접 사용했기 때문이다. 따라서 이 은닉 정보가 변경되면 해당 정보를 사용한 쪽도 모두 변경되어야 한다.

체크포인트_ 코드 2-4를 ArrayList 클래스를 이용하도록 변경하라.

스택의 자료구조가 ArrayList 클래스로 인해 변경될 때 코드 2-4의 main 메서드는 더 이상 유효하지 않다. 따라서 코드 2-5와 같이 은닉 내용(자료구조 형태)의 변화에 맞게 변경해주어야 한다.

코드 2-5

```
public class StackClient {
  public static void main(String[] args) {
    ArrayListStack st = new ArrayListStack(10);
    st.items.add(new Integer(20)); // 위 체크포인트 변경점에 따라 바뀔 수 있음
    System.out.print(st.items.get(st.items.size() - 1));
  }
}
```

하지만 이렇게 변경했더라도 자료구조는 필요에 따라 계속 변경될 수 있다. 이는 자료구조가 변경될 때마다 코드도 계속 변경해야 한다는 의미로, 매우 번거로운 일이며 오류가 발생하는 원인을 제공할 것이다.

Keypoint_ 오류를 수정하려고 코드를 변경하는 일이 오류를 발생하게 하는 원인이 될 수도 있다.

이 문제를 해결하려면 그림 2-4와 같이 변경되는 곳을 파악해 이를 은닉한다.

그림 2-4 정보 은닉의 장점

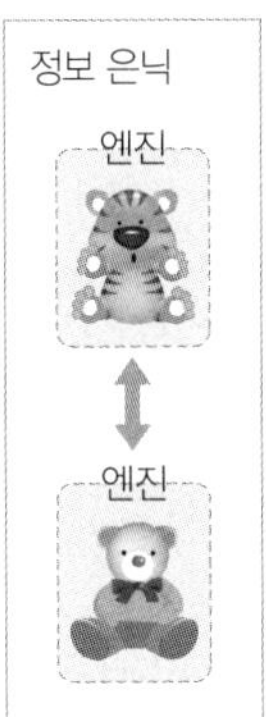

스택의 예에서는 자료구조가 변경될 가능성이 크므로 자료구조의 형태와 관련이 있는 top, itemArray, stackSize 클래스를 다음과 같이 외부에서 접근하지 못하도록 private 키워드를 붙여 은닉한다.

```
private int top;
private int[] itemArray;
private int stackSize;
```

지금부터는 push, pop, peek 메서드의 연산으로만 스택을 사용할 수 있다. 하지만 push, pop, peek 메서드 등이 어떤 방식으로 어떤 자료구조를 사용해 작업을 실행하는지는 알 수가 없다. 즉, 스택과 이를 사용하는 코드의 결합이 낮아지는 것이다.

수정된 ArrayStack 클래스를 사용하려면 코드 2-4의 StackClient 클래스를 코드 2-6처럼 변경해야 한다.

코드 2-6

```
public class StackClient {
  public static void main(String[] args) {
    ArrayListStack st = new ArrayListStack(10);
    st.push(20);
    System.out.print(st.peek());
  }
}
```

체크포인트_ 코드 2-4가 코드 2-6과 같이 ArrayList 클래스를 이용할 때 main 메서드를 작성하라.

2.3 일반화 관계

2.3.1 일반화는 또 다른 캡슐화

객체지향 개념에서 가장 많이 오해하고 오용되는 것이 일반화 관계다. 일반화 관계는 객체지향 프로그래밍 관점에서는 상속 관계라 한다. 따라서 속성이나 기능의 재사용만 강조해서 사용하는 경우가 많다. 이는 일반화 관계를 극히 한정되게 바라보는 시각이다. 이 책에서는 가급적 상속 관계라는 말보다는 일반화 관계라는 말을 사용해 설명할 것이다.

철학에서 일반화generalization는 "여러 개체들이 가진 공통된 특성을 부각시켜 하나의 개념이나 법칙으로 성립시키는 과정"이라 한다. 예를 들어 사과, 배, 바나나, 오렌지 등이 가진 공통된 개념은 무엇이냐고 묻는다면 거의 대부분 과일이라 대답할 것이다. 즉, 과일은 그림 2-5와 같이 사과, 배, 바나나, 오렌지 등이 가진 공통 개념을 일반화한 개념이며 사과, 배, 바나나, 오렌지 등은 과일의 한 종류이므로 과일을 특수화specialization한 개념이다.

그림 2-5 일반화 관계

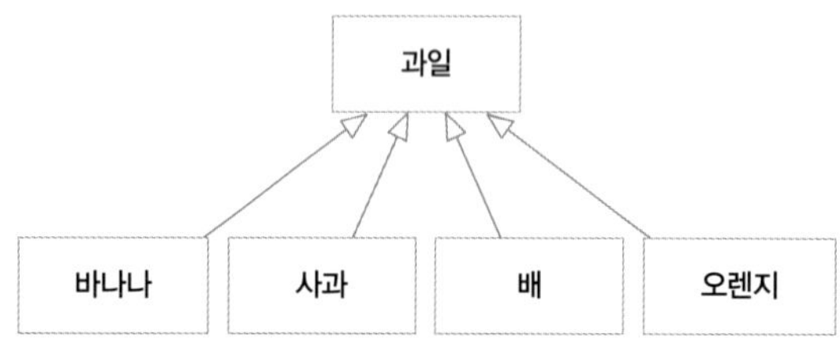

이와 같이 일반화하면 각각의 과일 종류에 신경 쓰지 않고 과일 전체를 다룰 수 있는 수단을 얻을 수 있다. 예를 들어 "현재 냉장고에 과일이 몇 개 있지?"라고 물을 수 있는 것이다. 그런데 과일을 전체적으로 아우르는 개념이 없다면 분명 다음과 같은 질문을 해야 할 것이다.

- 냉장고에 현재 사과가 몇 개 있지?
- 냉장고에 현재 배가 몇 개 있지?

- 냉장고에 현재 바나나가 몇 개 있지?
- 냉장고에 현재 오렌지가 몇 개 있지?

혹은 "냉장고에 키위가 있다면 과일 개수에 포함해야 하는가?" 등의 질문도 해야 할 것이다.

그런데 지구상에 있는 모든 과일의 종류마다 이와 같은 질문을 하는 것은 매우 힘들고 번거로운 일이다. 이런 경우 일반화는 각각의 과일 종류에 신경 쓰지 않고 과일 전체를 다룰 수 있는 훌륭한 수단이다. 전에는 맛보지 못한 새로운 과일의 종류가 냉장고에 있더라도 더는 신경 쓰지 않아도 된다.

프로그래밍도 마찬가지다. 장바구니에 있는 과일 가격의 총합을 구하는 함수는 코드 2-7과 같이 작성할 수 있으며 이미 추상화 개념을 소개할 때 본 적이 있을 것이다.

코드 2-7

```
가격 총합 = 0
while(장바구니에 과일이 있다) {
  switch(과일 종류)
    case 사과:
      가격 총합 = 가격 총합 + 사과 가격
    case 배:
      가격 총합 = 가격 총합 + 배 가격
    case 바나나:
      가격 총합 = 가격 총합 + 바나나 가격
    case 오렌지:
      가격 총합 = 가격 총합 + 오렌지 가격
}
```

또한 코드 2-7은 '키위'와 같은 새로운 과일의 종류가 추가되었을 때 '키위'를 처리할 수 있도록 case문을 추가할 수 있어야 한다.

코드 2-8

```
가격 총합 = 0
while(장바구니에 과일이 있다) {
  switch(과일 종류)
    case 사과:
      가격 총합 = 가격 총합 + 사과 가격
    case 배:
```

```
      가격 총합 = 가격 총합 + 배 가격
    case 바나나:
      가격 총합 = 가격 총합 + 바나나 가격
    case 오렌지:
      가격 총합 = 가격 총합 + 오렌지 가격
    case 키위:
      가격 총합 = 가격 총합 + 키위 가격
}
```

그런데 각각의 과일 종류를 일일이 고려해 코드를 작성하면 새로운 과일의 종류가 나타날 때마다 항상 코드를 수정해야 하므로 변경사항에 유연성 있게 대처하지 못한다. 따라서 우리가 작성해야 할 실제 코드는 코드 2-9와 같이 새로운 과일의 종류가 추가되더라도 코드를 수정할 필요가 없도록 바꿔야 한다.

코드 2-9

```
int computeTotalPrice(LinkedList<Fruit> f) {
  int total = 0;
  Iterator<Fruit> itr = f.iterator();

  while(itr.hasNext()) {
    Fruit curFruit = itr.next();
    total = total + curFruit.calculatePrice();
  }
  return total;
}
```

여기에서 caculatePrice 메서드는 실제 과일 객체의 종류에 따라 다르게 실행된다. 이는 다형성polymorphism에 따른 것이다. 다형성은 81쪽 '2.4 다형성'에서 자세하게 다룬다.

지금까지 살펴본 일반화 관계는 외부 세계에 자식 클래스를 캡슐화(또는 은닉)하는 개념으로 볼 수 있으며, 이때 캡슐화 개념은 한 클래스 안에 있는 속성 및 연산들의 캡슐화에 한정되지 않고 일반화 관계를 통해 클래스 자체를 캡슐화하는 것으로 확장된다. 이러한 서브 클래스 캡슐화는 외부 클라이언트가 개별적인 클래스들과 무관하게 프로그래밍을 할 수 있게 한다.

그림 2-6은 '사람'이 자동차를 사용(운전)하는 상황을 묘사한 것이다.

그림 2-6 일반화는 또 다른 캡슐화

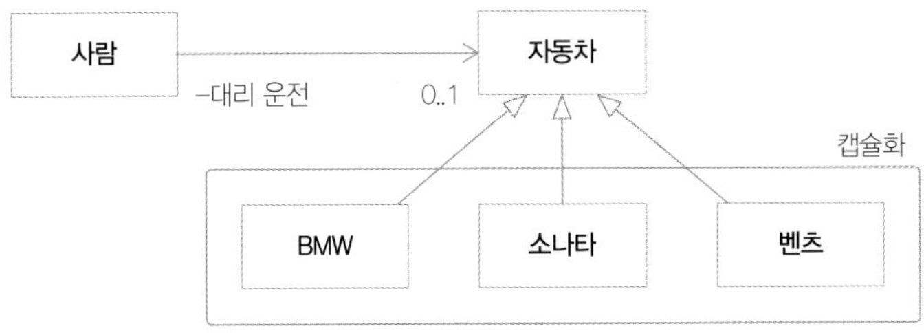

'사람' 클래스 관점에서는 구체적인 자동차의 종류가 숨겨져 있다. 대리 운전을 예로 들어보자. 대리 운전자가 자동차의 종류에 따라 운전에 영향을 받지는 않을 것이다. 이와 같이 새로운 자동차를 운전해야 하는 경우에도 '사람' 클래스는 영향을 받지 않는다.

Keypoint_ 일반화 관계는 자식 클래스를 외부로부터 은닉하는 캡슐화의 일종이다.

2.3.2 일반화 관계와 위임

많은 사람이 일반화 관계를 속성이나 기능의 상속, 즉 재사용을 위해 존재한다고 오해하고 있다. 그러나 이는 사실이 아니다. 그림 2-7을 살펴보자.

그림 2-7 ArrayList를 이용한 Stack의 구현

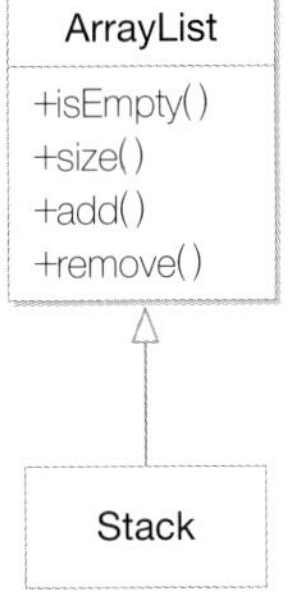

`ArrayList` 클래스를 상속받아 `Stack` 클래스를 만들었다. 아마 프로그래머의 의도는 `ArrayList` 클래스에 정의된 `isEmpty`, `size`, `add`, `remove` 메서드를 자신이 구현하지 않고 그대로 사용하길 원했을 것이다. 기능의 재사용이라는 측면으로만 보면 결론은 성공적이라고 볼

수 있다. 그러나 ArrayList 클래스에 정의된 스택과 전혀 관련 없는 수많은 연산이나 속성도 같이 상속받게 된다. 실제로도 이런 불필요한 속성이나 연산은 도움이 되기보다는 물려받고 싶지 않은 빚이 될 가능성이 크다.

이런 경우 코드 2-10과 같이 push나 pop 메서드를 통하지 않고 스택의 자료구조에 직접 접근할 수 있게 만들 수도 있다. 하지만 스택의 무결성 조건인 'LIFO[Last-In First-Out]'에 위배된다.

코드 2-10

```
class MyStack<String> extends ArrayList<String> {
  public void push(String element) {
    add(element);
  }

  public String pop() {
    return remove(size() - 1);
  }
}
```

체크포인트_ 코드 2-10을 이용해 만든 스택이 스택의 무결성 조건에 위배되도록 main 메서드를 작성하라.

기본적으로 일반화 관계는 'is a kind of 관계'가 성립되어야 한다. 두 클래스 사이에 'is a kind of 관계'가 성립됨을 확인할 수 있는 가장 간단한 방법은 다음 문장이 참인지를 판단하는 것이다.

Stack "is a kind of" ArrayList.

즉, 배열 목록(ArrayList 클래스) 대신에 스택(Stack 클래스)을 사용할 수 있는지를 평가하면 된다. 당연히 대부분의 프로그램에서는 배열 목록 대신 스택을 사용할 수 없으므로 위 명제는 거짓이다.

Keypoint_ 두 자식 클래스 사이에 'is a kind of 관계'가 성립되지 않을 때 상속을 사용하면 불필요한 속성이나 연산(빚이라 해도 될 것이다)도 물려받게 된다.

그렇다면 어떤 클래스의 일부 기능만 재사용하고 싶은 경우에는 어떻게 하는 것이 좋을까? 답은 위임delegation을 사용하는 것이다. 위임은 자신이 직접 기능을 실행하지 않고 다른 클래스의 객체가 기능을 실행하도록 위임하는 것이다. 따라서 일반화 관계는 클래스 사이의 관계지만 위임은 객체 사이의 관계다.

다음은 위임을 사용해 일반화(상속)를 대신하는 과정이다.

1. 자식 클래스에 부모 클래스의 인스턴스를 참조하는 속성을 만든다. 이 속성 필드를 this로 초기화한다.
2. 서브 클래스에 정의된 각 메서드에 1번에서 만든 위임 속성 필드를 참조하도록 변경한다.
3. 서브 클래스에서 일반화 관계 선언을 제거하고 위임 속성 필드에 슈퍼 클래스의 객체를 생성해 대입한다.
4. 서브 클래스에서 사용된 슈퍼 클래스의 메서드에도 위임 메서드를 추가한다.
5. 컴파일하고 잘 동작하는지 확인한다.

이제 코드 2-10의 MyStack 클래스를 위임을 사용하는 코드로 변환하는 데 위 절차를 적용한 코드 2-11을 살펴보자.

코드 2-11

```
public class MyStack<String> extends ArrayList<String> {
  private ArrayList<String> arList = this;

  public void push(String element) {
    add(element);
  }

  public String pop() {
    return remove(size() - 1);
  }
}
```

우선 MyStack 클래스에 ArrayList 클래스의 인스턴스를 참조하는 속성인 arList 객체를 만든 후 이 속성 필드를 this로 초기화한다.

그리고 코드 2-12와 같이 MyStack 클래스의 push와 pop 메서드에 arList 객체를 참조하도록 변경한다.

코드 2-12

```
public class MyStack<String> extends ArrayList<String> {
  private ArrayList<String> arList = this;

  public void push(String element) {
    arList.add(element);
  }

  public String pop() {
    return arList.remove(arList.size() - 1);
  }
}
```

이번에는 코드 2-13처럼 ArrayList와 MyStack 클래스 사이의 일반화 관계를 제거하고 arList를 ArrayList 객체로 생성해 초기화한다.

코드 2-13

```
public class MyStack<String> {
  private ArrayList<String> arList = new ArrayList<String>();

  public void push(String element) {
    arList.add(element);
  }

  public String pop() {
    return arList.remove(arList.size() - 1);
  }
}
```

그리고 코드 2-14처럼 MyStack 클래스에서 사용된 arList 객체의 isEmpty와 size 메서드에 위임 메서드를 서브 클래스에 추가한다.

코드 2-14

```
public class MyStackDelegation<String> {
  private ArrayList<String> arList = new ArrayList<String>();

  public void push(String element) {
    arList.add(element);
```

```
  }

  public String pop() {
    return arList.remove(arList.size() - 1);
  }

  public boolean isEmpty() {
    return arList.isEmpty();
  }

  public int size() {
    return arList.size();
  }
}
```

Keypoint_ 기능을 재사용할 때는 위임을 이용하라.

체크포인트_ Vector 클래스를 사용(위임)해 Stack 클래스를 구현하라.

2.3.3 집합론 관점으로 본 일반화 관계

일반화 관계는 수학에서 배우는 집합론과 매우 밀접한 관계가 있다. 다행히도 집합론적인 관점에서 일반화 관계를 해석하는 데는 어려운 수학 지식이 필요 없다.

그림 2-8은 집합과 일반화의 관계를 보여준다.

그림 2-8 집합과 일반화 관계

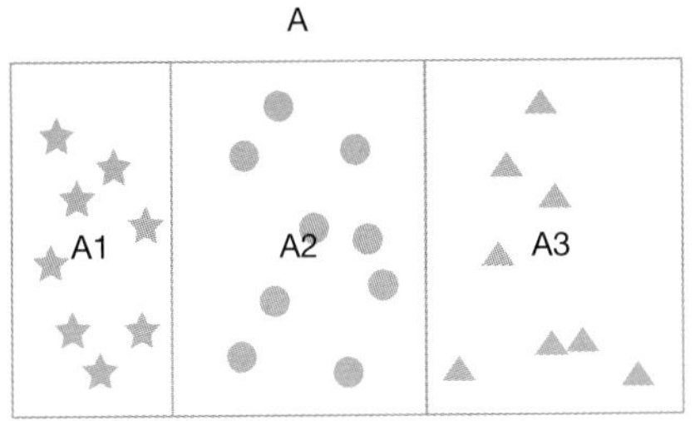

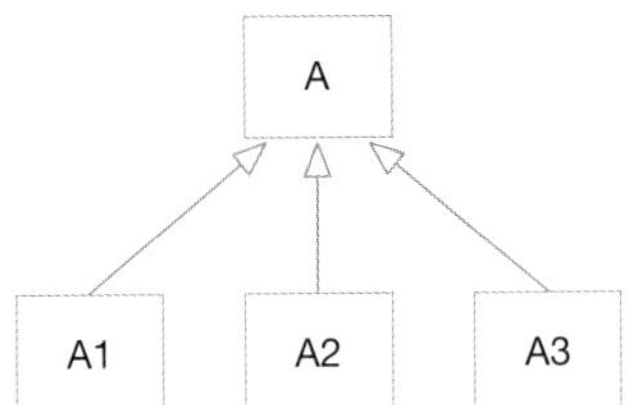

부모 클래스 A는 전체 집합 A에 해당하고 그 부분 집합 A1, A2, A3는 각각 A의 자식 클래스에 해당한다. 이때 다음 관계가 성립되어야 한다.

- $A = A1 \cup A2 \cup A3$
- $A1 \cap A2 \cap A3 = \emptyset$

그림 2-9와 같은 제약 조건도 존재한다.

그림 2-9 일반화 관계에서의 제약 조건

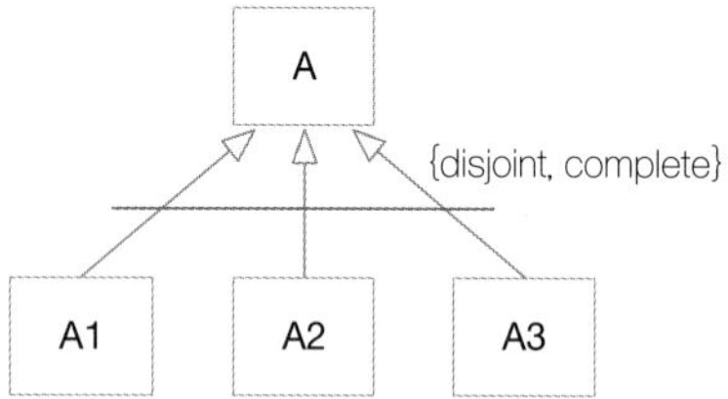

위 제약 조건을 일반화 관계에 적용하려면 제약 조건 {disjoint, complete}를 사용한다. 제약 {disjoint}는 자식 클래스 객체가 동시에 두 클래스에 속할 수 없다는 의미고, {complete}는 자식 클래스의 객체에 해당하는 부모 클래스의 객체와 부모 클래스의 객체에 해당하는 자식 클래스의 객체가 하나만 존재한다는 의미다. 이 책에서는 일반화 관계에 제약 조건을 명시적으로 기술하지 않아도 {disjoint, complete}임을 가정한다.

또한 집합론 관점에서 일반화 관계를 만들면 연관 관계를 단순하게 할 수 있다. 가령 어떤 웹 쇼핑몰에서 구매액을 기준으로 회원을 VIP 회원과 일반 회원(Ordinary Member 클래스)으로 분류했다고 하자. VIP 회원과 일반 회원 각각을 자식 클래스로 생각해 물건(Item 클래스)과 연관 관계를 맺게 할 수 있지만 기본적으로 회원은 회원 등급과 관계 없이 물건을 구매할 수 있다. 즉, 물건 클래스와의 연관 관계는 모든 자식 클래스에서 공통적으로 갖는 연관 관계이므로 그림 2-10과 같이 부모 클래스인 회원 클래스로 연관 관계를 이동하는 것이 클래스 다이어그램을 간결하게 만든다.

그림 2-10 집합론을 통한 연관 관계의 일반화

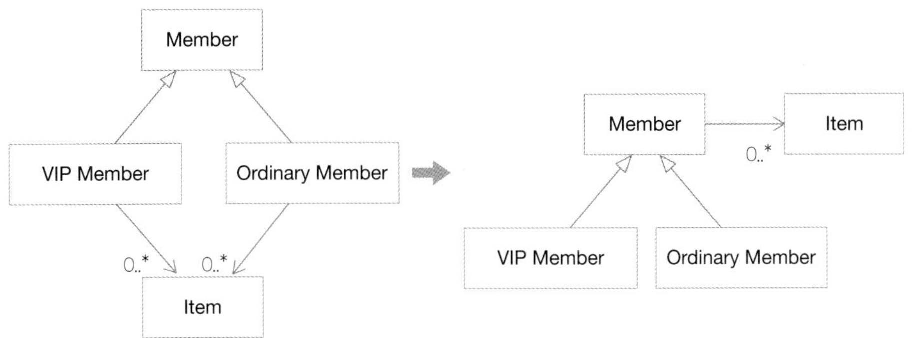

집합론적인 관점에서 일반화는 상호 배타적인 부분 집합으로 나누는 과정으로 간주할 수 있으며, 이를 이용해 상호 배타적인 특성이 요구되는 상황에 일반화 관계를 적용할 수 있다. 가령 학생은 '놀기Playing'와 '공부하기Studying' 중 어느 한 상태에만 있을 수 있다. 학생이 '공부하기' 상태라면 책만 볼 수 있고, '놀기' 상태라면 장난감만 다룰 수 있다. 이런 경우에는 전형적으로 상호 배타적인 두 상태를 모델링해야 하며 이때 일반화 관계가 유용하게 사용된다.

그림 2-11 일반화 관계를 이용한 상호 배타적 관계 모델링

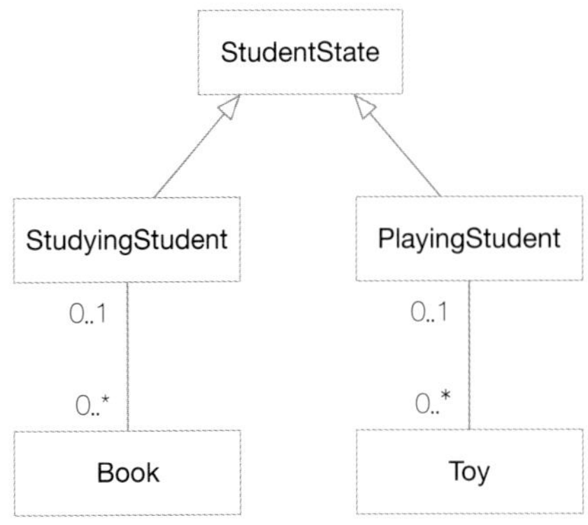

Keypoint_ 특수화specialization는 일반화generalization의 역관계, 즉 부모 클래스에서 자식 클래스를 추출하는 과정이다. 특수화가 필요한 경우는 어떤 속성이나 연관 관계가 특정 자식 클래스에서만 관련이 있고 다른 자식 클래스에서는 관련이 없는 경우다. 이 관점에서 그림 2-10을 살펴보면 회원이 왜 등급으로 구분되어야 하는지 알 수가 없는데, 이는 VIP 회원과 일반 회원의 차이가 없기 때문이다. 반대로 말해 VIP 회원만 할인 쿠폰discount coupon을 받을 수 있다고 한다면, 이는 회원을 VIP 회원과 일반 회원으로 특수화하는 이유가 된다.

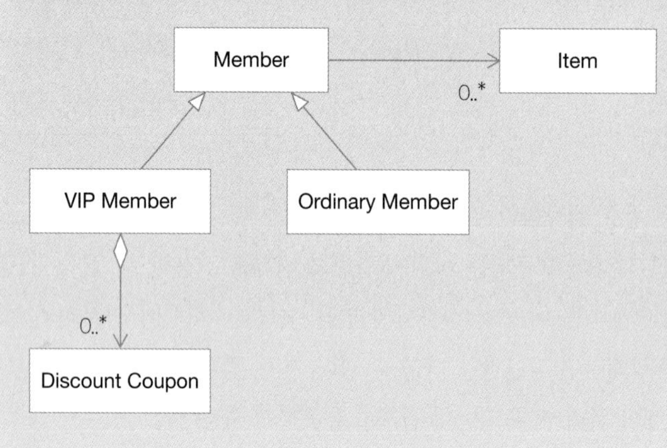

집합을 여러 기준에서 분류할 수도 있다. 앞에서 살펴본 그림 2-9는 집합 A를 A1, A2, A3로 분류했다. 그러나 경우에 따라서는 A를 A1, A2, A3뿐만 아니라 B1, B2로 분류해야 할 수도 있다. 혹은 웹 쇼핑몰의 회원 등급을 구매액에 따라 VIP 회원과 일반 회원으로 분류했지만 쇼핑몰과 동일한 지역에 사는 지역 주민(`Local` 클래스)이냐, 아니냐(`Non Local` 클래스)에 따라서도 분류할 수 있다. UML에서는 이러한 분류 기준을 변별자discriminator라 하며 일반화 관계를 표시하는 선 옆에 변별자 정보를 표시한다.

그런데 여러 개의 변별자를 사용해 집합을 부분 집합으로 나눌 때 고려해야 할 사항이 있다. 가령 회원을 '구매액'과 '지역 주민'이라는 변별자에 따라 분류하면 회원의 한 인스턴스는 `VIP Member`와 `Ordinary Member` 중 하나의 자식 클래스에 속하는 동시에 `Local`과 `Non Local` 중 하나의 자식 클래스에도 속하게 된다는 사실이다. 이와 같이 한 인스턴스가 동시에 여러 클래스에 속할 수 있는 것을 다중 분류multiple classification라 하며 '《다중》'이라는 스테레오 타입을 사용해 표현한다.

Keypoint_ 참고로, 동적 분류dynamic classification는 한 클래스의 인스턴스가 다른 클래스의 인스턴스로 할당될 수 있음을 의미하며 '《동적》'이라는 스테레오 타입을 사용해 표현한다.

일반적으로 각 변별자에 따른 일반화 관계가 완전하게 독립적일 때는 별다른 문제가 없다. 하지만 요구사항의 변경이나 새로운 요구사항의 추가에 따라 두 일반화 관계가 더 이상 독립적이지 않는 상황도 고려해야 한다. 가령 "현재 시스템은 VIP 회원에게만 할인 쿠폰을 지급한다"는 말의 의미는 회원이 지역 주민인지의 여부에 관계 없이 할인 쿠폰을 지급한다는 뜻이다. 그런데 공격적인 마케팅을 위해 일반 회원이지만 지역 주민에게는 경품을 제공하도록 시스템에 새로운 요구사항을 추가하면 난처한 일이 발생한다. 연관 관계를 위한 속성을 `Ordinary Member` 클래스에 두면 비지역민에게도 경품이 제공될 수 있고 `Local` 클래스에 두면 VIP 회원에게도 경품이 제공되기 때문이다. 이는 의도한 바와 다른 잘못된 모델링이다.

그림 2-12 변별자와 다중 분류

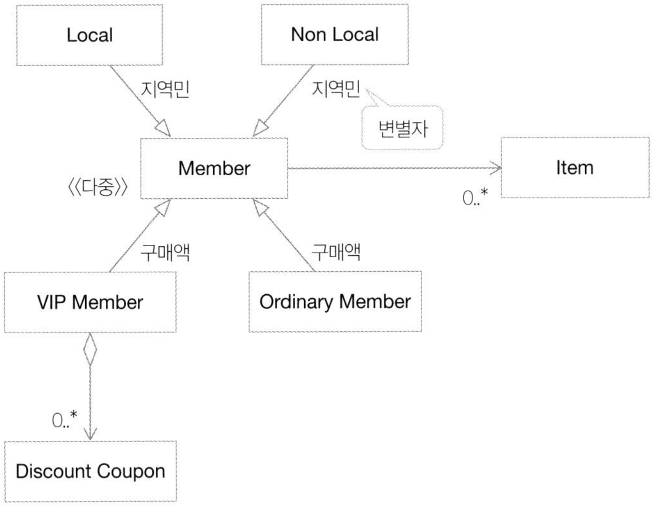

이를 처리하는 한 가지 방법으로 모든 분류 가능한 조합에 대응하는 클래스를 만드는 방법이 있다. 그림 2-12를 예로 들면 `Member` 클래스의 자식 클래스로 다음과 같은 4개의 클래스를 만들 수 있다.

- VIP-Local(VIP 회원이면서 동시에 지역 주민): VIP Member ∩ Local
- VIP-Non Local(VIP 회원이지만 비지역민): VIP Member ∩ Non Local
- Ord-Local(일반 회원이면서 동시에 지역 주민):
- Ord-Non Local(일반 회원이지만 비지역민):

또한 집합론 관점에서 클래스 관계를 표현한 그림 2-13을 살펴보자.

그림 2-13 집합과 일반화 관계

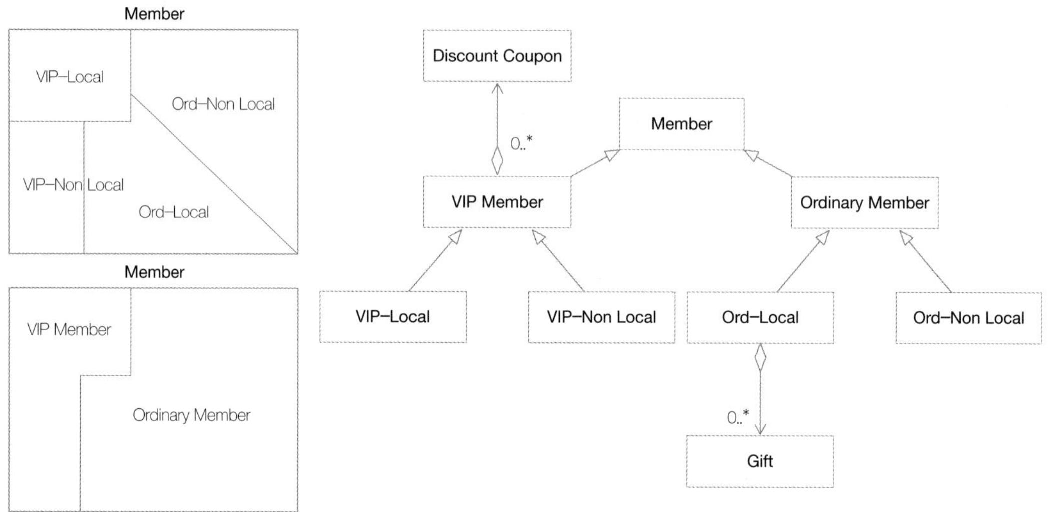

그림 2-13의 클래스는 다음과 같이 분류할 수 있다.

- VIP-Local: VIP Member ∩ Local
- VIP-Non Local: VIP Member ∩ Non Local
- Ord-Local: Ordinary Member ∩ Local
- Ord-Non Local: Ordinary Member ∩ Non Local
- VIP Member: VIP Local ∪ VIP-Non Local
- Ordinary Member: Ord-Local ∪ Ord-Non Local
- Member: VIP Member ∪ Ordinary Member

Keypoint_ 일반화는 자식 클래스들의 적절한 합집합과 교집합으로 이루어진다.

2.4 다형성

객체지향에서 다형성polymorphism은 '서로 다른 클래스의 객체가 같은 메시지를 받았을 때 각자의 방식으로 동작하는 능력'이다. 다형성은 일반화 관계와 함께 자식 클래스를 개별적으로 다룰 필요 없이 한 번에 처리할 수 있게 하는 수단을 제공한다.

애완동물의 경우를 예로 들어보자. 애완동물에는 고양이, 강아지, 앵무새 등 여러 종류의 동물이 있다. 이러한 동물은 같은 행동을 하더라도 행동 방식 자체는 다르다. 내가 고양이에게 'talk'라고 말했다면 고양이는 '야~옹', 강아지라면 '멍멍', 앵무새라면 '안녀엉'이라고 말할 것이다. 고양이, 강아지, 앵무새 모두 'talk'라는 연산을 실행하지만 행동 방식은 모두 다르다. 이게 바로 다형성 개념이다.

다형성이 상속과 연계되어 동작하면 매우 강력한 힘을 발휘한다. 코드 2-15와 같이 고양이(Cat 클래스), 강아지(Dog 클래스), 앵무새(Parrot 클래스)를 자식 클래스로 갖는 애완동물(Pet 클래스) 클래스를 생각해보자. Pet 클래스에 talk 메서드를 정의하고 Cat, Dog, Parrot 클래스에서 여러 가지 울음 방식에 맞게 재정의를 하자.

코드 2-15

```
public abstract class Pet {
  public abstract void talk();
}

public class Cat extends Pet {
  public void talk() {
    System.out.println("야~옹");
  }
}

public class Dog extends Pet {
  public void talk() {
    System.out.println("멍멍");
```

```
    }
  }
  public class Parrot extends Pet {
    public void talk() {
      System.out.println("안녀엉");
    }
  }
```

그리고 Parrot 클래스의 객체를 Pet 클래스 타입으로 지정하자.

```
Pet p = new Parrot();
```

p에 바인딩된 객체에 talk 메서드의 메시지를 전달하면(p.talk()) 현재 p가 실제 참조하는 객체에 따라 실행되는 talk 메서드의 동작이 달라진다. 위 코드의 경우에는 p가 Parrot 클래스의 객체를 참조하기 때문에 Parrot 클래스에 정의된 talk 메서드가 실행된다. 이를 다형성이라 한다.

그럼 애완동물 세 마리의 울음소리를 호출하는 코드를 작성해 다형성을 사용하지 않는 경우(코드 2-16)와 사용하는 경우(코드 2-17)를 비교해 다형성이 얼마나 코드를 단순하게 만들며 변경에 유연하게 대처할 수 있는지 살펴보자.

코드 2-16

```
class Dog {
  public void bark() { ... }
}

class Cat {
  public void meow() { ... }
}

class Parrot {
  public void sing() { ... }
}

public class Main {
  public static void main(String[] args) {
    Dog d = new Dog();
    Cat c = new Cat();
    Parrot p = new Parrot();
```

```
    d.bark();
    c.meow();
    p.sing();
  }
}
```

코드 2-17

```
abstrat class Pet {
  public abstract void talk();
}

class Dog extends Pet {
  public void talk() { ... }
}

class Cat extends Pet {
  public void talk() { ... }
}

class Parrot extends Pet {
  public void talk() { ... }
}

public class Main {
  public static void groupTalk(Pet[] p) {
    int i;

    for (i = 0; i < 3; i++)
      typo p[i].talk()
  }

  public static void main(String[] args) {
    Pet[] p = {new Cat(), new Dog(), new Parrot()};
    groupTalk(p);
  }
}
```

다형성을 사용하지 않는 경우는 클래스별로 다르게 처리해주어야 하지만 다형성을 사용하는 경우에는 구체적으로 현재 어떤 클래스 객체가 참조되는지와 무관하게 프로그래밍을 할 수 있다. 따라서 새로운 애완동물을 나타내는 클래스가 자식 클래스로 추가되더라도 코드는 영향을 받지 않는다. 이것이 가능한 이유는 일반화 관계에 있을 때 부모 클래스의 참조 변수가 자식 클래스의 객체를 참조할 수 있기 때문이다. 단, 부모 클래스의 참조 변수가 접근할 수 있는 것은 부모 클래스가 물려준 변수와 메서드뿐이다.

Keypoint_ 다형성과 일반화 관계는 코드를 간결하게 할 뿐 아니라 변화에도 유연하게 대처할 수 있게 한다.

체크포인트_ 다음 코드의 문제점은 무엇인가?

```
public abstract class Animal {
  public abstract void printName();
}

public class Cat extends Animal {
  public void printName() {
    System.out.println("고양이");
  }
}

public class Dog extends Animal {
  public void printName() {
    System.out.println("개");
  }
}

public class Snake extends Animal {
  public void printName() {
    System.out.println("뱀");
  }
}

public class Lion extends Animal {
  public void printName() {
    System.out.println("사자");
  }

  public void ride() {
    System.out.println("사자 타보았니? 타보지 않았으면 말을 하지 마!");
  }
}
```

```
public class Main {
  public static void main(String[] args) {
    Animal[] animals = { new Cat(), new Dog(), new Lion(), new Snake() };
    ((Cat)animals[0]).printName();
    ((Cat)animals[1]).printName();
    ((Snake)animals[2]).printName();
    animals[2].ride();
    animals[3].printName();
  }
}
```

체크포인트_ 다음 프로그램의 실행 결과를 통해 상속과 정적 메서드의 관계를 유추하라.

```
public class A {
  public static void doIt() {
    System.out.println("doIt: A class method");
  }

  public void doThat() {
    System.out.println("doThat: A class method");
  }
}

public class A1 extends A {
  public static void doIt() {
    System.out.println("doIt: A1 class method");
  }

  public void doThat() {
    System.out.println("doThat: A1 method");
  }
}

public class Main {
  public static void main(String[] args) {
    A a1 = new A1();
    A1 a2 = new A1();

    a1.doIt();
```

```
        a1.doThat();
        a2.doIt();
    }
}
```

실행 결과

```
DoIt: A class method
DoThat: A1 class method
DoIt: A1 class method
```

2.5 피터 코드의 상속 규칙

피터 코드Peter Coad는 상속의 오용을 막기 위해 상속의 사용을 엄격하게 제한하는 규칙들을 만들었다. 다음 5가지 규칙이 있으며 어느 하나라도 만족하지 않는다면 상속을 사용해서는 안 된다.

- 자식 클래스와 부모 클래스 사이는 '역할 수행is role played by' 관계가 아니어야 한다.
- 한 클래스의 인스턴스는 다른 서브 클래스의 객체로 변환할 필요가 절대 없어야 한다.
- 자식 클래스가 부모 클래스의 책임을 무시하거나 재정의하지 않고 확장만 수행해야 한다.
- 자식 클래스가 단지 일부 기능을 재사용할 목적으로 유틸리티 역할을 수행하는 클래스를 상속하지 않아야 한다.
- 자식 클래스가 '역할role', '트랜잭션transaction', '디바이스device' 등을 특수화specialization해야 한다.

그림 2-14는 사람이 운전자와 회사원의 역할을 수행하는 것을 예로 든 클래스 다이어그램이다.

그림 2-14 상속으로 표현한 역할 수행 관계

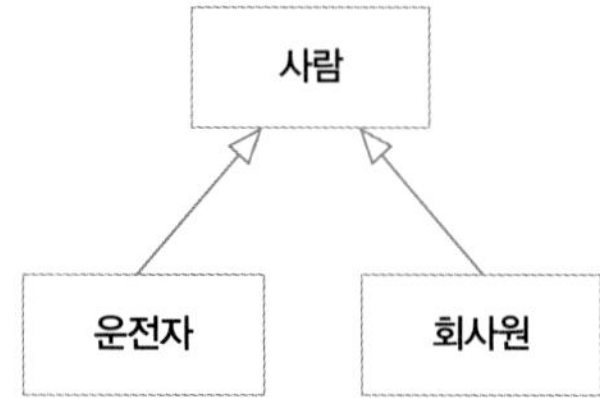

이 클래스 다이어그램을 바탕으로 피터 코드의 5가지 규칙을 살펴보자.

첫 번째 규칙인 자식 클래스가 부모 클래스의 역할 중 하나를 표현하는지를 점검해보자. '운전자'는 어떤 순간에 '사람'이 수행하는 역할의 하나다. 마찬가지로 '회사원'도 사람이 어떤 순간에 수행하는 역할의 하나다. 따라서 사람과 운전자나 사람과 회사원은 상속 관계로 표현되어서는 안 되므로 규칙에 위배된다.

두 번째 규칙인 자식 클래스의 인스턴스들 사이에 변환 관계가 필요한지를 점검해보자. '운전자'는 어떤 시점에서 '회사원'이 될 필요가 있으며 '회사원' 역시 '운전자'가 될 필요가 있다. 가령 자신이 일하는 회사로 출퇴근하는 동안에는 '운전자'로서의 역할을 수행하며, 회사에 있을 때는 '회사원'으로서의 역할을 수행한다. 이런 경우 객체의 변환 작업이 필요하므로 규칙에 위배된다. 가령 평생 운전자 역할만 하던가 회사원 역할만 수행한다면 그림 2-14와 같이 표현하는 것도 나쁘지 않다. 그러나 대부분의 사람은 한 역할에 고정되지 않고 시점에 따라 다른 역할을 수행하는 경우가 많다.

세 번째 규칙은 점검할 수가 없다. '사람', '운전자', '회사원' 클래스 등에 어떤 속성과 연산이 정의되었는지 정보가 없기 때문이다.

네 번째 규칙은 기능만 재사용할 목적으로 상속 관계를 표현하지는 않았으므로 규칙을 준수한다.

마지막 규칙은 슈퍼 클래스가 역할, 트랜잭션, 디바이스를 표현하지 않았으므로 규칙에 위배된다.

따라서 피터 코드의 규칙에 따라 이 클래스 다이어그램은 그림 2-15와 같이 상속을 사용하지 않고 집약(혹은 연관) 관계를 사용해 클래스 사이의 관계를 표현하는 편이 좋다. 이렇게 설계하면 사람은 종업원 역할과 운전자 역할을 수행한다는 사실이 자연스럽게 드러난다. 또한 어느 순간에는 두 역할도 수행하지 않을 수 있다는 다중성도 표현할 수 있다.

그림 2-15 집약 관계를 이용한 역할 수행 표현

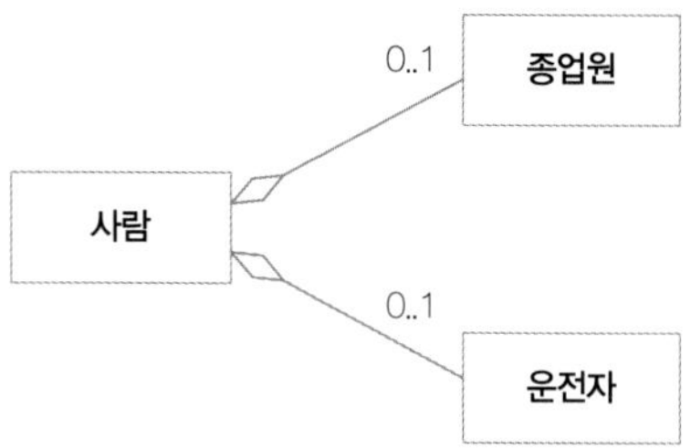

체크포인트_ 그림 2-14와 다음 클래스 다이어그램의 차이점은 무엇인가?

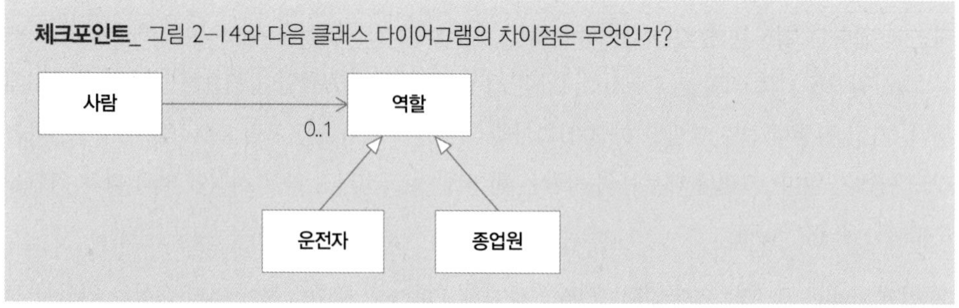

체크포인트_ 회사에 도착했을 때 운전자에서 종업원으로 역할이 변경되어 회사에서 업무를 수행하는 상황을 코드로 작성하라.

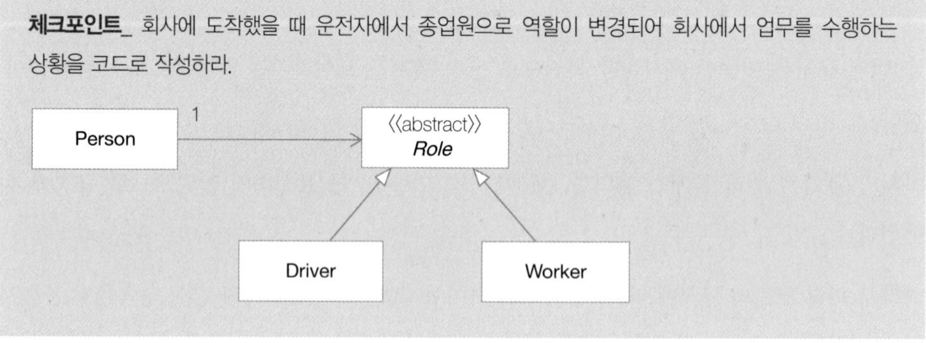

66쪽

코드 2-4를 ArrayList 클래스를 이용하도록 변경하라.

```
import java.util.ArrayList;

public class ArrayListStack {
  public int stackSize;
  public ArrayList<Integer> items; // 자료구조가 배열에서 ArrayList로 변경됨

  public ArrayListStack(int stackSize) {
    items = new ArrayList<Integer>(stackSize);
    this.stackSize = stackSize;
  }

  public boolean isEmpty() {
    return items.isEmpty();
  }

  public boolean isFull() {
    return (items.size() >= this.stackSize);
  }

  public void push(int item) {
    if (isFull()) {
      System.out.println("Inserting fail!");
    }
    else {
      items.add(new Integer(item));
      System.out.println("Inserted Item : " + item);
    }
  }

  public int pop() {
    if (isEmpty()) {
      System.out.println("Deleting fail!");
      return -1;
    }
    else {
      return items.remove(items.size() - 1);
    }
```

```
  }

  public int peek() {
    if (isEmpty()) {
      System.out.println("Peeking fail! Array Stack is empty!");
      return -1;
    }
    else {
      return items.get(items.size() - 1);
    }
  }
}
```

68쪽

코드 2-4가 다음과 같이 ArrayList 클래스를 이용할 경우 main 메서드를 작성하라.

```
import java.util.ArrayList;

public class ArrayListStack {
  private int stackSize;
  private ArrayList<Integer> items;

  public ArrayListStack(int stackSize) {
    items = new ArrayList<Integer>(stackSize);
    this.stackSize = stackSize;
  }

  public boolean isEmpty() {
    return items.isEmpty();
  }

  public boolean isFull() {
    return (items.size() >= this.stackSize);
  }

  public void push(int item) {
    if (isFull()) {
      System.out.println("Inserting fail!");
    }
```

```
    else {
      items.add(new Integer(item));
      System.out.println("Inserted Item : " + item);
    }
  }

  public int pop() {
    if (isEmpty()) {
      System.out.println("Deleting fail!");
      return -1;
    }
    else {
      return items.remove(items.size() - 1);
    }
  }

  public int peek() {
    if (isEmpty()) {
      System.out.println("Peeking fail! Array Stack is empty!");
      return -1;
    }
    else {
      return items.get(items.size() - 1);
    }
  }
}
```

StackClient 클래스는 스택의 구현 방식이 리스트로 변경되더라도 전혀 영향을 받지 않으며 변경할 필요가 없다.

```
public class StackClient {
  public static void main(String[] args) {
    ArrayListStack st = new ArrayListStack(10);
    st.push(20);
    System.out.print(st.peek());
  }
}
```

72쪽

코드 2-10을 이용해 만든 스택이 스택의 무결성 조건에 위배되도록 main 메서드를 작성하라.

```
public class Main {
  public static void main(String[] args) {
    MyStack<String> st = new MyStack<String>();

    st.push("insang1");
    st.push("insang2");
    st.set(0, "insang3"); // 허용되어서는 안됨
    System.out.println(st.pop());
    System.out.println(st.pop());
  }
}
```

실행 결과

```
insang2
insang3
```

75쪽

Vector 클래스를 사용(위임)해 Stack 클래스를 구현하라.

```
import java.util.Vector;

public class VectorStack {
  private Vector<String> v = new Vector<String>();

  public void push(String element) {
    v.add(element);
  }

  public String pop() {
    return v.remove(v.size() - 1);
  }
```

```
  public boolean isEmpty() {
    return v.isEmpty();
  }

  public int size() {
    return v.size();
  }
}
```

☑84쪽

다음 코드의 문제점은 무엇인가?

```
public abstract class Animal {
  public abstract void printName();
}

public class Cat extends Animal {
  public void printName() {
    System.out.println("고양이");
  }
}

public class Dog extends Animal {
  public void printName() {
    System.out.println("개");
  }
}

public class Snake extends Animal {
  public void printName() {
    System.out.println("뱀");
  }
}

public class Lion extends Animal {
  public void printName() {
    System.out.println("사자");
  }

  public void ride() {
```

```
    System.out.println("사자 타보았니? 타보지 않았으면 말을 하지 마!");
  }
}

public class Main {
  public static void main(String[] args) {
    Animal[] animals = { new Cat(), new Dog(), new Lion(), new Snake() };
    ((Cat)animals[0]).printName();
    ((Cat)animals[1]).printName();
    ((Snake)animals[2]).printName();
    animals[2].ride();
    animals[3].printName();
  }
}
```

위 코드에서 에러가 발생하는 구문은 다음과 같다.

```
((Cat)animals[1]).printName();
((Snake)animals[2]).printName();
animals[2].ride();
```

우선 첫 두 구문에서는 형제 상속 관계에서 형제 클래스 사이에 형변환을 할 수 없는데도 강제로 형변환을 하여 에러가 발생한다. 첫 번째 구문에서는 Dog 객체를 Cat 객체로 강제 형변환했기 때문에 에러가 발생하고 두 번째 구문에서는 Lion 객체를 Snake 객체로 강제 형변환했기 때문에 에러가 발생한다. 마지막 구문 animals[2].ride( );는 상속 관계에 있을 때 부모 클래스의 참조 변수(animal[2])가 자식 클래스의 객체(Lion 객체)를 참조할 수 있지만 이때 부모 클래스의 참조 변수가 접근할 수 있는 것은 부모 클래스가 물려준 변수와 메서드뿐이다. 이 경우 animal[2]로 참조할 수 있는 것은 printName 메서드뿐이지만 코드에서는 ride 메서드를 호출해 사용하므로 에러가 발생한다. ride 메서드를 사용하려면 Lion 객체로 형변환을 해야 한다.

위 코드를 에러 없이 처리하려면 Main 클래스를 다음과 같이 수정해야 한다.

```
public class Main {
  public static void main(String[] args) {
    Animal[] animals = { new Cat(), new Dog(), new Lion(), new Snake() }
    ((Cat)animals[0]).printName();
    ((Dog)animals[1]).printName(); // 또는 animals[1].printName();
    animals[2].printName();
```

```
    ((Lion)animals[2]).ride();
    animals[3].printName();
  }
}
```

85쪽

다음 프로그램의 실행 결과를 통해 상속과 정적 메서드의 관계를 유추하라.

```
public class A {
  public static void doIt() {
    System.out.println("doIt: A class method");
  }

  public void doThat() {
    System.out.println("doThat: A class method");
  }
}

public class A1 extends A {
  public static void doIt() {
    System.out.println("doIt: A1 class method");
  }

  public void doThat() {
    System.out.println("doThat: A1 class method");
  }
}

public class Main {
  public static void main(String[] args) {
    A a1 = new A1();
    A1 a2 = new A1();

    a1.doIt();
    a1.doThat();
    a2.doIt();
  }
}
```

실행 결과

```
DoIt: A class method
DoThat: A1 class method
DoIt: A1 class method
```

결과를 살펴보면 정적 메서드는 상속을 통해 오버라이드되지 않음을 알 수 있다. 이는 정적 메서드를 실행할 때 동적 바인딩을 실행하는 것이 아니고 컴파일할 때 결정된 객체의 타입에 따라 실행될 메서드가 결정된다는 의미다.

88쪽

그림 2-14와 다음 클래스 다이어그램의 차이점은 무엇인가?

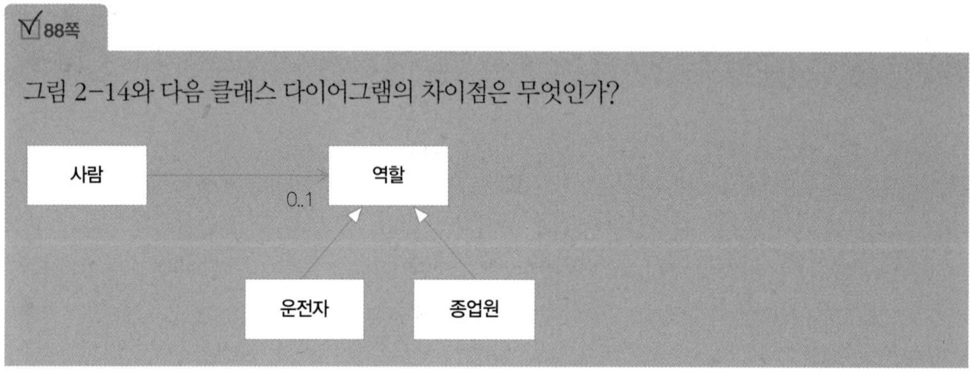

그림 2-14의 클래스 다이어그램은 사람의 역할이 종업원과 운전자로 고정되어 있다. 따라서 사람에게 새로운 역할이 부가되면 '사람' 클래스 코드도 변경되어야 한다. 그러나 위 클래스 다이어그램은 '역할'이라는 추상 클래스를 상속받는 구조로 구체적인 역할 클래스들을 캡슐화하기 때문에 새로운 역할이 추가되더라도 기존의 코드는 영향을 받지 않는다. 가령 다음 클래스 다이어그램처럼 기존의 코드에 전혀 영향을 주지 않고 '축구 선수'라는 역할을 추가할 수 있다. 이를 개방-폐쇄의 원칙Open-Closed Principle, OCP이라 한다.

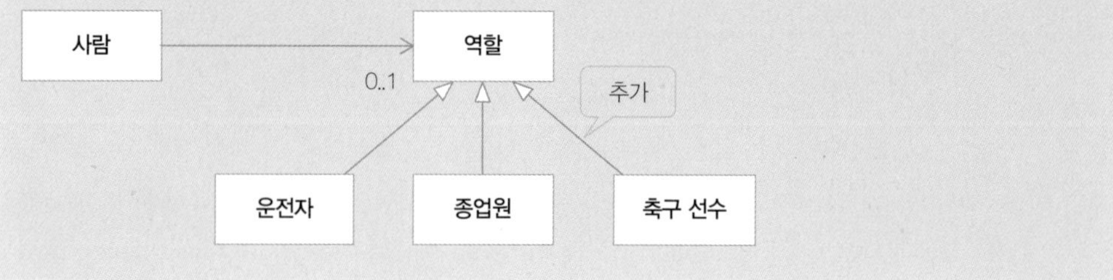

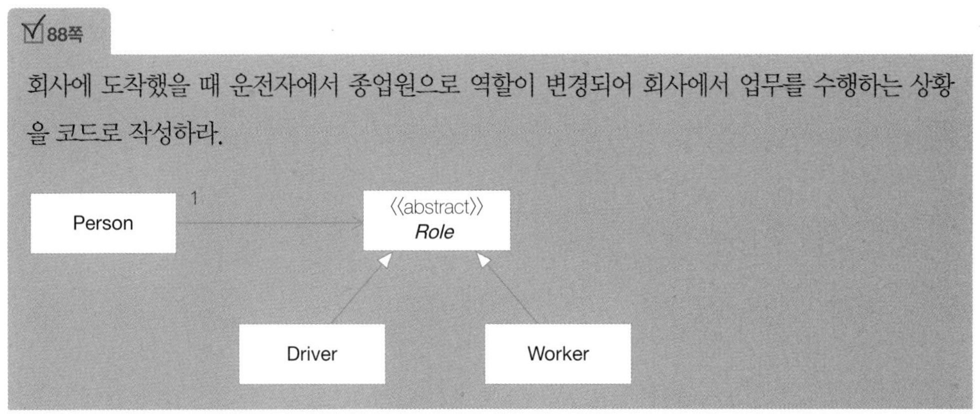

88쪽
회사에 도착했을 때 운전자에서 종업원으로 역할이 변경되어 회사에서 업무를 수행하는 상황을 코드로 작성하라.
Person
1
《abstract》
Role
Driver
Worker


```
public class Person {
  private Role r;
  public void setRole(Role r) {
    this.r = r;
  }

  public Role getRole() {
    return this.r;
  }

  public void doIt() {
    r.doIt();
  }
}

public abstract class Role {
  public abstract void doIt();
}

public class Driver extends Role {
  public void doIt() {
    System.out.println("Driving");
  }
}

public class Worker extends Role {
  public void doIt() {
    System.out.println("Working");
```

```
  }
}

public class Main {
  public static void main(String[] args) {
    Person p = new Person();
    p.setRole(new Driver()); // 운전자로 역할 변경
    p.doIt(); // 운전자 역할 수행
    p.setRole(new Worker())(); // 종업원으로 역할 변경
    p.doIt(); // 종업원 역할 수행
  }
}
```

1. 다음 중 잘못 연결된 것은?

① 추상화 – 시스템 모델링의 기반이다.

② 일반화 – 객체지향 방법에서 기능을 재사용하는 유일한 방법이다.

③ 캡슐화 – 변경의 영향을 최소화한다.

④ 다형성 – 코드를 간결하게 하고 변경사항에 유연하게 대처할 수 있게 한다.

2. 다음은 어떤 개념을 설명한 것인가?

- 서로 다른 클래스의 객체가 같은 메시지를 받았을 때 각자의 방식으로 동작한다.

① 추상화 ② 일반화 ③ 캡슐화 ④ 다형성

3. 다음 괄호에 들어가기에 가장 적당한 것은?

- 일반화 관계는 클래스들을 외부로부터 은닉하는 ( )로 간주할 수 있으며 클라이언트가 개별적인 클래스들과는 무관하게 프로그래밍할 수 있게 한다.
- ( )는 변경의 영향을 최소화한다.

① 추상화 ② 일반화 ③ 캡슐화 ④ 다형성

4. 다음 코드는 음원을 구매하는 웹 사이트의 장바구니 할인율을 고려해 장바구니에 담긴 음원의 총 가격을 계산하는 기능을 구현한 것이다. 각 음원은 할인 모드에 따라 할인율이 다르게 적용된다. 현재 OnSale 모드와 TodayEvent라는 2가지 할인 모드가 있다. OnSale 모드에서는 음원 가격에 10%의 할인율이 적용되고 TodayEvent 모드는 30%의 할인율이 적용된다. 다음 코드의 문제점을 지적하고 개선하라.

CartForSongs.java

```
public class CartForSongs {
  ArrayList<Song> cart = new ArrayList<Song>();

  public double calculateTotalPrice() {
    double total = 0.0;
    Iterator<Song> itr = cart.iterator();

    while (itr.hasNext()) {
      Song s = itr.next();
```

```
      if (s.getDiscountMode().equals("OnSale"))
        total = total + (s.getPrice() - 0.1 * s.getPrice());
      else if (s.getDiscountMode().equals("TodayEvent"))
        total = total + (s.getPrice() - 0.3 * s.getPrice());
      else
        total = total + s.getPrice();
    }
    return total;
  }

  public void add(Song s) {
    cart.add(s);
  }
}
```

Song.java

```
public class Song {
  private String mode;

  public void setMode(String mode) {
    this.mode = mode;
  }

  public double getPrice() {
    return 10.0;
  }

  public String getDiscountMode() {
    return this.mode;
  }
}
```

Main.java

```
public class Main {
  public static void main(String[] args) {
    Song s1 = new Song();
    s1.setMode("NonDiscounted");

    Song s2 = new Song();
    s2.setMode("NonDiscounted");
```

```
    Song s3 = new Song();
    s3.setMode("OnSale");

    Song s4 = new Song();
    s4.setMode("TodayEvent");

    CartForSongs c = new CartForSongs();

    c.add(s1);
    c.add(s2);
    c.add(s3);
    c.add(s4);

    System.out.println(c.calculateTotalPrice());
  }
}
```

5. 4번 문제를 다음 클래스 다이어그램과 같이 설계하려고 한다. 어떤 문제가 있는가?

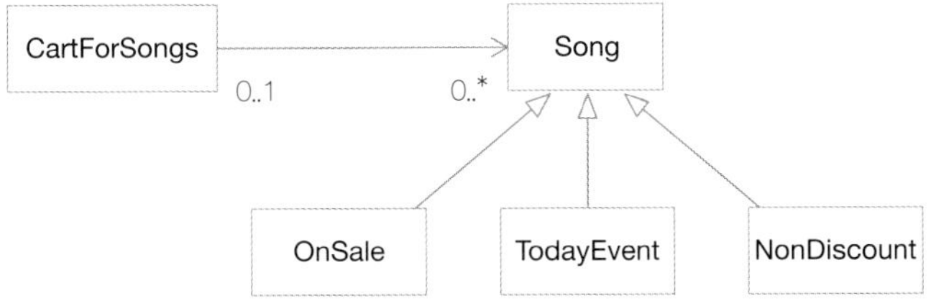

6. 괄호 안을 채워 LinkedList 클래스를 이용하는 Queue 클래스를 작성하라.

Queue.java

```
import java.util.LinkedList;

public class Queue<String> extends LinkedList<String> {
  public boolean addQueue(String element) {
    (                          )
  }

  public String removeQueue() {
    (                          )
  }
```

```
    public String peekQueue() {
      (                         )
    }
  }
```

7. 6번 문제와 같은 설계는 어떤 문제점이 있는가? 개선된 설계로 다시 구현하라.

8. 보통 웹 사이트는 회원 등급에 따라 다양한 서비스를 제공한다. 갑돌이는 의류 판매 웹 사이트를 운영한 최근 한 달간 구매 액수에 따라 회원 등급을 VIP, Good, Ordinary의 세 등급으로 분류해 서비스를 차등화하려 한다. 웹 사이트를 다음 클래스 다이어그램과 같이 설계할 때 어떤 문제점이 있는가?

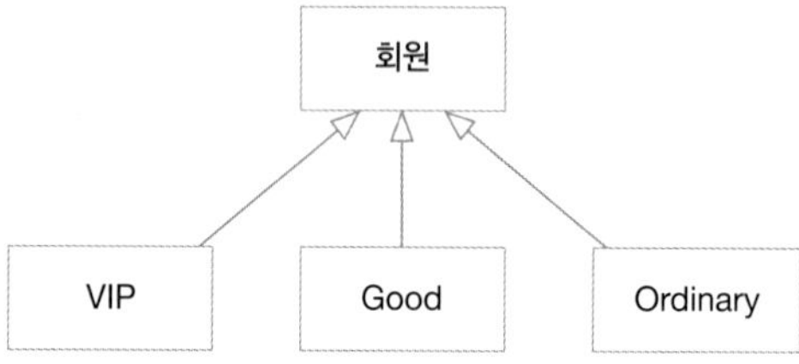

CHAPTER 3

SOLID 원칙

학습목표

- SOLID*의 개념 이해하기
- SRP 이해하기
- OCP 이해하기
- LSP 이해하기
- DIP 이해하기
- ISP 이해하기

* 3장에서 설명할 디자인 원칙인 SRP, OCP, LSP, ISP, DIP의 앞글자를 딴 용어다.

3.1 단일 책임 원칙

소프트웨어 설계 첫 번째 원칙으로 SRP[Single Responsibility Principle]라는 단일 책임 원칙이 있다. 말 그대로 해석하면 단 하나의 책임만을 가져야 한다는 의미다. 실제 3장에서 소개할 설계 원칙 5가지는 반드시 객체지향 소프트웨어 설계에만 한정되는 것이 아니며, (C를 사용하는) 절차적 프로그래밍 기법에도 적용할 수 있다.

3.1.1 책임의 의미

객체지향 설계 관점에서는 SRP에서 말하는 책임의 기본 단위는 객체를 지칭한다. 즉, 객체는 단 하나의 책임만 가져야 한다는 의미다.

그렇다면 책임이란 무엇인가? 책임은 여러 관점으로 해석할 수 있지만 보통 '해야 하는 것'이나 '할 수 있는 것'으로 간주할 수 있다. 객체에 책임을 할당할 때는 어떤 객체보다도 작업을 잘 할 수 있는 객체에 책임을 할당해야 한다. 또한 객체는 책임에 수반되는 모든 일을 자신만이 수행할 수 있어야 한다.

Keypoint_ 책임 = 해야 하는 것
책임 = 할 수 있는 것
책임 = 해야 하는 것을 잘 할 수 있는 것

예를 들어 Student(학생) 클래스가 수강 과목을 추가하거나 조회하고, 데이터베이스에 객체 정보를 저장하거나 데이터베이스에서 객체 정보를 읽는 작업도 처리하고, 성적표와 출석부에 출력하는 일도 실행한다고 가정하자. 이런 경우 Student 클래스는 코드 3-1처럼 정의될 것이다.

코드 3-1

```
public class Student {
  public void getCourses() { ... }
  public void addCourse(Course c) { ... }

  ...
```

```
    public void save() { ... }
    public Student load() { ... }
    public void printOnReportCard() { ... }
    public void printOnAttendanceBook() { ... }
}
```

그런데 지금대로라면 Student 클래스는 너무나 많은 책임을 수행해야 한다. 현재 Student 클래스에 할당된 책임 중에서 가장 잘할 수 있는 것은 수강 과목을 추가하고 조회하는 일이다. 데이터베이스에 학생 정보를 저장하고 데이터베이스로부터 읽는 일이나 성적표와 출석부에 출력하는 일은 Student 클래스가 아닌 다른 클래스가 더 잘할 수 있는 여지가 많다. 따라서 Student 클래스에는 수강 과목을 추가하고 조회하는 책임만 수행하도록 하는 것이 SRP를 따르는 설계다.

3.1.2 변경

SRP를 따르는 실효성 있는 설계가 되려면 책임을 좀 더 현실적인 개념으로 파악할 필요가 있다. 우리가 설계 원칙을 학습하는 이유는 예측하지 못한 변경사항이 발생하더라도 유연하고 확장성이 있도록 시스템 구조를 설계하기 위해서다. 좋은 설계란 기본적으로 시스템에 새로운 요구사항이나 변경이 있을 때 가능한 한 영향 받는 부분을 줄여야 한다. 가령 어떤 클래스가 잘 설계되었는지를 판단하려면 언제 변경되어야 하는지를 물어보는 것이 좋다.

> **Keypoint_** 책임 = 변경 이유

그럼 현재의 Student 클래스는 언제 변경되어야 하나? 이에 답하려면 Student 클래스의 변경 이유를 찾아보는 것이 좋다. 이유는 다음과 같다.

- 데이터베이스의 스키마가 변경된다면 Student 클래스도 변경되어야 하는가?
- 학생이 지도 교수를 찾는 기능이 추가되어야 한다면 Student 클래스는 영향을 받는가?
- 학생 정보를 성적표와 출석부 이외의 형식으로 출력해야 한다면 어떻게 해야 하는가?

이러한 사항은 모두 학생 클래스를 변경해야 하는 이유가 된다.

그림 3-1 변경의 영향

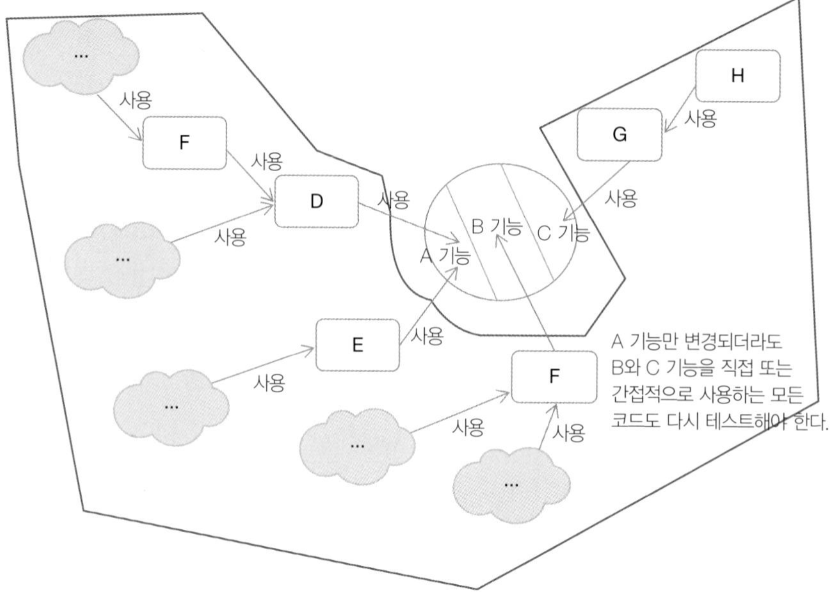

또한 책임을 많이 질수록 클래스 내부에서 서로 다른 역할을 수행하는 코드끼리 강하게 결합될 가능성이 높아진다. 예를 들어 현재 수강 과목을 조회하는 코드(getCourse 메서드)와 데이터베이스에서 학생 정보를 가져오는 코드(load 메서드) 중 어딘가가 연결될 수도 있고, 학생이 수강 과목을 추가하는 코드(addCourse 메서드)와 데이터베이스에 학생 정보를 갱신하는 코드(save 메서드)가 서로 연결될 수도 있다. 이런 경우 데이터베이스 스키마의 변화가 학생의 고유한 기능(getCourses 메서드, addCourse 메서드)을 구현한 코드에 변화를 불러일으킬 수도 있다.

3.1.3 책임 분리

Student 클래스는 여러 책임을 수행하므로 Student 클래스의 도움을 필요로 하는 코드도 많을 수밖에 없다. 학생의 수강 과목 목록을 사용해 어떤 일을 수행하는 코드도 Student 클래스의 도움을 필요로 하며, 신입생 정보를 데이터베이스에 기록하는 데도 Student 클래스를 필요로 할 수 있다. 또한 성적표와 출석부를 필요로 하는 코드도 Student 클래스를 사용할 수 있다. 이런 이유 때문에 Student 클래스에 변경사항이 생기면 Student 클래스를 사용하는 코드와 전혀 관계가 없더라도 직접 또는 간접적으로 사용하는 모든 코드를 다시 테스트해야 한다. 가령 성적표에 학생을 표시하는 기능에 변경사항이 생기면 수강 과목을 조회하거나 등록하는 기능을 사용하는 코드도 다시 테스트해야 한다는 의미다. 참고로, 이와 같이 어떤 변화가 있을 때 해당 변화가 기존 시스템의 기능에 영향을 주는지 평가하는 테스트를 회귀regression 테스트라 한다.

> **Keypoint_** 시스템에 변경이 발생할 때 기존의 기능에 영향을 주는지를 평가하는 테스트를 회귀 테스트라 한다. 회귀 테스트 비용을 줄이는 방법 하나는 시스템에 변경사항이 발생했을 때 영향을 받는 부분을 적게 하는 것이다.

모든 코드를 테스트하는 문제를 해결하려면 한 클래스에 너무 많은 책임을 부여하지 말고 단 하나의 책임만 수행하도록 해 변경 사유가 될 수 있는 것을 하나로 만들어야 한다. 이를 책임 분리라 한다.

그림 3-2 책임 분리

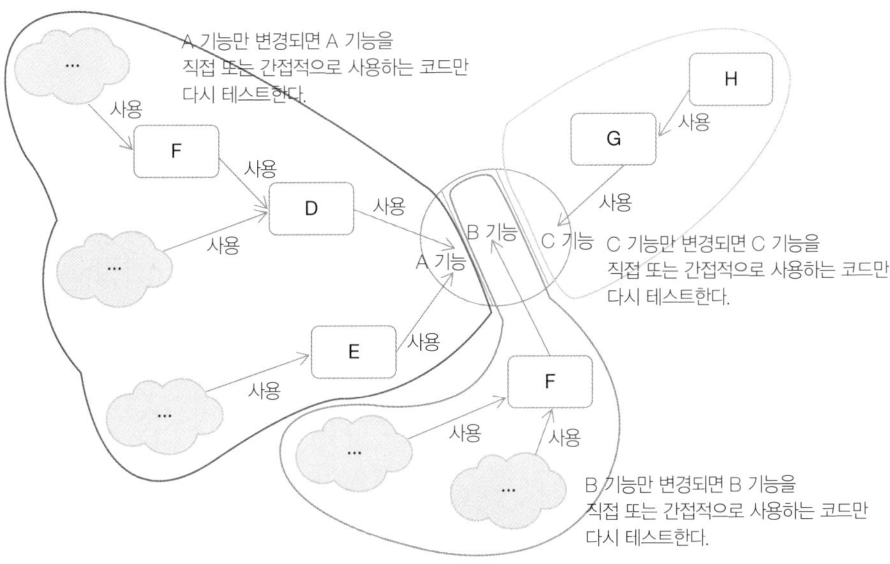

Student 클래스의 경우 변경 사유가 될 수 있는 것은 학생의 고유 정보, 데이터베이스 스키마, 출력 형식의 변화 등 3가지다. 따라서 Student 클래스는 학생 고유의 역할을 수행하게끔 변경

하고 학생 클래스의 인스턴스를 데이터베이스에 저장하거나 읽어들이는 역할을 담당하는 학생 DAO 클래스, 출석부와 성적표에 출력을 담당하는 성적표 클래스와 출석부 클래스로 분리하는 편이 좋다. 이와 같이 클래스들이 책임을 적절하게 분담하도록 변경하면 어떤 변화가 생겼을 때 영향을 최소화할 수 있다. 가령 그림 3-3과 같이 개선된 설계에서서는 데이터베이스의 스키마가 변화되면 학생 DAO 클래스나 이를 사용하는 클래스만 영향을 받는다.

그림 3-3 개선된 디자인

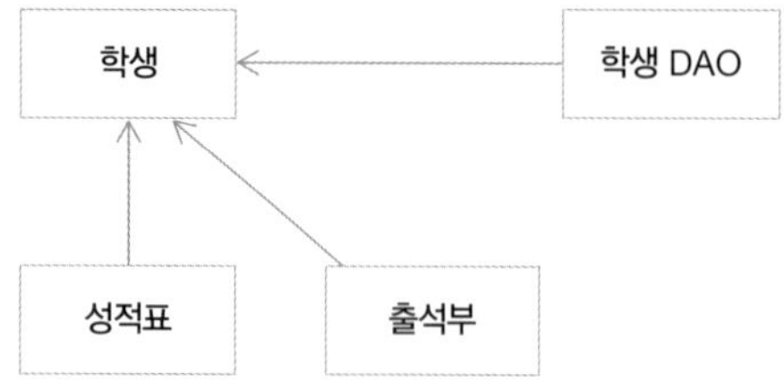

3.1.4 산탄총 수술

지금까지는 한 클래스가 여러 가지 책임을 가진 상황을 살펴봤다. 그런데 하나의 책임이 여러 개의 클래스들로 분산되어 있는 경우에도 단일 책임 원칙에 입각해 설계를 변경해야 하는 경우도 있다.

이때 산탄총 수술shotgun surgery이라는 용어를 사용한다. 산탄총에는 하나의 총알에 여러 개의 산탄이 들어 있어 총을 쏘면 산탄이 사방으로 퍼지면서 날아간다. 따라서 산탄을 맞은 동물(사람이라 생각하기 싫다)은 온몸에 여러 발의 총알을 맞은 것과 같은 상태가 된다. 산탄총 수술은 이와 같이 수의사가 산탄총을 맞은 동물을 치료하는 상황처럼 어떤 변경이 있을 때 하나가 아닌 여러 클래스를 변경해야 한다는 점에 착안해 만들어졌다.

그림 3-4 산탄총 수술

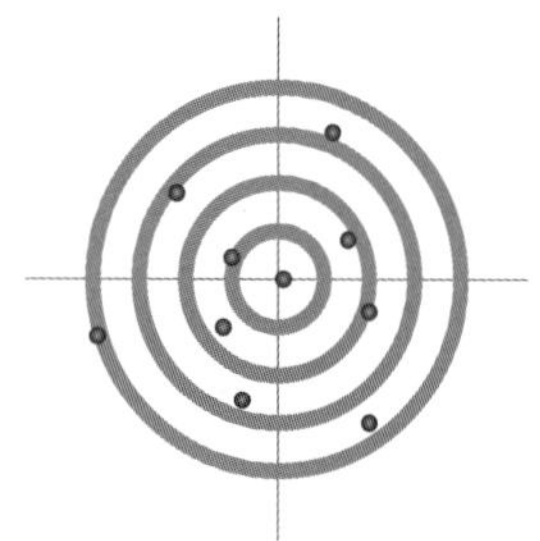

산탄총 수술이 위험한 이유는 수술 부위가 많다는 것만이 아니라 모든 환부를 빠짐없이 찾아야 한다는 점이다. 환부의 일부분만 수술한다면 수술은 실패로 끝나고 환자의 생명은 더욱 위태로워진다. 여러 개의 클래스에 책임이 분산된 경우도 마찬가지다. 클래스 하나하나를 모두 변경하지 않으면 프로그램이 정상적으로 동작하지 않고 에러가 발생한다. 하나의 책임이 여러 개의 클래스로 분리되어 있는 예는 특히 로깅, 보안, 트랜잭션과 같은 횡단 관심cross-cutting concern으로 분류할 수 있는 기능이 대표적이다. 횡단 관심에 속하는 기능은 대부분 시스템 핵심 기능(하나의 책임) 안에 포함되는 부가 기능(여러 개의 클래스로 분리)이다. 그런데 보통 그림 3-5와 같이 부가 가능에 변경사항이 발생하면 해당 부가 기능을 실행하는 모든 핵심 기능에도 변경사항이 적용되어야 한다.

그림 3-5 횡단 관심

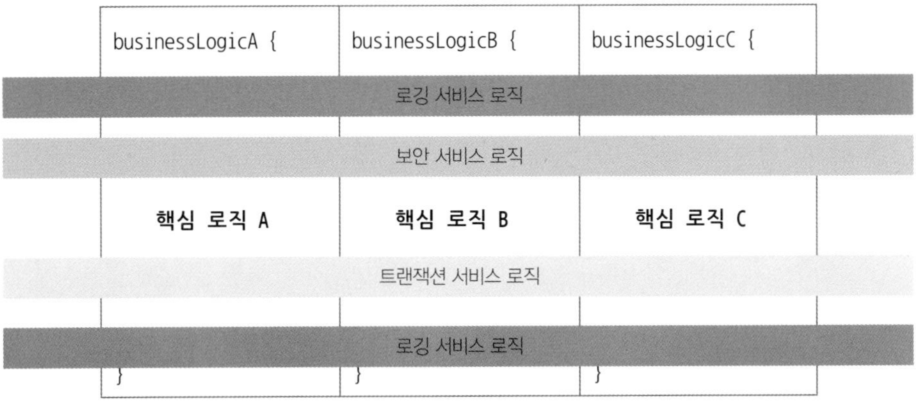

가령 시스템에서 실행하는 특정 메서드들의 실행 로그를 데이터베이스에 저장한다고 생각해보자. 분명 메서드에 로그 기능을 실행하는 코드가 삽입되어 있을 것이다. 만약 로그를 데이터베이스에 저장하지 않고 파일로 저장하는 경우에는 우선 로그 기능이 삽입된 메서드를 찾고 삽입된 로그 코드를 적절하게 변경해야 한다. 이러한 방식은 산탄총 수술을 하는 것과 같이 변경될 곳을 빠짐없이 모두 찾아 수정해야 하는 고도의 집중력이 요구되는 힘든 작업이다. 이를 해결하는 방법은 이러한 부가 기능을 별개의 클래스로 분리해 책임을 담당하게 하는 것이다. 즉, 여러 곳에 흩어진 공통 책임을 한 곳에 모으면서 응집도를 높인다.

그러나 이런 독립 클래스를 구현하더라도 구현된 기능들을 호출하고 사용하는 코드는 해당 기능을 사용하는 코드 어딘가에 포함될 수밖에 없다.

3.1.5 관심지향 프로그래밍과 횡단 관심 문제

앞에서 설명한 횡단 관심 문제를 해결하는 방법으로 관심지향 프로그래밍Aspect-Oriented Programming, AOP 기법이 있다.* AOP는 횡단 관심을 수행하는 코드를 애스펙트aspect라는 특별한 객체로 모듈화하고 위빙weaving이라는 작업을 통해 모듈화한 코드를 핵심 기능에 끼워넣을 수 있다. 이를 통해 기존의 코드를 전혀 변경하지 않고도 시스템 핵심 기능에서 필요한 부가 기능을 효과적으로 이용할 수 있다. 만약 횡단 관심에 변경이 생긴다면 해당 애스펙트만 수정하면 된다.

Keypoint_ 연관 관계의 역할 이름은 연관된 클래스의 객체들이 서로를 참조할 수 있는 속성의 이름으로 활용할 수 있다.

SRP와 고전적 설계 개념인 응집도와 결합도의 관계는 다음과 같다. 응집도란 한 프로그램 요소(절차지향 관점에서는 프로그램 함수나 프로시저, 객체지향적 관점에서는 클래스나 메서드)가 얼마나 뭉쳐 있는가를 나타내는 척도다. 가령 프로시저 하나가 단일 기능을 실행하도록 문장이나 자료구조가 구성되었다면 해당 기능을 실행하기 위해 해당 구성 요소 어떤 것도 빠뜨리지 못할 것이다. 말 그대로 구성 요소들 사이의 응집력이 강하다. 이에 반해 프로시저가 여러 기능을 실행하도록 구성되어 있다면 각각의 기능을 실행하는 데 필요한 구성 요소들 사이는 서로 별다른 연관이 없을 것이다. 이런 경우에 SRP를 따르면 응집도는 자연스럽게 높아진다.

결합도는 프로그램 구성 요소들 사이가 얼마나 의존적인지를 나타내는 척도다. 가령 프로그램 안 프로시저 하나의 자료구조가 다른 형태로 변경되었을 때 이 프로시저를 사용하는 곳도 변경되어야 한다면 이 두 프로시저는 결합도가 높다고 말한다. 그러나 아무런 영향을 미치지 않는다면 결합도는 낮다고 말한다.

설계할 때의 기본 원칙은 응집도는 높고 결합도는 낮게 하는 것으로 세우면 좋다. 응집도가 높으면 관련 기능이 한 곳에 모여있게 되는데, 이는 재사용과 유지 보수가 쉬워진다는 의미다. 결합도가 낮아야 하는 이유는 결합도가 높을 때 어떤 문제가 발생할지 생각해보면 알 수 있다. 가령 결합도가 높은 시스템의 한 부분이 변경이 되면 이에 연관된 부분들도 같이 변경하거나 회귀 테스트를 실행해야 한다. 더군다나 변경하려는 부분을 독립적으로 떼어놓기 어렵기 때문에 재사용성이 낮으며 이해하기도 쉽지 않다.

응집도와 결합도는 서로 독립적인 개념이 아니라 밀접한 관계가 있는 개념으로, 관련된 것들을 한 곳에 두어 응집도를 높이면 자연스럽게 결합도는 낮아진다. 따라서 한 클래스로 하여금 단일 책임을 갖게 하는 SRP에 따른 설계를 하면 응집도는 높아지고 더불어 결합도는 낮아진다.

* 90년대 후반 자바를 확장한 AspectJ가 등장함으로써 본격적인 연구가 시작되었다.

Keypoint_ AOP와 관련된 다음 용어를 기억해두자.

조인포인트 애플리케이션 실행 중의 특정한 지점을 의미한다. 전형적인 조인포인트joinpoint의 예로는 메서드 호출, 메서드 실행 자체, 클래스 초기화, 객체 생성 시점 등이 있다. 조인포인트는 AOP의 핵심 개념이며 애플리케이션의 어떤 지점에서 AOP를 사용해 추가적인 로직을 삽입할지를 정의한다.

어드바이스 특정 조인포인트에 실행하는 코드를 말한다. 조인포인트 이전에 실행하는 Before 어드바이스advice와 이후에 실행하는 After 어드바이스를 비롯한 여러 종류의 어드바이스가 있다.

포인트컷 여러 조인포인트의 집합체로, 언제 어드바이스를 실행할지 정의할 때 사용한다. 포인트컷pointcut을 만들면 애플리케이션 구성 요소에 어드바이스를 어떻게 적용할지 상세하게 제어할 수 있다. 앞서 언급했듯이 가장 일반적으로 사용하는 조인포인트는 메서드 호출이다. 따라서 가장 일반적인 포인트컷은 특정 클래스에 있는 모든 메서드 호출로 구성된다. 종종 어드바이스 실행 지점을 좀 더 다양하게 제어할 필요가 있을 때는 복잡한 형태로 포인트컷을 구성할 수도 있다.

애스펙트 어드바이스와 포인트컷을 조합한 조합물이다. 즉, 애플리케이션이 가져야 할 로직과 그것을 실행해야 하는 지점을 정의한 것이라고 할 수 있다.

위빙 애플리케이션 코드의 해당 지점에 애스펙트aspect를 실제로 주입하는 과정을 말한다. 당연히 컴파일 시점 AOP 솔루션은 이 작업을 컴파일 시점에 하며 빌드 중에 별도의 과정을 거친다. 마찬가지로 실행 시점 AOP 솔루션은 실행 중에 동적으로 위빙weaving이 일어난다

3.2 개방-폐쇄 원칙

개방-폐쇄 원칙Open-Closed Principle, OCP은 어려운 말처럼 들릴지 모르겠지만 의미는 매우 명확하다. 기존의 코드를 변경하지 않으면서 기능을 추가할 수 있도록 설계가 되어야 한다는 뜻이다. 104쪽 '3.1 단일 책임 원칙'에서 예를 든 성적표나 출석부에 학생의 성적이나 출석 기록을 출력하는 기능을 생각해보자.

그림 3-6은 SomeClient 클래스에서 이 기능을 이용하는 경우를 모델링한 것이다.

그림 3-6 성적표나 출석부에 학생을 출력하는 기능을 사용

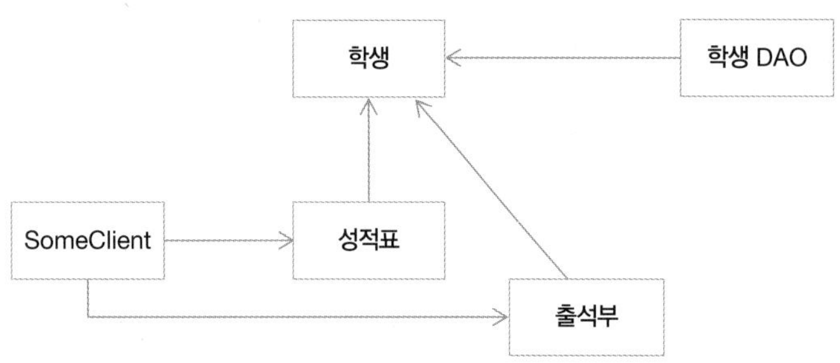

만약 도서관 대여 명부와 같은 새로운 매체에 학생의 대여 기록을 출력하는 경우라면 어떻게 처리해야 하는가? 아주 간단한 방식으로 도서관 대여 명부 클래스를 만들어 `SomeClient` 클래스가 이 기능을 이용하도록 할 수 있다. 그러나 이 방식은 OCP를 위반한다. 새로운 기능(도서관 대여 명부에 학생의 대여 기록을 출력)을 추가하려고 `SomeClient` 클래스를 수정해야 하기 때문이다. OCP를 위반하지 않은 설계를 할 때 가장 중요한 것은 무엇이 변하는 것인지, 무엇이 변하지 않는 것인지를 구분해야 한다는 점이다. 변해야 하는 것은 쉽게 변할 수 있게 하고, 변하지 않아야 할 것은 변하는 것에 영향을 받지 않게 해야 한다. 이 경우에 변하는 것은 그림 3-7과 같은 학생의 대여 기록을 출력하는 매체(도서관 대여 명부)다.

그림 3-7 OCP를 만족하는 설계

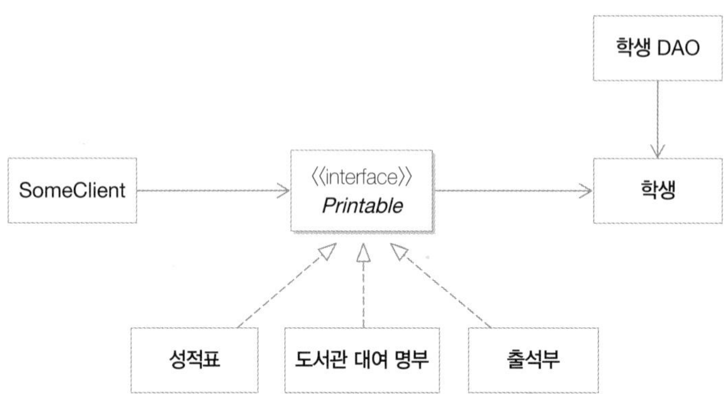

따라서 새로운 출력 매체를 표현하는 클래스를 추가하게 하고 이러한 변경이 있더라도 기존의 클래스(`SomeClient` 클래스)가 영향을 받지 않게 하려면 `SomeClient` 클래스가 개별적인 클래스를 처리하도록 하지 않고 그림 3-7과 같이 인터페이스에서 구체적인 출력 매체를 캡슐화해 처리하도록 해야 한다.

Keypoint_ 클래스 = 변화의 단위

OCP를 보는 또 하나의 관점은 클래스를 변경하지 않고도[closed] 대상 클래스의 환경을 변경할 수 있는[open] 설계가 되어야 한다는 것이다. 이는 특히 단위 테스트를 수행할 때 매우 중요하다. 예를 들어 테스트 대상이 되는 기능이 네트워크를 통해 웹 서비스를 사용한다고 하자. 이런 경우 데이터베이스나 웹 서버를 설치해야 테스트할 수 있다. 그런데 단위 테스트의 가장 중요한 점은 빠른 시간에 자주 테스트해야 한다는 것이므로 시간이 많이 소요되는 데이터베이스나 웹 서버 설치는 테스트를 회피하게 하는 요인이 된다. 따라서 테스트 대상 기능이 사용하는 실제 외부의 서비스를 흉내내는 가짜 객체를 만들어 테스트의 효율성을 높일 필요가 있다.

실제 서비스에서 사용할 객체를 그대로 테스트할 때 위험이 따르는 경우도 있다. 예를 들어 어떤 기능이 데이터베이스를 사용할 때 테스트를 위해 데이터베이스에 삭제를 포함한 여러 작업을 실행한다고 하자. 이 경우 실제 데이터베이스에 변경이 생기게 되는데, 이는 원하지 않는 상황이다. 따라서 테스트를 위해 실제 데이터베이스 기능을 대체하는 가짜 객체를 만들 필요가 있다.

Keypoint_ 다음 설계 형태는 상속을 통한 다형성으로 클라이언트 클래스가 어떤 동작(op)을 실행할 때 클라이언트에 영향을 주지 않고 쉽게 동작을 확장할 수 있게 한다. 클래스 A3가 추가(확장)되더라도 클라이언트 클래스는 영향을 받지 않는다[closed].

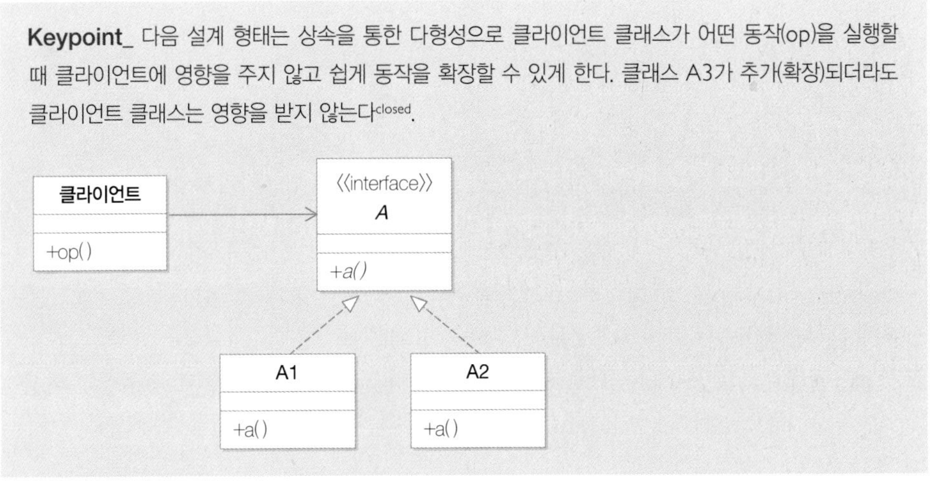

또한 테스트 대상 기능이 특정 상태에 의존해서 동작할 수 있다는 점도 고려해야 한다. 예를 들어 비행기 관제 기능 중 동시에 착륙하려고 하는 비행기 수가 1,000대인 경우를 테스트한다면 어떻게 해야 하는가? 실제 1,000대의 비행기를 착륙시킬 수는 없으므로 테스트 대상 기능의

동작 상태를 강제로 1,000대의 비행기가 착륙하려는 상태로 만들 필요가 있다. 이 경우에도 모의 객체를 이용하면 특정 상태를 가상으로 만들 수 있다.

> **Keypoint_** 단위 테스트 = 빠른 테스트

> **Keypoint_** 모의 객체 = 테스트용 가짜 객체

> **체크포인트_** 다음 FuelTankMonitoring 클래스는 로켓의 연료 탱크를 검사해 특정 조건에 맞지 않으면 관리자에게 경고 신호를 보내주는 기능이 있다. 연료 탱크를 검사하는 방식과 경고를 보내는 방식이 변경될 가능성이 큰 경우에 대비해 다음 코드를 수정하라.

```
public class FuelTankMonitoring {
  ...

  public void checkAndWarn() {
    ...

    if (checkFuelTank(...)) {
      giveWarningSignal(...);
    }
  }
  private boolean checkFuelTank(...) { ... }
  private void giveWarningSignal(...) { ... }
}
```

> **Keypoint_** 모의 객체는 테스트 더블double**의 한 종류로, '무엇'인가를 대신하는 가짜라는 뜻이다. 단위 테스트에서는 여러 가지 이유로 다음과 같은 테스트 더블을 사용한다.
>
> - **더미 객체**dummy object: 테스트할 때 객체만 필요하고 해당 객체의 기능까지는 필요하지 않은 경우에 사용한다. 더미 객체의 메서드가 호출되는 경우에는 정상 동작을 실행하지 않고 예외가 발생한다.
> - **테스트 스텁**test stub: 더미 객체에 단순한 기능을 추가한다. 객체의 특정 상태를 가정해서 작성하며 특정한 값을 반환하거나 특정한 메시지를 출력하게 한다.

** 더블은 사전적 의미로 '대역'이나 '스턴트맨'을 의미한다.

- **테스트 스파이**test spy: 주로 테스트 대상 클래스가 의존하는 클래스로의 출력간접 출력을 검증하는 데 사용한다. 대상 클래스가 실행되는 동안 특정 의존 클래스로의 호출(또는 호출 결과)을 잡아내며 대상 클래스의 실행이 끝난 후에는 원하는 대로 호출되었는지 검사한다.
- **가짜 객체**fake object: 실제 의존 클래스의 기능을 대체해야 할 경우에 사용하며 실제 의존 클래스의 기능 중 전체나 일부를 훨씬 단순하게 구현한다. 실제 의존 클래스가 구현되지 않았거나, 너무 느리거나, 테스트 환경에서는 사용할 수 없을 때 가짜 객체를 사용한다.
- **목 객체**mock object: 미리 정의한 기대 값과 실제 호출을 단언문assertion으로 비교해 문제가 있으면 테스트 메서드를 대신해 모의 객체가 테스트를 실패하게 한다. 목 객체는 테스트 더블의 모든 형태들을 포함하는 의미로 사용되기도 한다.

체크포인트_ 다음 코드는 오후 10시가 되면 MP3를 작동시켜 음악을 연주한다. 그러나 이 코드가 제대로 작동하는지 테스트하려면 저녁 10시까지 기다려야 한다. OCP를 적용해 이 문제를 해결하는 코드를 작성하라.

```
import java.util.Calendar;

public class TimeReminder {
  private MP3 m;

  public void reminder() {
    Calendar cal=Calendar.getInstance();
    m = new MP3();
    int hour = cal.get(Calendar.HOUR_OF_DAY);

    if (hour >= 22) {
      m.playSong();
    }
  }
}
```

3.3 리스코프 치환 원칙

리스코프 치환 원칙Liskov Substitution Principle, LSP*** 은 MIT 컴퓨터 공학과 리스코프 교수가 1987년에 제안한 원칙이다. 다음은 리스코프 교수가 이야기한 LSP를 설명한 원문이다.

> "A type hierarchy is composed of subtypes and supertypes. The intuitive idea of a subtytpe is one whose objects provide all the behavior of another type(the supertype) plus something extra. What is wanted here is something like the following substitution property: if for each object o1 of type S there is an object o2 of type T such that for all programs P defined in terms of T, the behavior of P is unchanged when o1 is substituted for o2, then s is a subtype of T."

사실 너무 어렵게 느껴지는 문장이다. 아주 단순하게 풀어보면 LSP는 일반화 관계에 대한 이야기며 자식 클래스는 최소한 자신의 부모 클래스에서 가능한 행위는 수행할 수 있어야 한다는 뜻이다. LSP를 만족하면 프로그램에서 부모 클래스의 인스턴스 대신에 자식 클래스의 인스턴스로 대체해도 프로그램의 의미는 변화되지 않는다. 이를 위해 부모 클래스와 자식 클래스 사이는 행위가 일관되어야 한다.

Keypoint_ LSP는 부모 클래스와 자식 클래스 사이의 행위가 일관성이 있어야 한다는 의미다.

LSP를 이해하려면 일반화 관계를 다시 생각해볼 필요가 있다. 일반화 관계는 'is a kind of 관계'라고도 한다. 예를 들어 그림 3-8과 같이 원숭이는 포유류다. 따라서 당연히 원숭이와 포유류 사이에 'is a kind of 관계'가 성립한다(원숭이 is a kind of 포유류). 따라서 부모 클래스로 포유류, 자식 클래스로 원숭이를 설정하는 것에는 대체로 반론의 여지가 없을 것이다.

그림 3-8 원숭이 is a kind of 포유류

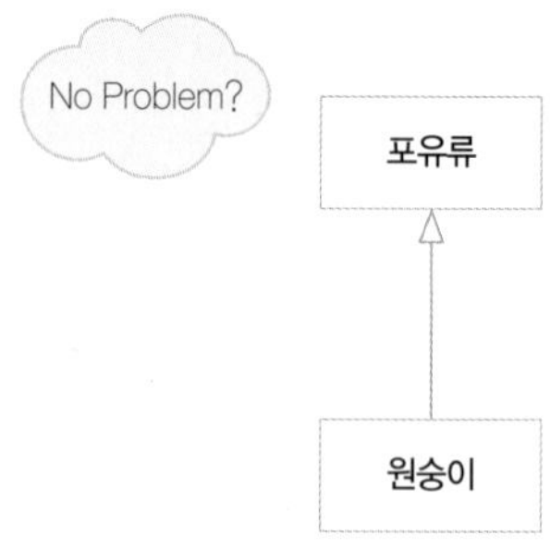

*** '리스코프 대체 원칙'이라고도 한다.

객체지향 관점에서 'is a kind of 관계'는 부모 클래스의 인스턴스 대신에 자식 클래스의 인스턴스를 별다른 변경 없이 그대로 사용할 수 있을 때 성립한다. 다음은 포유류를 설명하는 글이다. 이를 통해 원숭이와 포유류가 'is a kind of 관계'라는 것을 확인해보자.

- 포유류는 알을 낳지 않고 새끼를 낳아 번식한다.
- 포유류는 젖을 먹여서 새끼를 키우고 폐를 통해 호흡한다.
- 포유류는 체온이 일정한 정온 동물이며 털이나 두꺼운 피부로 덮여 있다.

위는 포유류의 여러 특징을 설명한 것이다. 위 설명이 원숭이에게도 해당되는지 알아보려면 '포유류'라는 단어를 '원숭이'로 대체하면 된다.

- 원숭이는 알을 낳지 않고 새끼를 낳아 번식한다.
- 원숭이는 젖을 먹여서 새끼를 키우고 폐를 통해 호흡한다.
- 원숭이는 체온이 일정한 정온 동물이며 털이나 두꺼운 피부로 덮여 있다.

전혀 문제가 없다. 따라서 원숭이와 포유류는 행위(번식 방식, 양육 방식, 호흡 방식, 체온조절 방식, 피부 보호 방식 등)에 일관성이 있다고 말할 수 있다. 이제 '오리너구리'와 '포유류'의 관계를 살펴보자.

- 오리너구리는 알을 낳지 않고 새끼를 낳아 번식한다.
- 오리너구리는 젖을 먹여서 새끼를 키우고 폐를 통해 호흡한다.
- 오리너구리는 체온이 일정한 정온 동물이며 털이나 두꺼운 피부로 덮여 있다.

그림 3-9 오리너구리

위 설명은 오리너구리에는 해당되지 않는다. 오리너구리는 알을 낳아 번식하는 동물이기 때문이다. 우리는 그럼에도 오리너구리가 포유류라는 사실을 알고 있다. 즉, 위 포유류에 대한 설명이 잘못된 것이다. 나는 동물학자가 아니므로 확실하지 않지만 포유류는 번식 방법에 상관없이 젖먹이 동물이라고 해도 될 것이라고 생각한다(이건 스스로 확인하기 바란다). 객체지향 관점에서 보면 오리너구리의 'is a kind of 관계' 설명은 LSP를 만족하지 않은 설명이다. LSP를 만족하려면 부모 클래스의 인스턴스를 자식 클래스의 인스턴스로 대신할 수 있어야 한다.

자식 클래스가 부모 클래스 인스턴스의 행위를 일관성 있게 실행하려면 어떻게 해야 하는가? 최소한 부모 클래스의 인스턴스가 실행하는 행위는 자식 클래스의 인스턴스들도 일관성 있게 실행할 수 있어야 하는데, 이를 위해서는 부모 클래스의 행위를 더 명확하게 정의할 수 있는 수단이 필요하다. 여기에서는 어떤 클래스의 행위를 일종의 방정식 형태로 기술해 자식 클래스의 인스턴스가 이 방정식을 만족하는지 점검해본다. 만약 만족한다면 자식 클래스가 부모 클래스의 행위를 일관성 있게 실행한다고 말할 수 있다.

코드 3-2를 살펴보자.

코드 3-2

```
public class Bag {
  private int price;

  public void setPrice(int price) {
    this.price = price;
  }

  public int getPrice() {
    return price;
  }
}
```

Bag 클래스는 가격을 설정(setPrice 메서드)하고 가격을 조회(getPrice 메서드)하는 기능이 있다. 따라서 Bag 클래스의 행위는 다음과 같이 표현할 수 있다.

가격은 설정된 가격 그대로 조회된다.

이를 좀 더 형식적으로 작성하면 다음과 같다.

```
// 모든 Bag 객체 b와 모든 정수 값 p에 대해
[b.setPrice(p)].getPrice() == p;
```

여기에서 '[객체.메서드(인자 리스트)]'는 메서드가 실행된 후의 b 객체를 나타낸다. 이런 경우 Bag 클래스의 행위를 손상하지 않고 일관성 있게 실행하는 클래스를 만들려면 어떻게 해야 하는가? 가장 직접적이고 직관적인 방법은 슈퍼 클래스에서 상속받은 메서드들이 서브 클래스에 오버라이드, 즉 재정의되지 않도록 하면 된다. 가령 코드 3-3과 같이 Bag 클래스를 상속받아 가방 가격을 할인받을 수 있게 하는 DiscountedBag 클래스를 다음과 같이 구현해보자.

코드 3-3

```
public class DiscountedBag extends Bag {
  private double discountedRate = 0;

  public void setDiscounted(double discountedRate) {
    this.discountedRate = discountedRate;
  }

  public void applyDiscount(int price) {
    super.setPrice(price - (int)(discountedRate * price));
  }
}
```

DiscountedBag 클래스는 할인율을 설정해서 할인된 가격을 계산하는 기능이 추가되었다. 기존의 Bag 클래스에 있던 가격을 설정하고 조회하는 기능은 변경 없이 그대로 상속받았음을 알 수 있다.

표 3-1 왼쪽에 있는 코드는 Bag 객체로 작성되었고, 오른쪽에 있는 코드는 DiscountedBag 객체를 사용해 작성되었다.

표 3-1 Bag 클래스와 DiscountedBag 클래스

Bag	DiscountedBag
Bag b1 = new Bag();	DiscountedBag b3 = new DiscountedBag();
Bag b2 = new Bag();	DiscountedBag b4 = new DiscountedBag();
b1.setPrice(50000);	b3.setPrice(50000);
System.out.println(b1.getPrice());	System.out.println(b3.getPrice());
b2.setPrice(b1.getPrice());	b4.setPrice(b3.getPrice());
System.out.println(b2.getPrice());	System.out.println(b4.getPrice());

현재 Bag 클래스의 setPrice와 getPrice 메서드가 DiscountedBag 클래스에서 재정의되지 않았으므로 왼쪽에 있는 코드와 오른쪽에 있는 코드의 실행 결과가 동일하다. 이는 현재의 DiscountedBag 클래스와 Bag 클래스의 상속 관계가 LSP를 위반하지 않는다는 것을 뜻한다.

그러나 코드 3-4와 같이 setPrice 메서드를 오버라이드하면 표 3-1에 있는 2개의 코드가 동일한 결과를 가져오는가? 그렇지 않다. 수정된 DiscountedBag 클래스가 일반적으로 방정식 [b.setPrice(p)].getPrice() == p를 만족하지 못함을 알 수 있다. 이유는 할인율이 0이 아닐 때는 setPrice 메서드를 실행한 후 DiscountedBag 객체의 price 속성 값이 p에서 discountedRate * price을 차감한 결과가 되며 이는 p와 같지 않기 때문이다.

```
p - (int)(discountedRate * price) != p;
```

즉, 코드 3-4처럼 Bag 클래스의 setPrice를 재정의한 DiscountedBag 클래스의 구현은 Bag 클래스의 행위와 일관되지 않으므로 LSP를 만족하지 않는다.

코드 3-4

```
public class DiscountedBag extends Bag {
  private double discountedRate;

  public void setDiscounted(double discountedRate) {
    this.discountedRate = discountedRate;
  }

  public void setPrice(int price) {
    super.setPrice(price - (int)(discountedRate * price));
  }
}
```

86쪽 '2.5 피터 코드의 상속 규칙'에서 "서브 클래스가 슈퍼 클래스의 책임을 무시하거나 재정의하지 않고 확장만 수행한다"라는 규칙을 살펴보았다. 이는 슈퍼 클래스의 메서드를 오버라이드하지 않는 것과 같은 의미다. 즉, 피터 코드의 상속 규칙을 지키는 것은 LSP를 만족시키는 하나의 방법에 해당한다.

Keypoint_ LSP를 만족시키는 간단한 방법은 재정의하지 않는 것이다.

3.4 의존 역전 원칙

객체 사이에 서로 도움을 주고받으면 의존 관계가 발생한다. 의존 역전 원칙Dependency Inversion Principle, DIP은 그러한 의존 관계를 맺을 때의 가이드라인에 해당한다. 누군가의 도움을 받을 때는 무조건 도움을 받으려고 여기저기 손을 내밀 게 아니라 나름대로의 원칙을 가지고 도움을 청해야 효과적인 도움을 받을 수 있다.

> **Keypoint_** DIP는 의존 관계를 맺을 때 변화하기 쉬운 것 또는 자주 변화하는 것보다는 변화하기 어려운 것, 거의 변화가 없는 것에 의존하라는 원칙이다.

그렇다면 변하기 쉬운 것과 변하기 어려운 것은 어떻게 구분하는가? 정책, 전략과 같은 어떤 큰 흐름이나 개념 같은 추상적인 것은 변하기 어려운 것에 해당하고 구체적인 방식, 사물 등과 같은 것은 변하기 쉬운 것으로 구분하면 좋다.

가령 그림 3-10과 같이 아이가 장난감을 가지고 노는 경우를 생각해보자. 어떤 경우에는 로봇 장난감을 가지고 놀고 어떤 경우에는 자동차 장난감을 가지고 놀 것이다. 이때 실제 가지고 노는 구체적인 장난감은 변하기 쉬운 것이고, 아이가 장난감을 가지고 노는 사실은 변하기 어려운 것이다.

그림 3-10 장난감 클래스에 DIP를 적용한 예

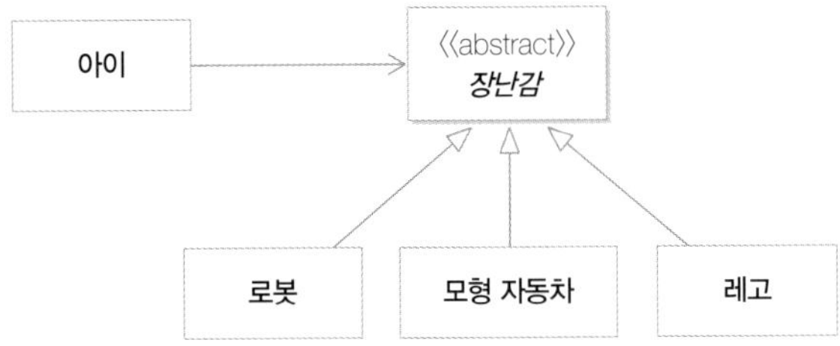

객체지향 관점에서는 이와 같이 변하기 어려운 추상적인 것들을 표현하는 수단으로 추상 클래스와 인터페이스가 있다. DIP를 만족하려면 어떤 클래스가 도움을 받을 때 구체적인 클래스보다는 인터페이스나 추상 클래스와 의존 관계를 맺도록 설계해야 한다. DIP를 만족하는 설계는 변화에 유연한 시스템이 된다.

Keypoint_ 인터페이스나 추상 클래스와 의존 관계를 맺도록 설계해야 한다.

인터페이스 = 변하지 않는 것
구체 클래스 = 변하기 쉬운 것

DIP를 만족하면 의존성 주입dependency injection이라는 기술로 변화를 쉽게 수용할 수 있는 코드를 작성할 수 있다. 의존성 주입이란 말 그대로 클래스 외부에서 의존되는 것을 대상 객체의 인스턴스 변수에 주입하는 기술이다. 의존성 주입을 이용하면 코드 3-5와 같이 대상 객체를 변경하지 않고도 외부에서 대상 객체의 외부 의존 객체를 바꿀 수 있다.

코드 3-5

```
public class Kid {
  private Toy toy;

  public void setToy(Toy toy) {
    this.toy = toy;
  }

  public void play() {
    System.out.println(toy.toString());
  }
}
```

Kid 클래스에서 setToy 메서드로 아이가 가지고 노는 장난감을 바꿀 수 있다. 만약 로봇 장난감을 가지고 놀고 싶다면 코드 3-6과 3-7이 그 일을 해줄 것이다.

코드 3-6

```
public class Robot extends Toy {
  public String toString() {
    return "Robot";
  }
}
```

코드 3-7

```
public class Main {
  public static void main(String[] args) {
    Toy t = new Robot();
    Kid k = new Kid();
    k.setToy(t);
    k.play();
  }
}
```

아이가 마음이 바뀌어 레고를 가지고 놀고 싶다면 코드 3-8과 3-9의 코드면 충분하다. Kid, Toy, Robot 등 기존의 코드에 전혀 영향을 받지 않고도 장난감을 바꿀 수 있다.

코드 3-8

```
public class Lego extends Toy {
  public String toString() {
    return "Lego";
  }
}
```

코드 3-9

```
public class Main {
  public static void main(String[] args) {
    Toy t = new Lego();
    Kid k = new Kid();
    k.setToy(t);
    k.play();
  }
}
```

체크포인트_ 만약 Kid 클래스가 다음 클래스 다이어그램처럼 Robot 클래스와 연관 관계를 맺는다면 어떤 일이 발생할까?

Kid → Robot

```
public class Kid {
  private Robot toy;

  public void setToy(Robot toy) {
    this.toy = toy;
  }

  public void play() {
    System.out.println(toy.toString());
  }
}

public class Main {
  public static void main(String[] args) {
    Robot t = new Robot();
    Kid k = new Kid();
    k.setToy(t);
    k.play();
  }
}
```

Keypoint_ 조금 더 생각해봐야 할 용어로 무언가 거꾸로 되었다는 의미의 '역전inversion'이라는 용어가 있다. 실제 C와 같은 절차적 프로그래밍 언어에서는 더 전체적인 대규모 비즈니스 작업을 총괄하는 추상적인 모듈이 더 구체적인 작업을 실행하는 모듈을 호출한다. 객체지향 개념에서는 이러한 의존 관계를 '역전'시켜야 더 나은 설계가 된다는 의미로 사용한다.

3.5 인터페이스 분리 원칙

요즘 주위를 둘러보면 발표도 잘하고 프로그래밍 능력도 우수하고 영어도 잘 구사하는, 그야말로 다방면으로 소질이 많은 사람을 예전보다 많이 볼 수 있다. 그러나 실제 업무에서 이 모든 능력을 한꺼번에 요구하는 경우는 별로 없다. 소위 '능력자'는 개발자로서의 역할이 필요할 때는 프로그래밍 개발 능력만을 사용할 것이고, 해외 영업 사원으로서의 역할이 필요할 때는 외국어 능력과 발표 능력을 사용할 것이다. 그런데 프로그래밍 능력에 변화가 생기더라도 외국어 능력이나 발표 능력을 사용하는 영업 업무에는 영향을 미치지 않을 확률이 높지만 개발 업무 부서에는 영향을 미칠 수 있다.

인터페이스 분리 원칙Interface Segregation Principle, ISP은 방금 전에 소개한 예의 관점(클라이언트의 관점에서 바라는)에서 생긴 객체지향 설계 원칙에는 클라이언트 자신이 이용하지 않는 기능에는 영향을 받지 않아야 한다는 내용이 담겨 있다.

또 한 예로 그림 3-11과 같은 프린터, 팩스, 복사기 기능이 모두 포함된 복합기를 생각해 보자.

그림 3-11 복합기의 클래스 다이어그램

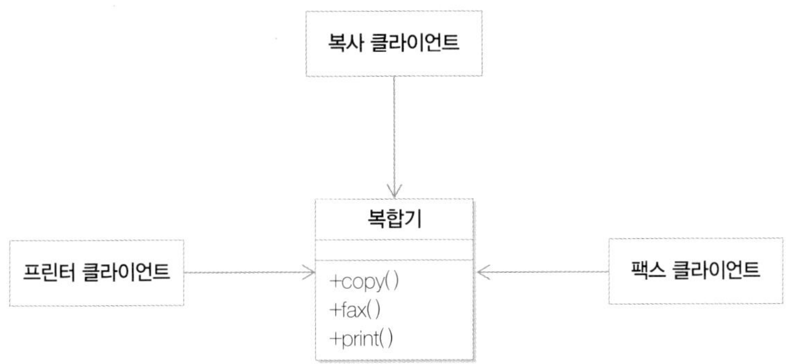

복합기 기능을 제공하는 클래스는 매우 비대해질 가능성이 크다. 하지만 이 비대한 클래스의 모든 기능을 클라이언트가 동시에 사용하는 경우는 거의 없다. 클라이언트의 필요에 따라 프린터 기능만 이용하든지, 팩스 기능만 이용하든지, 복사기 기능만 이용할 수 있다. 따라서 프린터 기능만 이용하는 클라이언트가 팩스 기능의 변경으로 인해 발생하는 문제의 영향을 받지 않도록 해야 한다. 클라이언트와 무관하게 발생한 변화로 클라이언트 자신이 영향을 받지 않으려면 범용의 인터페이스보다는 클라이언트에 특화된 인터페이스를 사용해야 한다. 즉, ISP를 다르게 설명하면 말 그대로 인터페이스를 클라이언트에 특화되도록 분리시키라는 설계 원칙이라고도 할 수 있다.

Keypoint_ ISP는 인터페이스를 클라이언트에 특화되도록 분리시키라는 설계 원칙이다.

복사기 클래스에 ISP 원칙을 적용한 결과는 그림 3-12와 같다.

그림 3-12 복합기 클래스에 ISP를 적용한 예

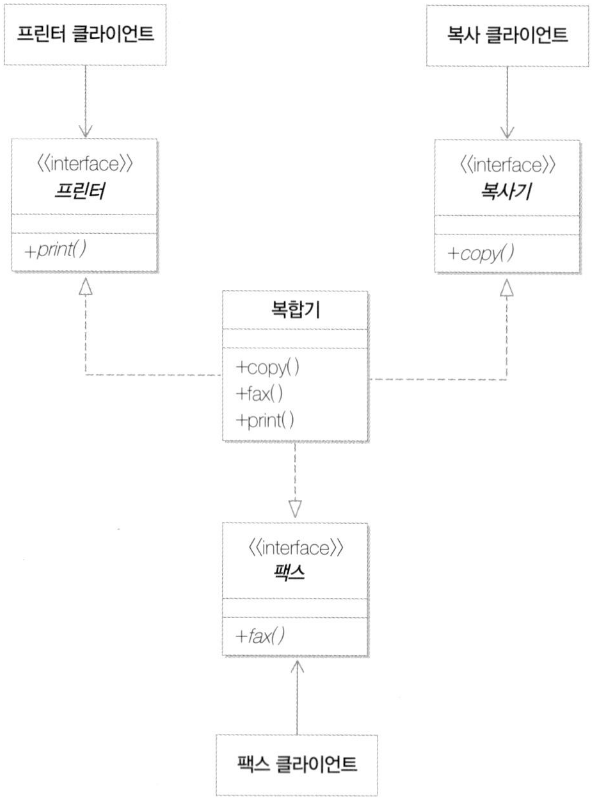

프린터 클라이언트
복사 클라이언트
《interface》
프린터
+print()
《interface》
복사기
+copy()
복합기
+copy()
+fax()
+print()
《interface》
팩스
+fax()
팩스 클라이언트

복합기를 사용하는 객체들마다 자신이 관심을 갖는 메서드들만 있는 인터페이스를 제공받도록 설계했다. 이렇게 설계하면 인터페이스가 일종의 방화벽 역할을 수행해 클라이언트는 자신이 사용하지 않는 메서드에 생긴 변화로 인한 영향을 받지 않게 된다.

이쯤에서 SRP와 ISP 사이의 관계를 생각해보는 것도 좋다. 어떤 클래스가 단일 책임을 수행하지 않고 여러 책임을 수행하게 되면 방대한 메서드를 가진 비대한 클래스가 될 가능성이 커지며, 당연히 비대한 인터페이스가 제공될 것이다. 이렇게 비대한 클래스를 SRP에 따라 단일 책임을 갖는 여러 클래스들로 분할하고 각자의 인터페이스를 제공한다면 ISP도 만족할 수 있다.

그렇다면 "ISP는 SRP를 만족하면 성립되는가?"라는 질문이 나올 법하다. 이 질문의 대답은 "반드시 그렇다고는 볼 수 없다"이다. 가령 게시판의 여러 기능을 구현한 메서드를 제공하는 클래스가 있다고 하자. 이 클래스에는 글쓰기, 읽기, 수정, 삭제를 위한 메서드가 제공된다. 그러나 클라이언트에 따라서는 게시판의 이러한 기능 중 일부분만 사용할 수도 있다. 예를 들어 일반 사용자는 게시판 삭제 기능이 없지만 관리자는 삭제를 할 수 있다. 이런 경우 게시판 클래스는 게시판에 관련된 책임을 수행하므로 SRP를 만족한다. 그러나 이 클래스의 모든 메서드가 들어 있는 인터페이스가 클라이언트에 상관없이 사용된다면 ISP에 위배된다.

Keypoint_ SRP를 만족하더라도 ISP를 반드시 만족한다고는 할 수 없다.

114쪽

다음 FuelTankMonitoring 클래스는 로켓의 연료 탱크를 검사해 특정 조건에 맞지 않으면 관리자에게 경고 신호를 보내는 기능이 있다. 연료 탱크를 검사하는 방식과 경고를 보내는 방식이 변경될 가능성이 큰 경우에 대비해 다음 코드를 수정하라.

```
public class FuelTankMonitoring {
  ...

  public void checkAndWarn() {
    ...

    if (checkFuelTank(...)) {
      giveWarningSignal(...);
    }
  }
  private boolean checkFuelTank(...) { ... }
  private void giveWarningSignal(...) { ... }
}
```

우선 무엇이 변하는지를 파악할 필요가 있다. 이 경우에는 checkFuelTank 메서드와 giveWarningSignal 메서드의 구체적 행위 방식이 변한다. 따라서 새로운 행위 방식을 기존의 코드에 영향을 주지 않고 추가하려면 이 두 메서드를 개별 클래스에서 정의하도록 해야 한다. 이를 위해 checkFuelTank 메서드와 giveWarningSignal 메서드를 protected라는 접근 제어자를 사용해 변경하고 상속 관계를 이용해 자식 클래스에 새로운 방식의 메서드를 정의한다.

다음 코드는 두 메서드를 X 방식을 사용하도록 변경하기 위해 기존의 코드는 그대로 두고 새로운 클래스만 자식 클래스로 추가하는 것이다.

```
public class FuelTankMonitoring {
  ...

  public void checkAndWarn() {
    ...

    if (checkFuelTank(...)) {
      giveWarningSignal(...);
    }
```

```
  }
  protected boolean checkFuelTank(...) { ... } // default 방식
  protected void giveWarningSignal(...) { ... } // default 방식
}

public class FuelTankMonitoringWith extends FuelTankMonitoring { // X 방식
  ...

  protected boolean checkFuelTank(...) { ... } // X 방식
  protected void giveWarningSignal(...) { ... } // X 방식
}
```

115쪽

다음 코드는 오후 10시가 되면 MP3를 작동시켜 음악을 연주한다. 그러나 이 코드가 제대로 작동하는지 테스트하려면 저녁 10시까지 기다려야 한다. OCP를 적용해 이 문제를 해결하는 코드를 작성하라.

```
import java.util.Calendar;

public class TimeReminder {
  private MP3 m;

  public void reminder() {
    Calendar cal = Calendar.getInstance();
    m = new MP3();
    int hour = cal.get(Calendar.HOUR_OF_DAY);

    if (hour >= 22) {
      m.playSong();
    }
  }
}
```

실제 시간을 사용해서 테스트하는 방법은 매우 번거롭고 시간도 오래 걸리므로 시간을 원하는 대로 설정해 이용할 수 있는 방법을 찾아야 한다. 다음 클래스 다이어그램처럼 인터페이스를 만들고 이 인터페이스에서 파생한 2개의 클래스를 만든다. 한 클래스는 진짜 시간을 제공하는 클래스고 다른 한 클래스는 테스트에 사용할 수

있게 임의의 시간을 원하는 대로 설정할 수 있는 클래스다. 이러한 설계는 TimeReminder 클래스를 전혀 수정하지 않고 주변의 환경을 바꿀 수 있다.

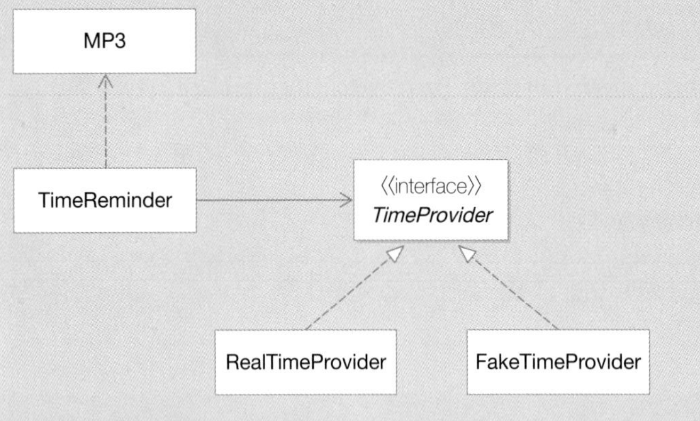


```
import java.util.Calendar;

public interface TimeProvider { // 인터페이스 도입
  public void setHours(int hours);
  public int getTime();
}

public class FakeTimeProvider implements TimeProvider { // TimeProvider 테스트 스텁
  private Calendar cal;

  public FakeTimeProvider() {
    cal = Calendar.getInstance();
  }

  public FakeTimeProvider(int hours) {
    cal = Calendar.getInstance();
    setHours(hours);
  }

  public void setHours(int hours) {
    cal.set(Calendar.HOUR_OF_DAY, hours); // 주어진 시간으로 시간 설정
  }

  public int getTime() {
    return cal.get(Calendar.HOUR_OF_DAY); // 현재 시간 반환
```

```
    }
  }

  public class TimeReminder {
    TimeProvider tProv;
    MP3 m = new MP3();
    public void setTimeProvider(TimeProvider tProv) {
      this.tProv = tProv; // 테스트 스텁이나 실제 시간을 제공하는 인스턴스를 주입
    }

    public void reminder() {
      int  hours = tProv.getTime();
      if (hours >= 22) {
        m.playSong();
      }
    }
  }
```

다음 코드를 사용하면 현재 시간이 오전 10시라도 오후 10시가 되게 시간을 설정해 MP3가 올바르게 음악을 연주하도록 호출하는지 테스트할 수 있다.

```
sut= new TimeReminder();
tProvStub = new FakeTimeProvider();
tProvStub.setHours(18);
sut.setTimeProvider(tProvStub);
```

그러나 여전히 문제가 있음을 알 수 있다. 실제 MP3 기기를 사용해 테스트를 실행하면 테스트할 때마다 원하지 않은 음악 소리가 작업실에 메아리칠 것이다. 그리고 테스트를 위해 실제 MP3 기기를 이용하는 것도 바람직하지 않을 뿐만 아니라 테스트의 실행 속도를 현저하게 느리게 하는 원인이 될 수도 있다. 이를 해결하는 방법도 시간 문제를 해결하는 방법과 유사하다. 이는 각자 해보기 바란다.

☑ 123쪽

만약 Kid 클래스가 다음 클래스 다이어그램과 같이 Robot 클래스와 연관 관계를 맺었다고 가정하면 어떤 일이 발생하는가?

Kid → Robot

```
public class Kid {
  private Robot toy;

  public void setToy(Robot toy) {
    this.toy = toy;
  }

  public void play() {
    System.out.println(toy.toString());
  }
}

public class Main {
  public static void main(String[] args) {
    Robot t = new Robot();
    Kid k = new Kid();
    k.setToy(t);
    k.play();
  }
}
```

이런 경우 레고로 장난감의 종류를 변경하려면 기존의 Kid 클래스가 다음처럼 바뀌어야 한다.

```
public class Kid {
  private Lego toy;

  // 아이가 가지고 노는 장난감의 종류만큼 메서드가 존재해야 함
  public void setToy(Lego toy) {
    this.toy = toy;
  }

  public void play() {
    System.out.println(toy.toString());
  }
}
```

만약 자동차로 장난감을 바꿔야 한다면? 장난감을 바꿀 때마다 코드를 계속해서 바꾸어야 한다. 즉, DIP의 위반이 OCP의 위반을 초래한다.

1. 다음 중 객체지향 설계 원칙으로 맞지 않는 것은?

   ① 하나의 책임이 여러 클래스로 분산되도록 한다.

   ② 다른 클래스의 기능을 재사용하려면 위임delegation 관계를 이용해야 한다.

   ③ 구체 클래스보다는 인터페이스나 추상 클래스에 의존하도록 클래스를 설계해야 한다.

   ④ 기능을 추가하더라도 기존의 코드에 영향을 줘서는 안 된다.

2. 산탄총 수술shotgun surgery과 가장 관련이 있는 설계 원칙은?

   ① 단일 책임 원칙(SRP) ② 개발–폐쇄 원칙(OCP)

   ③ 의존 역전 원칙(DIP) ④ 리스코프 치환 원칙(LSP)

3. 다음 설명과 가장 관련 있는 설계 원칙은?

   - 클래스는 변화하기 쉬운 것보다 변화하기 어렵거나 거의 변화가 없는 것에 의존 관계를 맺어야 한다.

   ① 단일 책임 원칙(SRP) ② 개방–폐쇄 원칙(OCP)

   ③ 의존 역전 원칙(DIP) ④ 리스코프 치환 원칙(LSP)

4. 다음 종업원 클래스는 정상 작업 시간(`workHours` 속성)과 잔업 시간(`overTimeHours` 속성)을 기반으로 임금을 계산하는 기능(`calculatePay` 메서드)을 제공한다. 현재의 설계는 임금을 계산하는 다양한 로직 중 하나를 사용해 구현했다. 이 클래스 설계를 올바르게 설명한 것은?

종업원
–id: String –name: String –workHours: Integer –overTimeHours: Integer
+calculatePay()

   ① SRP와 OCP를 모두 만족하지 않는 설계다.

   ② SRP는 만족하지 않지만 OCP를 만족하는 설계다.

   ③ SRP는 만족하지만 OCP를 만족하지 않는 설계다.

   ④ SRP와 OCP를 모두 만족하는 설계다.

5. 다양한 로직을 이용해 임금을 계산할 수 있게 4번 종업원 클래스의 설계를 변경하라.

6. 다음 종업원 클래스는 정상 작업 시간(workHours 속성)과 잔업 시간(overTimeHours 속성)을 기반으로 임금을 계산하고 이를 콘솔에 출력하는 기능(calculatePay 메서드)을 제공한다. 현재는 임금을 계산하는 다양한 로직 중 하나를 사용해 구현했다. 이 클래스 설계를 올바르게 설명한 것은?

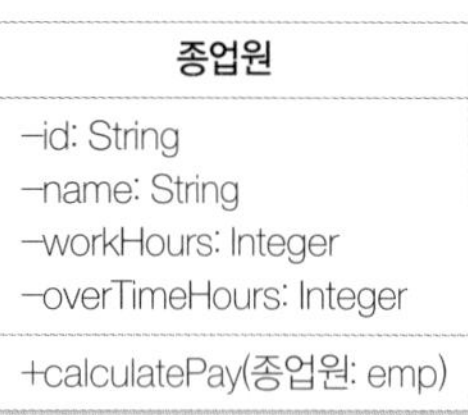


```
public void calculatePay(종업원 emp) {
  int amount = 0;
  amount = 10000 * emp.getWorkHours() + 15000 * emp.getOverTimeHours();
  System.out.println(amount);
}
```

① SRP와 OCP를 모두 만족하지 않는 설계다.
② SRP는 만족하지 않지만 OCP를 만족하는 설계다.
③ SRP는 만족하지만 OCP를 만족하지 않는 설계다.
④ SRP와 OCP를 모두 만족하는 설계다.

7. PayrollManager 클래스의 writeEmployeePay 메서드는 Employee 클래스(회사 직원)의 calculatePay 메서드에서 계산한 임금을 특정 출력 장치(여기에서는 콘솔)에 출력하는 일을 담당한다. 현재 설계를 콘솔뿐만 아니라 다른 출력 장치로도 출력할 수 있도록 설계를 개선하라. 단 개선된 설계는 반드시 OCP 원칙을 만족해야 한다.

```
class PayrollManager {
  private ArrayList<Employee> employees = new ArrayList<Employee>();

  public void writeEmployeePay() {
    Iterator<Employee> iter = employees.iterator();

    while (iter.hasNext()) {
      Employee curEmp = iter.next();
      System.out.println(curEmp.calculatePay());
    }
  }
}
```

8. 다음 PayrollManager 클래스의 calculateTotalEmployeePay 메서드는 Employee 클래스의 calculatePay 메서드로 각각 계산한 회사 직원의 총 임금을 계산한다. 현재 설계를 올바르게 설명한 것은?

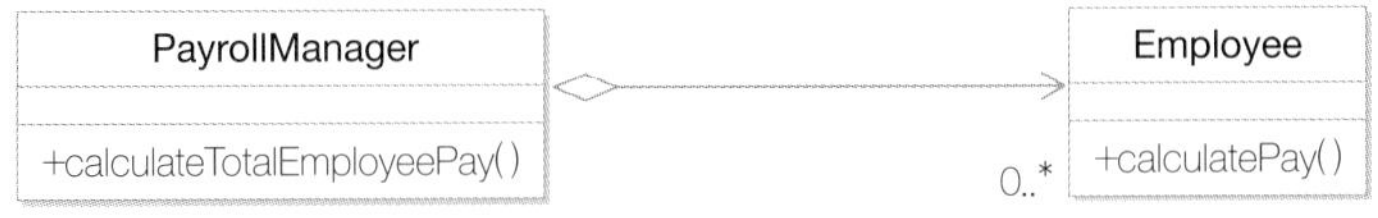


```
class PayrollManager {
  private ArrayList<Employee> employees = new ArrayList<Employee>();
  int total = 0;

  public int calculateTotaEmployeePay() {
    Iterator<Employee> iter = employees.iterator();

    while (iter.hasNext()) {
      Employee curEmp = iter.next();
      total = total + curEmp.calculatePay();
    }
    return total;
  }
}
```

① SRP를 만족하지 않는 설계다.　　② ISP를 만족하지 않는 설계다.

③ DIP를 만족하지 않는 설계다.　　④ LSP를 만족하지 않는 설계다.

9. 다음 클래스 다이어그램과 코드에서 살펴볼 수 있는 설계는 어떤 설계 원칙을 위반한 것인가?

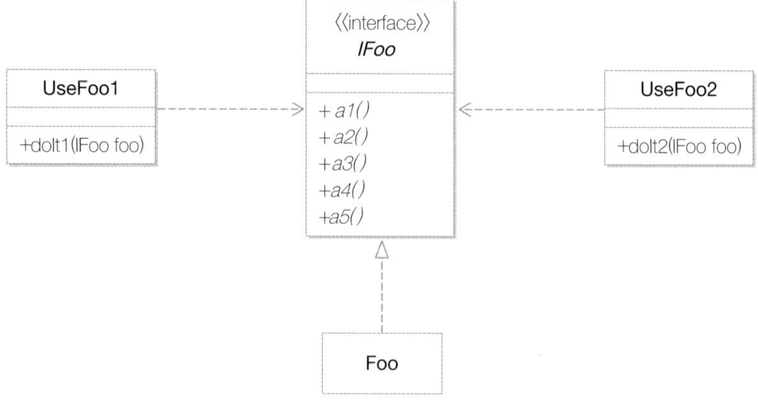


```
class UseFoo1 {
  public void doIt1(IFoo foo) {
    foo.a1();
    foo.a2();
  }
}

class UseFoo2 {
  public void doIt2(IFoo foo) {
    foo.a3();
    foo.a4();
    foo.a5();
  }
}
```

① 단일 책임 원칙(SRP)

② 개방-폐쇄 원칙(OCP)

③ 의존 역전 원칙(DIP)

④ 인터페이스 분리 원칙(ISP)

10. 다음 코드는 정상 작업 시간(workHours 속성)과 잔업 시간(overTimeHours 속성)을 기반으로 임금을 계산하고 이를 출력하는 기능(calculatePay 메서드)을 제공한다. 현재 설계의 문제점을 진단하고 설계를 개선하라.

```
import java.awt.*;
import java.awt.event.*;

import javax.swing.JButton;
import javax.swing.JLabel;
import javax.swing.JTextField;
import javax.swing.event.DocumentEvent;
import javax.swing.event.DocumentListener;

class CalculatePayMachine extends Frame implements ActionListener, DocumentListener {
  private JLabel workingHoursLabel = new JLabel("Working Hours = ", Label.RIGHT);
  private JLabel overTimeHoursLabel = new JLabel("Overtime Hours = ", Label.RIGHT);
  private JLabel payAmountLabel = new JLabel("Pay Amount = ", Label.RIGHT);

  private JTextField tfWorkingHours = new JTextField();
  private JTextField tfOvertimeHours = new JTextField();
  private JTextField tfResult = new JTextField();

  private JButton calcButton = new JButton("Calculate");
  private JButton resetButton = new JButton("Reset");
  private JButton end = new JButton("Stop");

  public CalculatePayMachine() {
    super("Payment Calculation");
    this.init();
    this.start();
    this.setSize(500, 250);
    this.setVisible(true);
  }

  public void init() {
    this.setLayout(new GridLayout(5, 1));

    Panel p = new Panel(new BorderLayout());
    p.add("West", workingHoursLabel);
    p.add("Center", tfWorkingHours);
    this.add(p);
```

```
    Panel p1 = new Panel(new BorderLayout());
    p1.add("West", overTimeHoursLabel);
    p1.add("Center", tfOvertimeHours);
    this.add(p1);

    Panel p2 = new Panel(new FlowLayout(FlowLayout.CENTER));
    p2.add(calcButton);
    this.add(p2);

    Panel p3 = new Panel(new BorderLayout());
    p3.add("West", payAmountLabel);
    p3.add("Center", tfResult);
    this.add(p3);

    Panel p4 = new Panel(new FlowLayout(FlowLayout.RIGHT));
    p4.add(resetButton);
    p4.add(end);
    this.add(p4);
  }

  public void start() {
    calcButton.addActionListener(this);
    resetButton.addActionListener(this);

    tfWorkingHours.getDocument().addDocumentListener(this);
    tfOvertimeHours.getDocument().addDocumentListener(this);

    end.addActionListener(this);

    calcButton.setEnabled(false);
    resetButton.setEnabled(false);
  }

  public boolean isDataEntered() {
    if (tfWorkingHours.getText().trim().length() == 0 ||
      tfOvertimeHours.getText().trim().length() == 0)
      return false;

    return true;
  }

  @Override
  public void insertUpdate(DocumentEvent e) {
    checkData();
```

```
}

@Override
public void removeUpdate(DocumentEvent e) {
  checkData();
}

@Override
public void changedUpdate(DocumentEvent e) {
  checkData();
}

private void checkData() {
  calcButton.setEnabled(isDataEntered());
}

public void actionPerformed(ActionEvent e) {
  if (e.getSource() == end) {
    System.exit(0);
  }

  if (e.getSource() == resetButton) {
    tfWorkingHours.setText("");
    tfOvertimeHours.setText("");
    tfWorkingHours.requestFocus();
    tfResult.setText("");
    resetButton.setEnabled(false);
    return;
  }

  if (e.getSource() == calcButton) {
    int x = 0;
    try {
      x = Integer.parseInt(tfWorkingHours.getText().trim());
    } catch (NumberFormatException ee) {
      tfWorkingHours.setText("");
      tfWorkingHours.requestFocus();
      return;
    }

    int y = 0;
    try {
      y = Integer.parseInt(tfOvertimeHours.getText().trim());
    } catch (NumberFormatException ee) {
```

```
                tfOvertimeHours.setText("");
                tfOvertimeHours.requestFocus();
                return;
            }

            int payAmount = 0;
            payAmount = 10 * x + 15 * y;

            tfResult.setText(String.valueOf(payAmount));
            resetButton.setEnabled(true);
        }
    }
}
```

CHAPTER 4

디자인 패턴

학습목표

- 디자인 패턴을 만든 동기 이해하기
- 합동과 디자인 패턴 관계 이해하기
- 디자인 패턴 분류하기

4.1 디자인 패턴의 이해

프로그래밍 기술을 빠르고 쉽게 익힐 수 있는 방법은 무엇일까? 강의 시간에 들었던 내용을 실제 실습해봄으로써 몸으로 체화하는 것도 하나의 방법이고 훌륭한 강사가 진행하는 프로그래밍 수업을 듣는 것도 방법이다. 필자는 그중에서 이미 실력이 뛰어나다고 정평이 난 훌륭한 프로그래머가 작성한 코드를 읽는 것이 가장 효과적이라고 생각한다. 그 프로그램에는 프로그래머가 수년간 고생하면서 쌓아놓은 경험 등이 고스란히 녹아 들어 있기 때문이다.

그림 4-1 패턴

경험이 많은 소프트웨어 엔지니어들은 소프트웨어를 설계할 때 자주 발생하는 문제들의 해법 대부분을 자기 나름대로 숙지하고 있다. 프로그래밍 실력이 좋다는 것은 적절하게 이러한 해결책을 이용해 프로그램을 만드는 것이라 할 수 있다. 그렇다면 프로그래밍 실력이 부족한 엔지니어들이 프로그램을 만들 때 경험이 많고 실력이 출중한 엔지니어가 이미 만들어 놓은 해결책을 사용하고 응용할 수 있게 하면 매우 좋을 것이다.

디자인 패턴이란 소프트웨어를 설계할 때 특정 맥락에서 자주 발생하는 고질적인 문제들이 또 발생했을 때 재사용할 수 있는 훌륭한 해결책이라고 이해하면 된다. 디자인 패턴을 사용해 문제를 해결하려는 시도는 소프트웨어 분야가 처음이 아니다. 20년 전 건축가 크리스토퍼 알렉산더Christopher Alexander가 건축 분야에서 시도했다. 알렉산더는 패턴을 다음과 같이 정의했다.

> **Each pattern describes a problem which occurs over and over again in our environment, and then describes the core of the solution to that problem, in such a way that you can use this solution a million times over, without ever doing it the same way twice.**

각 패턴은 우리 주변에서 자주 반복해서 발생하는 문제와 그 문제를 해결하는 핵심을 기술해 동일 한 일을 두 번 다시 하지 않고 해결할 수 있도록 한다.

디자인 패턴에 적절한 격언으로 "바퀴를 다시 발명하지 마라Don't reinvent the wheel"는 말이 있다. 이미 만들어져서 잘 되는 것을 처음부터 다시 만들 필요가 없다는 의미다. 즉, 불필요하게 처음부터 다시 시작하지 말라는 것을 강조하는 말이다. 예를 들어 그림 4-2와 같이 자동차를 설계하는 경우, 바퀴wheel는 이미 오래 전에 발명되어 잘 굴러가는데 처음부터 다시 바퀴를 발명하겠다reinvent고 하는 것은 불필요한 일이다.

그림 4-2 자동차 설계

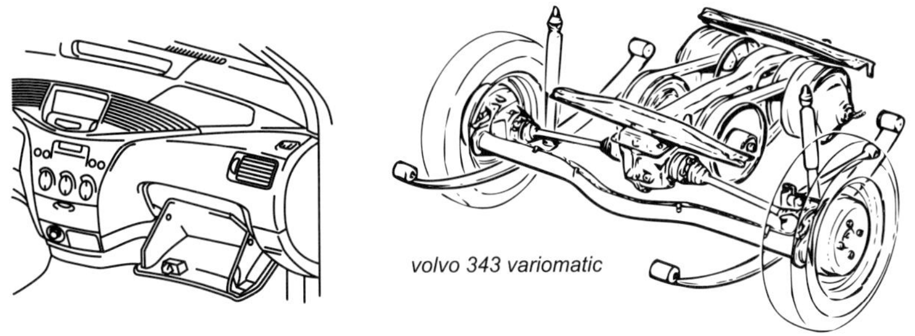

이쯤에서 패턴이라는 단어를 왜 사용했는지 생각해볼 필요가 있다. 패턴의 뜻을 사전에서 찾아보면 '일정한 형태의 양식이나 유형'이라고 되어 있다. 즉, 어떤 비슷하거나 동일한 양식 또는 유형들이 반복되어 나타난다는 의미로도 해석할 수 있다. 이와 같은 패턴은 실제로 많은 곳에서 찾아볼 수 있다. 가령 자동차를 제조할 때 소음을 줄이는 문제를 생각해보자. 아주 다양한 종류의 자동차를 설계할 때도 소음을 줄이는 문제는 공통적으로 발생하며 이 문제를 해결하는 설계들 사이에도 유사점이 있다. 소프트웨어를 개발할 때도 마찬가지다. 각기 다른 소프트웨어 모듈이나 기능을 가진 다양한 응용 소프트웨어 시스템들을 개발할 때도 서로 간에 공통되는 설계 문제가 존재하며 이를 처리하는 해결책 사이에도 공통점이 있다. 이러한 유사점을 패턴이라 한다.

Keypoint_ 패턴은 비슷하거나 동일한 양식 또는 유형들이 반복되어 나타난다는 의미이며, 문제와 해결책도 동일한 유형이나 양식을 통해 쉽게 찾을 수 있다.

디자인 패턴 구조는 '콘텍스트context', '문제problem', '해결solution'이라는 3개의 필수적인 요소로 구성된다.

- **콘텍스트**: 문제가 발생하는 여러 상황을 기술한다. 즉, 패턴이 적용될 수 있는 상황을 나타낸다. 경우에 따라서는 패턴이 유용하지 못한 상황을 나타내기도 한다.
- **문제**: 패턴이 적용되어 해결될 필요가 있는 여러 디자인 이슈들을 기술한다. 이때 여러 제약 사항과 영향력도 문제 해결을 위해 고려해야 한다.
- **해결**: 문제를 해결하도록 설계를 구성하는 요소들과 그 요소들 사이의 관계, 책임, 협력 관계를 기술한다. 해결은 반드시 구체적인 구현 방법이나 언어에 의존적이지 않으며 다양한 상황에 적용할 수 있는 일종의 템플릿이다.

그림 4-3 디자인 패턴의 구성 요소

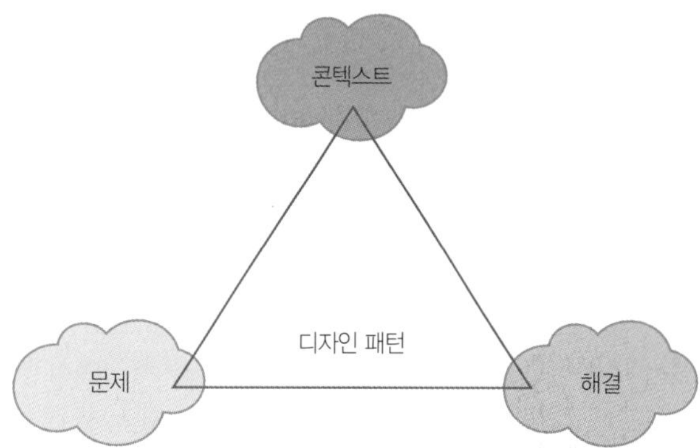

가령 부서의 프린터나 컴퓨터 등과 같은 여러 자원을 관리하는 프로그램을 만든다고 생각해보자. 이 프로그램은 자원 관리를 위해 관리자 객체 단 하나만을 생성하고 이를 통해 이러한 부서의 자원들을 사용해야 한다.

'콘텍스트–문제–해결'로 이루어진 패턴으로 이 경우를 설명하면 다음과 같다.

- **콘텍스트**: 클래스가 객체를 생성하는 과정을 제어해야 하는 상황
- **문제**: 애플리케이션이 전역적으로 접근하고 관리할 필요가 있는 데이터를 포함한다. 동시에 이러한 데이터는 시스템에 유일하다. 어떤 방식으로 클래스에서 생성되는 객체의 수를 제어하고 클래스의 인터페이스에 접근하는 것을 제어해야 하는가?
- **해결**: 클래스의 생성자를 public으로 정의하지 말고 private이나 protected로 선언해 외부에서 생성자를 이용해 객체를 일단 생성할 수 없게 만들고 (이하 생략).

그러나 '콘텍스트–문제–해결'로 구성된 패턴 구조 설명에서 무언가 중요한 것이 빠졌다. 생성되는 객체의 수를 제어해야만 하는 상황은 이 경우 말고 다른 경우에서도 많이 볼 수 있다. 그때마다 해결 부분에 기술된 것처럼 구구절절 상세하게 설명해야 한다면 오히려 시스템을 설계하는 데 방해가 될 뿐이다. 그러나 만약 위 패턴에 적절한 이름을 부여하면 하나의 시스템을 디자인할 때 공통 언어 역할을 하게 되어 좀 더 효율적으로 협동 작업을 할 수 있게 된다. 또한 이는 어떤 문제에 대해 표현만 다르고 해법은 같을 때 소프트웨어 엔지니어들 사이의 불필요한 논쟁을 줄여줄 수도 있다. 실제 위 패턴에는 '싱글턴Singleton'이라는 이름이 부여되었다.

예를 들어 어떤 클래스의 객체를 반드시 하나만 생성하도록 클래스를 설계하는 방법을 논의하는 2명의 개발자(갑돌이와 갑순이)가 있다고 하자. 다음은 그들이 나누는 대화다.

갑돌이: 이 'foo' 클래스의 객체는 하나만 생성해야 하는데 어떤 방법이 좋을까?
갑순이: 흠, 예전에 이런 상황에 처하게 되어 고민을 해본 적이 있어.
갑돌이: 그랬구나. 다행이네. 그래서 어떻게 해결했는데?
갑순이: (기억을 더듬다가) 클래스의 생성자를 public으로 하지 않고 private이나 protected로 선언해 외부에서 생성자를 이용해 객체를 일단 생성할 수 없게 만들고 (이하 생략).

그런데 이 대화는 문제를 매우 상세하게 설명했지만 프로그램이 무엇을 하는지와 왜 하는지는 쉽게 파악할 수 없다.

다음 대화는 어떤가?

갑돌이: 이 'foo' 클래스의 객체는 하나만 생성해야 하는데 어떤 방법이 좋을까?
갑순이: 싱글턴 패턴을 사용할 수 있을 것 같은데?
갑돌이: 아 맞아. 그 패턴을 사용하면 되겠네. 다중 스레드를 사용하지 않으니 별 문제는 없겠어.

문제점에 대한 상세한 해결책 중심의 대화보다는 좀 더 추상적인 수준의 대화가 이루어졌다. 이런 대화의 전제 조건은 싱글턴이라는 패턴에 어떤 특성이 있고 어떤 상황에 적용할 수 있는지 갑돌이와 갑순이가 모두 이해하고 있다는 것이다. 또한 싱글턴 패턴이 다중 스레드 애플리케이션에서는 무언가 조정이 필요하다는 사실도 아주 명확하게 이해한다는 점도 있다. 이와 같이 패턴은 공통의 언어를 만들어주며 팀원 사이의 의사 소통을 원활하게 해주는 아주 중요한 역할을 한다.

Keypoint_ 패턴은 공통의 언어를 만들어 의사 소통을 원활하게 한다.

Keypoint_ 아키텍처 패턴, 디자인 패턴, 관용구idiom는 다음과 같이 구분한다.

- **아키텍처 패턴**: 시스템을 구성하는 컴포넌트의 구성과 컴포넌트 사이의 협조 방법을 패턴화한 것이다. '레이어 패턴'이나 '파이프 & 필터', '브로커 패턴' 등이 대표적인 예다.
- **디자인 패턴**: 아키텍처 패턴에서 컴포넌트의 내부 구조를 대상으로 한 클래스/객체의 구조와 협업 방법을 패턴화한 것이다.
- **관용구**: 각각의 프로그램 언어 특유의 패턴. 프로그래밍에서 자주 사용하는 기술 방법(코딩 방법)을 패턴화한 것이다.

4.2 GoF 디자인 패턴

에리히 감마Erich Gamma, 리차드 헬름Richard Helm, 랄프 존슨Ralph Johnson, 존 블리시디스John Vlissides는 소프트웨어 개발 영역에서 디자인 패턴을 구체화하고 체계화한 GoFGang of Four라 불리는 사람들의 이름이다. 이들은 『Design Patterns: Elements of Reusable Object-Oriented Software』*라는 책에서 디자인 패턴을 23가지로 정리하고, 생성creational, 구조structural, 행위behavioral의 3가지로 분류했다.

---

* Addison-Wesley Professional, 1994, http://www.pearsoned.co.uk/bookshop/detail.asp?item=171742. 국내에는 『GoF의 디자인 패턴, 개정 1판』(피어슨에듀케이션코리아, 2007, http://www.pearson.co.kr/default/product_view.php?idx=245&cate=4&cate1=3217)으로 출간되었다.

표 4-1 GoF 디자인 패턴의 분류

	생성 패턴	구조 패턴	행위 패턴
패턴 이름	추상 팩토리(Abstract Factory) 빌더(Builder) 팩토리 메서드(Factory Method) 프로토타입(Prototype) 싱글턴(Singleton)	어댑터(Adapter) 브리지(Bridge) 컴퍼지트(Composite) 데커레이터(Decorator) 퍼사드(façade) 플라이웨이트(Flyweight) 프록시(Proxy)	책임 연쇄 (Chain of Responsibility) 커맨드(Command) 인터프리터(Interpreter) 이터레이터(Iterator) 미디에이터(Mediator) 메멘토(Memento) 옵서버(Observer) 스테이트(State) 스트래티지(Strategy) 템플릿 메서드(Template Method) 비지터(Visitor)

생성 패턴은 객체 생성에 관련된 패턴으로, 객체의 생성과 조합을 캡슐화해 특정 객체가 생성되거나 변경되어도 프로그램 구조에 영향을 크게 받지 않도록 유연성을 제공한다. 대표적인 생성 패턴으로는 팩토리 메서드, 추상 팩토리, 빌더, 프로토타입, 싱글턴 패턴이 있다.

구조 패턴은 클래스나 객체를 조합해 더 큰 구조를 만드는 패턴이다. 예를 들어 서로 다른 인터페이스를 지닌 2개의 객체를 묶어 단일 인터페이스를 제공하거나 객체들을 서로 묶어 새로운 기능을 제공하는 패턴이다. 대표적인 구조 패턴으로는 어댑터, 퍼사드, 브리지, 컴퍼지트, 플라이웨이트 패턴 등이 있다.

행위 패턴은 객체나 클래스 사이의 알고리즘이나 책임 분배에 관련된 패턴이다. 가령 한 객체가 혼자 수행할 수 없는 작업을 여러 개의 객체로 어떻게 분배하는지, 또 그렇게 하면서도 객체 사이의 결합도를 최소화하는 것에 중점을 둔다. 대표적인 행위 패턴으로는 커맨드, 인터프리터, 이터레이터, 미디에이터, 메멘토, 옵서버, 스테이트, 스트래티지, 비지터 등이 있다.

이 책에서는 이 중에서 다음 10가지 GoF 디자인 패턴을 다룬다.

표 4-2 이 책에서 다루는 10가지 GoF 패턴

패턴 분류	패턴 이름	패턴 설명
생성 패턴	추상 팩토리(Abstract Factory)	구체적인 클래스에 의존하지 않고 서로 연관되거나 의존적인 객체들의 조합을 만드는 인터페이스를 제공하는 패턴
	팩토리 메서드(Factory Method)	객체 생성 처리를 서브 클래스로 분리해 처리하도록 캡슐화하는 패턴
	싱글턴(Singleton)	전역 변수를 사용하지 않고 객체를 하나만 생성하도록 하며, 생성된 객체를 어디에서든지 참조할 수 있도록 하는 패턴
구조 패턴	컴퍼지트(Composite)	여러 개의 객체들로 구성된 복합 객체와 단일 객체를 클라이언트에서 구별 없이 다루게 해주는 패턴
	데커레이터(Decorator)	객체의 결합을 통해 기능을 동적으로 유연하게 확장할 수 있게 해주는 패턴
행위 패턴	옵서버(Observer)	한 객체의 상태 변화에 따라 다른 객체의 상태도 연동되도록 일대다 객체 의존 관계를 구성하는 패턴
	스테이트(State)	객체의 상태에 따라 객체의 행위 내용을 변경해주는 패턴
	스트래티지(Strategy)	행위를 클래스로 캡슐화해 동적으로 행위를 자유롭게 바꿀 수 있게 해주는 패턴
	템플릿 메서드(Template Method)	어떤 작업을 처리하는 일부분을 서브 클래스로 캡슐화해 전체 일을 수행하는 구조는 바꾸지 않으면서 특정 단계에서 수행하는 내역을 바꾸는 패턴
	커맨드(Command)	실행될 기능을 캡슐화함으로써 주어진 여러 기능을 실행할 수 있는 재사용성이 높은 클래스를 설계하는 패턴

4.3 UML과 디자인 패턴

UML 2.0에서 디자인 패턴을 표현하는 도구로 컬레보레이션collaboration이 있다. 컬레보레이션을 통해 디자인 패턴을 정확하게 표현하려면 구조적인 면과 행위적인 면을 모두 표현할 필요가 있다. 구조적인 면에서는 어떤 요소들이 주어진 목적을 달성하기 위해 협력하는지를 나타내고 행위적인 면에서는 협력을 위한 요소들의 상호작용을 나타낸다. '4.3.1 컬레보레이션'에서는 컬레보레이션과 구조적인 면을 기술하는 방법을 간단히 소개하고 151쪽 '4.3.2 순차 다이어그램'에서는 행위적인 면을 모델링하는 순차 다이어그램sequence diagram을 소개한다.

4.3.1 컬레보레이션

세상의 이치가 그렇듯이 혼자 모든 일을 다 처리할 수는 없다. 아주 쉽다고 생각되는 일이라도 대부분은 다른 사람의 도움이 필요하다. 아주 복잡하고 어려운 일을 수행할 경우라도 두말할 필요가 없다. 객체지향 시스템에서도 마찬가지로 어떤 주어진 목적을 달성하려고 여러 객체가 각자 자신이 맡은 역할에 따라 일을 수행하며 서로 협력한다.

그림 4-4 객체와 역할

여기에서 주목할 점은 객체와 역할 사이의 관계다. 객체는 역할이 아니므로 한 객체가 여러 역할을 수행할 수 있다. 가령 그림 4-4의 갑돌이는 집에서 아빠 역할을 수행하며 회사에서는 프로그래머 역할을 수행한다. 또한 축구 동호회에서는 총무 역할을 수행한다. 따라서 어떤 일을 수행할 때 객체는 각자 주어진 상황에서 주어진 역할에 따른 책임을 수행한다. 집에서 아빠 역할을 수행할 때 회사 업무를 수행할 때 필요한 기능들이 요구되지 않는다.

디자인 패턴 역시 목적을 달성하기 위한 역할들의 상호 협동 작업으로 간주할 수 있다. 그리고 UML에서는 객체들이 특정 상황에서 수행하는 역할의 상호작용을 컬레보레이션이라는 요소로 작성한다.

Keypoint_ UML 1.X 버전에 익숙한 사용자는 영어 명칭 때문에 컬레보레이션을 협력 다이어그램 collaboration diagram과 혼동하기 쉽다. UML 2.0에서는 협력 다이어그램이라는 명칭이 통신 다이어그램 communication diagram이라는 명칭으로 변경되었다.

UML에서 컬레보레이션은 점선으로 된 타원 기호를 사용하며, 타원 내부에 협력을 필요로 하는 역할들과 그들 사이의 연결 관계를 표현한다. 그림 4-5는 담보 대출 관계를 보여주는 컬레보레이션으로 대출자, 대출인, 담보라는 역할이 필요하고 그들 사이의 협력이 요구되므로 이 역할들을 커넥터로 연결한다.

그림 4-5 컬레보레이션

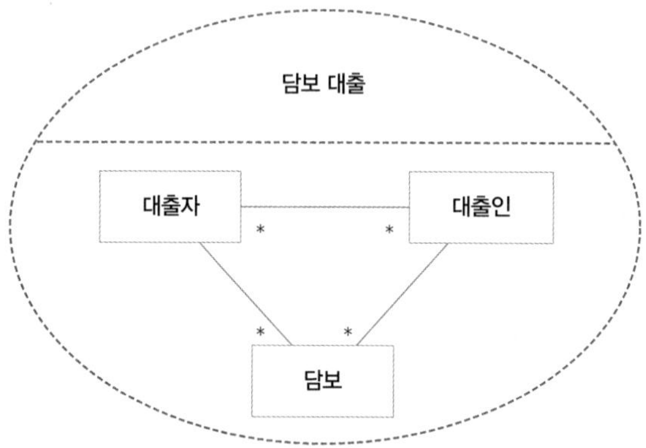

Keypoint_ 컬레보레이션은 객체가 수행하는 역할들의 협력을 표현해준다.

컬레보레이션은 역할들의 상호작용을 추상화한 것으로, 특별한 상황에 적용하면 많은 시스템 개발에 재사용할 수 있다. 컬레보레이션 어커런스collaboration occurrence는 더 구체적인 상황에서의 컬레보레이션 적용을 표현해준다. 예를 들어 그림 4-6과 같이 '담보 대출' 컬레보레이션을 은행에서 집을 담보로 대출을 하는 경우에 적용해보자.

그림 4-6 컬레보레이션 어커런스

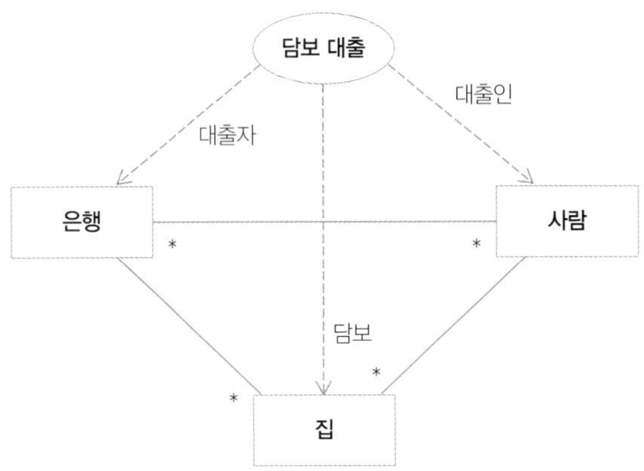

대출자 역할은 은행, 담보 역할은 집, 대출인은 사람이다. 이 경우에 '은행집담보대출'은 '담보 대출'의 한 예이며 컬레보레이션 어커런스다. 즉, 컬레보레이션 어커런스는 컬레보레이션에 참가하는 응용 클래스에 의존하며 의존 관계에 붙은 레이블은 응용 클래스가 컬레보레이션에 수행하는 역할을 나타낸다.

4.3.2 순차 다이어그램

순차 다이어그램은 UML 2.0에서 객체들의 상호작용을 나타내는 다이어그램 중 하나다. 순차 다이어그램은 객체들 사이의 메시지 송신과 그들의 순서를 나타낸다. 객체는 가장 윗부분에 표현되고, 왼쪽에서 오른쪽으로 객체들을 나열한다. 객체 다이어그램에서 객체를 표현하는 표기와 동일하게 '객체 이름:클래스 이름' 형식을 이용해 표기하며 이 중 어느 한쪽을 생략해 표기할 수 있다.

그림 4-7을 살펴보면 객체 아래에는 점선이 뻗어 가는데, 이것은 '생명선lifeline'이라 하고 해당 객체가 존재함을 보여준다. 생명선을 따라서 좁고 긴 사각형이 나올 수 있다. 이 상자를 '활성 구간activation'이라 한다. 이는 실제로 객체가 연산을 실행하는 상태임을 보여준다. 활성 구간의 크기는 실행 시간을 고려해서 적당히 설정한다.

그림 4-7 객체의 3가지 표현

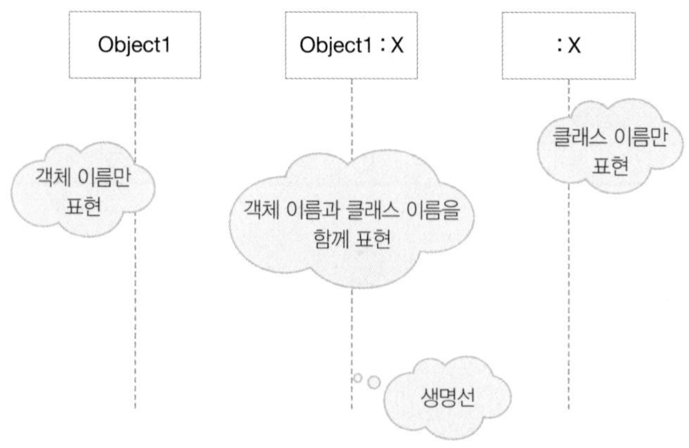

Keypoint_ UML 1.X에서는 객체 이름 아래에 밑줄이 표시되지만 UML 2.0에서는 밑줄을 생략할 수 있다. 그런데 대표적 UML 도구인 starUML을 사용하면 객체 이름에 여전히 밑줄이 표시된다.

객체 사이의 메시지는 화살표로 표시한다. 물론 화살표의 시작 부분은 메시지를 송신하는 객체를 나타내고 화살표의 끝 부분은 메시지의 수신 객체를 나타낸다. 순차 다이어그램에서 종종 머리 부분이 채워지지 않고 열려 있는 화살표를 볼 수 있는데, 이는 비동기asynchronous 메시지를 나타낸다. 비동기 메시지는 메시지를 송신한 후 메시지 실행이 끝나기를 기다리지 않고 다음 작업을 바로 수행할 수 있다. 이에 반해 머리 부분이 채워진 메시지는 동기synchronous 메시지라 하며 메시지의 실행을 요청하는 객체가 메시지의 실행이 종료될 때까지 다음 작업을 수행할 수 없다. 그림 4-8에서 볼 수 있는 메시지는 모두 동기 메시지다.

그림 4-8의 순차 다이어그램에서는 약간 특이한 메시지도 보인다. Y 클래스의 한 인스턴스에서 Z 클래스의 o 인스턴스에게 보내는 메시지에 〈〈create〉〉라는 스테레오 타입을 붙인 메시지를 송신함을 볼 수 있다. 이 메시지는 객체를 생성하는 메시지를 표현한다. 또한 객체를 소멸시키고자 할 때는 〈〈destroy〉〉라는 스테레오 타입 메시지를 보내고 소멸되는 객체의 생명선 끝에 '×'를 넣는다.

그림 4-8 여러 가지 형태의 메시지 표현

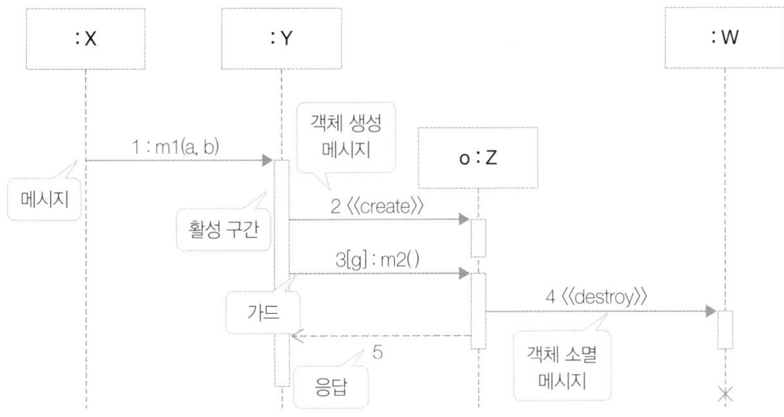

메시지를 표현할 때는 보통 다음과 같은 형식을 따른다.

[시퀀스 번호] [가드]: 반환 값:=메시지 이름([인자 리스트])

메시지 이름을 제외하고는 모두 생략할 수 있다. 시퀀스 번호는 순차 다이어그램에서 굳이 기술할 필요가 없다. 생명선에 따라 시간이 위에서 아래로 지나가므로 생명선 아래쪽에 있는 메시지일수록 나중에 송신한 것이기 때문이다. 가드guard는 메시지가 송신되는 데 만족해야 하는 조건이다. 또한 점선 화살표는 응답reply 메시지를 표현한다. 응답 메시지는 메시지가 종료되었음을 표현하며 반드시 표시해야 하는 것은 아니다.

체크포인트_ 그림 4-8의 순차 다이어그램에 해당하는 코드를 작성하라.

체크포인트_ 다음 순차 다이어그램에 해당하는 코드를 작성하라.

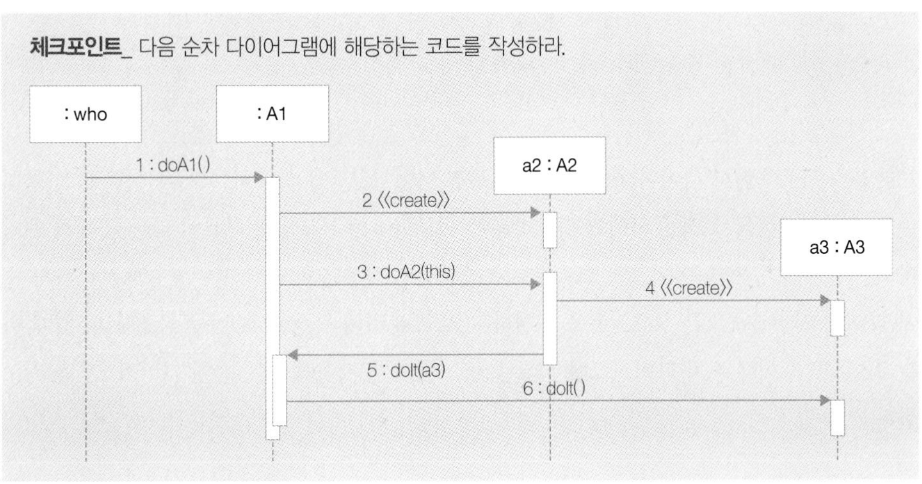

UML 2.0에서는 모든 다이어그램에 다이어그램의 경계, 타입, 이름을 포함한 레이블의 장소를 제공하는 프레임을 제공한다. 프레임은 다이어그램을 에워싸는 박스로 표시하며 박스 안 왼쪽 모서리에 다이어그램 타입과 이름을 넣을 수 있다. 순차 다이어그램의 타입에 해당하는 키워드는 sd다.

그림 4-9는 도서관에서 회원에게 도서를 대여하는 과정을 순차 다이어그램 프레임으로 표시한 것이다. 참고로, 유즈케이스 다이어그램 타입은 uc, 액티비티 다이어그램은 act 등의 키워드로 표시한다.

그림 4-9 프레임을 사용한 순차 다이어그램

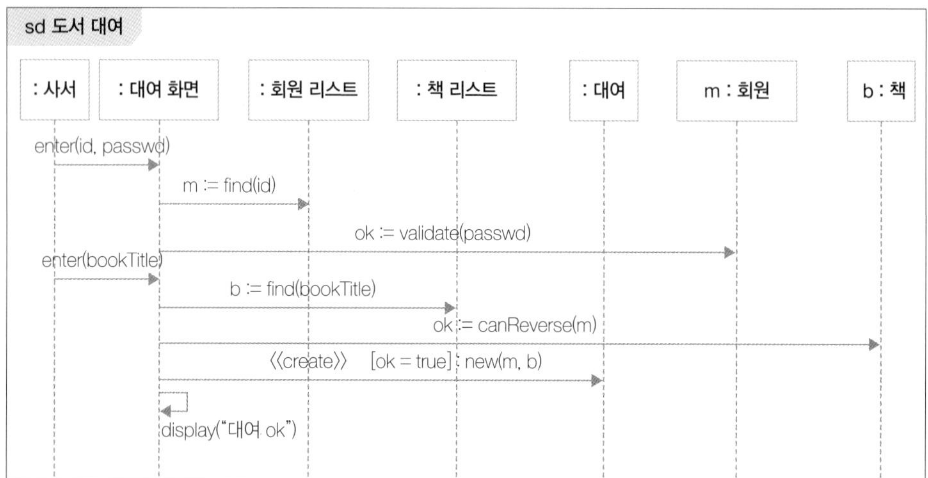

> **Keypoint_** 연관 관계의 역할 이름은 연관된 클래스의 객체들이 서로를 참조할 수 있는 속성 이름으로 활용할 수 있다. 또한 순차 다이어그램은 가능한 한 시나리오만 표현해야 한다.

프레임을 사용하면서 다이어그램 외부에서 특정 다이어그램을 참조하는 것이 쉬워졌다. 특히 순차 다이어그램에서 객체 사이의 상호작용이 이루어지는 부분의 일부분이 다른 곳에서 재사용되는 경우나 순차 다이어그램으로 매우 복잡한 상호작용을 모델링하는 경우에는 하나의 순차 다이어그램에서 모든 상호작용을 표현하지 않고 분리해 작성한 후 이를 참조할 수 있게 하는 편이 좋다. 이때 순차 다이어그램에서는 ref 키워드를 사용해 다른 순차 다이어그램을 참조한다.

객체 사이의 상호작용을 나타내는 논리가 어떤 상호작용의 반복이거나 여러 개의 선택적인 상호작용이 관련되어 있는 경우라면 매우 복잡할 수 있다. 순차 다이어그램은 기본적으로 하나의 시나리오에 관한 객체 사이의 상호작용을 보여주는 데 사용되어야 한다. 알고리즘과 같이 여러 가능한 시나리오들을 한 번에 보여주는 데 사용되면 너무 많은 객체와 메시지로 가득 차서 순차 다이어그램을 이해하기 어렵기 때문이다. 그럼에도 UML 2.0에서는 객체 사이의 상호작용을 효과적으로 나타내는 여러 가지 연산을 명시적으로 제공한다. 그림 4-10은 그림 4-9의 도서 대여 시나리오에 올바르지 않은 비밀번호를 입력한 경우를 고려해 확장한 순차 다이어그램이다. 이 경우에는 `alt` 키워드를 사용해 상호작용을 조건에 따라 선택적으로 수행할 수 있게 한다. 또한 조건은 프레임의 윗부분에 명시적으로 표현한다.

그림 4-10 alt 키워드

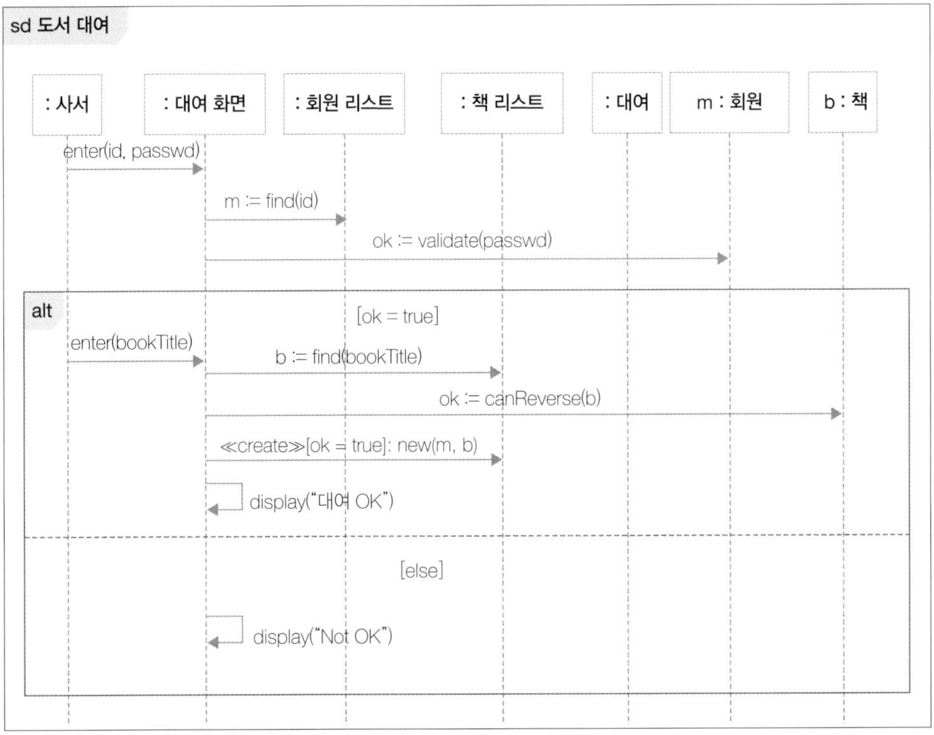

Keypoint_ 순차 다이어그램에서 활성 구간은 생략할 수 있다.

선택 연산자 alt 외에도 반복적인 상호작용을 나타내는 loop 키워드도 있다. 그림 4-11은 올바르지 않은 비밀번호를 입력했을 때 3회까지 비밀번호를 입력하도록 도서 대여 시나리오를 변경한 것이다. 반복적인 상호작용을 표현하려고 loop 키워드를 사용했으며 반복 조건은 '[가드]' 형식으로 나타냈다.

Keypoint_ 이 책에서는 언급하지 않았지만 유용한 상호작용 연산으로는 다음과 같은 것이 있다.

- opt: 특정 조건에서만 상호작용을 선택적으로 수행한다.
- par: 동시에 실행되는 상호작용을 수행한다.
- break: C 프로그래밍 언어의 break 키워드와 같이 특정 상호작용 그룹을 빠져나갈 때 사용한다. 하지만 break 연산자 부분은 수행한다.

그림 4-11 loop 키워드

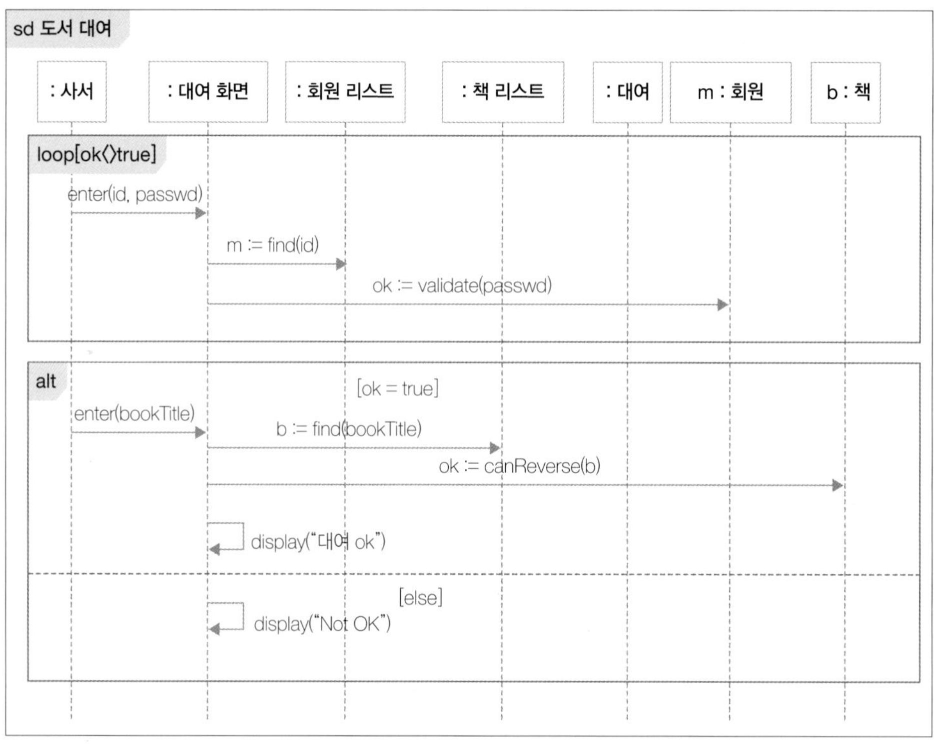

4.3.3 순차 다이어그램과 클래스 다이어그램의 관계

마지막으로 순차 다이어그램과 클래스 다이어그램의 관계를 알아보는 것이 도움이 될 것 같다. 순차 다이어그램은 객체 사이의 메시지 흐름과 순서를 알려주는 행위 측면에 중점을 두는 모델이고, 클래스 다이어그램은 시스템의 구조적인 측면에 중점을 두는 모델이다. 이와 같은 의미적 차이는 있지만 순차 다이어그램과 클래스 다이어그램은 서로 밀접한 관계가 있으며 이들을 이용해 시스템을 모델링할 때 서로 정합이 이루어져야 한다.

순차 다이어그램과 클래스 다이어그램의 관계를 알아볼 수 있는, 다음 2개의 순차 다이어그램을 생각해보자.

그림 4-12 연관이나 의존 관계가 존재하지 않는 순차 다이어그램

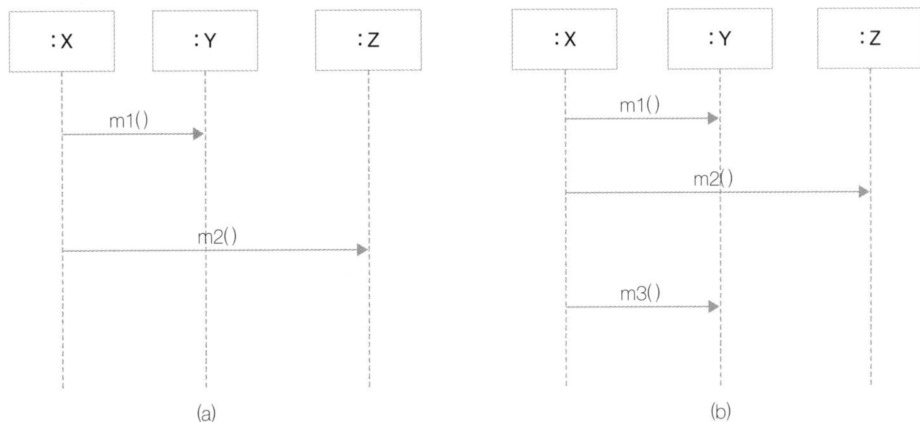

순차 다이어그램 (a)와 (b)는 모두 클래스 X의 인스턴스가 Y와 Z의 인스턴스에게 메시지를 보낼 수 있어야 한다는 점을 표현한다. 따라서 클래스 X는 클래스 Y와 Z로의 연관 또는 의존 관계가 존재한다.

그렇다면 연관 관계를 사용해야 하는지 의존 관계를 사용해야 하는지의 문제가 남는다. 물론 시스템 설계 초기 단계라면 이를 모두 연관 관계로 처리해도 크게 문제가 되지는 않는다. 하지만 구현 직전의 모델이라면 이를 구분해 처리하는 것이 좋다.

우선 두 순차 다이어그램의 차이점은 클래스 Y의 인스턴스에 m3 메시지를 더 송신했다는 점이다. 이는 클래스 다이어그램에서 의미를 갖는다. 따라서 클래스 X의 인스턴스 입장에서는 m1 메시지를 송신받는 클래스 Y의 인스턴스를 기억할 필요가 있다. 이는 클래스 X의 인스턴스와

클래스 Y의 인스턴스 사이의 관계가 단기적이 아닌 장기적 관계를 형성함을 의미한다. 즉, 클래스 X에서는 지역 변수나 인자 형태가 아닌 클래스의 속성을 이용해 클래스 Y의 인스턴스를 저장할 필요가 있다. 이는 클래스 X와 Y 사이에 연관 관계가 형성됨을 의미한다.

이와는 대조적으로 순차 다이어그램 (a)는 Y와 Z 클래스의 인스턴스들이 m1과 m2 메시지를 처리한 후 더는 필요 없다고 생각할 수 있다. 따라서 의존 관계로 모델링한다.

물론 이렇게 모델링하는 것이 적합하지 않을 수 있다. 순차 다이어그램 하나는 하나의 시나리오를 표현하므로 다른 시나리오를 표현한 순차 다이어그램에서는 X 클래스의 각 인스턴스가 장기적으로 동일한 클래스인 Y와 Z의 인스턴스에게 메시지를 송신하는 경우가 있기 때문이다.

그림 4-13 그림 4-12를 순차 다이어그램으로 수정

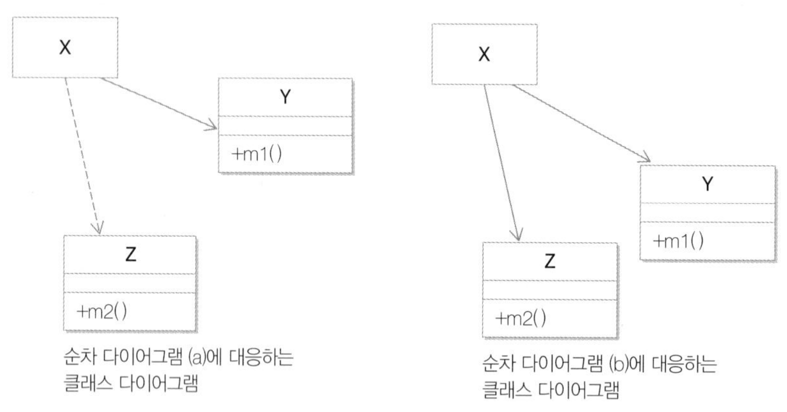

153쪽

그림 4-8의 순차 다이어그램에 해당하는 코드를 작성하라.

```
public class Y {
  public void m1(T1 a, T2 b) {
    Z o = new Z();
    if (g)
      o.m2();
  }
}

public class Z {
  private W w;

  public void m2() {
    w = null;
  }
}
```

이 코드는 직관적이라서 별도의 설명이 없어도 이해할 수 있으리라 믿는다. 그러나 《destroy》 메시지가 어떻게 구현되는지는 약간의 설명이 필요하다. 자바에서는 객체를 강제적으로 없애는 방법을 직접 제공하지 않는다. 객체가 어디에서도 참조되지 않는다면 가비지 컬렉터가 자동으로 객체를 소멸할 뿐이다. 따라서 우리가 할 일은 Z 클래스의 인스턴스에서 m2 메서드를 실행할 때 이 객체를 참조하지 않게 하면 된다. 이를 위해 Z 클래스에 W 클래스의 인스턴스를 참조하는 변수가 필요하고 외부에서 m2에 메시지를 보냈을 때 이 변수의 값을 null로 설정해 Z 클래스의 해당 인스턴스에서 더는 참조하지 않도록 해야 한다.

153쪽

다음 순차 다이어그램에 해당하는 코드를 작성하라.

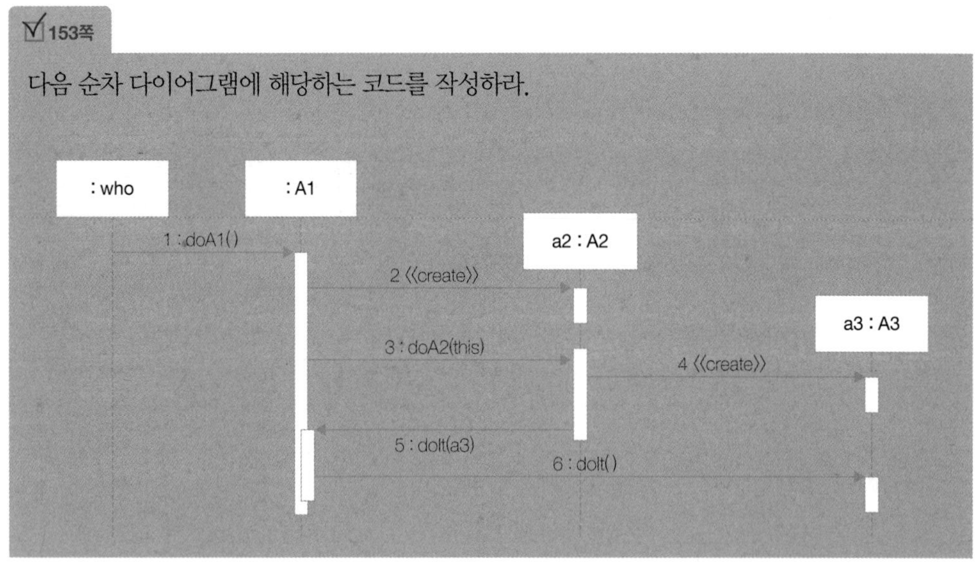


```
public class A1 {
  public void doA1() {
    A2 a2 = new A2();
    a2.doA2(this);
  }

  public void doIt(A3 a3) {
    a3.doIt();
  }
}

public class A2 {
  public void doA2(A1 a1) {
    A3 a3 = new A3();
    a1.doIt(a3);
  }
}

public class A3 {
  public void doIt() {
    ...
  }
}
```

1. 다음 중 디자인 패턴을 올바르게 설명하지 않은 것은?

   ① 소프트웨어를 설계할 때 특정 맥락에서 자주 발생하는 문제들에 재사용할 수 있는 해결책이다.

   ② 디자인 패턴은 개발자 사이에 공통 언어를 만들어 팀원 사이에 의사 소통을 원활하게 해주는 아주 중요한 역할을 한다.

   ③ 개개의 프로그램 언어에 고유한 코딩 방법을 패턴화한 것이다.

   ④ 옵서버Observer 패턴은 GoF 디자인 패턴의 대표적인 행위 패턴에 속한다.

2. 다음 중에서 성격이 다른 패턴은?

   ① 레이어 패턴　　② 파이프 & 필터 패턴

   ③ 브로커 패턴　　④ 데커레이터 패턴

3. 다음 중 GoF 디자인 패턴의 생성 패턴에 속하는 것은?

   ① 싱글턴 패턴　　② 어댑터 패턴

   ③ 스테이트 패턴　　④ 비지터 패턴

4. 다음 중 성격이 다른 패턴에 속하는 것은?

   ① 컴퍼지트 패턴　　② 옵서버 패턴

   ③ 스테이트 패턴　　④ 비지터 패턴

5. 다음 설명에 가장 적합한 디자인 패턴은?

   - 프로그램을 분석하려고 프로그램의 '파스 트리parse tree'를 순회하면서 새로운 분석 기능을 추가한다.

   ① 팩토리 메서드 패턴

   ② 데커레이터 패턴

   ③ 스트래티지 패턴

   ④ 비지터 패턴

6. 다음 코드의 순차 다이어그램을 작성하라.

```
public class A1 {
  public void doA1() {
    A2 a2 = new A2();
    a2.doA2(this);
    A3 a3 = new A3();
    a3.doA3(a2);
  }

  public void doIt() {
    ...
  }
}

public class A2 {
  public void doA2(A1 a1) {
    a1.doIt();
  }

  public void doThat() {
    ...
  }
}

public class A3 {
  public void doA3(A2 a2) {
    a2.doThat();
  }
}
```

7. 다음 GUI 클래스에 포함된 init 메서드의 순차 다이어그램을 작성하라.

```
class GUI extends Frame {
  private JLabel l = new JLabel("W = ", Label.RIGHT);
  private JTextField tf = new JTextField();
  private JButton b = new JButton("B");

  public GUI() {
    super("순차 다이어그램");
    this.init();
```

```
    this.setSize(500, 250);
    this.setVisible(true);
  }

  public void init() {
    this.setLayout(new GridLayout(1,1));

    Panel p1 = new Panel(new BorderLayout());
    p1.add("West", w);
    p1.add("Center", tf);

    Panel p2 = new Panel(new FlowLayout(FlowLayout.CENTER));
    p2.add(b);
    this.add(p2);
  }
}
```

CHAPTER 5

스트래티지 패턴

학습목표

- 알고리즘 변화를 캡슐화로 처리하는 방법 이해하기
- 스트래티지 패턴을 통한 알고리즘의 변화를 처리하는 방법 이해하기
- 사례 연구를 통한 스트래티지 패턴의 핵심 특징 이해하기

5.1 로봇 만들기

어렸을 때 한 번쯤은 천하무적 로봇을 만들어 악당들과 싸워 이기는 꿈을 꾸어봤을 것이다. 어른이 된 지금도 혹시 그 꿈을 가슴 속에 간직하고 있다면 지금이 기회다. 5장에서는 자신이 원하는 일을 척척 해낼 수 있는 멋진 로봇을 만드는 방법을 알려준다.

그림 5-1 각양각색의 로봇

5장에서 만들 로봇은 아톰(`Atom` 클래스)과 태권V(`TaekwonV` 클래스)다. 이 두 로봇은 공격 기능과 이동 기능이 있다. 아톰은 공격할 때 주먹만 사용하지만 하늘을 날 수가 있고 태권V는 미사일로 공격할 수는 있지만 날아다니지 못하고 걷기만 할 수 있다. 그림 5-2는 이러한 아톰과 태권V 로봇을 설계할 때 사용하는 클래스 다이어그램이다.

그림 5-2 로봇 설계

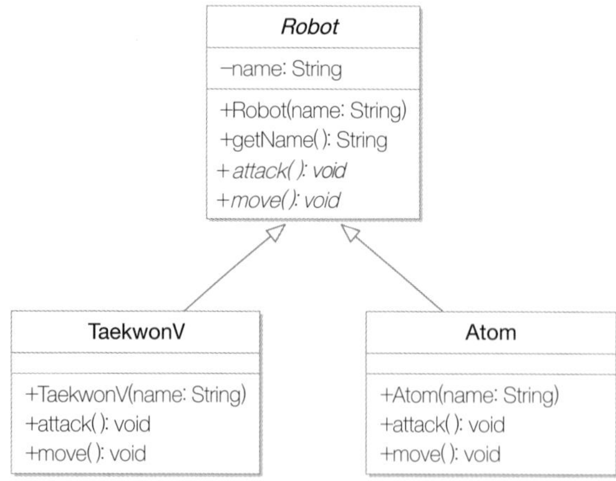

이 클래스 다이어그램에서 Atom 클래스(아톰)와 TaekwonV 클래스(태권V)는 Robot이라는 추상 클래스의 자식 클래스로 설정했다. 이렇게 설계한 이유는 아톰과 태권V는 둘 다 공격(attack 메서드)과 이동(move 메서드) 기능이 있는 로봇의 한 종류이기 때문이다. 아톰과 태권V의 이동 기능과 공격 기능이 서로 다르기 때문에 Robot 클래스에서 attack과 move 메서드를 추상 메서드로 설정해 자식 클래스에서 각각 정의하도록 했다.

코드 5-1은 그림 5-2의 클래스 다이어그램 설계에 기반을 두고 코드를 작성한 것이다.

코드 5-1

```
public abstract class Robot {
  private String name;
  public Robot(String name) {
    this.name = name;
  }

  public String getName() {
    return name;
  }

  public abstract void attack();
  public abstract void move();
}

public class TaekwonV extends Robot {
  public TaekwonV(String name) {
    super(name);
  }

  public void attack() {
    System.out.println("I have Missile and can attack with it.");
  }

  public void move() {
    System.out.println("I can only walk.");
  }
}

public class Atom extends Robot {
  public Atom(String name) {
    super(name);
  }
```

```
    public void attack() {
      System.out.println("I have strong punch and can attack with it.");
    }

    public void move() {
      System.out.println("I can fly.");
    }
  }

  public class Client {
    public static void main(String[] args) {
      Robot taekwonV = new TaekwonV("TaekwonV");
      Robot atom = new Atom("Atom");

      System.out.println("My name is " + taekwonV.getName());
      taekwonV.move();
      taekwonV.attack();

      System.out.println();

      System.out.println("My name is " + atom.getName());
      atom.move();
      atom.attack();
    }
  }
```

5.2 문제점

- 기존 로봇의 공격 또는 이동 방법을 수정하려면 어떤 변경 작업을 해야 하는가? 예를 들어 아톰이 날 수는 없고 오직 걷게만 만들고 싶다면? 또는 태권V를 날게 하려면?
- 새로운 로봇을 만들어 기존의 공격 또는 이동 방법을 추가하거나 수정하려면? 예를 들어 새로운 로봇으로 지구의 용사 선가드(Sungard 클래스)를 만들어 태권V의 미사일 공격 기능을 추가하려면?

5.2.1 기존 로봇의 공격과 이동 방법을 수정하는 경우

가령 아톰이 날 수는 없고 오직 걷게만 만들고 싶다면 그림 5-1의 설계는 코드 5-2와 같이 TaekwonV 클래스의 move 메서드를 수정해야 한다.

코드 5-2

```
public abstract class Robot {
  private String name;

  public Robot(String name) {
    this.name = name;
  }

  public String getName() {
    return name;
  }

  public abstract void attack();
  public abstract void move();
}

public class TaekwonV extends Robot {
  public TaekwonV(String name) {
    super(name);
  }

  public void attack() {
    System.out.println("I have Missile and can attack with it.");
  }

  public void move() {
    System.out.println("I can only walk.");
  }
}

public class Atom extends Robot {
  public Atom(String name) {
    super(name);
  }

  public void attack() {
    System.out.println("I have strong punch and can attack with it.");
  }

  public void move() {
    System.out.println("I can only walk.");
  }
}
```

```
public class Client {
  public static void main(String[] args) {
    Robot taekwonV = new TaekwonV("TaekwonV");
    Robot atom = new Atom("Atom");

    System.out.println("My name is " + taekwonV.getName());
    taekwonV.move();
    taekwonV.attack();

    System.out.println();

    System.out.println("My name is " + atom.getName());
    atom.move();
    atom.attack();
  }
}
```

이는 새로운 기능으로 변경하려고 기존 코드의 내용을 수정해야 하므로 OCP에 위배된다. 또한 Atom 클래스의 move 메서드와 TaekwonV 클래스의 move 메서드가 동일한 기능을 실행하므로 기능이 중복되는 상황이 발생한다. 이와 같은 중복 상황은 많은 문제를 야기하는 원인이 된다. 만약 걷는 방식에 문제가 있거나 새로운 방식으로 수정하려면 모든 중복된 코드를 일관성 있게 변경해야만 한다. 여기에서는 로봇의 종류가 2가지뿐이지만 로봇의 종류가 많아질수록 중복 코드를 일관성 있게 유지 관리하는 일은 매우 힘들고 대단한 집중력을 요구한다.

5.2.2 새로운 로봇에 공격/이동 방법을 추가/수정하는 경우

두 번째 질문인 새로운 로봇을 추가하는 경우는 어떤가? 현재 설계는 로봇 자체가 캡슐화 단위이므로 새로운 로봇을 추가하기가 매우 쉽다. 가령 그림 5-3과 같이 선가드(Sungard 클래스)를 추가하려면 다음과 같이 선가드를 위한 클래스를 작성하고 이를 로봇의 서브 클래스로 두면 된다.

그림 5-3 새로운 로봇의 추가

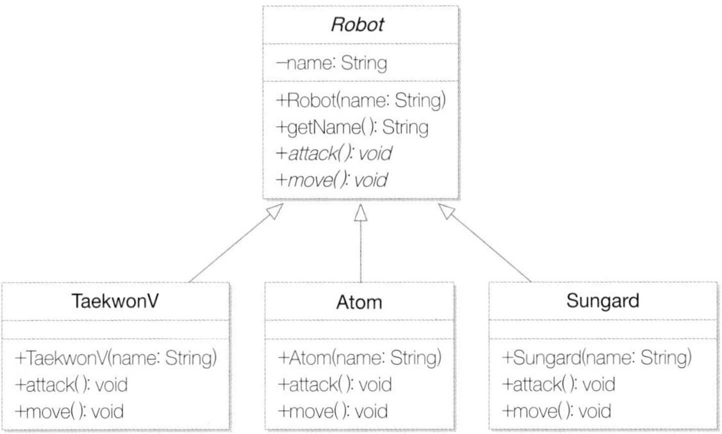

Keypoint_ 현재 시스템의 캡슐화 단위에 따라 새로운 로봇을 추가하기는 매우 쉽다.

그러나 새로운 로봇에 기존의 공격 또는 이동 방법을 추가하거나 변경하려고 하면 문제가 발생한다. 가령 선가드(Sungard 클래스)에 태권V의 미사일 공격 기능을 사용하려고 하면 TaekwonV 클래스와 Sungard 클래스의 attack 메서드가 중복해서 사용된다. 이러한 중복 코드는 나중에 심각한 문제를 일으킨다.

앞으로도 로봇 기술의 발전에 힘입어 새로운 방식의 이동 기능과 공격 기능은 계속해서 개발될 것이다. 그리고 새로운 방식의 이동 기능과 공격 기능을 로봇에게 제공하려면 현재 시스템에서는 관련된 기존의 모든 코드를 수정해야만 한다. 프로그램에 오류가 발생되는 상황은 코드를 수정하는 행위라는 것을 우리는 잘 알고 있다.

5.3 해결책

로봇 설계에서의 문제를 해결하려면 무엇이 변화되었는지 찾아야 한다. 변화된 것을 찾은 후에는 이를 클래스로 캡슐화해야 한다. 로봇 예제에서 변화되면서 문제를 발생시키는 요인은 로봇의 이동 방식과 공격 방식의 변화다. 즉, 새로운 방식의 이동 및 공격 기능이 계속해서 추가될 수 있으므로 기존의 로봇이나 새로운 로봇이 이러한 기능을 별다른 코드 변경 없이 제공받거나 기존의 공격이나 이동 방식을 다른 공격이나 이동 방식으로 쉽게 변경할 수 있어야 한다.

Keypoint_ 무엇이 변화되었는지를 찾은 후에 이를 클래스로 캡슐화한다.

여러분은 로봇 예제에서 이동 기능과 공격 기능이 변한다는 것을 이미 알고 있다. 따라서 이를 캡슐화하려면 외부에서 구체적인 이동 방식과 공격 방식을 담은 구체적인 클래스들을 은닉해야 한다. 이를 위해 공격과 이동을 위한 인터페이스를 각각 만들고 이들을 실제 실현한 클래스를 만들어야 한다.

그림 5-4에서 MovingStrategy는 이동 기능을 캡슐화하는 인터페이스고 AttackStrategy는 공격 기능을 캡슐화하는 인터페이스다.

그림 5-4 공격과 이동 전략 인터페이스

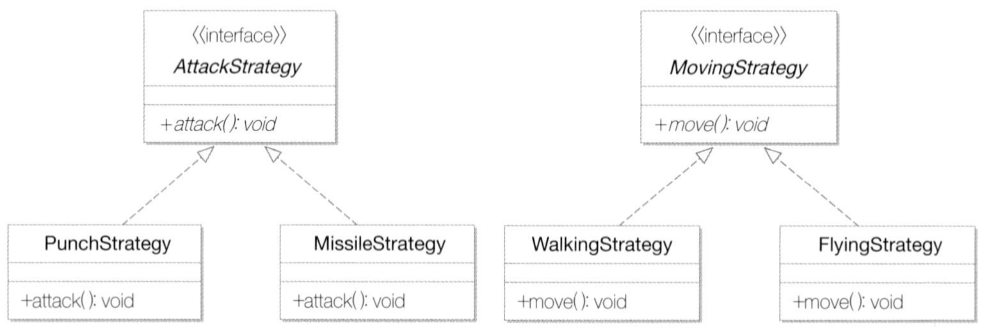

클라이언트에서는 연관 관계를 이용해 이동 기능과 공격 기능의 변화를 포함시킨다. 이 예에서는 Robot 클래스가 이동 기능과 공격 기능을 이용하는 클라이언트 역할을 수행하고, 이 클래스는 변화를 처리하기 위해 MovingStrategy와 AttackStrategy 인터페이스를 포함해야 한다.

그림 5-5는 이를 보여준다.

그림 5-5 개선된 설계

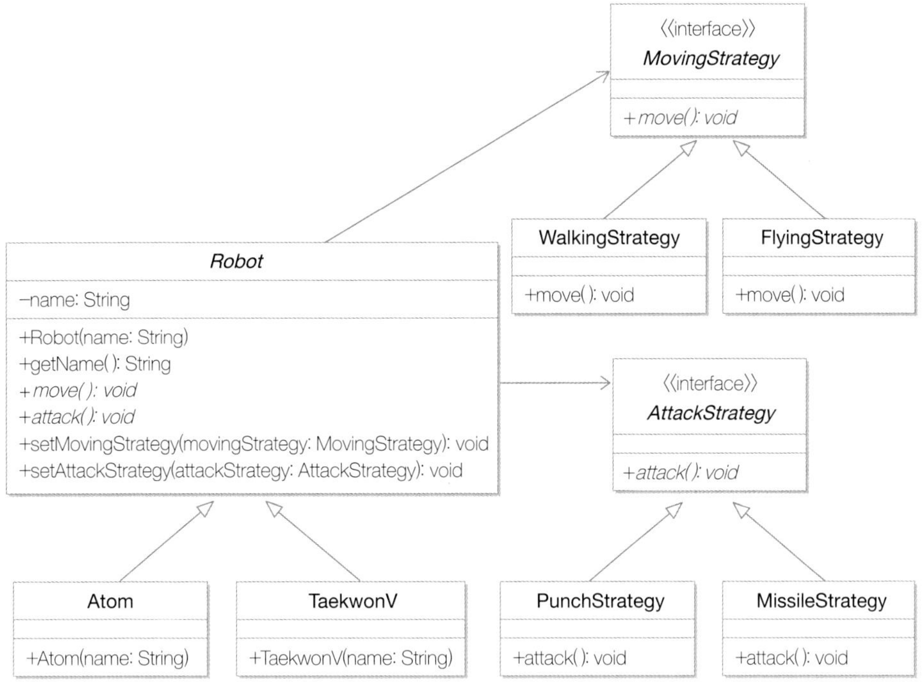

`Robot` 클래스의 입장에서 보면 구체적인 이동 방식과 공격 방식이 `MovingStrategy`와 `AttackStrategy` 인터페이스에 의해 캡슐화되어 있다. 따라서 이들 기능을 이용하는 로봇 객체와는 상관없이 향후 등장할 이동 방식과 공격 방식의 변화뿐만 아니라 현재 변화도 잘 처리할 수 있게 된다. 예를 들어 새로운 공격 방식이 개발되어 현재 로봇에 제공하더라도 `AttackStrategy` 인터페이스가 변화에 대한 일종의 방화벽 역할을 수행해 `Robot` 클래스의 변경을 차단해준다. 즉, 새로운 기능의 추가(새로운 공격 기능)가 기존의 코드에 영향을 미치지 못하게 하므로 OCP를 만족하는 설계가 된다.

이렇게 변경된 새로운 구조에서는 외부에서 로봇 객체의 이동 방식과 공격 방식을 임의대로 바꾸도록 해주는 메서드가 필요하다. 이를 위해 `Robot` 클래스에 `setMovingStrategy`와 `setAttackStrategy` 메서드를 정의해 로봇의 이동 방식과 공격 방식이 필요할 때 바꿀 수 있도록 했다. 이런 변경이 가능한 이유는 상속 대신 집약 관계를 이용했기 때문이다.

표 5-1 클래스 설명

클래스 이름	클래스 설명
Robot	Robot 클래스. 이동과 공격을 실행하는 메서드가 있고, 이를 상속받아 구체적인 로봇을 만듦
Atom, TaekwonV	Robot 클래스를 상속받아 실제 로봇을 구현함
《interface》 AttackStrategy	각 로봇이 취할 수 있는 공격 방법에 대한 인터페이스
PunchStrategy, MissileStrategy	각 공격 방법을 실제로 구현함
《interface》 MovingStrategy	각 로봇이 취할 수 있는 이동 방법에 대한 인터페이스
WalkingStrategy, FlyingStrategy	각 이동 방법을 실제로 구현함

코드 5-3은 위 변경점을 바탕으로 수정한 코드다.

코드 5-3

```
public abstract class Robot {
  private String name;
  private MovingStrategy movingStrategy;
  private AttackStrategy attackStrategy;

  public Robot(String name) {
    this.name = name;
  }

  public String getName() {
    return name;
  }

  public void move() {
    movingStrategy.move();
  }

  public void attack() {
    attackStrategy.attack();
  }

  public void setMovingStrategy(MovingStrategy movingStrategy) {
    this.movingStrategy = movingStrategy;
  }

  public void setAttackStrategy(AttackStrategy attackStrategy) {
    this.attackStrategy = attackStrategy;
```

```
  }
}

public class Atom extends Robot {
  public Atom(String name) {
    super(name);
  }
}

public class TaekwonV extends Robot {
  public TaekwonV(String name) {
    super(name);
  }
}

interface MovingStrategy {
  public void move();
}

public class FlyingStrategy implements MovingStrategy {
  public void move() {
    System.out.println("I can fly.");
  }
}

public class WalkingStrategy implements MovingStrategy {
  public void move() {
    System.out.println("I can only walk.");
  }
}

interface AttackStrategy {
  public void attack();
}

public class MissileStrategy implements AttackStrategy {
  public void attack() {
    System.out.println("I have Missile and can attack with it.");
  }
}

public class PunchStrategy implements AttackStrategy {
  public void attack() {
    System.out.println("I have strong punch and can attack with it.");
```

```
    }
  }

  public class Client {
    public static void main(String[] args) {
      Robot taekwonV = new TaekwonV("TaekwonV");
      Robot atom = new Atom("Atom");

      taekwonV.setMovingStrategy(new WalkingStrategy());
      taekwonV.setAttackStrategy(new MissileStrategy());

      atom.setMovingStrategy(new FlyingStrategy()); // 이동 전략을 날아간다는 전략으로 설정함
      atom.setAttackStrategy(new PunchStrategy()); // 공격 전략을 펀치를 구사하는 전략으로 설정함

      System.out.println("My name is " + taekwonV.getName());
      taekwonV.move();
      taekwonV.attack();

      System.out.println();

      System.out.println("My name is " + atom.getName());
      atom.move();
      atom.attack();
    }
  }
```

5.4 스트래티지 패턴

스트래티지 패턴Strategy Pattern은 전략을 쉽게 바꿀 수 있도록 해주는 디자인 패턴이다. 여기에서 전략이란 어떤 목적을 달성하기 위해 일을 수행하는 방식, 비즈니스 규칙, 문제를 해결하는 알고리즘 등으로 이해할 수 있다. 프로그램에서 전략을 실행할 때는 쉽게 전략을 바꿔야 할 필요가 있는 경우가 많이 발생한다. 특히 게임 프로그래밍에서 게임 캐릭터가 자신이 처한 상황에 따라 공격이나 행동하는 방식을 바꾸고 싶을 때 스트래티지 패턴은 매우 유용하다.

Keypoint_ 스트래티지 패턴은 같은 문제를 해결하는 여러 알고리즘방식이 클래스별로 캡슐화되어 있고 이들이 필요할 때 교체할 수 있도록 함으로써 동일한 문제를 다른 알고리즘으로 해결할 수 있게 하는 디자인 패턴이다.

그림 5-6 스트래티지 패턴 컬레보레이션

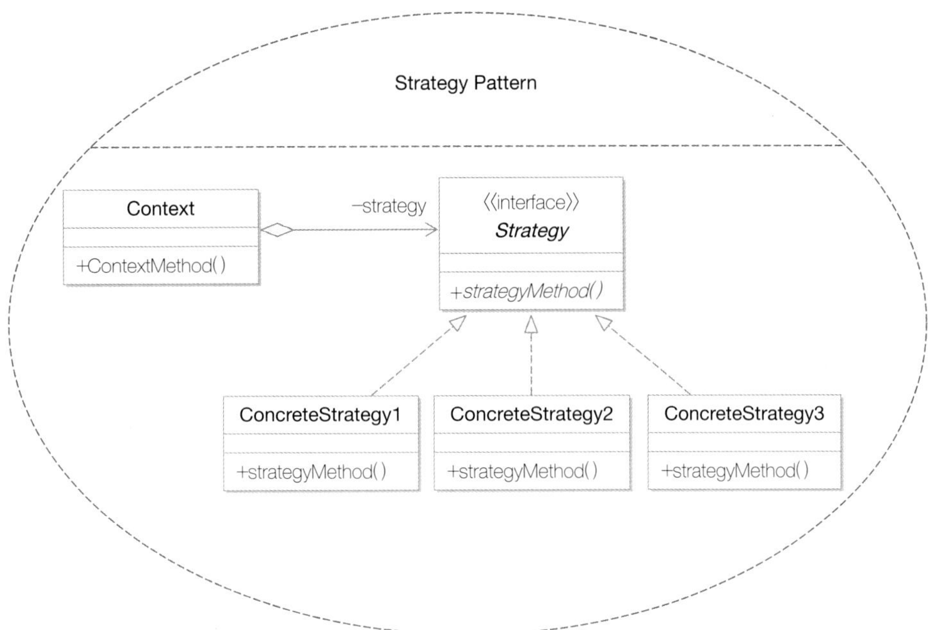

스트래티지 패턴에서 나타나는 역할이 수행하는 작업은 다음과 같다.

- **Strategy**: 인터페이스나 추상 클래스로 외부에서 동일한 방식으로 알고리즘을 호출하는 방법을 명시한다.
- **ConcreteStrategy1, ConcreteStrategy2, ConcreteStrategy3**: 스트래티지 패턴에서 명시한 알고리즘을 실제로 구현한 클래스다.
- **Context**: 스트래티지 패턴을 이용하는 역할을 수행한다. 필요에 따라 동적으로 구체적인 전략을 바꿀 수 있도록 setter 메서드를 제공한다.

그림 5-7 스트래티지 패턴의 순차 다이어그램

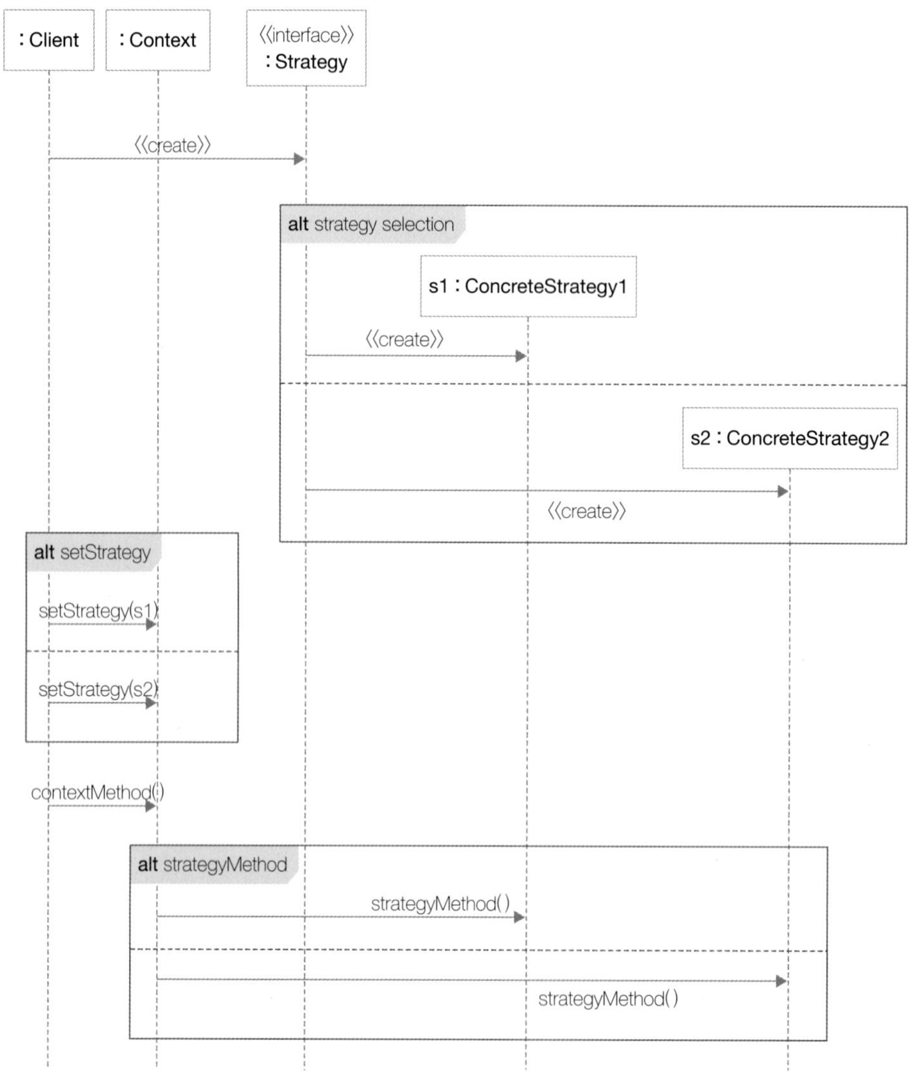

그림 5-7은 스트래티지 패턴의 행위 모델을 순차 다이어그램으로 표현한 것이다. 클라이언트가 원하는 스트래티지 객체를 생성하고 이를 Context 객체에 바인딩하면 Context 객체는 바인딩된 스트래티지 객체의 타입에 따라 적절한 행위를 실행한다.

그림 5-8은 스트래티지 패턴을 앞서 설명한 로봇 예에 적용한 경우다.

그림 5-8 스트래티지 패턴을 로봇 예제에 적용한 경우

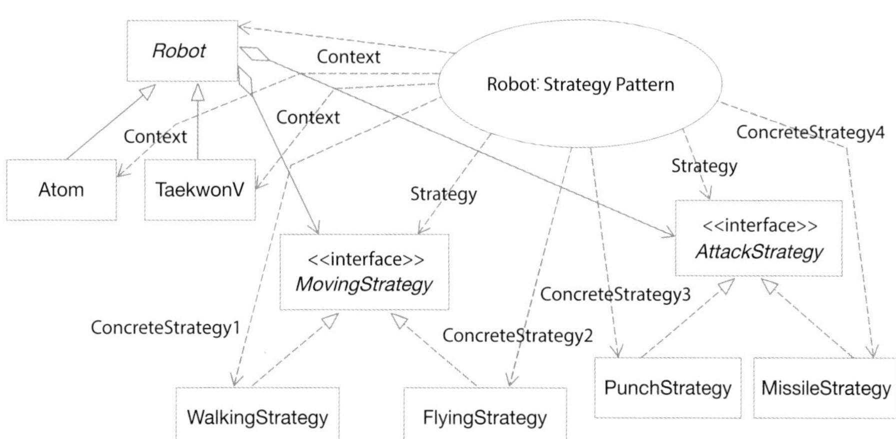

- Robot, Atom, TaekwonV는 Context 역할을 한다.
- MovingStrategy와 AttackStrategy는 각각 Strategy 역할을 한다.
- WalkingStrategy, FlyingStrategy, PunchStrategy, MissileStrategy 클래스는 ConcreteStrategy 역할을 한다.

1. 다음 중 스트래티지 패턴을 올바르게 설명한 것은?

   ① 한 객체의 상태 변화에 따라 다른 객체의 상태도 연동되도록 일대다 객체 의존 관계를 구성하는 패턴

   ② 어떤 작업을 처리하는 일부분을 서브 클래스로 캡슐화해 전체 작업을 수행하는 구조는 바꾸지 않으면서 특정 단계에서 수행하는 작업은 바꾸는 패턴

   ③ 여러 개의 객체들로 구성된 복합 객체와 단일 객체를 클라이언트에서 구별 없이 다루도록 하는 패턴

   ④ 알고리즘 군을 정의하고 알고리즘 각각을 클래스로 캡슐화해 교환해서 사용할 수 있도록 만든 패턴

2. 스트래티지 패턴의 일반적인 클래스 다이어그램을 작성하라.

3. 스트래티지 패턴을 사용해 다음 요구사항을 만족하는 코드를 작성하라.

   - 회원은 이름과 누적 대여 금액을 갖는다.
   - 책은 서명, 출판년도, 가격을 갖는다(재고는 무한대라고 가정).
   - 회원은 하나의 책을 1권 이상 살 수 있다.
   - 회원이 책을 살 때마다 누적 금액이 저장된다.
   - 가격 정책에 따라 책 값이 할인되며 다른 가격 정책이 추가될 수 있다.
   - 10년 이상된 책은 책 자체 할인, 누적 대여 금액이 만 원 이상이면 회원 할인, 그 외의 경우에는 할인이 되지 않는다.

3-1. 3번 코드의 클래스 다이어그램을 작성하고 각 클래스를 설명하라.

4. 다음 코드는 아래에 설명하는 요구사항을 만족하는 프로그램을 작성한 것이다. 질문에 답하라.

   - 필드 안에 2개 이상의 공이 존재한다.
   - 각 공은 첫째, 좌우로 움직이거나 둘째, 상하로 움직이거나 셋째, 대각선으로 움직일 수 있다.
   - 각 공은 빨간색이나 파란색으로 칠해진다.

```
public class BallFrame extends JFrame {
  private static final long serialVersionUID = 1L;
  public static final int WIDTH = 500;
  public static final int HEIGHT = 400;
  private Field field;

  public BallFrame(Ball[] balls) {
    super("Balls");
    setDefaultCloseOperation(EXIT_ON_CLOSE);
    setLayout(new BorderLayout());

    field = new Field(balls);
    Thread th = new Thread(field);
    th.start();

    add(field, BorderLayout.CENTER);

    setSize(WIDTH, HEIGHT);
    setVisible(true);
  }
}

public class Field extends JPanel implements Runnable {
  private static final long serialVersionUID = 1L;
  private Ball[] balls;
  public Field(Ball[] balls) {
    this.balls = balls;
    setLayout(new FlowLayout());
  }

  public void paint(Graphics g) {
    g.clearRect(0, 0, BallFrame.WIDTH, BallFrame.HEIGHT);
    for (int i = 0; i < balls.length; i++) {
      g.setColor(balls[i].getColor());
      g.fillOval(balls[i].getX(), balls[i].getY(), Ball.SIZE, Ball.SIZE);
    }
  }

  public void run() {
    while (true) {
      repaint();
      try {
        Thread.sleep(5);
```

```
      } catch (InterruptedException e) { }
    }
  }
}

public class Ball extends Thread {
  public static final int SIZE = 20;
  public static final int INTERVAL = 10;
  private int x, y;
  private int xInterval, yInterval;
  private DirectionStrategy directionStrategy;
  private DrawStrategy drawStrategy;
  private Color color;

  public Ball(int x, int y) {
    this.x = x;
    this.y = y;
    this.xInterval = this.yInterval = 0;
  }

  public int getX() {
    return x;
  }

  public int getY() {
    return y;
  }

  public int getXinterval() {
    return this.xInterval;
  }

  public int getYinterval() {
    return this.yInterval;
  }

  public void setX(int x) {
    this.x = x;
  }

  public void setY(int y) {
    this.y = y;
  }
```

```
  public void setIntervals(int xInterval, int yInterval) {
    this.xInterval = xInterval;
    this.yInterval = yInterval;
  }

  public void setColor(Color color) {
    this.color = color;
  }

  public Color getColor() {
    return this.color;
  }

  public void setDirectionStrategy(DirectionStrategy directionStrategy) {
    this.directionStrategy = directionStrategy;
  }

  public void setDrawStrategy(DrawStrategy drawStrategy) {
    this.drawStrategy = drawStrategy;
  }

  public void draw() {
    drawStrategy.draw(this);
  }

  public void move() {
    directionStrategy.move(this);
  }

  public void run() {
    draw();
    move();
  }
}

public abstract class DirectionStrategy {
  public abstract void move(Ball ball);
}

public class HorizonalMoveStrategy extends DirectionStrategy {
  public void move(Ball ball) {
    ball.setIntervals(Ball.INTERVAL, 0);
    while (true) {
      ball.setX(ball.getX()+ball.getXinterval());
```

```
        if ((ball.getX()< 0 && ball.getXinterval() < 0) ||
          ball.getX() + Ball.SIZE > BallFrame.WIDTH  - 15 && ball.getXinterval() > 0) {
          ball.setIntervals(-ball.getXinterval(), 0);
        }
        try {
          Thread.sleep(30);
        } catch (InterruptedException e) { }
      }
    }
  }

  public class VerticalMoveStrategy extends DirectionStrategy {
    public void move(Ball ball) {
      ...
    }
  }

  public class DiagonalMoveStrategy extends DirectionStrategy {
    public void move(Ball ball) {
      ...
    }
  }

  public abstract class DrawStrategy {
    public abstract void draw(Ball ball);
  }

  public class RedDrawStrategy extends DrawStrategy {
    public void draw(Ball ball) {
      ball.setColor(Color.red);
    }
  }

  public class BlueDrawStrategy extends DrawStrategy {
    public void draw(Ball ball) {
      ball.setColor(Color.blue);
    }
  }

  public class Client {
    private static final int INIT_LOCATION[] = { 50, 100, 150 };
    public static void main(String[] args) {
      Ball [] balls = new Ball[3];
      for (int i = 0; i < balls.length; i++) {
```

```
      balls[i] = new Ball(INIT_LOCATION[i], INIT_LOCATION[i]);
      balls[i].setDirectionStrategy(new HorizonalMoveStrategy());
      balls[i].setDrawStrategy(new RedDrawStrategy());

      balls[i].start();
    }
    new BallFrame(balls);
  }
}
```

4-1. 클래스 다이어그램을 작성하고 각 클래스를 설명하라.

4-2. 이 예제는 어떤 패턴을 사용했는가?

4-3. 수직으로 공이 움직이는 VerticalMoveStrategy 클래스를 완성하라.

4-4. 대각선 방향으로 공이 움직이는 DiagonalMoveStrategy 클래스를 완성하라.

5. 다음 코드와 실행 결과를 참고해 물음에 답하라.

```
public class Running extends JFrame {
  private Field field;

  public Running() {
    super("Running");
    setDefaultCloseOperation(EXIT_ON_CLOSE);
    setLayout(new BorderLayout());
    field = new Field();

    add(field, BorderLayout.CENTER);

    setSize(500, 500);
    setVisible(true);

    Thread th = new Thread(field);
    th.start();
  }
}
```

```
public class Field extends JPanel implements Runnable {
  private JLabel lbl;
  private String[] walkingImage = { "walk1.gif", "walk2.gif" };

  public Field() {
    setLayout(new BorderLayout());
    lbl = new JLabel();
    lbl.setIcon(new ImageIcon("./src/walk1.gif"));
    add(lbl, BorderLayout.CENTER);
  }

  public void run() {
    while (true) {
    String[] path = walkingImage;
    for (int i = 0; i < path.length; i++) {
      lbl.setIcon(new ImageIcon("./src/" + path[i]));
      try {
        Thread.sleep(300);
      } catch (InterruptedException e) { }
    }
  }
}

public class Client {
  public static void main(String[] args) {
    new Running();
  }
}
```

실행 결과

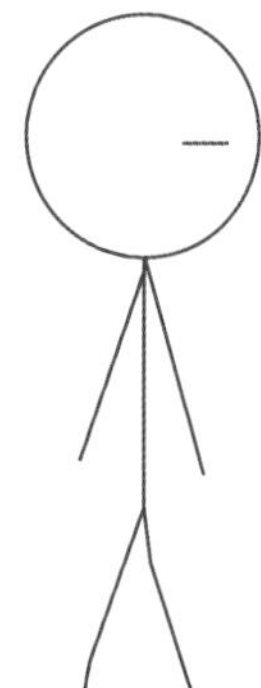

5-1. 프로그램을 직접 실행해보고 어떤 기능이 실행되는지 알아보라.

5-2. 만약 프로그램이 새로운 달리기 이미지를 처리해야 한다면 이때 어떤 문제가 발생하는가?

6. 다음 코드는 Sale 객체의 구매 목록이나 가격 같은 정보를 영수증 프린터(HD108ReceiptPrinter 클래스)에 전달해 출력하도록 한 프로그램이다. 이 프로그램의 문제는 테스트할 때 실제 영수증 프린터 기기(HD108ReceiptPrinter 클래스)를 연결해 제대로 출력되는지를 살펴봐야 한다는 것이다. 이는 매우 번거로운 작업이다. 이를 해결할 수 있는 방법을 제안하라.

```
public class Sale {
  private ArrayList<Item> items = new ArrayList<Item>();
  private HD108ReceiptPrinter printer = new HD108ReceiptPrinter();

  public void printReceipt() {
    Iterator<Item> itr = items.iterator();
    StringBuffer buf = new StringBuffer();
    while (itr.hasNext()) {
      Item item = itr.next();
      buf.append(item.getName());
      buf.append(item.getPrice());
    }
    printer.print(buf.toString());
  }

  public void add(Item item) {
    items.add(item);
  }
}
```

CHAPTER 6

싱글턴 패턴

학습목표

- 싱글턴 패턴 이해하기
- 다중 스레드와 싱글턴 패턴의 관계 이해하기

6.1 프린터 관리자 만들기

세상에 무한으로 사용할 수 있는 자원은 거의 없다. 자원의 양은 제한되어 있으며 제한된 자원에 맞춰 사용해야 한다. 갑돌이가 일하는 회사의 영업 부서도 회사 사정이 넉넉치 않아 10명의 직원들이 프린터 하나만 공유해서 사용해야 하는 실정이다. 6장에서는 이렇듯 귀중한 프린터를 관리하는 프로그램을 만들어본다.

그림 6-1 귀중한 프린터

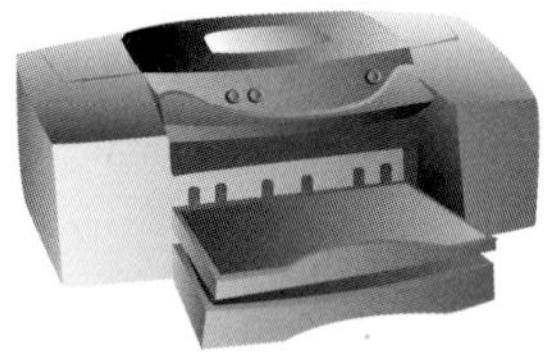

길동이는 코드 6-1의 리소스를 받아 이를 출력하는 print 메서드를 제공하는 Printer 클래스를 작성했다.

코드 6-1

```
public class Printer {
  public Printer() { }

  public void print(Resource r) {
    ...
  }
}
```

그러나 Printer 클래스를 사용해 프린터를 이용하려면 클라이언트 프로그램에서 new Printer( )가 반드시 한 번만 호출되도록(프린터는 하나뿐이니까!) 프로그래머가 상당한 주의를 기울여야 한다.

이를 해소할 수 있는 직관적인 방법은 생성자를 외부에서 호출할 수 없게 하는 것이다. 어떻게 하면 생성자를 외부에서 호출하지 못하게 할 수 있을까? 매우 간단하다. 코드 6-2와 같이 Printer 클래스의 생성자를 private으로 선언하면 된다.

코드 6-2

```
public class Printer {
  private Printer() { }
  public void print(Resource r) {
    ...
  }
}
```

이렇게 프로그램을 작성하면 외부에서는 new Printer( )를 더 사용할 수 없게 된다. 그러나 일단 프린터 인스턴스는 하나 만들어야 되는 상황이므로 코드 6-3과 같이 이 인스턴스를 만들어 외부에 제공해줄 메서드가 필요하다.

코드 6-3

```
public class Printer {
  private static Printer printer = null;
  private Printer() { }

  public static Printer getPrinter() {
    if (printer == null)
      printer = new Printer();

    return printer;
  }

  public void print(Resource r) {
    ...
  }
}
```

코드가 약간 복잡해졌다. getPrinter 메서드는 프린터 인스턴스가 이미 생성되어 있는지를 검사한다. 만약 처음 호출되어 아직 인스턴스가 생성되지 않은 상황이라면 생성자를 호출해 인스턴스를 생성한다. 이렇게 생성된 인스턴스는 정적 변수 printer에 의해 참조가 된다. 만약 이미 인스턴스가 생성되었다면 printer 변수에서 참조하는 인스턴스를 반환한다.

또한 이 코드에서 주의 깊게 살펴봐야 할 점은 getPrinter 메서드와 printer 변수가 static 타입으로 선언되었다는 점이다. 이와 같이 static으로 선언된 메서드나 변수를 각각 정적 메서드, 정적 변수라 한다. 정적 메서드나 정적 변수는 이들이 구체적인 인스턴스에 속하는 영역이 아니고 클래스 자체에 속한다는 의미다. 따라서 클래스의 인스턴스를 통하지 않고서도 메서드를 실행할 수 있고 변수를 참조할 수 있다.

현재 우리의 목적은 단 하나의 객체만 생성해 이를 어디에서든지 참조할 수 있게 하는 것이므로 처음에 객체를 만들려면 getPrinter 메서드가 정적 메서드로 선언되어 있어야 한다.

만약 정적 메서드로 되어 있지 않았다면 아직 생성되지 않은 instance 객체는 다음과 같이 사용되어야 할 것이다.

```
instance.getPrinter();
```

그럼 printer 객체는 어떻게 만들어야 하는가? 이것은 엄연한 모순이다. getPrinter 메서드를 static으로 선언했으므로 Instance 클래스를 통하지 않아도 외부에서 다음과 같이 호출할 수 있다.

```
printer.getPrinter();
```

변수도 마찬가지다. 정적 변수 printer는 클래스의 인스턴스가 생성될 때마다 생성되는 것이 아니라 딱 한 번만 생성되며 클래스의 인스턴스가 생성되기 전에 초기화된다. 정적 변수는 클래스에서 생성된 모든 인스턴스들에게 공유된다.

이렇게 설계가 완성되면 코드 6-4와 같이 5명의 사용자가 프린터를 이용하는 상황으로 코드를 작성해보자.

코드 6-4

```
public class User {
  private String name;

  public User(String name) {
    this.name = name;
  }

  public void print() {
    Printer printer = Printer.getPrinter();
    printer.print(this.name + " print using " + printer.toString() + ".");
```

```
    }
  }

  public class Printer {
    private static Printer printer = null;
    private Printer() { }

    public static Printer getPrinter() {
      if (printer == null) {
        printer = new Printer(); // Printer 인스턴스 생성
      }
      return printer;
    }

    public void print(String str) {
      System.out.println(str);
    }
  }

  public class Main {
    private static final int User_NUM = 5;
    public static void main(String[] args) {
      User[] user = new User[User_NUM];
      for (int i = 0; i < User_NUM; i++) {
        user[i] = new User((i + 1) + "-user"); // User 인스턴스 생성
        user[i].print();
      }
    }
  }
```

이제 프린터는 사용자 이름과 프린터 이름을 출력할 수 있게 되었으며, 프린터는 이를 콘솔 화면에 출력한다. 실행 결과에서 볼 수 있듯이 프린터 객체 하나만 사용하며 모두 성공적으로 콘솔에 출력했다.

```
1-user print using Printer@2ce07e6b.
2-user print using Printer@2ce07e6b.
3-user print using Printer@2ce07e6b.
4-user print using Printer@2ce07e6b.
5-user print using Printer@2ce07e6b.
```

6.2 문제점

190쪽 '6.1 프린터 관리자 만들기'에서 성공적으로 프린터 인스턴스를 하나만 만들고 여러 곳에서 동일한 프린터를 이용하게끔 코드를 작성했다. 지금까지는 아무런 문제가 없어 보인다. 그러나 다중 스레드에서 `Printer` 클래스를 이용할 때 인스턴스가 1개 이상 생성되는 경우가 발생할 수 있다.

다음 시나리오를 생각해보자.

1. Printer 인스턴스가 아직 생성되지 않았을 때 스레드 1이 getPrinter 메서드의 if문을 실행해 이미 인스턴스가 생성되었는지 확인한다. 현재 printer 변수는 null인 상태다.
2. 만약 스레드 1이 생성자를 호출해 인스턴스를 만들기 전 스레드 2가 if문을 실행해 printer 변수가 null인지 확인한다. 현재 null이므로 인스턴스를 생성하는 코드, 즉 생성자를 호출하는 코드를 실행하게 된다.
3. 스레드 1도 스레드 2와 마찬가지로 인스턴스를 생성하는 코드를 실행하게 되면 결과적으로 Printer 클래스의 인스턴스가 2개 생성된다.

Keypoint_ 위 시나리오는 경합 조건race condition을 발생시킨다. 경합 조건이란 메모리와 같은 동일한 자원을 2개 이상의 스레드가 이용하려고 경합하는 현상을 말한다.

현재의 프로그램은 이와 같은 시나리오가 발생하지 않을 가능성이 있다. 따라서 시나리오대로 동작함을 확실히 볼 수 있도록 스레드 스케줄링을 일부러 변경해보겠다. 이를 위해 코드 6-5와 같이 인스턴스를 생성하는 문장 바로 앞에 잠시 `Thread.sleep(1)`을 이용해 스레드 실행을 고의적으로 1ms(컴퓨터에게는 참으로 긴 시간이다) 동안 정지하도록 했다.

코드 6-5

```
public class UserThread extends Thread {
  public UserThread(String name) {
    super(name);
  }

  public void run() {
    Printer printer = Printer.getPrinter();
    printer.print(Thread.currentThread().getName() +
      " print using " + printer.toString() + ".");
```

```
    }
  }

  public class Printer {
    private static Printer printer = null;
    private Printer() { }

    public static Printer getPrinter() {
      if (printer == null) {
        try {
          Thread.sleep(1);
        }
        catch (InterruptedException e) { }
        printer = new Printer();
      }
      return printer;
    }

    public void print(String str) {
      System.out.println(str);
    }
  }

  public class Client {
    private static final int THREAD_NUM = 5;
    public static void main(String[] args) {
      UserThread[] user = new UserThread[THREAD_NUM];
      for (int i = 0; i < THREAD_NUM; i++) {
        user[i] = new UserThread((i + 1) + "-thread");
        user[i].start();
      }
    }
  }
```

실행 결과는 다음과 같다.

```
2-thread print using Printer@2cfa930d.
4-thread print using Printer@76cc518c.
5-thread print using Printer@5ffdfb42.
3-thread print using Printer@1b7adb4a.
1-thread print using Printer@1ed2e55e.
```

> **Keypoint_** 실제로는 스레드 스케줄링을 고의로 변경하는 데 Thread.sleep을 굳이 이용하지 않아도 된다. 대부분의 경우에는 시나리오대로 동작한다.

실행 결과에서 명확하게 볼 수 있듯이 각 스레드마다 각기 다른 Printer 인스턴스를 사용해 출력한다. 그런데 이 경우 Printer 인스턴스가 1개 이상 생긴다 하더라도 이렇다 할 문제가 발생하지는 않는다.

그러나 Printer 클래스가 상태를 유지해야 하는 경우에는 문제가 발생한다. 코드 6-6에서 보여준 Printer 클래스와 같이 counter 변수와 같은 값을 인스턴스가 유지해야 한다.

코드 6-6

```
public class Printer {
  private static Printer printer = null;
  private int counter = 0;
  private Printer() { }

  public static Printer getPrinter() {
    if (printer == null) { // Printer 인스턴스가 생성되었는지 검사
      try {
        Thread.sleep(1);
      }
      catch (InterruptedException e) { }
      printer = new Printer(); // Printer 인스턴스 생성
    }
    return printer;
  }

  public void print(String str) {
    counter++; // 카운터 값 증가
    System.out.println(str+counter);
  }
}
```

그럼 Printer 클래스를 다중 스레드 환경에서 실행해보자. 실행 결과는 다음과 같다.

```
1-thread print using Printer@2cfa930d.1
5-thread print using Printer@76cc518c.1
```

```
3-thread print using Printer@5ffdfb42.1
2-thread print using Printer@5ffdfb42.2
3-thread print using Printer@5ffdfb42.3
```

우리가 기대한 결과와는 다르다. 이와 같이 Printer 클래스의 인스턴스가 상태를 유지해야 한다면 문제가 발생한다. 이는 인스턴스마다 counter 변수를 각각 만들어 유지하기 때문이다.

6.3 해결책

프린터 관리자는 사실 다중 스레드 애플리케이션이 아닌 경우에는 아무런 문제가 되지 않는다. 따라서 이번에는 다중 스레드 애플리케이션에서 발생하는 문제를 해결하는 방법 2가지를 설명한다.

- 정적 변수에 인스턴스를 만들어 바로 초기화하는 방법
- 인스턴스를 만드는 메서드에 동기화하는 방법

코드 6-7은 printer라는 정적 변수에 Printer 인스턴스를 만들어 초기화하는 방법으로 코딩한 결과다.

코드 6-7

```
public class Printer {
  private static Printer printer = new Printer();
  private int counter = 0;
  private Printer() { }

  public static Printer getPrinter() {
    return printer;
  }

  public void print(String str) {
    counter++;
    System.out.println(str);
  }
}
```

정적 변수는 객체가 생성되기 전 클래스가 메모리에 로딩될 때 만들어져 초기화가 한 번만 실행된다. 또한 정적 변수는 프로그램이 시작될 때부터 종료될 때까지 없어지지 않고 메모리에 계속 상주하며 클래스에서 생성된 모든 객체에서 참조할 수 있다. 정적 변수의 이러한 특징 때문에 `private static Printer printer = new Printer();` 구문이 실행되면 정적 변수 `printer`에 `Printer` 클래스 인스턴스가 바인딩되며 `getPrinter`라는 정적 메서드를 통해 참조되는 인스턴스를 얻어올 수 있다. 이 방법은 다중 스레드 환경에서 문제를 일으켰던 `if (printer == null)`라는 조건 검사 구문을 원천적으로 제거하기 위한 방법이다.

다음은 코드 6-7을 실행한 결과다. 결과에서 볼 수 있듯이 오직 객체 하나만 생성됨을 확인할 수 있다.

```
1-user print using Printer@2ce07e6b.
2-user print using Printer@2ce07e6b.
3-user print using Printer@2ce07e6b.
4-user print using Printer@2ce07e6b.
5-user print using Printer@2ce07e6b.
```

다음은 `Printer` 클래스의 객체를 얻는 `getPrinter` 메서드를 동기화하는 코드다.

코드 6-8

```
public class Printer {
  private static Printer printer = null;
  private Printer() { }

  public synchronized static Printer getPrinter() { // 메서드 동기화
    if (printer == null) {
      printer = new Printer();
    }
    return printer;
  }

  public void print(String str) {
    System.out.println(str);
  }
}
```

코드 6-8은 다중 스레드 환경에서 동시에 여러 스레드가 getPrinter 메서드를 소유하는 객체에 접근하는 것을 방지한다. 결과적으로 Printer 클래스의 인스턴스가 오직 하나의 인스턴스만 생성한다.

실행 결과는 다음과 같다.

```
3-thread print using Printer@949f69.
5-thread print using Printer@949f69.
2-thread print using Printer@949f69.
4-thread print using Printer@949f69.
1-thread print using Printer@949f69.
```

코드 6-7과 마찬가지로 Printer 클래스의 객체가 하나만 생성됨을 확인할 수 있다.

이제 코드 6-9를 살펴보자.

코드 6-9

```
public class Printer {
  private static Printer printer = null;
  private int counter = 0;
  private Printer() { }

  public synchronized static Printer getPrinter() {
    if (printer == null) {
      printer = new Printer();
    }
    return printer;
  }

  public void print(String str) {
    counter++;
    System.out.println(str+counter);
  }
}
```

Printer 객체가 하나만 생성되었음에도 여전히 counter 변수의 값이 이상하게 출력되는데, 이는 여러 개의 스레드가 하나뿐인 counter 변수 값에 동시에 접근해 갱신하기 때문이다.

실행 결과는 다음과 같다.

```
1-thread print using Printer@5ffdfb42.2
3-thread print using Printer@5ffdfb42.5
2-thread print using Printer@5ffdfb42.4
5-thread print using Printer@5ffdfb42.3
4-thread print using Printer@5ffdfb42.2
```

따라서 이 문제를 해결하려면 코드 6-10과 같이 print 메서드의 counter 변수를 변경하는 부분도 동기화할 필요가 있다.

코드 6-10

```
public class Printer {
  private static Printer printer = null;
  private int counter = 0;
  private Printer() { }

  public synchronized static Printer getPrinter() {
    if (printer == null) {
      printer = new Printer();
    }
    return printer;
  }

  public void print(String str) {
    synchronized(this) { // 오직 하나의 스레드만 접근을 허용함
      counter++;
      System.out.println(str+ counter);
    }
  }
}
```

실행 결과는 다음과 같다.

```
4-thread print using Printer@2cfa930d.1
2-thread print using Printer@2cfa930d.2
1-thread print using Printer@2cfa930d.3
5-thread print using Printer@2cfa930d.4
3-thread print using Printer@2cfa930d.5
```

6.4 싱글턴 패턴

싱글턴 패턴Singleton Pattern은 인스턴스가 오직 하나만 생성되는 것을 보장하고 어디에서든 이 인스턴스에 접근할 수 있도록 하는 디자인 패턴이다. 원래 싱글턴이라는 단어는 '단 하나의 원소만을 가진 집합'이라는 수학 이론에서 유래되었다.

그림 6-2 싱글턴 패턴 컬레보레이션

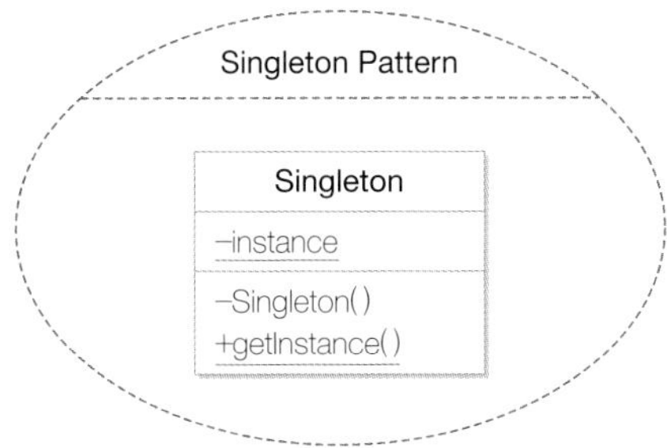

싱글턴 패턴은 매우 단순해 `Singleton` 요소 하나밖에 없다.

- **Singleton**: 하나의 인스턴스만을 생성하는 책임이 있으며 getInstance 메서드를 통해 모든 클라이언트에게 동일한 인스턴스를 반환하는 작업을 수행한다.

그림 6-3 싱글턴 패턴의 순차 다이어그램

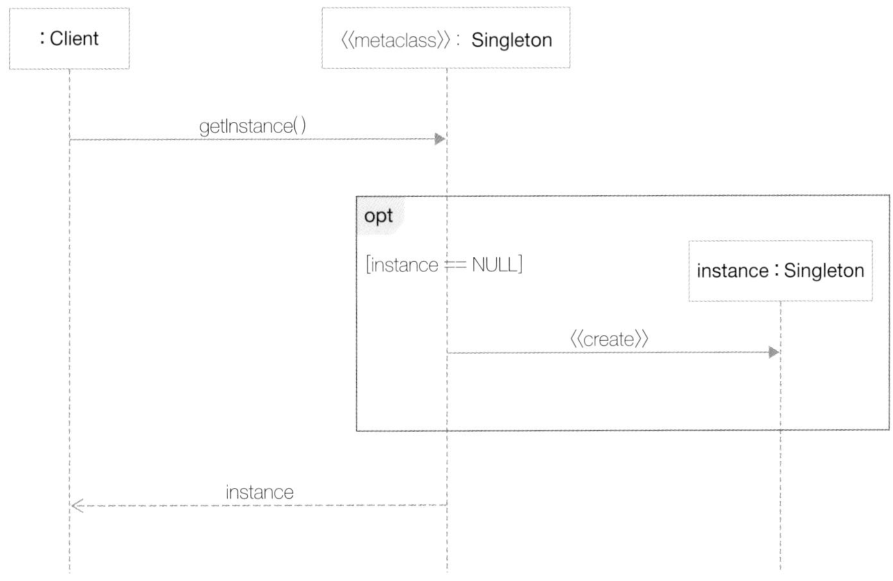

그림 6-3은 싱글턴 패턴의 행위를 순차 다이어그램으로 표현한 것이다. 클라이언트가 싱글턴 클래스에 getInstance 메서드를 통해 객체 생성을 요청하면 이미 객체가 생성된 경우에는 객체를 반환하고, 처음으로 생성하는 경우에는 생성자를 호출해 객체를 생성한다. 이때 순차 다이어그램에서 선택적인 메시지 실행 흐름을 보여주고자 alt라는 상호작용 프레임을 사용했다.

다음 그림은 싱글턴 패턴을 Printer 클래스에 적용한 경우다.

그림 6-4 싱글턴 패턴을 프린터 관리자 예제에 적용한 경우

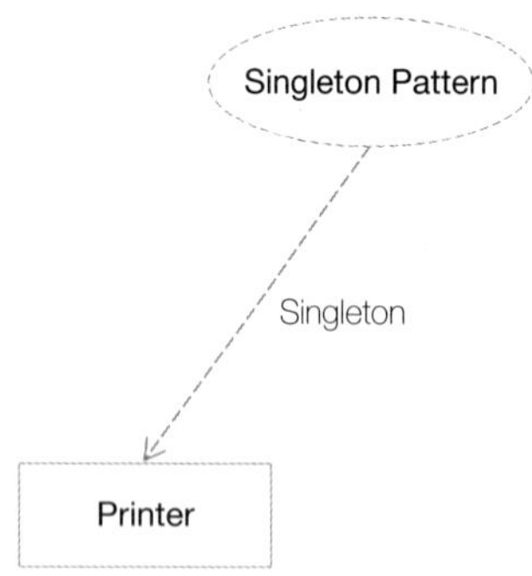

- Printer는 Singleton 역할을 한다.

6.5 싱글턴 패턴과 정적 클래스

실제로 굳이 싱글턴 패턴을 사용하지 않고 정적 메서드로만 이루어진 정적 클래스static class를 사용해도 동일한 효과를 얻을 수 있다.

코드 6-12는 Printer 클래스를 싱글턴 패턴으로 구현하지 않고 정적 클래스로 구현한 예다.

코드 6-11

```
public class Printer {
  private static int counter = 0;
  public synchronized static void print(String str) { // 메서드 동기화
    counter++; // 카운터 값 증가
    System.out.println(str + counter);
  }
}
```

```
public class UserThread extends Thread {
  public UserThread(String name) { // 스레드 생성
    super(name);
  }

  public void run() { // 현재 스레드 이름 출력
    Printer.print(Thread.currentThread().getName() + " print using " + ".");
  }
}

public class Main {
  private static final int THREAD_NUM = 5;
  public static void main(String[] args) {
    UserThread[] user = new UserThread[THREAD_NUM];
    for (int i = 0; i < THREAD_NUM; i++) {
      user[i] = new UserThread((i + 1) + "-thread");
      user[i].start(); // 스레드 실행
    }
  }
}
```

실행 결과는 다음과 같다.

```
1-thread print using .1
4-thread print using .2
3-thread print using .3
5-thread print using .4
2-thread print using .5
```

정적 클래스를 이용하는 방법이 싱글턴 패턴을 이용하는 방법과 가장 차이가 나는 점은 객체를 전혀 생성하지 않고 메서드를 사용한다는 점이다. 아무 문제 없이 counter 변수가 스레드 5개 덕분에 안전하게 공유되어 사용될 수 있음을 알 수 있다. 더욱이 정적 메서드를 사용하므로 일반적으로 실행할 때 바인딩되는(컴파일 타임에 바인딩되는) 인스턴스 메서드를 사용하는 것보다 성능 면에서 우수하다고 할 수 있다.

그러나 정적 클래스를 사용할 수 없는 경우가 있다. 가장 대표적인 경우가 인터페이스를 구현해야 하는 경우다. 정적 메서드는 인터페이스에서 사용할 수 없다. 따라서 코드 6-12와 같은 코드는 허용되지 않는다.

코드 6-12

```
public interface Printer {
  public static void print(String str); // 허용되지 않음
}

public class RealPrinter315 implements Printer {
  public synchronized static void print(String str) {
    ... // 실제 프린터 하드웨어를 조작하는 코드
  }
}
```

그림 6-5 코드 6-12에 해당하는 클래스 다이어그램

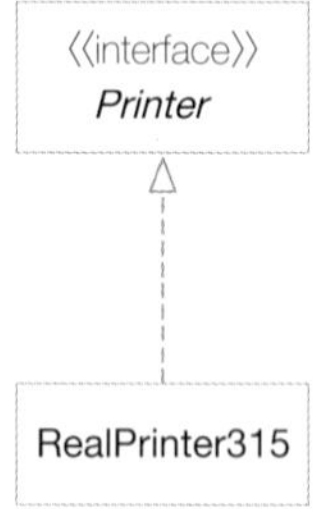

인터페이스를 사용하는 주된 이유는 대체 구현이 필요한 경우다. 이는 특히 모의 객체를 사용해 단위 테스트를 수행할 때 매우 중요하다. 코드 6-13의 UsePrinter 클래스를 테스트하는 경우를 살펴보자.

코드 6-13

```
public class UsePrinter {
  public void doSomething() {
    String str;
    ...

    str = ...;
```

```
      RealPrinter315.print(str);
      ...
    }
  }

  public class RealPrinter315 {
    public synchronized static void print(String str) {
      ... // 실제 프린터 하드웨어를 조작하는 코드
    }
  }
```

가령 실제로 출력을 해야 하는 프린터가 아직 준비가 되어 있지 않거나 준비가 되었더라도 테스트할 때 결과가 올바른지를 확인하려고 매번 프린트 출력물을 검사하는 것은 매우 번거로운 일이다. 또한 프린터에 따라 테스트 실행 시간에 병목 현상이 나타날 수도 있다. 단위 테스트가 갖추어야 하는 가장 중요한 특성은 빠르게 실행되어야 한다는 점을 상기하라. 이 경우 UsePrinter 클래스의 단위 테스트를 실행할 때는 실제 프린터를 테스트용 가짜 프린터 객체로 대체하는 것이 좋다. 코드 6-14는 UsePrinter 클래스의 doSomething 메서드에서 실제의 프린터를 직접적으로 참조하는 대신 인자로 Printer 인터페이스를 받아 참조하게 작성했다. 그림 6-6은 변경된 설계다.

그림 6-6 Printer 인터페이스를 참조하는 UsePrinter 클래스

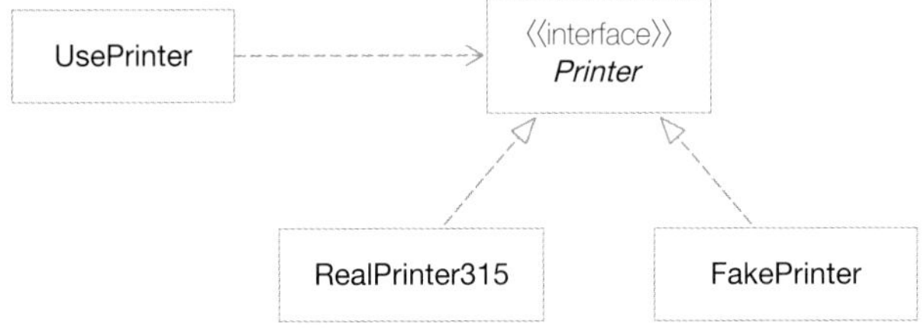

이렇게 설계를 변경하면 UsePrinter 클래스는 필요에 따라 실제의 프린터 하드웨어를 구동하는 RealPrinter315나 FakePrinter 클래스를 사용할 수 있게 된다.

물론 RealPrinter315 클래스는 Printer 인터페이스를 구현하도록 코드 6-14와 같이 변경해야 한다.

코드 6-14

```
public class UsePrinter {
  public void doSomething(Printer printer) {
    String str;
    ...
    str = ...;

    printer.print(str);
    ...
  }
}

public interface Printer {
  public void print(String str);
}

public class RealPrinter315 implements Printer { // 싱글턴 패턴을 사용
  private static Printer printer = null;
  private RealPrinter315() { }

  public synchronized static Printer getPrinter() {
    if (printer == null) {
      printer = new RealPrinter315();
    }
    return printer;
  }

  public void print(String str) {
    ... // 실제 프린터 하드웨어를 조작하는 코드
  }
}

public class FakePrinter implements Printer { // 테스트용 가짜 프린터
  private String str;

  public void print(String str) {
    this.str = str;

  }

  public String get() {
    return str;
  }
}
```

이때 doSomthing 메서드로 인터페이스의 단위 테스트를 하는 상황을 가정해 인자를 준다고 하자. 코드 6-15는 JUnit 3 버전에서 FakePrinter 객체를 사용해 테스트 케이스를 작성한 예다.

코드 6-15

```
import junit.framework.TestCase;

public class UsePrinterTest extends TestCase {
  public void testdoSomething() {
    FakePrinter fake = new FakePrinter();
    UsePrinter u = new UsePrinter();
    u.doSomething(fake);
    assertEquals("this is a test", fake.get());
  }
}
```

FakePrinter 클래스는 실제 출력을 실행하지 않고 doSomthing 메서드를 실행할 때 프린터로 올바른 값이 전달되었는지 확인해야 한다. 따라서 전달된 문자열을 str 문자열 변수에 저장하고 나중에 테스트 케이스에서 get 메서드를 사용해 확인하게 한다.

이 방법 외에도 정적static setter 메서드를 사용해 테스트용 대역 클래스를 만들 수 있다. 이렇게 하려면 싱글턴 클래스에 정적 setter 메서드를 추가하면 된다. 이 메서드는 인자로 싱글턴 클래스 인스턴스 객체를 참조하도록 하여 실제의 싱글턴 객체를 대신하도록 적절한 변수에 설정한다.

코드 6-16은 프린터 객체를 생산하는 PrinterFactory 클래스와 이를 상속받아 테스트용 프린터 객체를 대신 반환하도록 하는 FakePrinterFactory 클래스의 코드다.

코드 6-16

```
public class UsePrinter {
  public void doSomething() {
    String str;
    ...
    str = ...;

    PrinterFactory.getPrinterFactory().getPrinter().print(str);
```

```
    ...
  }
  public void print(String str);
}

public class PrinterFactory {
  private static PrinterFactory printerFactory = null;
  protected Printer() { }  // 접근 제한자를 protected로 변경

  public synchronized static PrinterFactory getPrinterFactory() {
    if (printerFactory == null) {
      printerFactory = new PrinterFactory();
    }
    return printerFactory;
  }

  public static void setPrinterFactory(PrinterFactory p) { // 정적 setter 메서드
    printerFactory = p;
  }

  public Printer getPrinter() {
    return new Printer();
  }
}

public class FakePrinterFactory extends PrinterFactory {
  public Printer getPrinter() {
    return new FakePrinter();
  }
}
```

코드 6-17은 정적 setter 메서드를 사용해 실제 프린터를 사용하지 않고도 UsePrinter 클래스의 doSomething 메서드를 테스트하는 JUnit 테스트 케이스다.

코드 6-17

```
import junit.framework.TestCase;

public class DoSomeThingTest extends TestCase {
  public void testdoSomething() {
    FakePrinterFactory fake = new FakePrinterFactory();
    UsePrinter u = new UsePrinter();
```

```
    PrinterFactory.setPrinter(fake); // 가짜 Printer 객체 주입
    u.doSomething(); // 가짜 프린터 사용해 작업 실행
    ...
  }
}
```

1. 다음 코드는 싱글턴 패턴을 구현한 것이다 잘못된 점을 모두 찾아내어 올바르게 다시 작성하라.

```
public class Singleton {
  private Singleton instance = null;
  public Printer() { }

  public static Singleton getInstance() {
    if (instance == null)
      printer = new Singleton();

    return instance;
  }

  public void doSomething(void) {
    ...
  }
}
```

2. 싱글턴 패턴을 사용해 다음 요구사항을 만족하는 티켓 발행 프로그램 코드를 작성하라.

- 사용자는 티켓 발행기를 이용해 티켓을 발행받을 수 있다.
- 티켓 발행기는 단 하나만 존재한다.
- 발행된 티켓은 고유의 시리얼 번호가 있다.
- 티켓의 시리얼 번호는 0보다 커야 하며, 0인 시리얼 번호는 유효하지 못한 티켓을 의미한다.
- 발행될 수 있는 티켓 개수는 한정되어 있다.

3. 다음 그림은 단일 스레드 환경만을 고려한 싱글턴 패턴의 순차 다이어그램이다. 싱글턴 패턴의 행위를 다중 스레드 환경을 고려한 순차 다이어그램으로 모델링하라.

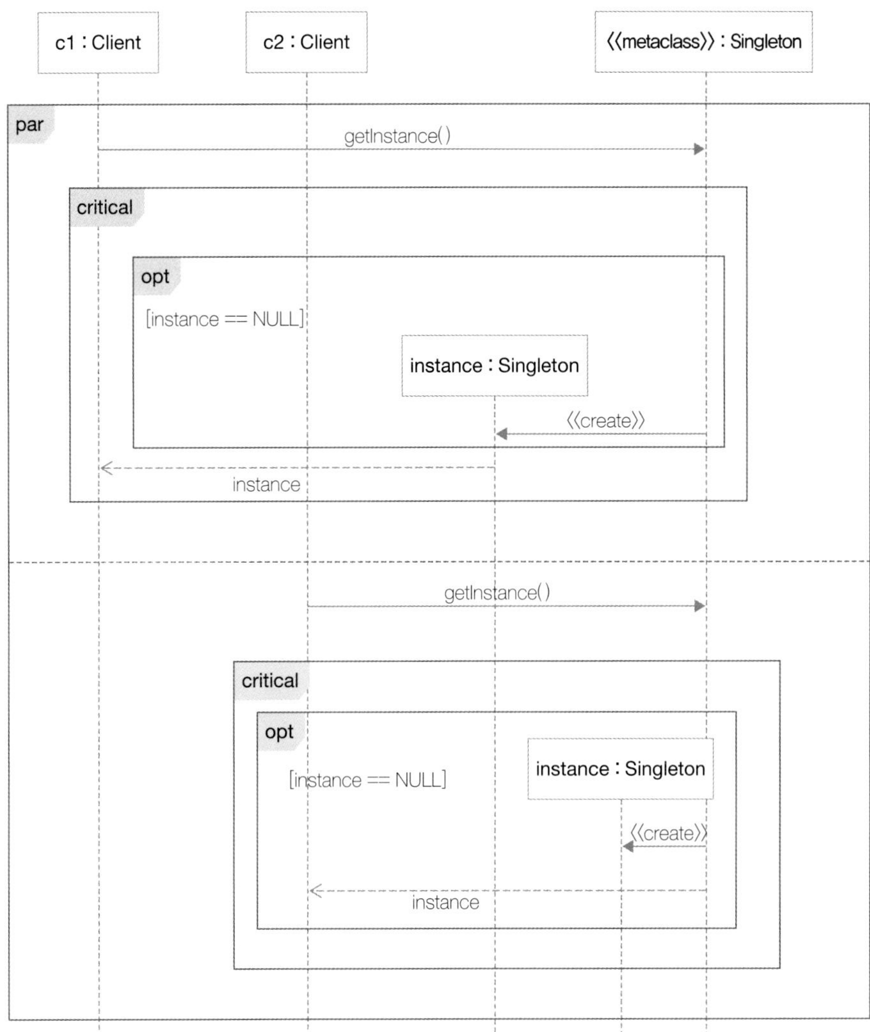

4. 다음에 주어진 UserThread, Printer 클래스와 main 메서드를 이용해 프린터 관리자 (printerManager 클래스)를 싱글턴 패턴으로 작성하라.

   프린터 관리자는 다음 요구사항을 만족해야 한다.

   - 프린터 관리자는 단 하나만 존재한다.
   - 프린터 관리자는 3대의 프린터를 관리한다.
   - 프린터 관리자는 이용할 수 있는 프린터를 사용자에게 할당한다.
   - 프린터 이용이 가능한지를 확인하려면 프린터 클래스의 isAvailable 메서드를 이용한다.
   - 사용자의 출력 명령은 UserThread 클래스를 이용해 받는다.

```
import java.util.Random;

public class Printer {
  private boolean available = true;
  public boolean isAvailable() {
    return available;
  }

  public void print(String name) {
    try {
      Thread.sleep(new Random().nextInt(100));
      System.out.println(name + " is using" + this.toString());
    } catch (InterruptedException e) {
      e.printStackTrace();
    }
    setAvailable(true);
  }

  public void setAvailable(boolean available) {
    this.available = available;
  }
}

public class UserThread extends Thread {
  private Printer myPrinter;

  public UserThread(String name) {
    super(name);
  }
```

```
    public void run() {
      PrinterManager mgr = PrinterManager.getPrinterManger();
      myPrinter = mgr.getPrinter();
      myPrinter.print(getName());
    }
  }

  public class Main {
    private static final int THREAD_NUM = 10;
    public static void main(String[] args) {
      UserThread[] user = new UserThread[THREAD_NUM];
      for (int i = 0; i < THREAD_NUM; i++) {
        user[i] = new UserThread((i + 1) + "-thread");
        user[i].start();
      }
    }
  }
```

5. 다음 UseServer 클래스는 네트워크로 연결된 서버를 통해 작업을 수행한다. 이와 같이 작성된 코드는 UseServer 클래스의 기능을 테스트할 때 반드시 서버와 연결될 수 있다는 것을 전제로 한다. 그런데 실제로는 네트워크가 불완전하거나 서버가 다운될 수도 있으며 속도가 문제 될 수도 있다. 이러한 문제를 해결하는 방안을 제안하라.

```
public class ServerFactory {
  public static Server getServer() {
    return new ServerProxy();
  }
}

public class ServerProxy {
  public void doSomething() {
    // 실제 서버와 네트워크 연결 같은 여러 작업을 수행함
  }
}

public class UseServer {
  public void doSomeThing() {
    ServerProxy server = ServerFactory.getServer();
    server.doSomething();
  }
}
```

CHAPTER 7

스테이트 패턴

학습목표

- UML 상태 머신 이해하기
- 상태를 캡슐화로 처리하는 방법 이해하기
- 스테이트 패턴을 통한 상태 변화의 처리 방법 이해하기
- 새로운 상태를 추가할 수 있는 처리 방법 이해하기

7.1 상태 머신 다이어그램

실세계의 많은 개체는 살아가는 동안 다양한 상태를 경험하며, 동일한 자극이라도 처해 있는 상태에 따라 다른 행위를 한다. 사람도 예외가 아니다. 가령 시험 점수가 좋은 학생이라면 매우 행복한 상태에 도달할 것이고, 부모님이 돌아가시면 매우 슬픈 상태가 될 것이다. 만약 어떤 사람이 행복한 상태에 있을 때 돈을 빌려달라고 요청을 하면 돈을 빌릴 수 있는 가능성이 크지만 슬프고 우울한 상태에 있을 때 돈을 빌려달라고 요청을 하면 아마도 돈을 빌리기 힘들 것이다. 이처럼 실세계의 많은 시스템은 다양한 상태가 있고 상태에 따라 다른 행위를 한다.

UML에서 이러한 상태와 상태 변화를 모델링하는 도구로 상태 머신 다이어그램State Machine Diagram이 있다. 여기에서는 UML 상태 머신 다이어그램의 모든 면을 설명하기보다는 스테이트 패턴을 설명하는 데 필요한 내용만 설명한다.

우선 그림 7-1처럼 선풍기를 표현하는 상태 다이어그램을 살펴보자.

그림 7-1 선풍기 상태 머신 다이어그램

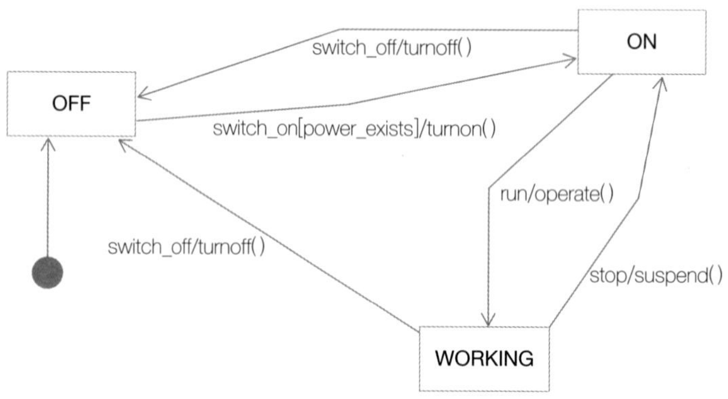

아주 단순한 기능만 실행하는 선풍기를 상태 머신 다이어그램으로 모델링했다. 여기에서 '단순하다'라는 의미는 바람 세기를 선택하거나 회전 등을 할 수 없고 정해진 바람 세기로만 동작하는 선풍기를 의미한다. 이 다이어그램에서는 모서리가 둥근 사각형으로 상태state를 나타내고, 상태 사이에 화살표를 사용해 상태 전이state transition를 나타낸다.

그럼 상태란 무엇일까? 직관적으로는 이해할 수 있을 것 같지만 막상 정의를 내리기는 쉽지 않다. 여기에서 상태란 객체가 시스템에 존재하는 동안, 즉 객체의 라이프 타임 동안 객체가 가질 수 있는 어떤 조건이나 상황을 표현한다. 예를 들면 객체가 어떤 상태에 있는 동안 어떤 액티비티activity 등을 수행하거나 특정 이벤트event가 발생하기를 기다리는 것이다.

UML 상태 머신 다이어그램에서는 상태의 한 종류로 의사 상태pseudo state가 있다. 현재 UML 상태 머신 다이어그램에서 지원하는 의사 상태들로 시작initial, 종료final, 히스토리history, 선택choice, 교차junction, 포크fork, 조인join, 진입점entry point, 진출점exit point 등이 있다.

이 중 기본 상태 머신 다이어그램에서 흔히 볼 수 있는 것은 시작과 종료 상태다. 그림 7-1의 다이어그램 왼쪽 하단의 검은 동그라미는 시작 상태를 나타낸다. 시작 상태는 객체가 시작하는 처음 상태를 나타낸다. 보통 시작 상태에서의 진입은 객체를 새로 생성하는 이벤트만 명시하거나 아예 어떤 것도 명시하지 않아야 한다. 시작 상태에서 다른 상태로의 진입은 기껏해야 하나만 존재할 수 있으며 액션을 수행할 수 있다.

상태 진입은 객체의 한 상태에서 다른 상태로 이동하는 것을 말한다. 보통 상태 진입은 특정 이벤트가 발생한 후 명세된 조건을 만족한 경우에 이루어진다. '이벤트(인자 리스트)[조건]/액션'으로 명세할 수 있으며 '/' 다음에 진입이 이루어지면서 수행되어야 하는 액션을 기술한다.

예를 들어 그림 7-1의 `OFF` 상태에서 `ON` 상태로 진입된 상황을 생각해보자. 선풍기가 현재 `OFF` 상태라면 사용자가 전원이 들어온 상황에서 선풍기의 스위치를 켜는 `switch_on` 이벤트를 선풍기에 발생시킨다. 그러면 선풍기는 `ON` 상태로 이동하게 되며, 이때 `turnon` 액션을 실행하게 된다.

이와 같은 지식을 바탕으로 그림 7-1의 상태 머신 다이어그램을 다음과 같이 해석할 수 있다:

- 선풍기는 기본적으로 OFF 상태에서 시작한다.
- OFF 상태에서 사용자가 선풍기 스위치를 켜면 switch_on 이벤트를 발생시킨다. 이때 전원이 들어온 상태라면(power_exists 조건) ON 상태로 진입한다. 이때 turnon 액션을 실행하게 된다.
- OFF 상태에서 사용자가 선풍기 스위치를 켜면 switch_on 이벤트를 발생시킨다. 이때 전원이 들어오지 않은 상태라면(power_exists 조건) OFF 상태에 머무른다.
- 사용자가 ON 상태에서 동작 버튼을 누르면 run 이벤트를 발생시키고 WORKING 상태로 진입한다. 이때 operate 액션을 실행하게 된다.
- 선풍기가 ON 상태나 WORKING 상태에 머무를 때 사용자가 스위치를 끄면 switch_off 이벤트가 발생하고 이 이벤트로 인해 OFF 상태로 진입한다.

Keypoint_ 선풍기가 ON 상태나 WORKING 상태에 머무를 때는 OFF라는 동일한 진입 상태가 된다. 이를 복합 상태composite state를 이용해 다음과 같이 더 간단하게 표현할 수 있다.

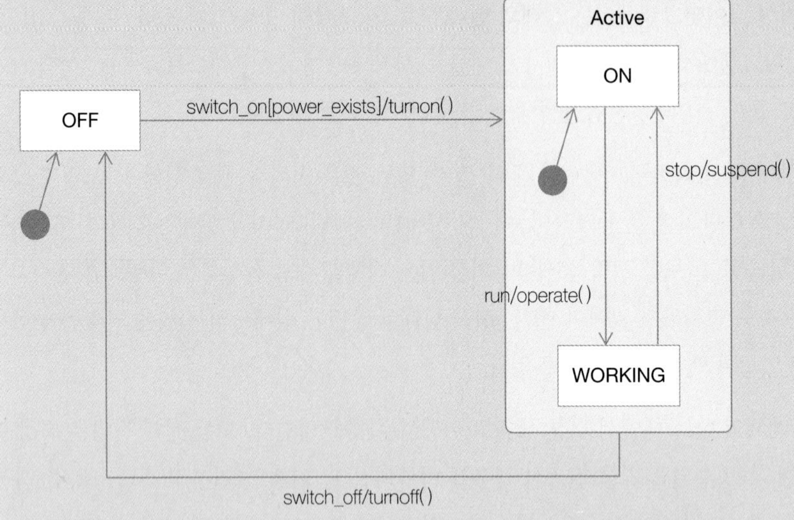

이 상태 머신 다이어그램에서 Active 상태는 보조 상태substate로, ON과 WORKING을 포함하는 복합 상태다. 즉, Active 상태에서 머무를 때 OFF라는 동일한 진입 상태가 된다. 그러므로 복합 상태인 Active에서는 ON 상태나 WORKING 중 어떤 상태에 있든 switch_off 이벤트가 발생하면 OFF 상태로 진입한다. 이와 같이 복합 상태는 동일한 진입으로 인한 상태 머신의 복잡성을 줄일 수 있다.

또한 여기에서 눈여겨볼 하나의 사실은 복합 상태 안에서도 시작 상태가 존재한다는 점이다. OFF 상태에서 switch_on 이벤트가 발생했을 때는 Active 복합 상태로 진입하는데, 이때 묵시적으로 ON 상태로 진입이 일어난다.

7.2 형광등 만들기

형광등(Light 클래스)을 만들려면 우선 형광등의 행위를 분석할 필요가 있다. 형광등의 행위는 매우 단순하다. 형광등이 꺼져 있을 때 외부에서 On 버튼을 누르면 형광등이 켜지고, 형광등이 켜져 있을 때 Off 버튼을 누르면 꺼진다. 만약 이미 형광등이 켜져 있는 상태에서 On 버튼을 누르면 형광등 상태는 그대로 켜져 있고, 꺼져 있는 상태에서 Off 버튼을 눌러도 형광등의 상태에는 아무런 변화가 없다. 형광등은 처음에는 꺼져 있는 상태라고 가정한다.

그림 7-2는 형광등을 UML 상태 머신 다이어그램으로 표현한 것이다.

그림 7-2 형광등의 상태 머신 다이어그램

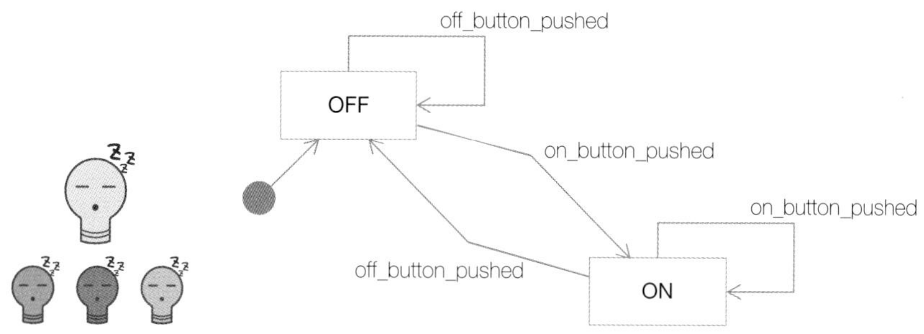

여기에서 OFF와 ON은 형광등의 상태를 나타내고 off_button_pushed와 on_button_pushed는 각각 형광등 Off 버튼과 On 버튼이 눌러졌음을 나타낸다.

이 상태 머신 다이어그램으로 실제 코드를 만드는 작업은 그리 어렵지 않다. 우선 형광등의 각 상태를 표현하는 상수를 정의한다.

```
private static int ON = 0;
private static int OFF = 1;
```

현재 형광등의 상태를 저장하는 변수가 필요하다. 이 변수는 상태 변화에 따라 앞에서 선언한 ON이나 OFF 상태 값을 가진다.

```
private int state;
```

이제 형광등에 있을 수 있는 모든 행위와 그에 따른 각 상태에 맞도록 프로그램 코드를 작성한다. 행위들은 형광등을 모델링하는 Light 클래스의 메서드로 구현된다. 현재 Light 클래스에는 off_button_pushed와 on_button_pushed라는 2개의 메서드(행위)가 있으며, 각각을 현재 상태에 따라 적절한 작업을 하도록 코딩한다.

코드 7-1은 이러한 Light 클래스의 코드다.

코드 7-1

```
public class Light {
  private static int ON = 0; // 형광등이 켜진 상태
  private static int OFF = 1; // 형광등이 꺼진 상태
  private int state; // 형광등의 현재 상태

  public Light() {
    state = OFF; // 형광등 초기 상태는 꺼져 있는 상태임
  }

  public void on_button_pushed() {
    if (state == ON) {
      System.out.println("반응 없음");
    }
    else { // 형광등이 꺼져 있을 때 On 버튼을 누르면 켜진 상태로 전환됨
      System.out.println("Light On!");
      state = ON;
    }
  }

  public void off_button_pushed() {
    if (state == OFF) {
      System.out.println("반응 없음");
    }
    else { // 형광등이 켜져 있을 때 Off 버튼을 누르면 꺼진 상태로 전환됨
      System.out.println("Light Off!");
      state = OFF;
    }
  }
}

public class Client {
  public static void main(String[] args) {
    Light light = new Light();
    light.off(); // 반응 없음
    light.on();
    light.off();
  }
}
```

7.3 문제점

- 형광등에 새로운 상태를 추가할 때, 가령 형광등에 '취침등' 상태를 추가하려면?

요구사항을 보다 구체화해 추가된 요구사항에 맞게 실제 코드가 어떻게 변경되어야 하는지 알아보자.

형광등이 켜져 있을 때 On 버튼을 누르면 원래는 켜진 상태 그대로였지만 지금은 '취침등' 상태(SLEEPING)'로 변경된다. 취침등 상태에 있을 때 On 버튼을 누르면 형광등이 다시 켜지고 Off 버튼을 누르면 꺼지게 된다.

이를 상태 머신 다이어그램으로 표현하면 그림 7-3과 같다.

그림 7-3 '취침등' 상태를 추가한 상태 머신 다이어그램

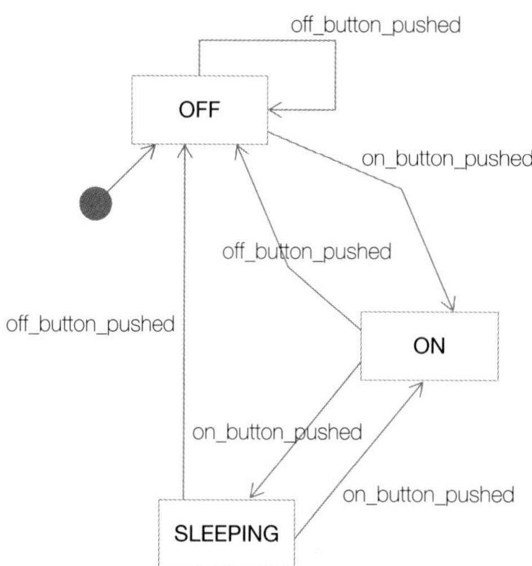

이렇게 추가된 요구사항이 있을 때 코드는 어떻게 확장되어야 하는가? 굉장히 단순한 프로그램임에도 코드를 확장하는 작업이 그리 쉬워 보이지는 않는다.

우선 취침등 상태를 나타내는 상수인 SLEEPING를 추가한다.

```
private static int SLEEPING = 2;
```

그리고 추가된 취침등 상태 값에서 on_button_pushed 상태와 off_button_pushed 상태를 어떻게 처리하는가를 코딩해야 한다. 따라서 on_button_pushed와 off_button_pushed 메서드 안에서 현재 상태 값이 SLEEPING 변수 값과 같은지를 검사하고 값이 같다면 요구사항에 맞게 적절한 행위를 하도록 코딩한다.

예를 들어 on_button_pushed 상태는 다음과 같이 변경된다.

```
public void on_button_pushed() {
  if (state == ON) { // 형광등이 켜져 있는 경우에 On 버튼을 누르면 취침등 상태로 전환됨
    System.out.println("취침등 상태");
    state = SLEEPING;
  }
  else if (state == SLEEPING) { // 형광등이 취침등 상태에 있는 경우
    System.out.println("Light On!"); // On 버튼을 누르면 켜진 상태로 전환됨
    state = ON;
  }
  else { // 상태가 꺼져 있는 경우에 On 버튼을 누르면 켜진 상태로 전환됨
    System.out.println("Light On!");
    state = ON;
  }
}
```

변경된 상태에 따라 수정된 Light 클래스는 다음과 같다.

```
public class Light {
  private static int ON = 0;
  private static int OFF = 1;
  private static int SLEEPING= 2;
  private int state;

  public Light() {
    state = OFF; // 초기 상태는 형광등이 꺼져 있는 상태
  }

  public void off_button_pushed() {
    if (state == OFF) { // 형광등이 꺼져 있는 경우에 Off 버튼을 누르면 상태 전환 없음
      System.out.println("반응 없음");
    }
    else if (state == SLEEPING) { // 형광등이 취침등 상태에 있는 경우
      System.out.println("Light OFF!"); // Off 버튼을 누르면 OFF로 전환됨
```

```
        state = OFF;
      }
      else {
        System.out.println("Light Off!");
        state = OFF;
      }
    }
  }

  public void on_button_pushed() {
    if (state == ON) { // 형광등이 켜져 있는 경우에 On 버튼을 누르면 취침등 상태로 전환됨
      System.out.println("취침등 상태");
      state = SLEEPING;
    }
    else if (state == SLEEPING) { // 형광등이 취침등 상태에 있는 경우
      System.out.println("Light On!"); // On 버튼을 누르면 켜진 상태로 전환됨
      state = ON;
    }
    else { // 꺼져 있는 상태라면 On 버튼을 눌렀을 때 켜진 상태로 전환됨
      System.out.println("Light On!");
      state = ON;
    }
  }
```

상태 진입이 복잡한 조건문에 내포된 지금의 코드 구조는 현재 시스템의 상태 변화를 파악하기에 용이하지 않다. 그리고 새로운 상태가 추가되는 경우에 상태 변화를 초래하는 모든 메서드에 이를 반영하기 위해 코드를 수정해야만 한다.

Keypoint_ 복잡한 조건문에 상태 변화가 숨어 있는 경우 상태 변화가 어떻게 이루어지는지 이해하기 어렵고 새로운 상태 추가에 맞춰 모든 메서드를 수정해야 한다.

7.4 해결책

이번 예 역시 무엇이 변하는가를 찾아야 한다. 따라서 변하는 부분을 찾아서 이를 캡슐화하는 것이 매우 중요하다. 목표는 현재 시스템이 어떤 상태에 있는지와 상관없게 구성하고 상태 변화에도 독립적이도록 코드를 수정하는 것이다.

이를 위해서는 상태를 클래스로 분리해 캡슐화하도록 한다. 또한 상태에 의존적인 행위들도 상태 클래스에 같이 두어 특정 상태에 따른 행위를 구현하도록 바꾼다. 이렇게 하면 상태에 따른 행위가 각 클래스에 국지화되어 이해하고 수정하기가 쉽다.

그림 7-4는 스테이트 패턴으로 구현한 형광등 상태 머신 다이어그램이다.

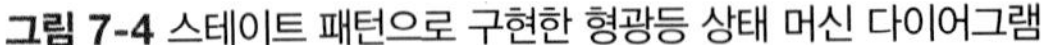
그림 7-4 스테이트 패턴으로 구현한 형광등 상태 머신 다이어그램

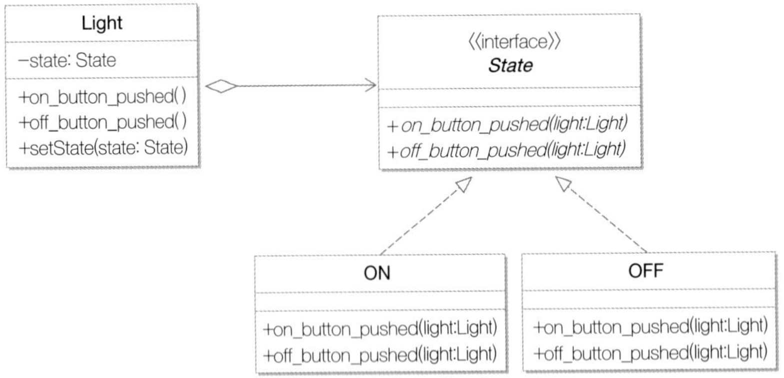

5장에서 배운 스트래티지 패턴과 구조가 매우 흡사하다. 아니 동일하다. Light 클래스에서 구체적인 상태 클래스가 아닌 추상화된 State 인터페이스만 참조하므로 현재 어떤 상태에 있는지와 무관하게 코드를 작성할 수 있다(스트래티지 패턴에서 어떤 전략을 사용하는지와 무관하게 코딩했던 것을 기억하라!). Light 클래스에서는 상태 클래스에 작업을 위임만 하면 된다. 이전에 보았던 복잡한 조건식은 더 필요 없다.

이제 State 인터페이스, ON 클래스, OFF 클래스를 구현한 코드 7-2~7-4를 살펴보자.

코드 7-2

```
interface State {
  public void on_button_pushed(Light light);
  public void off_button_pushed(Light light);
}
```

코드 7-3

```
public class ON implements State {
  public void on_button_pushed(Light light) {
    System.out.println("반응 없음");
  }

  public void off_button_pushed(Light light) {
    System.out.println("Light Off!");
    light.setState(new OFF(light));
  }
}
```

코드 7-4

```
public class OFF implements State {
  public void on_button_pushed(Light light) {
    System.out.println("Light On!");
    light.setState(new ON(light));
  }
  public void off_button_pushed(Light light) {
    System.out.println("반응 없음");
  }
}
```

Light 클래스의 상태인 ON과 OFF 클래스를 캡슐화해 State 인터페이스를 구현했다. 각 상태 클래스만 보더라도 각 상태에 따라 on_button_pushed와 off_button_pushed 메서드가 어떻게 실행되는지 쉽게 알 수 있다. 또한 상태 진입도 각 상태에서 처리하므로 if문이나 switch문을 사용해 상태 변화를 나타낼 필요가 없다.

코드 7-5는 스테이트 패턴으로 Light 클래스를 수정한 코드다.

코드 7-5

```
public class Light {
  private State state;

  public Light() {
    state = new OFF();
```

```
    }

    public void setState(State state) {
      this.state = state;
    }

    public void on_button_pushed() {
      state.on_button_pushed(this);
    }

    public void off_button_pushed() {
      state.off_button_pushed(this);
    }
  }
```

Light 클래스의 state 변수를 통해 현재 시스템의 상태 객체를 참조한다. 상태에 따른 행위를 수행하려면 state 변수가 참조하는 상태 객체에 작업을 위임해야 한다. Light 클래스 코드 어디를 보더라도 구체적인 상태를 나타내는 객체를 참조하지 않는다. 즉, Light 클래스는 시스템이 어떤 상태에 있는지와 무관하다는 의미다. 따라서 상태가 새로운 상태로 교체되더라도 Light 클래스는 전혀 영향을 받지 않는다. 스트래티지 패턴에서 다른 방식의 전략을 사용했을 때도 이를 이용하는 Context 클래스는 전혀 영향을 받지 않았음을 상기할 필요가 있다.

그러나 이 코드는 개선할 점이 있다. 상태 변화가 생길 때마다 새로운 상태 객체를 생성하므로 메모리 낭비와 성능 저하를 가져올 수 있기 때문이다. 대부분 상태 객체는 한 번만 생성해도 충분하다. 객체를 하나만 만들 수 있는 방법인 싱글턴 패턴을 우리는 이미 알고 있다. 이를 이용하면 아주 멋있게 객체 하나만 생성하도록 상태 클래스를 만들 수 있다.

코드 7-6과 7-7은 싱글턴 패턴을 기반으로 ON과 OFF 클래스를 변경한 것이다.

코드 7-6

```
public class ON implements State {
  private static ON on = new ON(); // ON 클래스의 인스턴스로 초기화됨
  private ON() { }

  public static ON getInstance() { // 초기화된 ON 클래스의 인스턴스를 반환함
    return on;
  }
```

```java
    public void on_button_pushed(Light light) { // ON 상태일 때 On 버튼을 눌러도 변화 없음
      System.out.println("반응 없음");
    }

    public void off_button_pushed(Light light) {
      light.setState(OFF.getInstance());
      System.out.println("Light Off!");
    }
  }
```

코드 7-7

```java
public class OFF implements State {
  private static OFF off = new OFF(); // OFF 클래스의 인스턴스로 초기화됨
  private OFF() { }

  public static OFF getInstance() { // 초기화된 OFF 클래스의 인스턴스를 반환함
    return off;
  }

  public void on_button_pushed(Light light) { // Off 상태일 때 On 버튼을 누르면 On 상태임
    light.setState(ON.getInstance());
    System.out.println("Light On!");
  }

  public void off_button_pushed(Light light) { // Off 상태일 때 Off 버튼을 눌러도 변화 없음
    System.out.println("반응 없음");
  }
}
```

7.5 스테이트 패턴

실세계의 많은 개체는 자신이 처한 상태에 따라 일을 다르게 수행한다. 비가 오거나 눈이 오거나 사람이 많이 붐비는 장소에 있거나에 따라 걷는 방식과 말하는 방식이 달라지는 것과 마찬가지 이치다. 이를 표현하는 가장 직접적이고 직관적인 방법은 일을 수행할 때의 상태에 따라 상태 하나하나가 어떤 상태인지 검사해 일을 다르게 수행하게끔 하는 것이다. 이는 분명 복잡

한 조건식이 있는 코드를 산출할 것이고, 결과적으로 코드를 이해하거나 수정하기 어렵게 만든다.

이런 방식과는 달리 스테이트 패턴State Pattern은 어떤 행위를 수행할 때 상태에 행위를 수행하도록 위임한다. 이를 위해 스테이트 패턴에서는 시스템의 각 상태를 클래스로 분리해 표현하고, 각 클래스에서 수행하는 행위들을 메서드로 구현한다. 그리고 이러한 상태들을 외부로부터 캡슐화하기 위해 인터페이스를 만들어 시스템의 각 상태를 나타내는 클래스로 하여금 실체화하게 한다.

그림 7-5 스테이트 패턴의 컬레보레이션

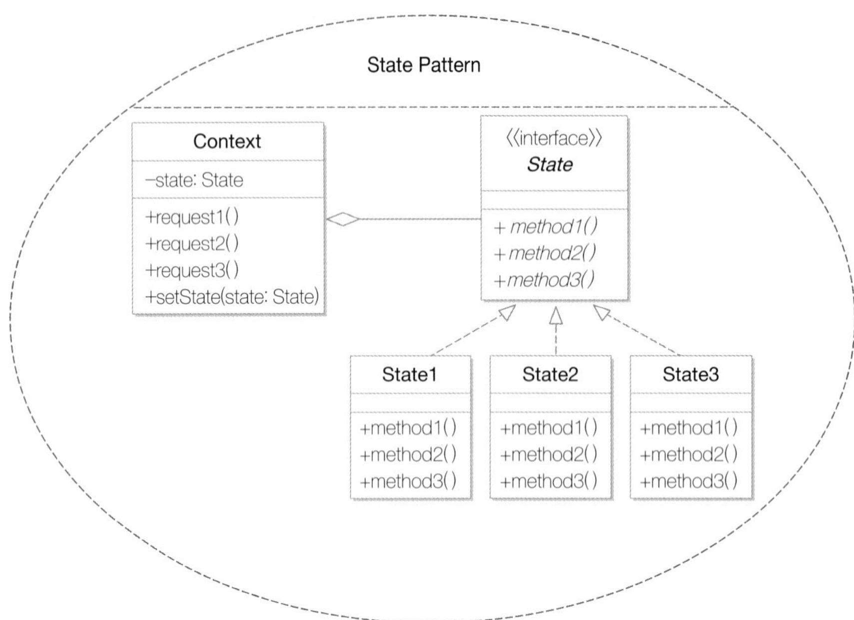

스테이트 패턴에서 나타나는 역할이 수행하는 작업은 다음과 같다.

- **State**: 시스템의 모든 상태에 공통의 인터페이스를 제공한다. 따라서 이 인터페이스를 실체화한 어떤 상태 클래스도 기존 상태 클래스를 대신해 교체해서 사용할 수 있다.
- **State1, State2, State3**: Context 객체가 요청한 작업을 자신의 방식으로 실제 실행한다. 대부분의 경우 다음 상태를 결정해 상태 변경을 Context 객체에 요청하는 역할도 수행한다.

- **Context**: State를 이용하는 역할을 수행한다. 현재 시스템의 상태를 나타내는 상태 변수(state)와 실제 시스템의 상태를 구성하는 여러 가지 변수가 있다. 또한 각 상태 클래스에서 상태 변경을 요청해 상태를 바꿀 수 있도록 하는 메서드(setState)가 제공된다. Context 요소를 구현한 클래스의 request 메서드는 실제 행위를 실행하는 대신 해당 상태 객체에 행위 실행을 위임한다.

인터페이스의 메서드는 각 상태에서 수행해야 하는 행위들이며, 상태 변경은 상태 스스로 알아서 다음 상태를 결정한다. 물론 경우에 따라 상태 변경을 관리하는 클래스를 따로 만드는 방법도 생각해볼 수 있다. 이런 경우에는 각 상태 클래스만 보고서는 해당 상태 후에 어떤 상태로 변경되는지 알 수 없고 상태 변경을 관리하는 클래스를 살펴봐야 한다.

스테이트 패턴에서 Context 요소는 상태 클래스를 이용해 일을 수행하도록 지시한다. 이 요소를 구현한 클래스에는 현재 상태를 나타내는 state 변수가 있어 이에 바인딩되는 객체에 행위를 수행하도록 위임하는 책임이 있다. 이러한 state 변수의 변경은 각 상태 클래스의 객체가 다음 상태 객체를 Context 요소를 구현한 클래스에 알려줌으로써 이루어진다. 따라서 Context 요소는 현재 시스템의 상태와 무관하다.

Keypoint_ 스테이트 패턴은 상태에 따라 동일한 작업이 다른 방식으로 실행될 때 해당 상태가 작업을 수행하도록 위임하는 디자인 패턴이다.

그림 7-6은 스테이트 패턴을 형광등 예에 적용한 경우다.

그림 7-6 스테이트 패턴을 형광등 예제에 적용한 경우

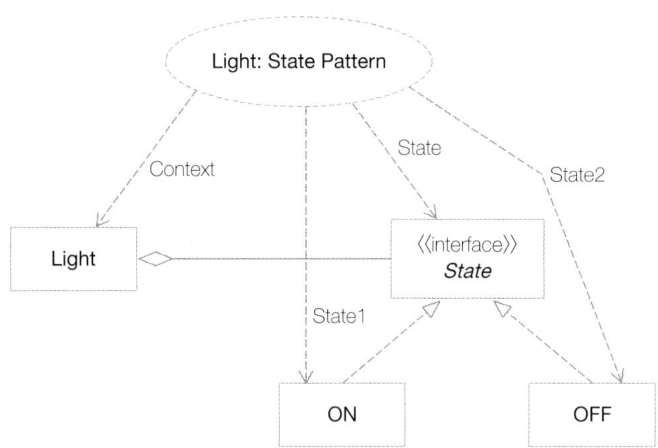

- Light 클래스는 Context 역할을 수행한다.
- State 인터페이스는 State 역할을 수행한다.
- ON, OFF 클래스는 State1, State2 역할을 수행한다.

1. 스테이트 패턴과 스트래티지 패턴은 구조적인 면에서 상당히 비슷하다. 두 패턴을 비교해 설명하라.

2. 그림 7-1의 상태 머신 다이어그램을 스테이트 패턴으로 변경한 클래스 다이어그램을 작성하라.

3. 코드 7-5을 참고해서 '취침등' 상태(SLEEPING 변수)를 추가한 Light 클래스를 완성하라.

4. 다음은 도서관에 보관된 책의 대출과 예약에 관한 설명이다. 이 설명을 참고해 스테이트 패턴에 기반한 책의 상태 머신 다이어그램과 클래스 다이어그램을 작성하라.

   - 책은 처음에 누구나 대출할 수 있다.
   - 책이 도서관에서 체크아웃되면 대출 중 상태로 바뀐다.
   - 책이 대출 중인 상태에 있을 때만 예약할 수 있다.
   - 예약 중인 상태의 책이 반환되면 책은 예약자에게 대출해주기 위해 일정 기간 보관한다.
   - 책이 보관 중인 상태에 있을 때 예약을 취소하거나 보관 기간이 지나면 누구나 책을 대출할 수 있다.
   - 대출 중인 책이 반환되면 다시 누구나 대출할 수 있다.
   - 책이 대출 중이거나 보관 중일 때는 예약을 취소할 수 있다.

5. 다음 요구사항을 만족하는 벤딩 머신을 스테이트 패턴을 이용해 작성하라.

   - 벤딩 머신에 돈을 넣고 버튼을 누르면 음료수를 뽑을 수 있다.
   - 거스름돈이나 현재 넣은 돈을 반환할 수 있으며 반환한 돈의 액수를 출력한다.
   - 음료의 가격과 재고를 지정할 수 있다.
   - 돈을 넣으면 현재 넣은 돈의 총합을 출력한다.
   - 돈이 없을 때 음료 버튼이나 반환 버튼이 눌려지면 에러 메시지를 출력한다.
   - 돈이 있어도 음료 가격보다 돈의 액수가 적으면 음료를 뽑을 수 없으며 에러 메시지를 출력한다.
   - 재고가 있고 음료 가격 이상의 돈이 있을 때 음료를 뽑을 수 있다.
   - 음료가 매진되었을 경우 돈이 투입되면 곧바로 반환하고 에러 메시지를 출력한다.
   - 음료가 매진되었을 경우 버튼이 눌려지면 에러 메시지를 출력한다.

CHAPTER 8

커맨드 패턴

학습목표

- 기능을 캡슐화로 처리하는 방법 이해하기
- 커맨드 패턴을 통한 기능의 캡슐화 방법 이해하기
- 사례 연구를 통한 커맨드 패턴의 핵심 특징 이해하기

8.1 만능 버튼 만들기

눌리면 특정 기능을 수행하는 버튼을 생각해보자. 예를 들어 버튼을 눌렀을 때 램프의 불이 켜지는 프로그램을 개발하려면 버튼이 눌러졌음을 인식하는 Button 클래스, 불을 켜는 기능을 제공하는 Lamp 클래스가 필요하다. 그리고 버튼이 눌렸을 때(즉, Button 클래스의 pressed 메서드를 호출해 실행될 때) 램프를 켜려면 Button 클래스는 Lamp 객체를 참조해야 한다.

그림 8-1은 클래스 다이어그램으로 Button 클래스와 Lamp 클래스의 관계를 보여준다.

그림 8-1 램프 켜는 버튼을 설계한 클래스 다이어그램

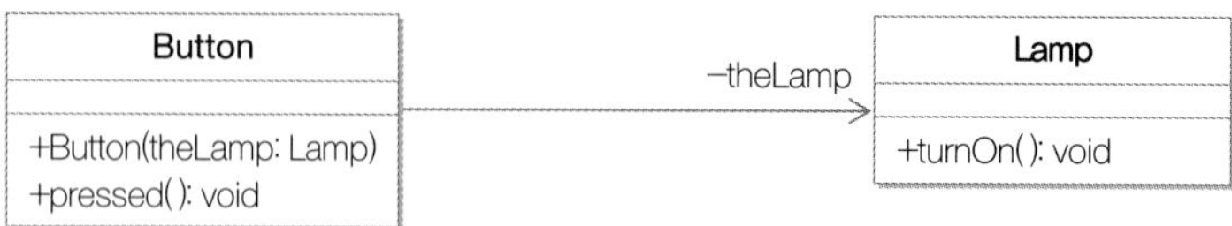

코드 8-1은 이 설계에 기반해 작성한 코드다.

코드 8-1

```
public class Lamp {
  public void turnOn() {
    System.out.println("Lamp On");
  }
}

public class Button {
  private Lamp theLamp;

  public Button(Lamp theLamp) {
    this.theLamp = theLamp;
  }

  public void pressed() {
    theLamp.turnOn();
  }
}

public class Client {
```

```
    public static void main(String[] args) {
      Lamp lamp = new Lamp();
      Button lampButton = new Button(lamp);
      lampButton.pressed();
    }
  }
```

Button 클래스의 생성자를 이용해 불을 켤 Lamp 객체를 전달한다. 그리고 Button 클래스의 pressed 메서드가 호출되면 생성자를 통해 전달받은 Lamp 객체의 turnOn 메서드를 호출해 불을 켠다.

8.2 문제점

- 누군가 버튼을 눌렀을 때 램프가 켜지는 대신 다른 기능을 실행하게 하려면 어떤 변경 작업을 해야 하는가? 예를 들어 버튼을 눌렀을 때 알람이 시작되게 하려면?
- 버튼을 누르는 동작에 따라 다른 기능을 실행하게 하려면 어떤 변경 작업을 해야 하는가? 예를 들어 버튼을 처음 눌렀을 때는 램프를 켜고, 두 번째 눌렀을 때는 알람을 동작하게 하려면?

8.2.1 버튼을 눌렀을 때 다른 기능을 실행하는 경우

램프를 켜는 대신 알람을 시작하게 하려면 Button 클래스의 pressed 메서드를 수정해야 한다.

코드 8-2는 버튼을 눌렀을 때 알람이 동작하는 프로그램의 코드다.

코드 8-2

```
public class Alarm {
  public void start() {
    System.out.println("Alarming...");
  }
}
public class Button {
  private Alarm theAlarm;

  public Button(Alarm theAlarm) {
    this.theAlarm = theAlarm;
```

```
    }

    public void pressed() {
      theAlarm.start(); // 버튼을 누르면 알람이 울림
    }
  }
  public class Client {
    public static void main(String[] args) {
      Alarm alarm = new Alarm();
      Button alarmButton = new Button(alarm);
      alarmButton.pressed();
    }
  }
```

이제 Button 클래스는 버튼을 눌렀을 때 알람이 동작하게 할 수 있다. 그러나 기능을 변경하려고 기존 Button 클래스의 코드를 수정하는 것은 OCP에 위배된다. 즉, 버튼을 눌렀을 때 지정된 특정 기능(처음에는 램프 켜기)만 고정적으로 수행하도록 만든 처음 디자인은 다른 기능(알람 동작)을 추가할 때 위 사례처럼 pressed 메서드 전체를 변경해야 하므로 OCP를 위배하는 것이다.

8.2.2 버튼을 누르는 동작에 따라 다른 기능을 실행하는 경우

버튼을 누르는 동작에 따라 다른 기능을 실행하게 하려면 기능이 실행되는 시점에 필요한 프로그램(혹은 메서드)을 선택할 수 있어야 한다. 예를 들어 버튼을 처음 눌렀을 때는 램프를 켜고 두 번 눌렀을 때는 알람을 동작하게 할 경우에 Button 클래스는 2가지 기능(램프 켜기와 알람 동작)을 모두 구현할 수 있어야 한다.

코드 8-3은 램프 켜기와 알람을 모두 구현하기 위해 변경한 Button 클래스의 코드다.

코드 8-3

```
public class Lamp {
  public void turnOn() {
    System.out.println("Lamp On");
  }
}
```

```
public class Alarm {
  public void start() {
    System.out.println("Alarming...");
  }
}

enum Mode { LAMP, ALARM };

public class Button {
  private Lamp theLamp;
  private Alarm theAlarm;
  private Mode theMode;

  public Button(Lamp theLamp, Alarm theAlarm) {
    this.theLamp = theLamp;
    this.theAlarm = theAlarm;
  }

  public void setMode(Mode mode) { // 램프 모드 또는 알람 모드를 설정함
    this.theMode = mode;
  }

  public void pressed() { // 설정된 모드에 따라 램프를 켜거나 알람을 울림
    switch(theMode) {
      case LAMP: // 램프 모드면 램프를 켬
        theLamp.turnOn();
        break;
      case ALARM: // 알람 모드면 알람을 울리게 함
        theAlarm.start();
        break;
    }
  }
}

public class Client {
  public static void main(String[] args) {
    Lamp lamp = new Lamp();
    Alarm alarm = new Alarm();
    Button button = new Button(lamp, alarm);

    button.setMode(Mode.LAMP);
    button.pressed(); // 램프 모드를 설정했으므로 램프가 켜짐

    button.setMode(Mode.ALARM);
```

```
        button.pressed(); // 알람 모드를 설정했으므로 알람이 울림
    }
}
```

이 경우 역시 버튼을 눌렀을 때의 기능을 변경하기 위해 다시 Button 클래스의 코드를 수정했다. 이러한 수정은 버튼을 눌렀을 때 필요한 기능을 새로 추가할 때마다 반복적으로 발생할 것이다. 즉, Button 클래스에 새로 기능을 추가할 때마다 코드를 수정해야 한다면 Button 클래스는 재사용하기 어렵다.

8.3 해결책

새로운 기능을 추가하거나 변경하더라도 Button 클래스를 그대로 사용하려면 Button 클래스의 pressed 메서드에서 구체적인 기능(램프 켜기, 알람 동작 등)을 직접 구현하는 대신 버튼을 눌렀을 때 실행될 기능을 Button 클래스 외부에서 제공받아 캡슐화해 pressed 메서드에서 호출하는 방법을 사용할 수가 있다. 예를 들어 램프를 켜는 경우에는 theLamp.turnOn 메서드를 호출하고 알람이 동작하는 경우에는 theAlarm.start 메서드를 호출하도록 pressed 메서드를 수정해야 한다.

그림 8-2는 램프 켜기와 알람 동작 등을 포함해 여러 가지 기능을 수행할 수 있는 Button 클래스의 설계 예다.

그림 8-2 개선된 Button 클래스의 다이어그램

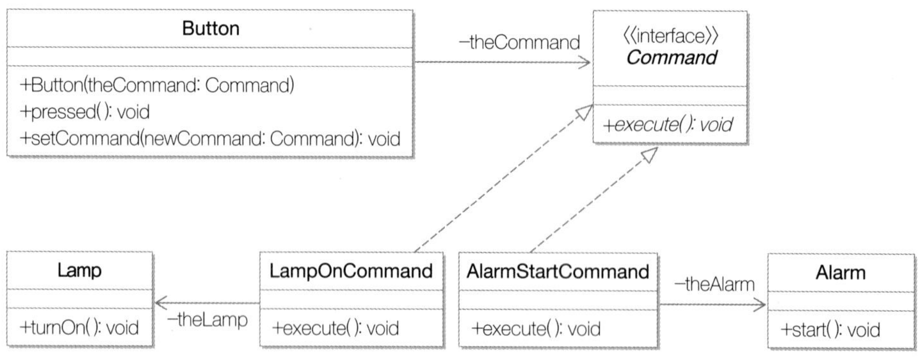

Button 클래스는 램프 켜기 또는 알람 동작 등의 기능을 실행할 때 Lamp 클래스의 turnOn 메서드나 Alarm 클래스의 start 메서드를 직접 호출하지 않는다. 대신 미리 약속된 Command 인터페이스의 execute 메서드를 호출한다. 그리고 LampOnCommand 클래스에서는 execute 메서드를 구현해 램프 켜는 기능을 구현한다. 즉, LampOnCommand 클래스는 execute 메서드에서 Lamp 클래스의 turnOn 메서드를 호출해 램프 켜는 기능을 구현한다. 마찬가지로 AlarmStartCommand 클래스는 알람이 울리게 하려고 Command 인터페이스의 execute 메서드를 구현해 Alarm 클래스의 start 메서드를 호출한다.

코드 8-4는 그림 8-2를 바탕으로 구현한 코드다.

코드 8-4

```
public interface Command {
  public abstract void execute();
}

public class Button {
  private Command theCommand;

  public Button(Command theCommand) {
    setCommand(theCommand);
  }

  public void setCommand(Command newCommand) {
    this.theCommand = newCommand;
  }

  public void pressed() { // 버튼이 눌리면 주어진 Command의 execute 메서드를 호출함
    theCommand.execute();
  }
}

public class Lamp {
  public void turnOn() {
    System.out.println("Lamp On");
  }
}

public class LampOnCommand implements Command { // 램프를 켜는 클래스
  private Lamp theLamp;

  public LampOnCommand(Lamp theLamp) {
```

```
    this.theLamp = theLamp;
  }

  public void execute() {
    theLamp.turnOn();
  }
}

public class Alarm {
  public void start() {
    System.out.println("Alarming...");
  }
}

public class AlarmOnCommand implements Command { // 알람을 울리는 클래스
  private Alarm theAlarm;

  public AlarmOnCommand(Alarm theAlarm) {
    this.theAlarm = theAlarm;
  }

  public void execute() {
    theAlarm.start();
  }
}

public class Client {
  public static void main(String[] args) {
    Lamp lamp = new Lamp();
    Command lampOnCommand = new LampOnCommand(lamp);

    Button button1 = new Button(lampOnCommand); // 램프를 켜는 커맨드를 설정함
    button1.pressed(); // 버튼이 눌리면 램프 켜는 기능이 실행됨

    Alarm alarm = new Alarm();
    Command alarmOnCommand = new AlarmOnCommand(alarm);

    Button button2 = new Button(alarmOnCommand); // 알람을 울리는 커맨드를 설정함
    button2.pressed(); // 이제 버튼이 눌리면 알람을 울리는 기능이 실행됨

    button2.setCommand(lampOnCommand);
    button2.pressed(); // 이제는 램프를 켜는 기능이 실행됨
  }
}
```

Command 인터페이스를 구현하는 LampOnCommand와 AlarmCommand 객체를 Button 객체에 설정한다. 그리고 Button 클래스의 pressed 메서드에서 Command 인터페이스의 execute 메서드를 호출할 수 있게 함으로써 LampOnCommand와 AlarmCommand 클래스의 execute 메서드를 실행할 수가 있다. 즉, 버튼을 눌렀을 때 필요한 임의의 기능은 Command 인터페이스를 구현한 클래스의 객체를 Button 객체에 설정해서 실행할 수 있다. 따라서 Button 클래스는 소스 코드를 변경하지 않으면서도 다양한 동작을 구현할 수 있게 된다.

이와 같은 설계를 이용하면 버튼을 눌렀을 때 램프를 끄는 기능도 기존의 Button 클래스를 변경하지 않고 구현할 수 있다. 예를 들어 버튼을 처음 눌렀을 때는 램프를 켜고 두 번 눌렀을 때는 램프를 끄는 기능을 구현해보자. 램프를 켜는 기능은 기존의 LampOnCommand 클래스를 활용할 수 있으므로 램프를 끄는 기능을 구현하는 LampOffCommand 클래스를 새롭게 정의하도록 한다.

그림 8-3은 램프를 켜는 기능과 끄는 기능을 가질 수 있는 Button 클래스의 설계를 보여준다.

그림 8-3 램프를 켜거나 끄는 기능을 추가한 Button 클래스

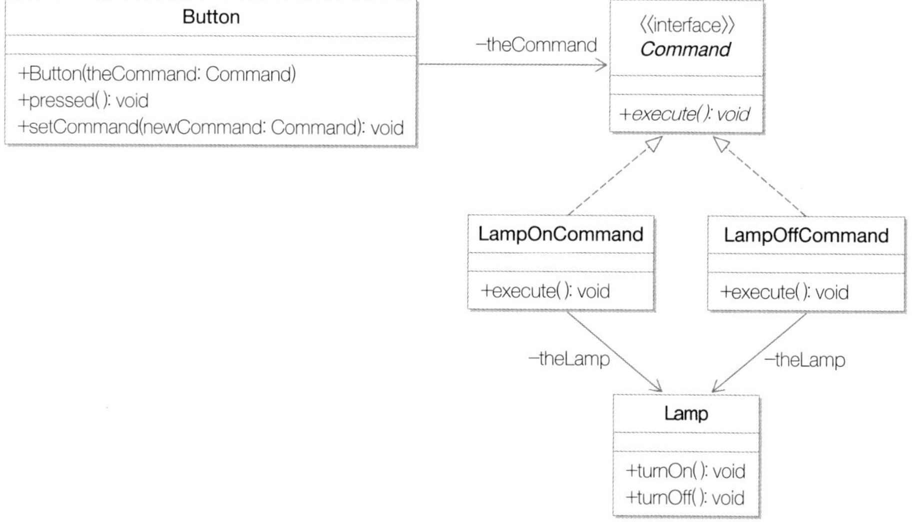

램프를 끄는 기능을 구현하기 위해 LampOffCommand 클래스가 Command 인터페이스를 구현하도록 한다. Lamp 클래스에는 기존의 켜는 기능을 위한 turnOn 메서드뿐만 아니라 끄기 위한 turnOff 메서드를 구현한다.

코드 8-5는 이러한 설계를 바탕으로 구현한 코드다.

코드 8-5

```
public interface Command {
  public abstract void execute();
}

public class Button {
  // 코드 8-4와 동일
}

public class Lamp {
  public void turnOn() {
    System.out.println("Lamp On");
  }

  public void turnOff() {
    System.out.println("Lamp Off");
  }
}

public class LampOnCommand implements Command {
  private Lamp theLamp;

  public LampOnCommand(Lamp theLamp) {
    this.theLamp = theLamp;
  }

  public void execute() {
    theLamp.turnOn();
  }
}

public class LampOffCommand implements Command {
  private Lamp theLamp;

  public LampOffCommand(Lamp theLamp) {
    this.theLamp = theLamp;
  }

  public void execute() {
    theLamp.turnOff();
  }
}
```

```java
public class Client {
  public static void main(String[] args) {
    Lamp lamp = new Lamp();
    Command lampOnCommand = new LampOnCommand(lamp);
    Command lampOffCommand = new LampOffCommand(lamp);

    Button button1 = new Button(lampOnCommand); // 램프를 켜는 커맨드를 설정함
    button1.pressed(); // 버튼을 누르면 램프가 켜짐

    button1.setCommand(lampOffCommand); // 램프를 끄는 커맨드를 설정함
    button1.pressed(); // 이제 버튼을 누르면 램프가 꺼짐
  }
}
```

8.4 커맨드 패턴

커맨드 패턴은 이벤트가 발생했을 때 실행될 기능이 다양하면서도 변경이 필요한 경우에 이벤트를 발생시키는 클래스를 변경하지 않고 재사용하고자 할 때 유용하다.

예를 들어 'FileOpen'이라는 메뉴 항목이 선택되었을 때 실행될 기능과 'FileClose'라는 메뉴 항목이 선택되었을 때 실행되는 기능은 다를 것이다. 이런 경우 MenuItem 클래스에서 직접 구체적인 기능을 구현한다면 'FileOpen' 메뉴 항목을 위한 MenuItem 클래스와 'FileClose' 메뉴 항목을 위한 MenuItem 클래스를 각각 구현해야 한다. MenuItem 클래스는 하나이므로 'FileOpen'과 'FileClose' 메뉴 항목을 재사용하기 어려울 수 있기 때문이다.

이런 경우에는 커맨드 패턴을 활용하면 MenuItem 클래스를 재사용할 수 있다. 먼저 'FileOpen' 메뉴의 기능과 'FileClose' 메뉴의 기능을 담당하는 클래스가 Command라는 인터페이스를 구현하도록 한다. 그리고 MenuItem 클래스가 Command 인터페이스를 사용하도록 설계하면 MenuItem 클래스는 'FileOpen' 메뉴 항목과 'FileClose' 메뉴 항목에서 그대로 재사용할 수 있게 된다.

Keypoint_ 커맨드 패턴은 실행될 기능을 캡슐화함으로써 기능의 실행을 요구하는 호출자Invoker 클래스와 실제 기능을 실행하는 수신자Receiver 클래스 사이의 의존성을 제거한다. 따라서 실행될 기능의 변경에도 호출자 클래스를 수정 없이 그대로 사용할 수 있도록 해준다.

그림 8-4 커맨드 패턴의 컬레보레이션

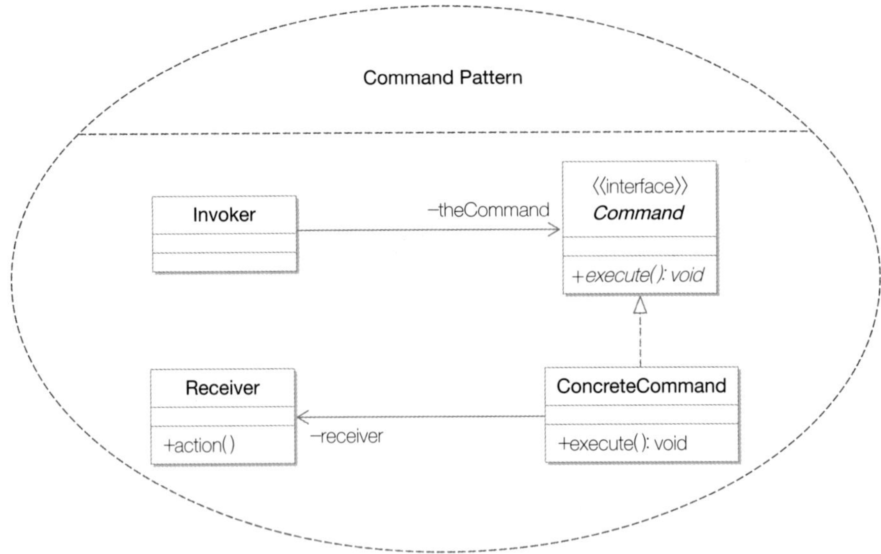

커맨드 패턴에서 나타나는 역할이 수행하는 작업은 다음과 같다.

- **Command**: 실행될 기능에 대한 인터페이스. 실행될 기능을 execute 메서드로 선언함
- **ConcreteCommand**: 실제로 실행되는 기능을 구현. 즉, Command라는 인터페이스를 구현함
- **Invoker**: 기능의 실행을 요청하는 호출자 클래스
- **Receiver**: ConcreteCommand에서 execute 메서드를 구현할 때 필요한 클래스. 즉, ConcreteCommand의 기능을 실행하기 위해 사용하는 수신자 클래스

그림 8-5 커맨드 패턴의 순차 다이어그램

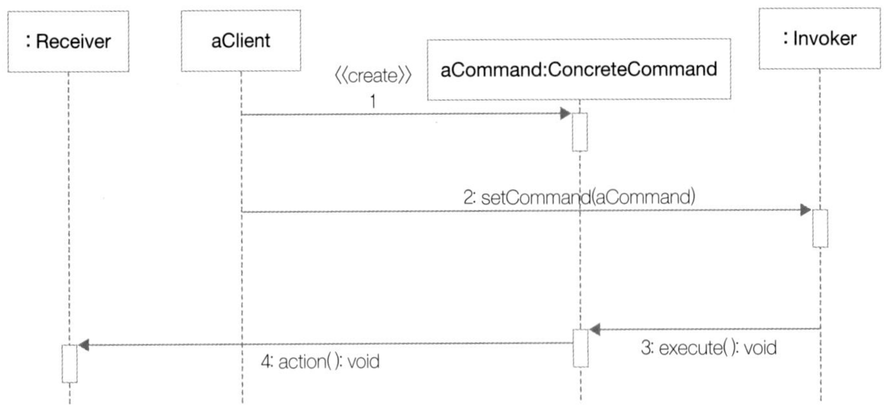

그림 8-5는 커맨드 패턴의 행위 모델을 순차 다이어그램으로 표현한 것으로, 순서는 다음과 같다. 클라이어트가 원하는 커맨드 객체를 생성하고(1) 이를 Invoker 객체에 바인딩한다(2). 나중에 Invoker 객체에서는 바인딩된 커맨드 객체의 execute 메서드를 호출한다(3). execute 메서드는 Receiver 객체의 action 메서드를 호출(4)함으로써 원하는 기능을 실행한다.

그림 8-6은 커맨드 패턴을 만능 버튼 예제에 적용한 것이다.

그림 8-6 커맨드 패턴을 만능 버튼 예제에 적용한 경우

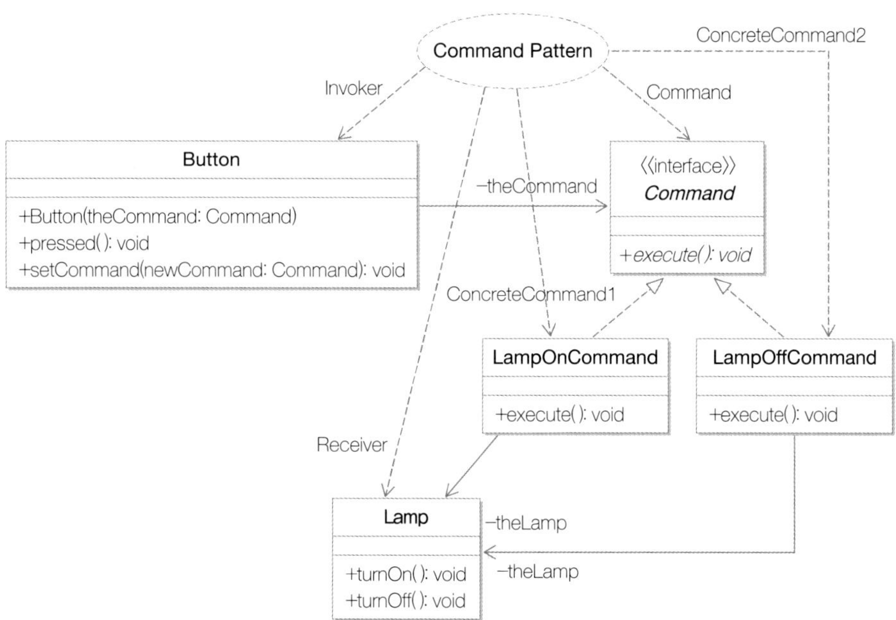

- Button 클래스는 Invoker 역할을 한다.
- LampOnCommand와 LampOffCommand는 각각 ConcreteCommand 역할을 한다.
- Lamp 클래스는 Receiver 역할을 한다.

1. TwoButtonController 클래스는 다음 코드처럼 2개의 버튼 각각에 기능을 구현한다.

```
public class TwoButtonController {
  private TV tv;

  public TwoButtonController(TV tv) {
    this.tv = tv;
  }

  public void button1Pressed() {
    tv.power();
  }

  public void button2Pressed() {
    tv.mute();
  }
}

public class TV {
  private boolean powerOn = false;
  private boolean muteOn = false;

  public void power() {
    powerOn =! powerOn;

    if (powerOn)
      System.out.println("Power On");
    else
      System.out.println("Power Off");
  }

  public void mute() {
    if (!powerOn)
      return;

    muteOn =! muteOn;

    if (muteOn)
      System.out.println("Mute On");
    else
      System.out.println("Mute Off");
  }
}
```

1-1. TwoButtonController 클래스와 TV 클래스를 클래스 다이어그램으로 표현하라.

1-2. 다음 코드의 실행 결과를 작성하라.

```
public class Client {
  public static void main(String[] args) {
    TV tv = new TV();
    TwoButtonController rc = new TwoButtonController(tv);

    rc.button1Pressed();
    rc.button2Pressed();

    rc.button1Pressed();
    rc.button2Pressed();
  }
}
```

1-3. TwoButtonController 클래스 설계의 취약점을 OCP 측면에서 설명하라.

1-4. 커맨트 패턴을 활용해 TwoButtonController 클래스 설계의 취약점을 개선하는 방법을 설명하라.

2. 다음 요구사항을 충족할 수 있도록 TwoButtonController 클래스를 개선하라.

- TwoButtonController 클래스를 이용해 TV 전원과 음소거를 제어할 수 있다.
- TwoButtonController 클래스의 각 버튼을 눌렀을 때 실행되는 기능은 전원과 음소거 중에서 임의의 방식으로 결정할 수 있다. 버튼이 2개(button1, button2)고 동작할 수 있는 기능이 2가지(전원과 음소거)이므로 다음과 같은 4가지 조합이 가능해야 한다.

	button1	button2
조합 1	전원 제어	전원 제어
조합 2	전원 제어	음소거 제어
조합 3	음소거 제어	전원 제어
조합 4	음소거 제어	음소거 제어

- TwoButtonController 클래스는 각 버튼을 눌렀을 때 동작하는 기능을 변경할 수 있어야 한다. 그러나 TwoButtonController 클래스의 코드가 변경되지 않도록 해야 한다.

2-1. 다음 클래스 다이어그램은 커맨드 패턴을 활용해 TwoButtonController 클래스의 설계를 개선한 일부를 보여준다. 이 설계를 바탕으로 TwoButtonController 클래스와 Command 인터페이스의 코드를 작성하라.

TwoButtonController

+setCommand(command1: Command, command2: Command)
+button1Pressed( ): void
+button2Pressed( ): void

−command1

−command2

《interface》
Command

+ execute( ): void

2-2. 위 클래스 다이어그램을 바탕으로 TwoButtonController 클래스의 설계를 완성하고 클래스 다이어그램을 작성하라. 그리고 각 클래스의 의미를 간략하게 설명하라.

2-3. 2-2의 결과에서 커맨드 패턴의 구성 요소에 대응되는 클래스를 구분하라.

2-4. 2-3에서 새롭게 추가된 클래스들을 구현하는 코드를 작성하라.

2-5. 커맨드 패턴으로 개선된 TwoButtonController 클래스를 활용해 앞에서 소개한 조합 1의 형태, 즉 button1과 button2가 모두 전원 제어가 되도록 한 후 button1, button2, button1, button1, button2, button1을 차례로 누르는 클라이언트 프로그램을 작성하라. 그리고 실행 결과를 기록하라.

2-6. 커맨드 패턴을 활용해 개선된 TwoButtonController 클래스가 조합 3, 즉 button1의 기능은 음소거 제어, button2의 기능은 전원 제어가 되도록 한 후 button1, button2, button1, button1, button2, button1을 차례로 누르는 클라이언트 프로그램을 작성하라. 그리고 실행 결과를 기록하라.

3. 다음은 커맨드 패턴을 사용해 설계한 클래스 다이어그램이다. 요구사항은 다음과 같다.

- ElevatorController 클래스는 엘리베이터 하나를 이동시킨다. 목적지 층이 주어지면 해당 엘리베이터를 이동시킨다.
- ElevatorManager 클래스는 여러 개의 ElevatorController를 관리한다. 목적지 층과 방향이 주어지면 적절한 ElevatorController 클래스에게 해당 층으로 이동하도록 요청한다.

- ElevatorButton 클래스는 엘리베이터에서 목적지 층을 선택하는 버튼의 역할을 실행한다. ElevatorButton 클래스를 통해 버튼을 눌렀을 때의 기능은 2가지다. 하나는 엘리베이터 내부에서 이동하려는 층의 버튼을 눌렀을 때 목적지 층으로 엘리베이터를 이동시키는 기능이다. 다른 하나는 현재 자신이 위치한 건물 내부의 층으로 엘리베이터를 요청하는 기능, 즉 ElevatorManager 클래스에 의해 선택된 엘리베이터를 해당 층으로 이동시키는 기능이다.
- ElevatorButton 클래스는 버튼을 눌렀을 때 동작하는 기능의 변경이 필요하다. 그러나 ElevatorButton 클래스의 코드가 변경되지 않도록 해야 한다.

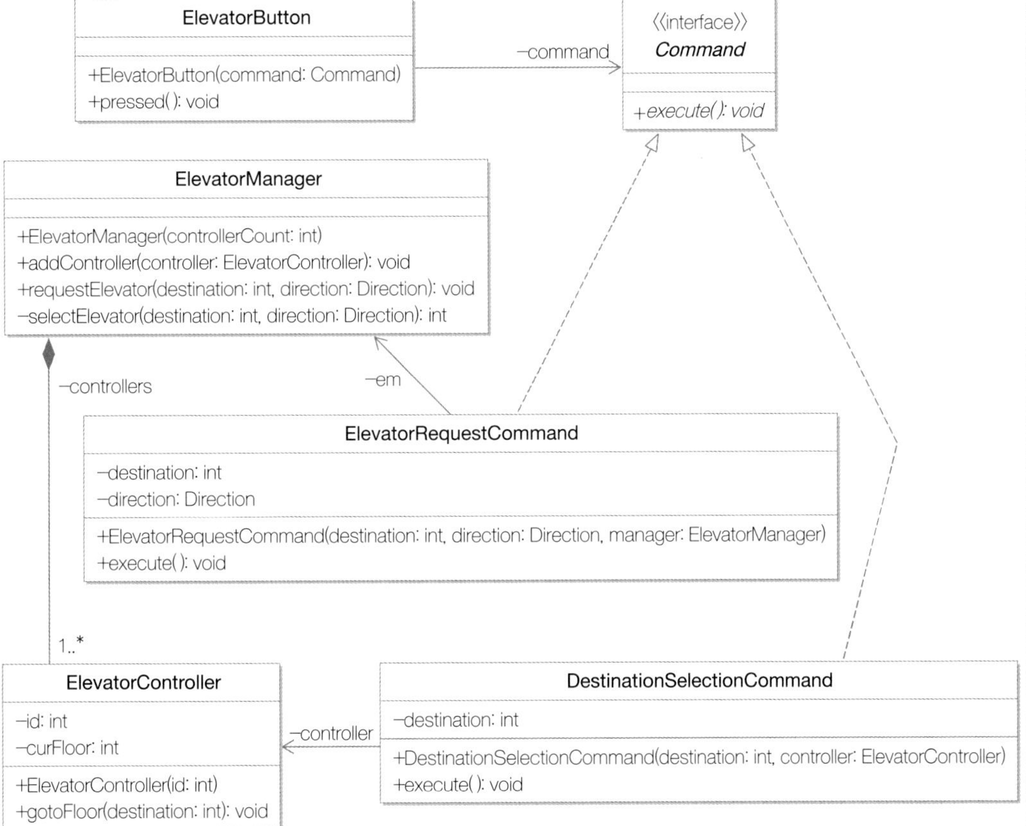

3-1. 클래스 다이어그램에 표시된 각 클래스를 간략히 설명하라.

3-2. 클래스 다이어그램에 표시된 각 클래스를 커맨드 패턴의 구성 요소로 구분하라.

3-3. 클래스 다이어그램을 바탕으로 코드를 작성하라.

3-4. 3-3번 문제에서 작성한 클래스를 바탕으로 다음과 같이 동작하는 Client 클래스를 작성했다. 이 프로그램의 실행 결과를 작성하라.

```
public class Client {
  public static void main(String[] args) {
    ElevatorController controller1 = new ElevatorController(1);
    ElevatorController controller2 = new ElevatorController(2);

    ElevatorManager em = new ElevatorManager(2);
    em.addController(controller1);
    em.addController(controller2);

    // 1번 엘리베이터를 1층에 위치시키려는 목적의 목적지 층 버튼
    Command destinationCommand1stController =
      new DestinationSelectionCommand(1, controller1);
    ElevatorButton destinationButton1stFloor =
      new ElevatorButton(destinationCommand1stController);
    destinationButton1stFloor.pressed();

    // 2번 엘리베이터를 2층에 위치시키려는 목적의 목적지 층 버튼
    Command destinationCommand2ndController =
      new DestinationSelectionCommand(2, controller2);
    ElevatorButton destinationButton2ndFloor =
      new ElevatorButton(destinationCommand2ndController);
    destinationButton2ndFloor.pressed();

    // 1번 엘리베이터를 2층에서 아래로 이동시키려는 엘리베이터 요청 버튼
    Command requestDownCommand =
      new ElevatorRequestCommand(2, Direction.DOWN, em);
    ElevatorButton requestDownFloorButton2ndFloor =
      new ElevatorButton(requestDownCommand);
    requestDownFloorButton2ndFloor.pressed();
  }
}
```

CHAPTER 9

옵서버 패턴

학습목표

- 데이터의 변화를 통보하는 방법 이해하기
- 옵서버 패턴을 통한 통보의 캡슐화 방법 이해하기
- 사례 연구를 통한 옵서버 패턴의 핵심 특징 이해하기

9.1 여러 가지 방식으로 성적 출력하기

성적을 출력하는 기능, 예를 들어 입력된 성적 값을 출력하는 프로그램 코드를 작성해보자. 이러한 프로그램을 개발하려면 입력된 점수를 저장하는 ScoreRecord 클래스와 점수를 목록의 형태로 출력하는 DataSheetView 클래스가 필요하다. 그리고 성적이 입력된 경우, 즉 ScoreRecord 클래스의 addScore 메서드가 실행될 때 성적을 출력하려면 ScoreRecord 클래스는 DataSheetView 객체를 참조해야 한다.

그림 9-1은 ScoreRecord 클래스와 DataSheetView 클래스의 관계를 보여주는 클래스 다이어그램이다.

그림 9-1 ScoreRecord 클래스의 값을 출력하는 DataSheetView 클래스의 설계

ScoreRecord
-scores: List〈Integer〉
+setDataSheetView(dataSheetView: DataSheetView)
+addScore(score: int): void
+getScoreRecord( ): List〈Integer〉

-scoreRecord
-dataSheetView

DataSheetView
-viewCount: int
+DataSheetView(scoreRecord: ScoreRecord, viewCount: int)
+update( ): void

그림 9-2는 ScoreRecord와 DataSheetView 클래스 사이의 상호작용을 순차 다이어그램으로 표현한 것이다.

그림 9-2 ScoreRecord와 DataSheetView 클래스 사이의 상호작용

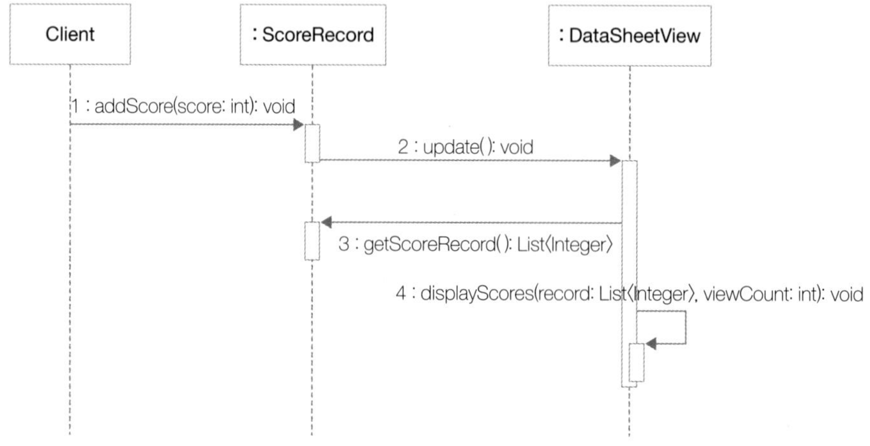

점수의 추가, 즉 ScoreRecord 클래스의 addScore 메서드가 호출되면 ScoreRecord 클래스는 자신의 필드인 scores 객체에 점수를 추가한다. 그리고 DataSheetView 클래스의 update 메서드를 호출함으로써 성적을 출력하도록 요청한다.

또한 DataSheetView 클래스는 ScoreRecord 클래스의 getScoreRecord 메서드를 호출해 출력할 점수를 구한다. 이때 DataSheetView 클래스의 update 메서드에서는 구한 점수 중에서 명시된 개수(viewCount 변수)만큼의 점수만 출력한다.

코드 9-1은 방금 전에 설명한 설계를 바탕으로 작성한 코드다.

코드 9-1

```
public class ScoreRecord {
  private List<Integer> scores = new ArrayList<Integer>(); // 점수를 저장함
  private DataSheetView dataSheetView; // 목록 형태로 점수를 출력하는 클래스

  public void setDataSheetView(DataSheetView dataSheetView) {
    this.dataSheetView = dataSheetView;
  }

  public void addScore(int score) { // 새로운 점수를 추가함
    scores.add(score); // scores 목록에 주어진 점수를 추가함
    dataSheetView.update(); // scores가 변경됨을 통보함
  }

  public List<Integer> getScoreRecord() {
    return scores;
  }
}

public class DataSheetView {
  private ScoreRecord scoreRecord;
  private int viewCount;

  public DataSheetView(ScoreRecord scoreRecord, int viewCount) {
    this.scoreRecord = scoreRecord;
    this.viewCount = viewCount;
  }

  public void update() { // 점수의 변경을 통보받음
    List<Integer> record = scoreRecord.getScoreRecord(); // 점수를 조회함
    displayScores(record, viewCount); // 조회된 점수를 viewCount 만큼만 출력함
```

```
    }

    private void displayScores(List<Integer> record, int viewCount) {
      System.out.print("List of " + viewCount + " entries: ");
      for (int i = 0; i < viewCount && i < record.size(); i++) {
        System.out.print(record.get(i) + " ");
      }
      System.out.println();
    }
  }

  public class Client {
    public static void main(String[] args) {
      ScoreRecord scoreRecord = new ScoreRecord();

      // 3개까지의 점수만 출력함
      DataSheetView dataSheetView = new DataSheetView(scoreRecord, 3);

      scoreRecord.setDataSheetView(dataSheetView);

      for (int index = 1; index <= 5; index++) {
        int score = index * 10;
        System.out.println("Adding " + score);

        // 10 20 30 40 50을 추가함, 추가할 때마다 최대 3개의 점수만 출력함
        scoreRecord.addScore(score);
      }
    }
  }
```

Client 클래스에서는 성적을 저장하는 ScoreRecord 객체(scoreRecord)와 주어진 개수만큼의 점수만 출력하기 위한 DataSheetView 객체(dataSheetView)를 생성한다.

그리고 DataSheetView 클래스의 update 메서드가 실행될 때는 ScoreRecord 클래스에서 점수를 조회하는 getScoreRecord 메서드를 호출하려고 ScoreRecord 객체(scoreRecord)를 DataSheetView 클래스의 생성자에 전달한다.

마찬가지로 ScoreRecord 클래스는 점수가 추가될 때, 즉 addScore 메서드가 호출될 때 DataSheetView의 update 메서드를 호출할 필요가 있다. 이를 위해 Client 클래스에서는 ScoreRecord 클래스의 setDataSheetView 메서드를 호출해 DataSheetView 객체(dataSheetView)를 전달한다.

9.2 문제점

- 성적을 다른 형태로 출력하고 싶다면 어떤 변경 작업을 해야 하는가? 예를 들어 성적을 목록으로 출력하지 않고 성적의 최소/최대 값만 출력하려면?
- 여러 가지 형태의 성적을 동시 혹은 순차적으로 출력하려면 어떤 변경 작업을 해야 하는가? 예를 들어 성적이 입력되었을 때 최대 3개 목록, 최대 5개 목록, 최소/최대 값을 동시에 출력하거나 처음에는 목록으로 출력하고 나중에는 최소/최대 값을 출력하려면?

9.2.1 성적을 다른 형태로 출력하는 경우

점수가 입력되면 점수 목록을 출력하는 대신 최소/최대 값만 출력하려면 기존의 DataSheetView 클래스 대신 최소/최대 값을 출력하는 MinMaxView 클래스를 추가할 필요가 있다. 그리고 ScoreRecord 클래스는 DataSheetView 클래스가 아니라 MinMaxView 클래스에 성적 변경을 통보할 필요가 있다.

코드 9-2는 MinMaxView 클래스를 이용해 성적의 최소/최대 값을 출력하는 코드다.

코드 9-2

```
public class ScoreRecord {
  private List<Integer> scores = new ArrayList<Integer>();
  private MinMaxView minMaxView;

  public void setMinMaxView(MinMaxView minMaxView) { // MinMaxView를 설정함
    this.minMaxView = minMaxView;
  }

  public void addScore(int score) {
    scores.add(score);
    minMaxView.update(); // MinMaxView에게 점수의 변경을 통보함
  }

  public List<Integer> getScoreRecord() {
    return scores;
  }
}

public class MinMaxView {
  private ScoreRecord scoreRecord;
```

```
  public MinMaxView(ScoreRecord scoreRecord) {
    this.scoreRecord = scoreRecord;
  }

  public void update() { // 점수의 변경을 통보받음
    List<Integer> record = scoreRecord.getScoreRecord(); // 점수를 조회함
    displayMinMax(record); // 최소 값과 최대 값을 출력함
  }

  private void displayMinMax(List<Integer> record) {
    int min = Collections.min(record, null);
    int max = Collections.max(record, null);
    System.out.println("Min: " + min + " Max: " + max);
  }
}

public class Client {
  public static void main(String[] args) {
    ScoreRecord scoreRecord = new ScoreRecord();
    MinMaxView minMaxView = new MinMaxView(scoreRecord);

    scoreRecord.setMinMaxView(minMaxView);

    for (int index = 1; index <= 5; index++) {
      int score = index * 10;
      System.out.println("Adding " + score);

      // 10 20 30 40 50이 추가됨, 추가할 때마다 최소/최대 값을 출력함
      scoreRecord.addScore(score);
    }
  }
}
```

MinMaxView 클래스의 update 메서드는 ScoreRecord 클래스의 getScoreRecord 메서드를 통해 구한 점수를 바탕으로 displayMinMax 메서드를 호출해 최소 값과 최대 값을 출력한다. 이때 displayMinMax 메서드는 Collections 클래스의 min 메서드와 max 메서드를 이용해 최소 값과 최대 값을 구한다.

이제 ScoreRecord 클래스는 점수가 입력되면 MinMaxView 클래스를 이용해서 최소/최대 값을 출력할 수가 있다. 기존 ScoreRecord 클래스의 addScore 메서드를 직접적으로 변경해서 MinMaxView 클래스의 update 메서드를 호출했기 때문이다.

그런데 이는 OCP에 위배된다. 점수가 입력되었을 때 지정된 특정 대상 클래스(처음에는 DataSheetView 클래스)에게 고정적으로 통보하도록 코딩이 되었는데 다른 대상 클래스(MinMaxView 클래스)에게 점수가 입력되었음을 통보하려면 ScoreRecord 클래스의 변경이 불가피하기 때문이다.

9.2.2 동시 혹은 순차적으로 성적을 출력하는 경우

성적이 입력되었을 때 최대 3개 목록, 최대 5개 목록, 최소/최대 값을 동시에 출력하거나 처음에는 목록으로 출력하고 나중에는 최소/최대 값을 출력하려면 어떻게 해야 할까? 실제 출력 기능을 고려하기 전에 점수가 입력되면 복수 개의 대상 클래스를 갱신하는 구조를 먼저 생각해봐야 한다.

목록으로 출력하는 것은 DataSheetView 클래스를 활용하고, 최소/최대 값을 출력하는 것은 MinMaxView 클래스를 활용할 수 있다. 그러므로 ScoreRecord 클래스는 2개의 DataSheetView 객체(3개 목록, 5개 목록 출력을 위한 객체)와 1개의 MinMaxView 객체에게 성적 추가를 통보할 필요가 있다. 이를 위해 ScoreRecord 클래스는 다시 변경되어야 한다.

코드 9-3은 2개의 DataSheetView 객체와 1개의 MinMaxView에 성적 추가를 통보할 수 있도록 변경된 ScoreRecord 클래스다.

코드 9-3

```
public class ScoreRecord {
  private List<Integer> scores = new ArrayList<Integer>();

  // 복수 개의 DataSheetView
  private List<DataSheetView> dataSheetViews = new ArrayList<DataSheetView>();
  private MinMaxView minMaxView; // 1개의 MinMaxView

  public void addDataSheetView(DataSheetView dataSheetView) { // DataSheetView 추가
    dataSheetViews.add(dataSheetView);
  }

  public void setMinMaxView(MainMaxView minMaxView) { // MinMaxView 설정
    this.minMaxView = minMaxView;
  }
```

```
  public void addScore(int score) {
    scores.add(score);
    for (DataSheetView dataSheetView:dataSheetViews)
      dataSheetView.update(); // 각 DataSheetView에 값의 변경을 통보함

    minMaxView.update(); // MinMaxView에 값의 변경을 통보함
  }

  public List<Integer> getScoreRecord() {
    return scores;
  }
}

// DataSheetView 클래스는 코드 9-1과 동일

// MinMaxView 클래스는 코드 9-2와 동일

public class Client {
  public static void main(String[] args) {
    ScoreRecord scoreRecord = new ScoreRecord();

    // 3개 목록의 DataSheetView 생성
    DataSheetView dataSheetView3 = new DataSheetView(scoreRecord, 3);

    // 5개 목록의 DataSheetView 생성
    DataSheetView dataSheetView5 = new DataSheetView(scoreRecord, 5);
    MainMaxView minMaxView = new MainMaxView(scoreRecord); // MinMaxView 생성

    scoreRecord.addDataSheetView(dataSheetView3); // 3개 목록 DataSheetView 설정
    scoreRecord.addDataSheetView(dataSheetView5); // 5개 목록 DataSheetView 설정
    scoreRecord.setMinMaxView(minMaxView); // MinMaxView 설정

    for (int index = 1; index <= 5; index++) {
      int score = index * 10;
      System.out.println("Adding " + score);

      // 10 20 30 40 50이 추가됨
      // 추가할 때마다 최대 3개 목록, 최대 5개 목록 그리고 최소/최대 값이 출력됨
      scoreRecord.addScore(score);
    }
  }
}
```

이 경우에도 성적의 통보 대상이 변경된 것을 반영하려고 ScoreRecord 클래스의 코드를 수정하게 되었다. 이런 상황은 성적 변경을 새로운 클래스에 통보할 때마다 반복적으로 발생하게 될 것이다. 예를 들어 평균/표준편차를 출력하는 StatisticsView 클래스에게 성적 변경을 통보하려면 ScoreRecord는 다시 변경되어야 한다.

9.3 해결책

문제 해결의 핵심은 성적 통보 대상이 변경되더라도 ScoreRecord 클래스를 그대로 재사용할 수 있어야 한다는 점이다. 따라서 ScoreRecord 클래스에서 변화되는 부분을 식별하고 이를 일반화시켜야 한다.

ScoreRecord 클래스에서는 통보 대상인 객체를 참조하는 것을 관리해야 하며 addScore 메서드는 각 통보 대상인 객체의 update 메서드를 호출할 필요가 있다. 이런 통보 대상 객체의 관리와 각 객체에 update 메서드를 호출하는 기능은 성적 변경뿐만 아니라 임의의 데이터가 변경되었을 때 이에 관심을 가지는 모든 대상 객체에 통보하는 경우에도 동일하게 발생하는 기능이다. 따라서 이러한 공통 기능을 상위 클래스 및 인터페이스로 일반화하고 이를 활용해 ScoreRecord를 구현하는 방식으로 설계를 변경하는 편이 좋다.

그림 9-3은 DataSheetView와 MinMaxView 클래스에게 성적 변경을 통보할 수 있도록 개선한 ScoreRecord 클래스 다이어그램이다.

그림 9-3 개선된 ScoreRecord의 클래스 다이어그램

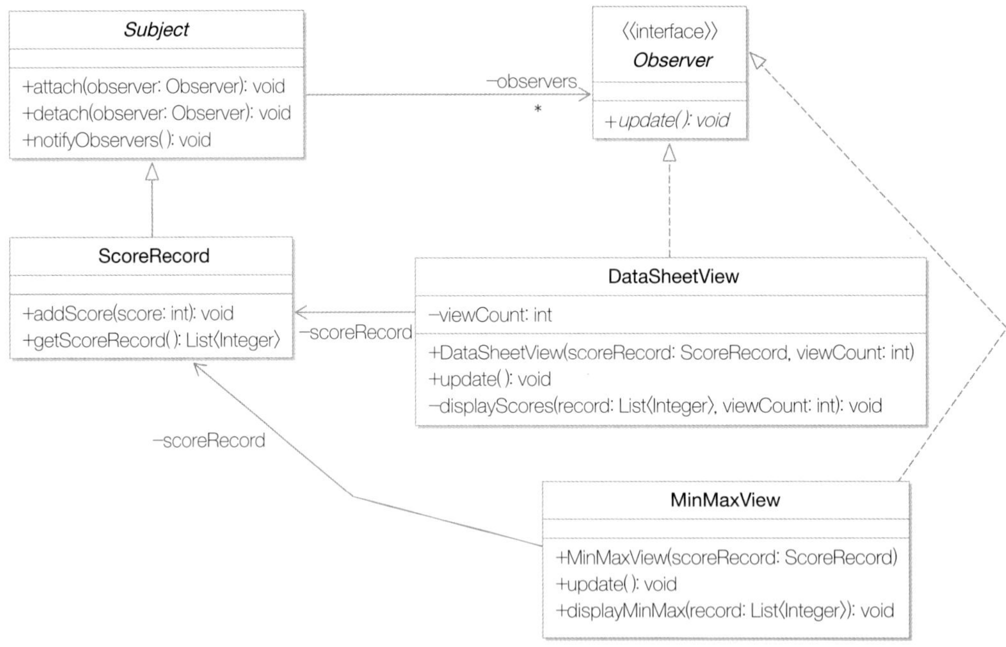

그림 9-3을 살펴보면 성적 변경에 관심이 있는 대상 객체를 관리하는 기능을 구현하는 Subject라는 클래스를 정의한 것을 확인할 수 있다. Subject 클래스는 attach 메서드와 detach 메서드로 성적 변경에 관심이 있는 대상 객체를 추가하거나 제거한다. 이때 성적 변경의 통보 수신이라는 측면에서 DataSheetView 클래스와 MinMaxView 클래스는 동일하므로 Subject 클래스는 Observer 인터페이스를 구현함으로써 성적 변경에 관심이 있음을 보여준다.

ScoreRecord 클래스의 addScore 메서드가 호출되면 자신의 성적 값을 저장한 후 Subject 클래스의 notifyObservers 메서드를 호출해 DataSheetView와 MinMaxView 클래스에게 성적 변경을 통보한다. 그러면 Subject 클래스는 Observer 인터페이스를 통해 DataSheetView와 MinMaxView 객체의 update 메서드를 호출한다.

코드 9-4는 이와 같은 방식으로 설계된 ScoreRecord 클래스의 코드다.

코드 9-4

```
public interface Observer { // 추상화된 통보 대상
  public abstract void update(); // 데이터의 변경을 통보했을 때 처리하는 메서드
}

public abstract class Subject { // 추상화된 변경 관심 대상 데이터
  private List<Observer> observers = new ArrayList<Observer>(); // 추상화된 통보 대상 목록

  public void attach(Observer observer) { // 옵서버, 즉 통보 대상을 추가함
    observers.add(observer);
  }

  public void detach(Observer observer) { // 옵서버, 즉 통보 대상을 제거함
    observers.remove(observer);
  }

  // 통보 대상 목록, 즉 observers의 각 옵서버에게 변경을 통보함
  public void notifyObservers() {
    for (Observer o:observers)
      o.update();
  }
}

public class ScoreRecord extends Subject { // 구체적인 변경 감시 대상 데이터
  private List<Integer> scores = new ArrayList<Integer>();

  public void addScore(int score) {
    scores.add(score);

    // 데이터가 변경되면 Subject 클래스의 notifyObservers 메서드를 호출해
    // 각 옵서버(통보 대상 클래스)에게 데이터의 변경을 통보함
    notifyObservers();
  }

  public List<Integer> getScoreRecord() {
    return scores;
  }
}

// DataSheetView는 Observer의 기능, 즉 update 메서드를 구현함으로써 통보 대상이 됨
public class DataSheetView implements Observer {
  // 코드 9-1과 동일
}
```

```
// MinMaxView는 Observer의 기능, 즉 update 메서드를 구현함으로써 통보 대상이 됨
public class MinMaxView implements Observer {
  // 코드 9-2와 동일
}

public class Client {
  public static void main(String[] args) {
    ScoreRecord scoreRecord = new ScoreRecord();
    DataSheetView dataSheetView3 = new DataSheetView(scoreRecord, 3);
    DataSheetView dataSheetView5 = new DataSheetView(scoreRecord, 5);
    MinMaxView minMaxView = new MinMaxView(scoreRecord);

    // 3개 목록 DataSheetView를 ScoreRecord에 Observer로 추가함
    scoreRecord.attach(dataSheetView3);

    // 5개 목록 DataSheetView를 ScoreRecord에 Observer로 추가함
    scoreRecord.attach(dataSheetView5);

    // MinMaxView를 ScoreRecord에 Observer로 추가함
    scoreRecord.attach(minMaxView);

    for (int index = 1; index <= 5; index++) {
      int score = index * 10;
      System.out.println("Adding " + score);
      scoreRecord.addScore(score);
    }
  }
}
```

성적 변경에 관심이 있는 대상 객체들의 관리는 Subject 클래스에서 구현하고 ScoreRecord 클래스는 Subject 클래스를 상속받게 함으로써 ScoreRecord 클래스는 이제 DataSheetView와 MinMaxView를 직접 참조할 필요가 없게 되었다. 그러므로 ScoreRecord 클래스의 코드를 변경하지 않고도 새로운 관심 클래스 및 객체를 추가/제거하는 것이 가능해졌다.

그럼 처음 5개의 점수는 목록(DataSheetView 클래스) 출력과 함께 최소/최대 값(MinMaxView 클래스)을 출력하고 이후 5개의 점수는 최소/최대 값(MinMaxView 클래스) 출력과 함께 합계/평균을 출력하는 프로그램을 작성해보자. 목록 출력과 최소/최대 값 출력은 기존의 DataSheetView와 MinMaxView 클래스를 사용하고, 합계/평균 출력에는 StatisticsView 클래스를 새롭게 만들도록 한다. 그리고 Subject 클래스의 attach 메서드를 호출해 StatisticsView 객체를 ScoreRecord 클래스의 관심 객체로 등록하도록 한다. 관

심 객체의 관리는 Subject 클래스에서 수행하므로 ScoreRecord 클래스는 어떤 변경도 하지 않고 합계/평균 출력을 할 수 있게 된다.

코드 9-5는 이러한 설계를 바탕으로 구현한 코드다.

코드 9-5

```
public interface Observer {
  public abstract void update();
}

public abstract class Subject {
  // 코드 9-4와 동일
}

public class ScoreRecord extends Subject {
  // 코드 9-4와 동일
}

public class DataSheetView implements Observer {
  // 코드 9-1과 동일
}

public class MinMaxView implements Observer {
  // 코드 9-2와 동일
}

// StatisticsView는 Observer를 구현함으로써 통보 대상이 됨
public class StatisticsView implements Observer {
  private ScoreRecord scoreRecord;

  public StatisticsView(ScoreRecord scoreRecord) {
    this.scoreRecord = scoreRecord;
  }

  public void update() {
    List<Integer> record = scoreRecord.getScoreRecord();
    displayStatistics(record); // 변경 통보 시 조회된 점수의 합과 평균을 출력함
  }

  private void displayStatistics(List<Integer> record) { // 합과 평균을 출력함
    int sum = 0;
    for (int score:record)
      sum += score;
```

```
      float average = (float) sum / record.size();
      System.out.println("Sum: " + sum + " Average: " + average);
    }
  }

  public class Client {
    public static void main(String[] args) {
      ScoreRecord scoreRecord = new ScoreRecord();
      DataSheetView dataSheetView3 = new DataSheetView(scoreRecord, 3);
      scoreRecord.attach(dataSheetView3);
      MinMaxView minMaxView = new MinMaxView(scoreRecord);
      scoreRecord.attach(minMaxView);

      // 3개 목록 DataSheetView, 5개 목록 DataSheetView, 그리고 MinMaxView가 Observer로 설정됨
      for (int index = 1; index <= 5; index++) {
        int score = index * 10;
        System.out.println("Adding " + score);
        scoreRecord.addScore(score); // 각 점수 추가 시 최대 3개 목록, 5개 목록, 최소/최대 값을 출력함
      }

      scoreRecord.detach(dataSheetView3); // 3개 목록 DataSheetView는 이제 Observer가 아님
      StatisticsView statisticsView = new StatisticsView(scoreRecord);
      scoreRecord.attach(statisticsView); // StatisticsView가 Observer로서 설정됨

      // 이제 5개 목록 DataSheetView, MinMaxView, 그리고 StatisticsView가 Observer임
      for (int index = 1; index <= 5; index++) {
        int score = index * 10;
        System.out.println("Adding " + score);
        scoreRecord.addScore(score); // 각 점수 추가 시 최대 5개 목록, 최소/최대 값, 합/평균을 출력함
      }
    }
  }
```

9.4 옵서버 패턴

옵서버 패턴Observer Pattern은 데이터의 변경이 발생했을 경우 상대 클래스나 객체에 의존하지 않으면서 데이터 변경을 통보하고자 할 때 유용하다. 예를 들어 새로운 파일이 추가되거나 기존 파일이 삭제되었을 때 탐색기는 이를 즉시 표시할 필요가 있다. 탐색기를 복수 개 실행하는 상

황이나 하나의 탐색기에서 파일 시스템을 변경했을 때는 다른 탐색기에게 즉각적으로 이 변경을 통보해야 한다.

다른 예로는 차량의 연료가 소진될 때까지의 주행 가능 거리를 출력하는 클래스, 연료량이 부족하면 경고 메시지를 보내는 클래스, 연료량이 부족하면 자동으로 근처 주유소를 표시하는 클래스 등에 연료량의 변화를 통보하는 경우가 있다. 이런 경우에 연료량 클래스는 연료량에 관심을 가지는 구체적인 클래스(주행 가능 거리 출력, 연료량 부족 경고, 근처 주유소 검색)에 직접 의존하지 않는 방식으로 설계하는 것이 바람직하다.

> **Keypoint_** 옵서버 패턴은 통보 대상 객체의 관리를 Subject 클래스와 Observer 인터페이스로 일반화한다. 그러면 데이터 변경을 통보하는 클래스(ConcreteSubject)는 통보 대상 클래스나 객체(ConcreteObserver)에 대한 의존성을 없앨 수 있다. 결과적으로 옵서버 패턴은 통보 대상 클래스나 대상 객체의 변경에도 ConcreteSubject 클래스를 수정 없이 그대로 사용할 수 있도록 한다.

그림 9-4 옵서버 패턴의 컬레보레이션

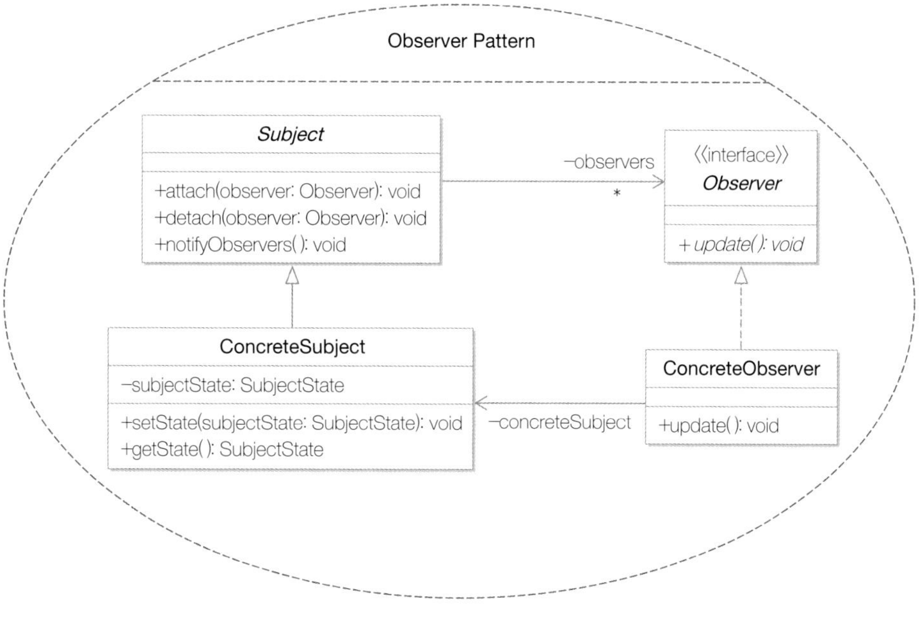

옵서버 패턴에서 나타나는 역할이 수행하는 작업은 다음과 같다.

- **Observer**: 데이터의 변경을 통보 받는 인터페이스. 즉, Subject에서는 Observer 인터페이스의 update 메서드를 호출함으로써 ConcreteSubject의 데이터 변경을 ConcreteObserver에게 통보한다.
- **Subject**: ConreteObserver 객체를 관리하는 요소. Observer 인터페이스를 참조해서 ConcreteObserver를 관리하므로 ConcreteObserver의 변화에 독립적일 수 있다.
- **ConcreteSubject**: 변경 관리 대상이 되는 데이터가 있는 클래스. 데이터 변경을 위한 메서드인 setState가 있으며 setState에서는 자신의 데이터인 subjectState를 변경하고 Subject의 notifyObservers 메서드를 호출해서 ConcreteObserver 객체에 변경을 통보한다.
- **ConcreteObserver**: ConcreteSubject의 변경을 통보받는 클래스. Observer 인터페이스의 update 메서드를 구현함으로써 변경을 통보받는다. 변경된 데이터는 ConcreteSubject의 getState 메서드를 호출함으로써 변경을 조회한다.

그림 9-5는 옵서버 패턴의 행위 모델을 순차 다이어그램으로 표현한 것이다.

그림 9-5 옵서버 패턴의 순차 다이어그램

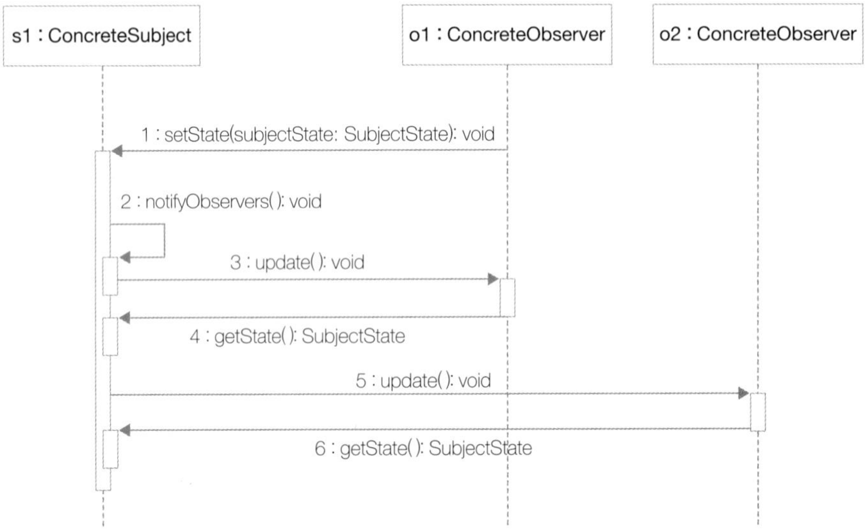

ConcreteSubject가 자신의 상태, 즉 데이터의 변경을 통보하려면 ConcreteObserver가 미리 등록되어 있어야 한다. 그림 9-5에서는 ConcreteSubject s1에 o1과 o2가 ConcreteObserver로 등록되어 있는 상태다.

이때 ConcreteObserver o1이 ConcreteSubject s1의 상태를 변경하면 s1은 등록된 모든 ConcreteObserver에게 자신이 변경되었음을 통보한다. 변경 통보는 실제로는 ConcreteSubject의 상위 클래스인 Subject 클래스의 notifyObservers 메서드를 호출해 이루어진다. 그러면 notifyObservers 메서드는 등록된 각 ConcreteObserver의 update 메서드를 호출한다. 마지막으로 통보받은 ConcreteObserver o1과 o2는 ConcreteSubject s1의 getState 메서드를 호출함으로써 변경된 상태나 데이터를 구한다.

그림 9-6은 옵서버 패턴을 ScoreRecord 예제에 적용한 경우다.

그림 9-6 옵서버 패턴을 성적 출력하기 예제에 적용한 경우

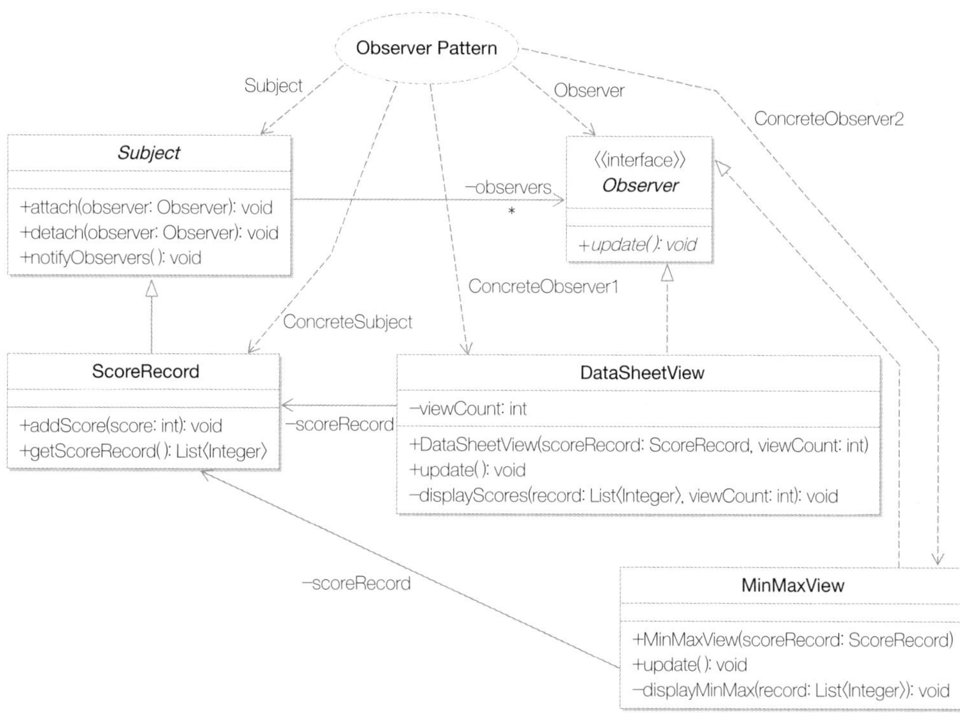

- ScoreRecord 클래스는 ConcreteSubject 역할을 한다.
- DataSheetView 클래스와 MinMaxView 클래스는 ConcreteObserver 역할을 한다.

1. 다음은 배터리 양을 관리하는 3개 클래스의 코드다.

```
public class Battery {
  private int level = 100;
  private BatteryLevelDisplay display;
  private LowBatteryWarning warning;

  public void setDisplay(BatteryLevelDisplay display) {
    this.display = display;
  }

  public void setWarning(LowBatteryWarning warning) {
    this.warning = warning;
  }

  public void consume(int amount) {
    level -= amount;
    display.update();
    warning.update();
  }

  public int getLevel() {
    return level;
  }
}

public class BatteryLevelDisplay {
  private Battery battery;

  public BatteryLevelDisplay(Battery battery) {
    this.battery = battery;
  }

  public void update() {
    int level = battery.getLevel();
    System.out.println("Level: " + level);
  }
}

public class LowBatteryWarning {
  private static final int LOW_BATTERY = 30;
  private Battery battery;
```

```
    public LowBatteryWarning(Battery battery) {
      this.battery = battery;
    }

    public void update() {
      int level = battery.getLevel();
      if (level < LOW_BATTERY)
        System.out.println(
          "<Warning> Low Battery: " + level + " Compared with " + LOW_BATTERY
        );
    }
  }
```

1-1. 위 코드에서 구현된 각 클래스의 기능을 간략히 설명하라.

1-2. 3개 클래스를 클래스 다이어그램으로 표현하라.

1-3. 다음 프로그램의 실행 결과를 작성하라.

```
public class Client {
  public static void main(String[] args) {
    Battery battery = new Battery();

    BatteryLevelDisplay batteryDisplay = new BatteryLevelDisplay(battery);
    LowBatteryWarning lowBatteryWarning = new LowBatteryWarning(battery);

    battery.setDisplay(batteryDisplay);
    battery.setWarning(lowBatteryWarning);

    battery.consume(20);
    battery.consume(50);
    battery.consume(10);
  }
}
```

1-4. Battery 클래스의 설계 취약점을 OCP 측면에서 설명하라. 그리고 Battery 클래스의 코드 중에서 OCP를 위반하는 부분을 명시하라.

1-5. Battery 클래스 설계의 취약점을 옵서버 패턴을 활용해 개선하는 방법을 설명하라.

1-6. Battery 클래스, BatteryLevelDisplay 클래스, LowBatteryWarning 클래스의 설계를 옵서버 패턴을 활용해 개선한 모습을 클래스 다이어그램으로 표현하라.

1-7. 옵서버 패턴을 활용해 개선한 설계에서 옵서버 패턴의 각 구성 요소에 대응하는 클래스를 명시하라.

1-8. 옵서버 패턴을 활용해 개선한 설계를 바탕으로 Battery 클래스, BatteryLevelDisplay 클래스, LowBatteryWarning 클래스와 옵서버 패턴을 위한 클래스의 코드를 작성하라.

1-9. 옵서버 패턴이 활용된 Battery 클래스, BatteryLevelDisplay 클래스, LowBattery Warning 클래스를 이용하도록 기존의 Client 클래스를 재작성하라.

2. 다음 그림은 옵서버 패턴을 사용해 다음 요구사항을 충족하는 프로그램을 설계한 클래스 다이어그램이다.

- ElevatorController 클래스는 이동할 때마다 현재 층의 위치를 여러 개 출력 장치에 통보한다.
- ElevatorDisplay 클래스는 엘리베이터의 현재 층 위치를 엘리베이터 내부에 출력한다.
- VoiceNotice 클래스는 엘리베이터의 위치를 엘리베이터 내부에서 음성으로 안내한다.
- FloorDisplay는 엘리베이터의 위치를 건물 내부의 엘리베이터 층 표시 장치에 출력한다.
- ControlRoomDisplay는 중앙통제실에서 엘리베이터의 위치를 출력한다.

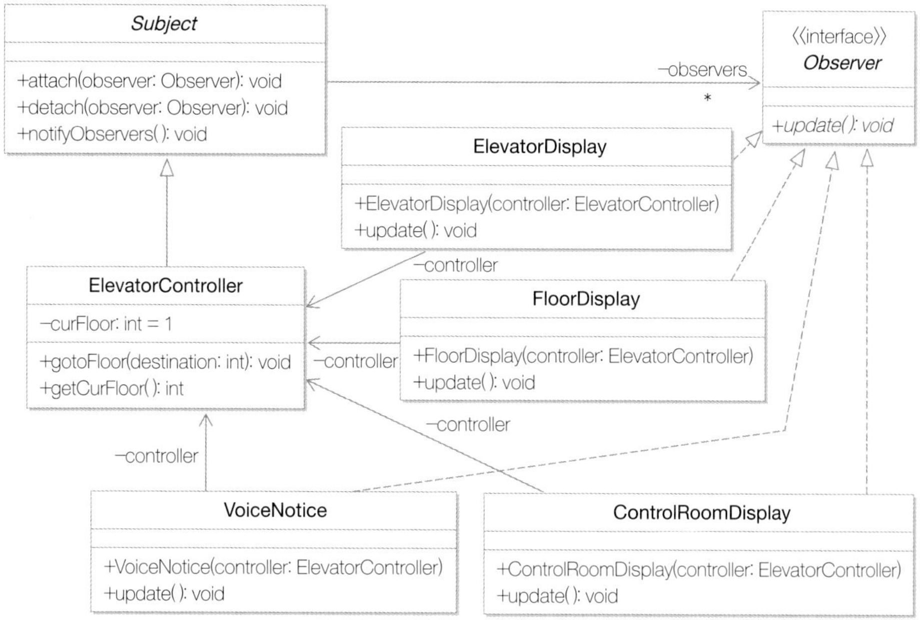

2-1. 클래스 다이어그램에 표시된 각 클래스를 간략하게 설명하라.

2-2. 클래스 다이어그램에 표시된 각 클래스에 옵서버 패턴의 구성 요소에 해당하는 클래스를 파악하라.

2-3. 앞 설계를 바탕으로 코드를 작성하라.

2-4. 앞에서 구현한 각 클래스를 이용하는 `Client` 클래스를 작성하라. `Client` 클래스는 엘리베이터를 5층으로 이동시킨 후 다시 10층으로 이동시킨다. 엘리베이터 위치의 통보 순서는 `ElevatorDisplay`, `VoiceNotice`, `FloorDisplay`, `ControlRoomDisplay` 클래스로 한다. 그리고 `Client` 클래스의 실행 결과를 표시하라.

CHAPTER 10

데커레이터 패턴

학습목표

- 독립적인 추가 기능의 조합 방법 이해하기
- 데커레이터 패턴을 통한 기능의 조합 방법 이해하기
- 사례 연구를 통한 데커레이터 패턴의 핵심 특징 이해하기

10.1 도로 표시 방법 조합하기

내비게이션 SW에서 도로를 표시하는 기능을 생각해보자. 가장 기본적인 기능은 도로를 간단한 선으로 표시하는 것이다. 그리고 내비게이션 SW에 따라 도로의 차선을 표시하는 기능도 제공한다. 도로의 차선까지 표시하는 기능은 핵심/기본 기능이라기보다는 추가 기능으로 선택해서 제공하는 경우도 있다.

그러므로 이러한 상황에서 도로를 표시하는 기능을 제공할 때는 기본 도로 표시 기능을 제공하는 `RoadDisplay` 클래스와 기본 도로 표시에 추가적으로 차선을 표시하는 `RoadDisplayWithLane` 클래스를 설계할 수 있다. 이때 `RoadDisplayWithLane` 클래스 역시 도로 표시 기능을 제공하므로 `RoadDisplay` 클래스의 하위 클래스로 설계한다.

그림 10-1은 `RoadDisplay` 클래스와 `RoadDisplayWithLane` 클래스의 관계를 보여주는 클래스 다이어그램이다.

그림 10-1 기본 도로 및 차선을 표시하는 RoadDisplay와 RoadDisplayWithLane 클래스의 설계

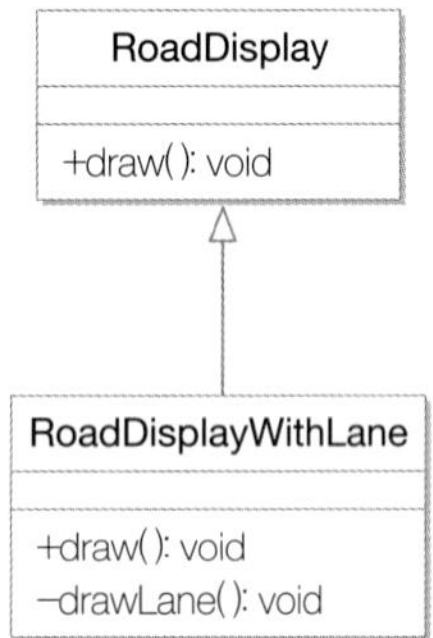

코드 10-1은 이 설계를 바탕으로 작성한 코드다.

코드 10-1

```
public class RoadDisplay { // 기본 도로 표시 클래스
  public void draw() {
    System.out.println("기본 도로 표시");
  }
}

public class RoadDisplayWithLane extends RoadDisplay { // 기본 도로 표시 + 차선 표시 클래스
```

```
  public void draw() {
    super.draw(); // 상위 클래스, 즉 RoadDisplay 클래스의 draw 메서드를 호출해서 기본 도로를 표시
    drawLane(); // 추가적으로 차선을 표시
  }

  private void drawLane() {
    System.out.println("차선 표시");
  }
}

public class Client {
  public static void main(String[] args) {
    RoadDisplay road = new RoadDisplay();
    road.draw(); // 기본 도로만 표시

    RoadDisplay roadWithLane = new RoadDisplayWithLane();
    roadWithLane.draw(); // 기본 도로 + 차선 표시
  }
}
```

RoadDisplay 클래스에는 기본 도로 표시 기능을 실행하기 위한 draw 메서드를 구현한다. RoadDisplayWithLane 클래스에는 기본 도로 표시뿐만 아니라 차선을 표시하려고 상속받은 draw 메서드를 오버라이드override한다.

RoadDisplayWithLane 클래스에서 기본 도로 표시 기능은 상위 클래스, 즉 RoadDisplay 클래스의 draw 메서드를 호출함으로써 구현하고, 차선을 표시하는 추가 기능은 drawLane 메서드를 호출함으로써 구현한다.

10.2 문제점

- 또다른 도로 표시 기능을 추가로 구현하고 싶다면 어떻게 해야 하는가? 예를 들어 기본 도로 표시에 교통량을 표시하고 싶다면?
- 여러 가지 추가 기능을 조합해 제공하고 싶다면 어떻게 해야 하는가? 예를 들어 기본 도로 표시에 차선 표시 기능과 교통량 표시 기능을 함께 제공하고 싶다면?

10.2.1 또다른 도로 표시 기능을 추가로 구현하는 경우

RoadDisplay 클래스를 상속받아 RoadDisplayWithLane 클래스를 정의해서 도로에 차선을 표시한 것과 동일한 방식으로 교통량을 도로에 표시하는 클래스를 새로 정의할 수 있다. 예를 들어 RoadDisplayWithTraffic 클래스는 도로에 교통량을 추가로 표시하는 클래스로 RoadDisplay 클래스를 상속받아 정의할 수 있다.

그림 10-2는 기존 RoadDisplay 클래스의 하위 클래스로 RoadDisplayWithTraffic 클래스를 추가한 다이어그램이다.

그림 10-2 기본 도로 및 교통량을 표시하는 RoadDisplayWithTraffic 클래스의 설계

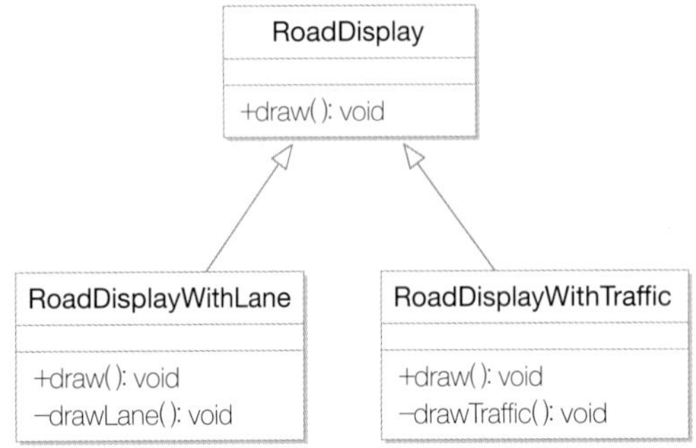

RoadDisplayWithTraffic 클래스의 draw 메서드는 기본 도로 표시는 물론이고 교통량도 표시해야 한다. 그러므로 RoadDisplay 클래스에서 상속받은 draw 메서드를 오버라이드할 필요가 있다. 이때 draw 메서드는 기본 도로 표시는 RoadDisplay 클래스의 draw 메서드를 호출하고, 교통량 표시는 drawTraffic 메서드를 호출함으로써 구현한다.

코드 10-2는 RoadDisplayWithTraffic 클래스의 코드다.

코드 10-2

```
// 기본 도로 표시 + 교통량 표시 클래스
public class RoadDisplayWithTraffic extends RoadDisplay {
  public void draw() {
    super.draw(); // 상위 클래스 RoadDisplay의 draw 메서드를 호출해서 기본 도로를 표시함
    drawTraffic(); // 추가적으로 교통량을 표시함
  }
```

```
    private void drawTraffic() {
      System.out.println("교통량 표시");
    }
  }
```

10.2.2 여러 가지 추가 기능을 조합해야 하는 경우

RoadDisplay 클래스의 하위 클래스로 도로 표시에 기능(예: 차선 표시, 교통량 표시 등)을 추가하는 것은 적절한 설계 방법이 될 수 있다. 그러나 다양한 기능의 조합을 고려해야 하는 경우 상속을 통한 기능의 확장은 각 기능별로 클래스를 추가해야 한다는 단점이 있다.

예를 들어 도로 표시를 하는 기본 기능에 추가로 제공할 수 있는 기능으로 차선 표시, 교통량 표시, 교차로 표시를 한다고 가정할 때 표 10-1과 같은 총 8가지의 조합이 가능하다.

표 10-1 도로 표시 기능의 조합

경우	기본 기능 (도로 표시)	추가 기능			클래스 이름
		차선 표시	교통량 표시	교차로 표시	
1	✓				RoadDisplay
2	✓	✓			RoadDisplayWithLane
3	✓		✓		RoadDisplayWithTraffic
4	✓			✓	RoadDisplayWithCrossing
5	✓	✓	✓		RoadDisplayWithLaneTraffic
6	✓	✓		✓	RoadDisplayWithLaneCrossing
7	✓		✓	✓	RoadDisplayWithTrafficCrossing
8	✓	✓	✓	✓	RoadDisplayWithLaneTrafficCrossing

그림 10-2와 같이 상속을 통해 조합의 각 경우를 설계한다면 각 조합별로 하위 클래스를 구현해야 한다. 그림 10-3은 RoadDisplay 클래스를 상속받는 총 7개의 하위 클래스를 정의함으로써 7가지 추가 기능의 조합을 설계하는 모습을 보여준다.

그림 10-3 상속을 이용한 추가 기능 조합의 설계

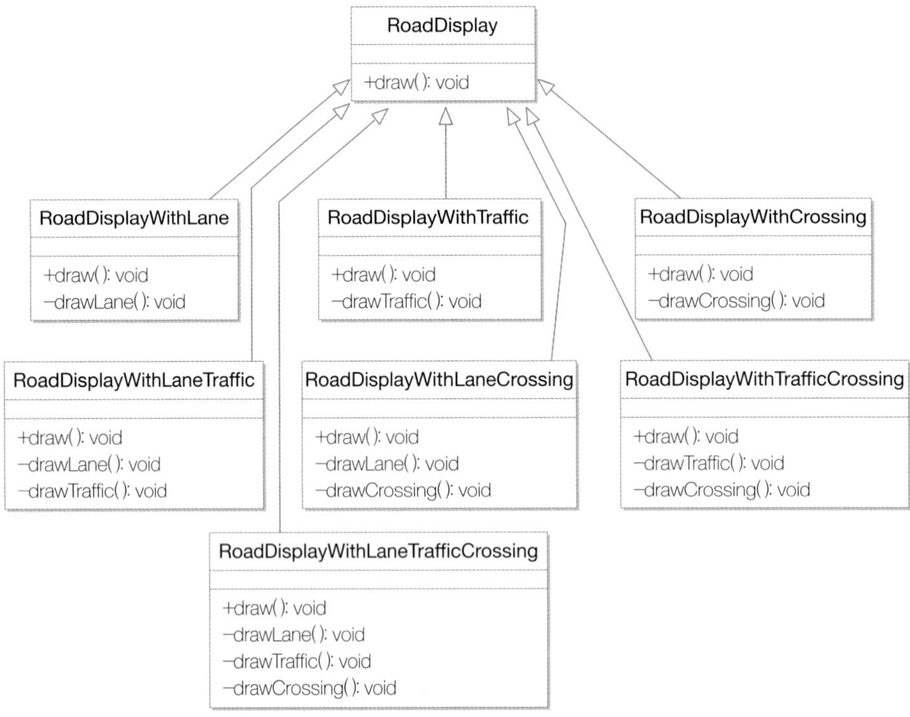

2번부터 8번까지 추가 기능의 조합은 각각 별도의 클래스로 설계한다. 이들 추가 기능의 조합은 모두 도로 표시의 기본 기능을 기반으로 하므로 `RoadDisplay` 클래스의 하위 클래스로 설계한다.

10.3 해결책

앞에서 상속을 이용한 기능 추가 방법을 소개했다. 그런데 이 방법은 추가되는 기능의 조합별로 하위 클래스를 구현해야 하는 문제가 있다. 이렇게 조합 수가 늘어나는 문제를 해결할 수 있는 설계를 하려면 각 추가 기능별로 개별적인 클래스를 설계하고 기능을 조합할 때 각 클래스의 객체 조합을 이용하면 된다.

그림 10-4는 기본 기능인 RoadDisplay 클래스에 차선을 표시하는 기능을 추가하기 위한 LaneDecorator 클래스와 교통량을 표시하는 기능을 추가하기 위한 TrafficDecorator 클래스를 이용한 설계 예다.

그림 10-4 개선된 추가 기능 조합의 설계

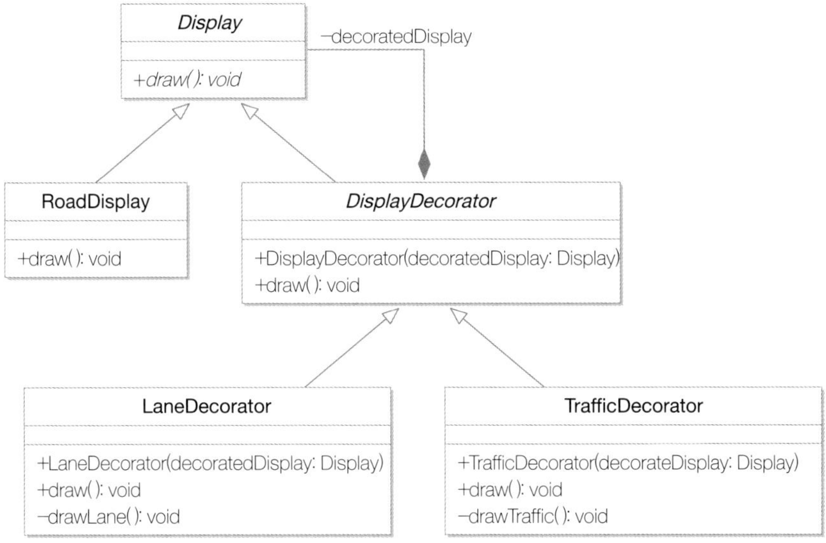

기본 기능만 이용할 때는 RoadDisplay 클래스의 객체를 생성하면 충분하다. 하지만 차선을 표시하는 기능이 추가적으로 필요하다면 LaneDecorator 클래스의 객체가 필요하다. 이때 LaneDecorator에서는 차선 표시 기능만 직접 제공하고 도로 표시 기능은 RoadDisplay 클래스의 draw 메서드를 호출하는 방식으로 구현한다.

LaneDecorator 클래스는 RoadDisplay 객체에 대한 참조가 필요한데, 이는 LaneDecorator 클래스의 상위 클래스인 DisplayDecorator 클래스에서 Display 클래스로의 컴포지션 composition 관계를 통해 표현되고 있다.

코드 10-3은 이와 같은 방식으로 설계된 Display, RoadDisplay, DisplayDecorator, LaneDecorator, TrafficeDecorator 클래스의 코드다.

코드 10-3

```
public abstract class Display {
  public abstract void draw();
}

public class RoadDisplay extends Display { // 기본 도로 표시 클래스
  public void draw() {
    System.out.println("기본 도로 표시");
  }
}

// 다양한 추가 기능에 대한 공통 클래스
public abstract class DisplayDecorator extends Display {
  private Display decoratedDisplay;

  public DisplayDecorator(Display decoratedDisplay) {
    this.decoratedDisplay = decoratedDisplay;
  }

  public void draw() {
    decoratedDisplay.draw();
  }
}

public class LaneDecorator extends DisplayDecorator { // 차선 표시를 추가하는 클래스
  public LaneDecorator(Display decoratedDisplay) { // 기존 표시 클래스의 설정
    super(decoratedDisplay);
  }

  public void draw() {
    super.draw(); // 설정된 기존 표시 기능을 수행
    drawLane(); // 추가적으로 차선을 표시
  }

  private void drawLane() {
    System.out.println("\t차선 표시");
  }
}

public class TrafficDecorator extends DisplayDecorator { // 교통량 표시를 추가하는 클래스
  public TrafficDecorator(Display decoratedDisplay) { // 기존 표시 클래스의 설정
    super(decoratedDisplay);
  }
```

```
    public void draw() {
      super.draw(); // 설정된 기존 표시 기능을 수행
      drawTraffic(); // 추가적으로 교통량을 표시
    }

    private void drawTraffic() {
      System.out.println("\t교통량 표시");
    }
  }
```

만약 도로를 표시하는 기본 기능만 필요하다면 RoadDisplay 객체를 이용한다. 반면에 차선 표시 기능까지 필요하다면 기본 RoadDisplay 객체와 LaneDecorator 객체를 이용한다. 마찬가지로 기본 기능에 교통량 표시 기능이 필요하다면 RoadDisplay 객체와 TrafficDecorator 객체를 이용한다.

코드 10-4는 3가지 유형의 도로 표시 객체(기본 표시, 기본 표시 + 차선 표시, 기본 표시 + 교통량 표시)를 생성한 Client 클래스의 코드다.

코드 10-4

```
public class Client {
  public static void main(String[] args) {
    Display road = new RoadDisplay();
    road.draw(); // 기본 도로 표시

    Display roadWithLane = new LaneDecorator(new RoadDisplay());
    roadWithLane.draw(); // 기본 도로 표시 + 차선 표시

    Display roadWithTraffic = new TrafficDecorator(new RoadDisplay());
    roadWithTraffic.draw(); // 기본 도로 표시 + 교통량 표시
  }
}
```

주목할 점은 road, roadWithLane, roadWithTraffic 객체의 접근이 모두 Display 클래스를 통해 이루어진다는 것이다. 즉, 기본 도로 표시(road), 기본 도로 표시에 차선 표시 추가(roadWithLane), 기본 도로 표시에 교통량 표시 추가(roadWithTraffic)에 관계없이 Client 클래스는 동일한 Display 클래스만을 통해 일관성 있는 방식으로 도로 정보를 표시할 수 있다.

실행 결과는 다음과 같다.

```
기본 도로 표시
기본 도로 표시
            차선 표시
기본 도로 표시
            교통량 표시
```

roadWithLane 객체에 draw 메서드가 호출되면 먼저 RoadDisplay 객체의 draw 메서드를 호출한다. 그리고 LaneDecorator 객체의 drawLane 메서드를 호출한다.

그림 10-5는 raodWithLane 객체의 draw 메서드 동작을 나타낸 순차 다이어그램이다.

그림 10-5 roadWithLane 객체의 draw 메서드 동작

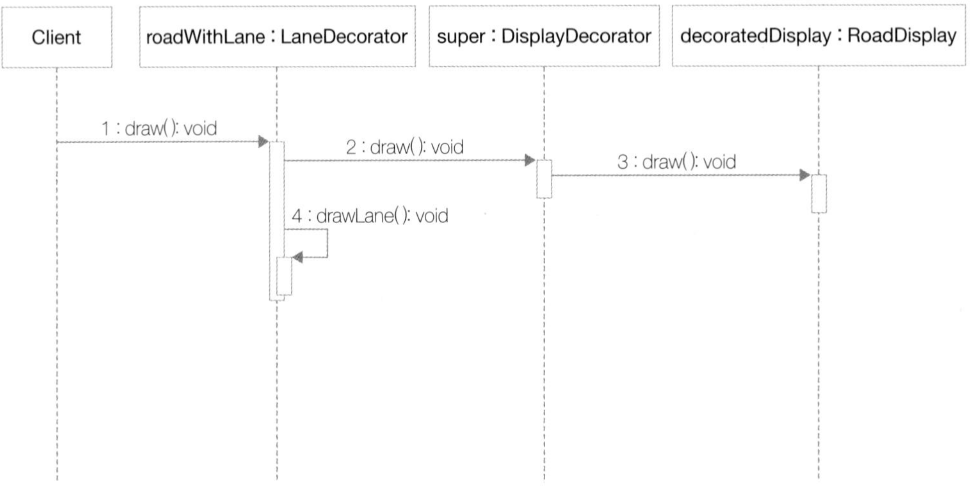

roadWithLane 객체의 draw 메서드는 먼저 RoadDisplay 클래스의 draw 메서드를 호출해야 한다. 이는 LaneDecorator 클래스의 상위 클래스인 DisplayDecorator 클래스의 draw 메서드를 호출해 DisplayDecorator 클래스를 가리키는 decoratedDisplay 객체를 호출함으로써 실행된다. 그런 다음 LaneDecorator 클래스의 drawLane 메서드를 호출하면 추가 기능인 차선 표시를 제공할 수 있다.

이러한 방식의 설계를 이용하면 추가 기능 조합별로 별도의 클래스를 구현하는 대신 각 추가 기능에 해당하는 클래스의 객체를 조합해 추가 기능의 조합을 구현할 수가 있다. 예를 들어 기본 도로 표시 기능에 추가적으로 차선도 표시하고 교통량도 표시하고 싶다면 코드 10-5와 같이 RoadDisplay 클래스의 생성자를 기본으로 두고 LaneDecorator 클래스와 TrafficDecorator 클래스의 생성자를 사용하도록 한다.

코드 10-5

```
public class Client {
  public static void main(String[] args) {
    Display roadWithLaneAndTraffic =
      new TrafficDecorator(new LaneDecorator(new RoadDisplay()));
    roadWithLaneAndTraffic.draw();
  }
}
```

가장 먼저 생성된 RoadDisplay 객체의 draw 메서드가 먼저 실행되고, 첫 번째 추가 기능인 LaneDecorator 클래스의 drawLane 메서드가 실행되며, 두 번째 추가 기능인 TrafficDecorator 클래스의 drawTraffic 메서드가 실행된다.

다음은 실행 결과다.

```
기본 도로 표시
         차선 표시
         교통량 표시
```

이와 같은 설계는 추가 기능의 수가 많을수록 효과가 크다. 예를 들어 교차로를 표시하는 추가 기능을 지원하면서 기존의 다른 추가 기능(차선 표시와 교통량 표시)과의 조합을 지원하려면 그림 10-6과 같이 CrossingDecorator 클래스를 추가하면 된다.

그림 10-6 LaneDecorator, TrafficDecorator, CrossingDecorator의 관계

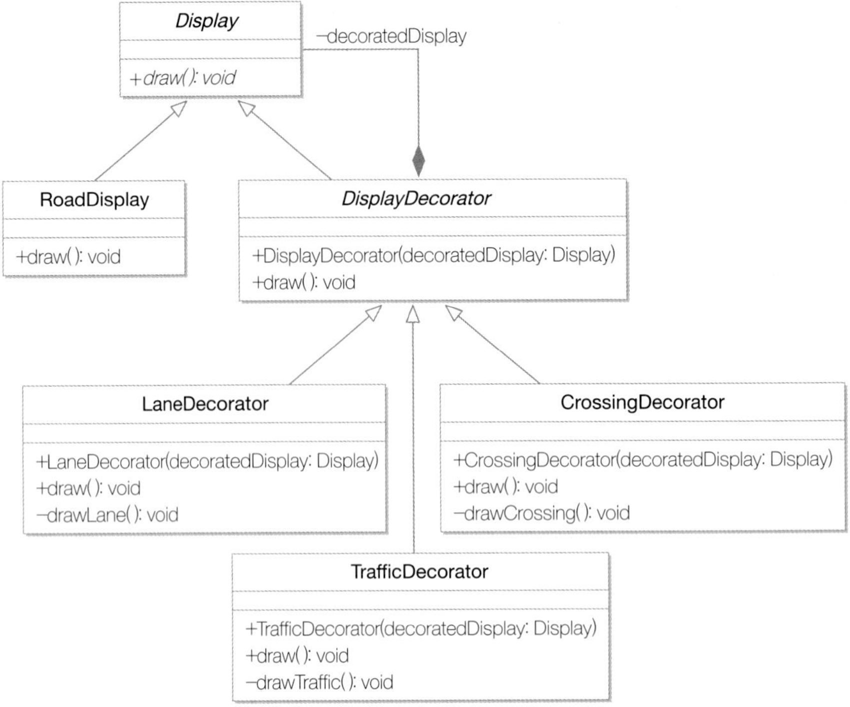

CrossingDecorator 클래스는 교차로 표시 기능을 제공한다. 따라서 교차로 표시 기능이 기존의 차선 표시 및 교통량 표시 기능과 조합될 수 있도록 CrossingDecorator 클래스를 DisplayDecorator의 하위 클래스로 설계한다.

코드 10-6은 CrossingDecorator 클래스의 코드다.

코드 10-6

```
// 교차로 표시 기능을 추가하는 클래스
public class CrossingDecorator extends DisplayDecorator {
  public CrossingDecorator(Display decoratedDisplay) { // 기존의 표시 클래스를 설정
    super(decoratedDisplay);
  }

  public void draw() {
    super.draw(); // 설정된 기존의 표시 기능을 실행
    drawCrossing(); // 추가적으로 교차로를 표시
```

```
    }

    private void drawCrossing() {
      System.out.println("\t교차로 표시");
    }
  }
```

draw 메서드가 호출되면 drawCrossing 메서드를 호출해 교차로를 표시하기 전 상위 클래스, 즉 DisplayDecorator 클래스의 draw 메서드를 호출한다. 그러면 decoratedDisplay 객체가 가리키는 draw 메서드를 호출한다.

기본 도로 표시를 한 후 교차로, 교통량, 차선을 차례로 표시하는 객체는 코드 10-7과 같이 구현할 수 있다.

코드 10-7

```
public class Client {
  public static void main(String[] args) {
    Display roadWithCrossingAndLaneAndTraffic = new LaneDecorator(
      new TrafficDecorator(new CrossingDecorator(new RoadDisplay())));
    roadWithCrossingAndTrafficAndLane.draw();
  }
}
```

roadWithCrossingAndTrafficAndLane 객체의 draw 메서드를 호출하면 먼저 RoadDisplay 클래스의 draw 메서드가 실행되고, CrossingDecorator 클래스의 drawCrossing 메서드, TrafficDecorator 클래스의 drawTraffic 메서드, LaneDecorator의 drawLane 메서드의 순서로 실행된다.

실행 결과는 다음과 같다.

```
기본 도로 표시
     교차로 표시
     교통량 표시
     차선 표시
```

10.4 데커레이터 패턴

데커레이터 패턴Decorator Pattern은 기본 기능에 추가할 수 있는 기능의 종류가 많은 경우에 각 추가 기능을 Decorator 클래스로 정의한 후 필요한 Decorator 객체를 조합함으로써 추가 기능의 조합을 설계하는 방식이다.

예를 들어 기본 도로 표시 기능에 차선 표시, 교통량 표시, 교차로 표시, 단속 카메라 표시의 4가지 추가 기능이 있을 때 추가 기능의 모든 조합은 15가지가 된다. 데커레이터 패턴을 사용하면 개별 추가 기능에 해당하는 Decorator 클래스 4개만 구현하고 개별 추가 기능을 객체의 형태로 조합함으로써 추가 기능의 조합을 구현할 수 있다.

또한 프로그램을 실행하는 중에도 Decorator 객체의 조합이 가능하므로 필요한 추가 기능의 조합을 동적으로 생성하는 것도 가능하다. 예를 들어 코드 10-8은 프로그램 인자를 통해 명시된 추가 기능을 동적으로 생성하는 예다.

코드 10-8

```
public class Client {
  public static void main(String[] args) {
    Display road = new RoadDisplay();
    for (String decoratorName:args) {
      if (decoratorName.equalsIgnoreCase("Lane"))
        road = new LaneDecorator(road); // 차선 표시 기능을 동적으로 추가
      if (decoratorName.equalsIgnoreCase("Traffic"))
        road = new TrafficDecorator(road); // 교통량 표시 기능을 동적으로 추가
      if (decoratorName.equalsIgnoreCase("Crossing"))
        road = new CrossingDecorator(road); // 교차로 표시 기능을 동적으로 추가
    }
    road.draw();
  }
}
```

표 10-2는 주어진 인자에 따라 생성된 Decorator 객체를 바탕으로 draw 메서드가 실행된 결과를 보여준다.

표 10-2 코드 10-8의 실행 예

인자 예	Traffic Lane	Crossing Lane Traffic

실행 결과	기본 도로 표시
	    교통량 표시
	    차선 표시
		기본 도로 표시
		    교차로 표시
		    차선 표시
		    교통량 표시

> **Keypoint_** 데커레이터 패턴은 기본 기능에 추가할 수 있는 많은 종류의 부가 기능에서 파생되는 다양한 조합을 동적으로 구현할 수 있는 패턴이다.

그림 10-7 데커레이터 패턴의 컬레보레이션

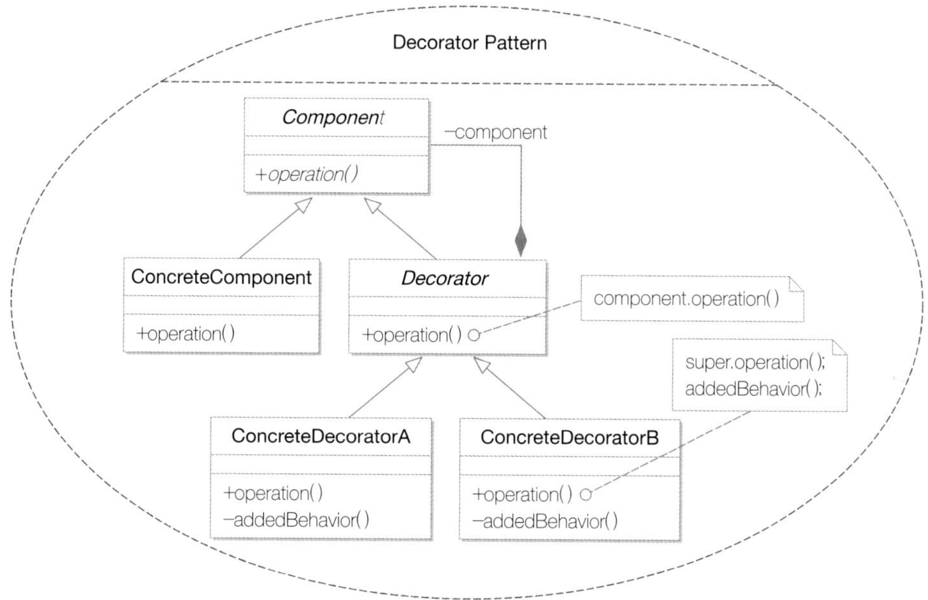

데커레이터 패턴에서 나타나는 역할이 수행하는 작업은 다음과 같다.

- **Component**: 기본 기능을 뜻하는 ConcreteComponent와 추가 기능을 뜻하는 Decorator의 공통 기능을 정의한다. 즉, 클라이언트는 Component를 통해 실제 객체를 사용한다.
- **ConcreteComponent**: 기본 기능을 구현하는 클래스다.

- **Decorator**: 많은 수가 존재하는 구체적인 Decorator의 공통 기능을 제공한다.
- **ConcreteDecoratorA, ConcreteDecoratorB**: Decorator의 하위 클래스로 기본 기능에 추가되는 개별적인 기능을 뜻한다.

그림 10-8은 데커레이터 패턴의 순차 다이어그램이다.

그림 10-8 데커레이터 패턴의 순차 다이어그램

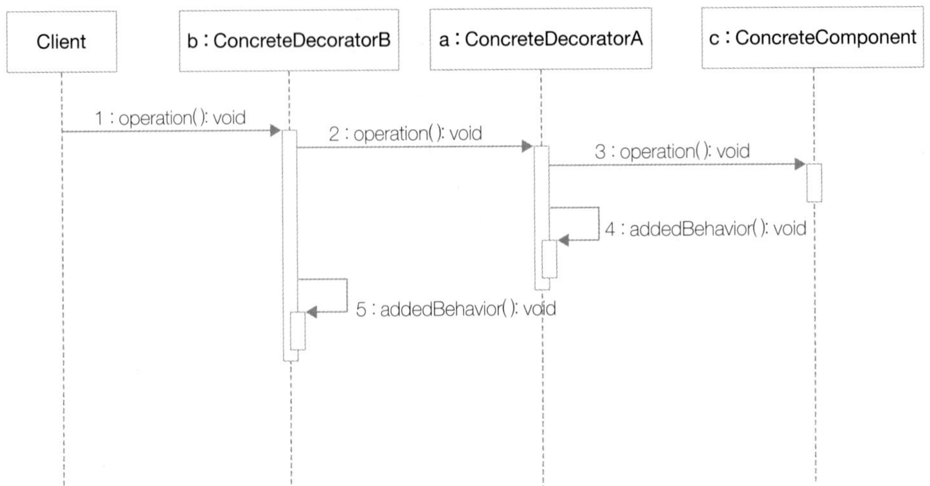

ConcreteComponent로 c가 정의되어 있고, ConcreteDecoratorA의 객체 a와 이에 대한 데커레이터로 ConcreteDecoratorB의 객체 b가 있다고 가정한다. 즉, 다음과 같이 객체가 생성된 경우에 해당한다.

```
Component c = new ConcreteComponent();
Component a = new ConcreteDecoratorA(c);
Component b = new ConcreteDecoratorB(a);
```

Client가 객체 b의 operation 메서드를 호출하면 객체 b가 가리키는 Component, 즉 ConcreteDecoratorA 객체 a의 operation 메서드를 호출한다.

객체 a 역시 자신이 가리키는 Component, 즉 ConcreteComponent 객체 c의 operation 메서드를 호출한 후 자신의 addedBehavior 메서드를 호출한다.

객체 b 역시 객체 a의 operation 메서드를 호출한 후 자신의 addedBehavior 메서드를 호출한다.

이와 같은 순서는 addedBehavior 메서드가 자신의 Component 동작 후에 호출되는 경우를 보여준다. 데커레이터 패턴에서는 자신의 addedBehavior 메서드를 먼저 호출한 후 Component의 operation 메서드를 호출하는 방식으로도 구현할 수 있다.

그림 10-9는 데커레이터 패턴을 도로 표시 예제에 적용한 경우다.

그림 10-9 데커레이터 패턴을 도로 표시 예제에 적용한 경우

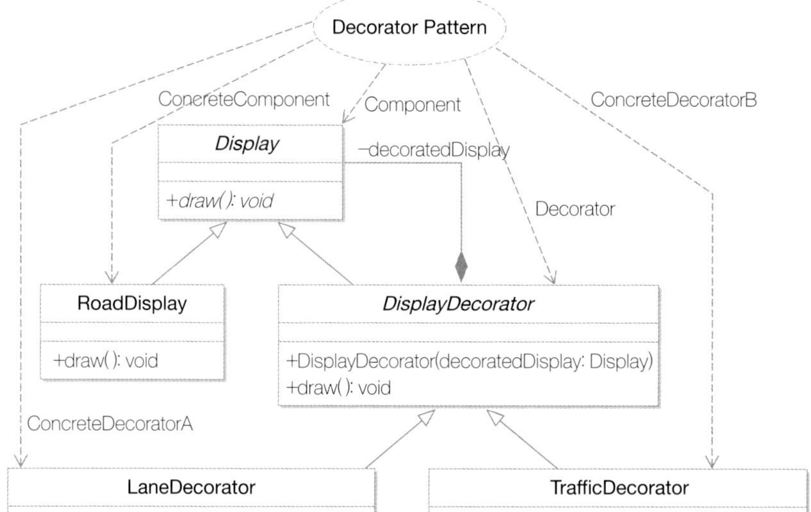

- Display 클래스는 Component 역할을 한다.
- RoadDisplay 클래스는 ConcreteComponent 역할을 한다.
- DisplayDecorator 클래스는 Decorator 역할을 한다.
- LaneDecorator 클래스와 TrafficDecorator 클래스는 ConcreteDecorator 역할을 한다.

1. 다음은 Email의 내용과 관련된 기능을 구현한 3개 클래스의 코드다.

```
public class BasicEMailContent {
  private String content;

  public BasicEMailContent(String content) {
    this.content = content;
  }

  public String getContent() {
    return content;
  }
}

public class ExternalEMailContent extends BasicEMailContent {
  public ExternalEMailContent(String content) {
    super(content);
  }

  public String getContent() {
    String content = super.getContent();
    String externalContent = addDisclaimer(content);
    return externalContent;
  }

  private String addDisclaimer(String content) {
    return content + " Company Disclaimer";
  }
}

public class SecureEMailContent extends BasicEMailContent {
  public SecureEMailContent(String content) {
    super(content);
  }

  public String getContent() {
    String content = super.getContent();
    String encryptedContent = encrypt(content);
    return encryptedContent;
  }

  private String encrypt(String content) {
    return content + " Encrypted";
```

```
    }
}
```

1-1. 위 코드에서 구현된 각 클래스의 기능을 간략히 설명하라.

1-2. 위 코드를 바탕으로 클래스 다이어그램을 작성하라.

1-3. 다음 코드의 실행 결과를 작성하라.

```
public class Client {
  public static void main(String[] args) {
    BasicEMailContent simple = new BasicEMailContent("Hello");
    System.out.println(simple.getContent());

    ExternalEMailContent external = new ExternalEMailContent("Hello");
    System.out.println(external.getContent());

    SecureEMailContent secure = new SecureEMailContent("Hello");
    System.out.println(secure.getContent());
  }
}
```

1-4. 위 클래스들의 설계 취약점을 OCP 측면에서 설명하라.

1-5. 데커레이터 패턴을 활용해 위 클래스의 설계 취약점을 개선하는 방법을 설명하라.

1-6. 데커레이터 패턴을 활용해 위 클래스들을 개선한 모습을 클래스 다이어그램으로 표현하라. 그리고 각 클래스를 간략히 설명하라.

1-7. 데커레이터 패턴을 활용해 개선한 설계에서 데커레이터 패턴의 각 구성 요소에 대응되는 클래스를 명시하라.

1-8. 데커레이터 패턴을 활용해 개선한 설계를 바탕으로 코드를 작성하라.

1-9. 데커레이터 패턴이 활용된 클래스를 이용하도록 기존의 Client 클래스를 재작성하라. 추가로 외부 메일 기능을 적용하고 다시 보안 메일 기능을 적용하도록 한 후 실행 결과를 기록하라.

2. 다음은 데커레이터 패턴을 활용해 설계한 클래스의 요구사항과 클래스 다이어그램이다.

- 차량 가격과 설명은 기본 차량 가격/설명에 추가적인 다양한 옵션으로 결정된다.
- 차량의 기본 가격과 설명은 주어진다.
- 추가 옵션으로 AirBag, Navi, ESC[Electronic Stability Control], SCC[Smart Cruise Control]가 있다.
- 각각의 옵션 가격과 설명도 주어진다.
- 차량 가격/설명은 개별적인 옵션뿐만 아니라 옵션들의 조합으로 결정된다.

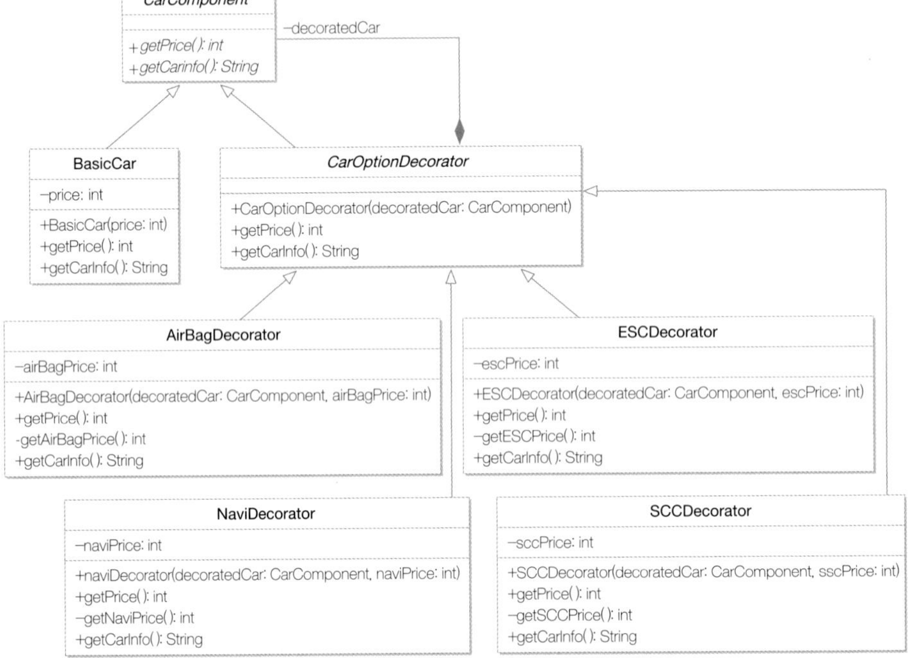

2-1. 클래스 다이어그램에 표시된 각 클래스를 간략히 설명하라.

2-2. 이 클래스 다이어그램에 표시된 각 클래스를 데커레이터 패턴의 구성 요소에 해당하는 클래스로 구분하라.

2-3. 앞의 설계를 바탕으로 코드를 작성하라.

2-4. 앞에서 구현된 각 클래스를 이용하고, 인자로 AirBag, ESC, Navi, SCC의 문자열을 입력받아 차량의 총금액과 정보를 출력하는 `Client` 클래스를 작성하라. 그리고 다음의 경우에 대한 실행 결과를 작성하라.

- 인자가 없는 경우
- AirBag만 인자로 주는 경우
- AirBag과 SCC를 인자로 주는 경우
- SCC, Navi, ESC를 인자로 주는 경우

CHAPTER 11

템플릿 메서드 패턴

학습목표

- 공통 코드의 재사용 방법을 부분적으로 이해하기
- 템플릿 메서드 패턴을 이용한 코드 재사용 방법 이해하기
- 사례 연구를 통한 템플릿 메서드 패턴의 핵심 특징 이해하기

11.1 여러 회사의 모터 지원하기

엘리베이터 제어 시스템에서 모터를 구동시키는 기능을 생각해보자. 예를 들어 현대 모터를 이용하는 제어 시스템이라면 HyundaiMotor 클래스에 move 메서드를 정의할 수 있다.

그림 11-1은 HyundaiMotor 클래스의 클래스 다이어그램이다.

그림 11-1 현대 모터를 구동시키는 HyundaiMotor 클래스 설계

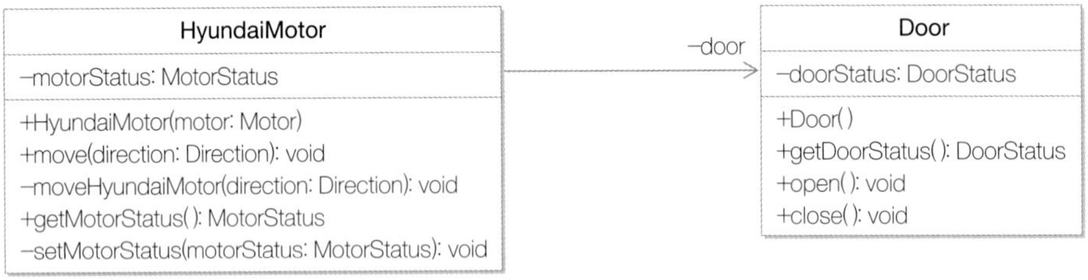

HyundaiMotor
–motorStatus: MotorStatus
+HyundaiMotor(motor: Motor)
+move(direction: Direction): void
–moveHyundaiMotor(direction: Direction): void
+getMotorStatus( ): MotorStatus
–setMotorStatus(motorStatus: MotorStatus): void

–door

Door
–doorStatus: DoorStatus
+Door( )
+getDoorStatus( ): DoorStatus
+open( ): void
+close( ): void

HyundaiMotor 클래스는 move 메서드를 실행할 때 안전을 위해 문(Door 클래스)이 닫혀 있는지 조사할 필요가 있다. 따라서 HyundaiMotor 클래스에서 Door 클래스로의 연관 관계를 정의했다.

또한 엘리베이터가 이미 이동 중이면 모터를 구동시킬 필요가 없다. MotorStatus, DoorStatus, Direction은 Enumeration 인터페이스로 각각 모터의 상태(정지 중, 이동 중), 문의 상태(닫혀 있는 중, 열려 있는 중), 이동 방향(위로, 아래로)을 나타낸다. 그림 11-2는 이들 3개의 Enumeration 인터페이스 설계다.

그림 11-2 Enumeration 인터페이스인 MotorStatus, DoorStatus, Direction의 설계

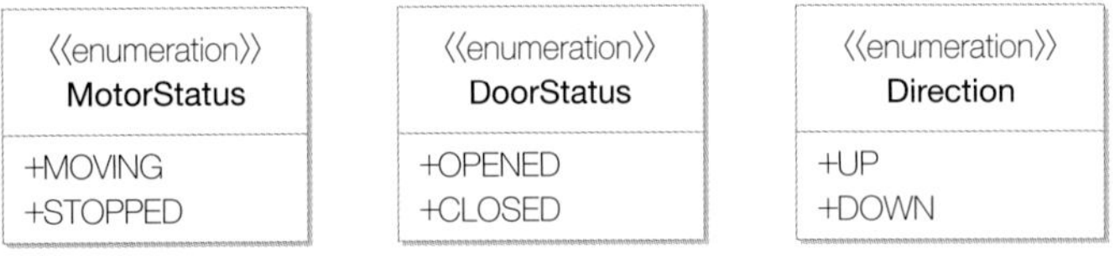

그림 11-3은 HyundaiMotor 클래스의 move 메서드를 순차 다이어그램으로 표현한 것이다.

그림 11-3 HyundaiMotor 클래스의 move 메서드 설계

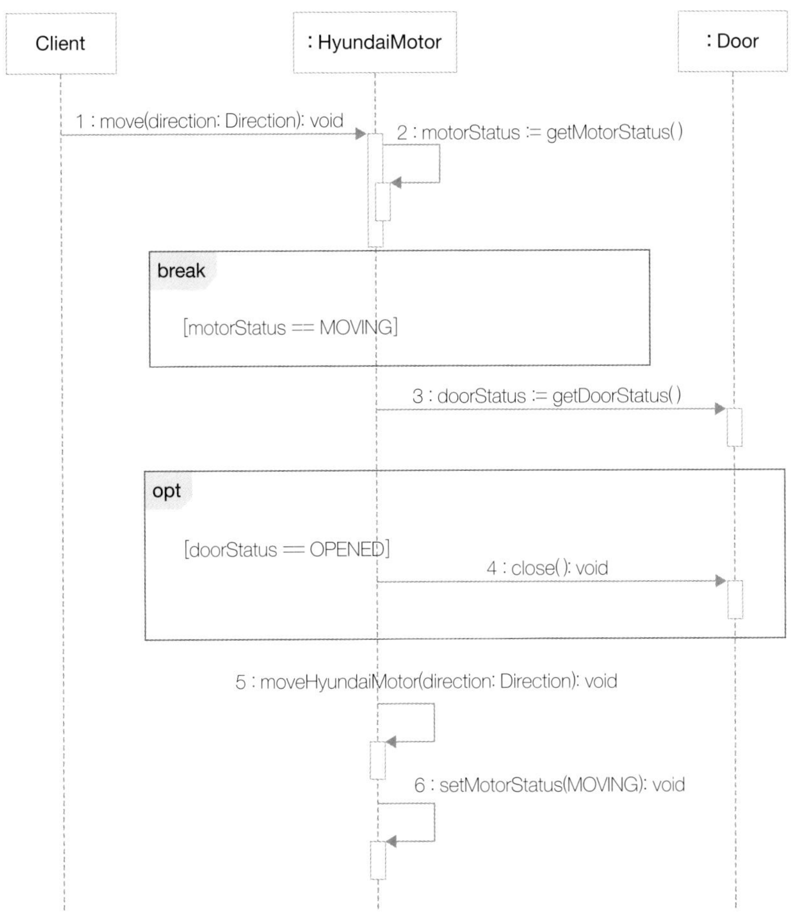

HyundaiMotor 클래스의 move 메서드는 우선 getMotorStatus 메서드를 호출해 모터의 상태를 조회한다. 모터가 이미 동작 중이면 move 메서드의 실행을 종료한다. 그리고 Door 클래스의 getDoorStatus 메서드를 호출해 문의 상태를 조회한다. 문이 열려 있는 상태면 Door 클래스의 close 메서드를 호출해 문을 닫는다. 그리고 moveHyundaiMotor 메서드를 호출해 모터를 구동시킨다. 마지막으로는 setMotorStatus를 호출해 모터의 상태를 MOVING으로 기록한다.

코드 11-1은 이 설계를 바탕으로 작성한 코드다.

코드 11-1

```
public enum DoorStatus { CLOSED, OPENED }
public enum MotorStatus { MOVING, STOPPED }

public class Door {
  private DoorStatus doorStatus;

  public Door() {
    doorStatus = DoorStatus.CLOSED;
  }

  public DoorStatus getDoorStatus() {
    return doorStatus;
  }

  public void close() {
    doorStatus = DoorStatus.CLOSED;
  }

  public void open() {
    doorStatus = DoorStatus.OPENED;
  }
}

public class HyundaiMotor {
  private Door door;
  private MotorStatus motorStatus;

  public HyundaiMotor(Door door) {
    this.door = door;
    motorStatus = MotorStatus.STOPPED; // 초기에는 멈춘 상태
  }

  private void moveHyundaiMotor(Direction direction) {
    // Hyundai Motor를 구동시킴
  }

  public MotorStatus getMotorStatus() {
    return motorStatus;
  }
```

```
  private void setMotorStatus(MotorStatus motorStatus) {
    this.motorStatus = motorStatus;
  }

  public void move(Direction direction) {
    MotorStatus motorStatus = getMotorStatus();
    if (motorStatus == MotorStatus.MOVING) // 이미 이동 중이면 아무 작업을 하지 않음
      return;

    DoorStatus doorStatus = door.getDoorStatus();
    if (doorStatus == DoorStatus.OPENED) // 만약 문이 열려 있으면 우선 문을 닫음
      door.close();

    moveHyundaiMotor(direction); // 모터를 주어진 방향으로 이동시킴
    setMotorStatus(MotorStatus.MOVING); // 모터 상태를 이동 중으로 변경함
  }
}

public class Client {
  public static void main(String[] args) {
    Door door = new Door();
    HyundaiMotor hyundaiMotor = new HyundaiMotor(door);
    hyundaiMotor.move(Direction.UP);
  }
}
```

11.2 문제점

- HyundaiMotor 클래스는 현대 모터를 구동시킨다. 만약 다른 회사의 모터를 제어해야 한다면? 예를 들어 LG 모터를 구동시키려면 어떻게 해야 할까?

LG 모터를 구동하는 것은 현대 모터를 구동하는 것과 완전히 동일하지는 않다. 그러므로 현대 모터를 구동시키는 HyundaiMotor 클래스를 복사한 후 LG 모터에 한정된 부분을 수정할 필요가 있다.

코드 11-2는 LG 모터를 구동시키는 LGMotor 클래스의 구현 예다.

코드 11-2

```
public class LGMotor {
  private Door door;
  private MotorStatus motorStatus;

  public LGMotor(Door door) {
    this.door = door;
    motorStatus = MotorStatus.STOPPED;
  }

  private void moveLGMotor(Direction direction) {
    // LG Motor를 구동시킴
  }

  public MotorStatus getMotorStatus() {
    return motorStatus;
  }

  private void setMotorStatus(MotorStatus motorStatus) {
    this.motorStatus = motorStatus;
  }

  public void move(Direction direction) {
    MotorStatus motorStatus = getMotorStatus();
    if (motorStatus == MotorStatus.MOVING)
      return;

    DoorStatus doorStatus = door.getDoorStatus();
    if (doorStatus == DoorStatus.OPENED)
      door.close();

    moveLGMotor(direction); // move 메서드는 이 문장을 제외하면 HyundaiMotor와 동일함
    setMotorStatus(MotorStatus.MOVING);
  }
}
```

그런데 LGMotor 클래스와 HyundaiMotor 클래스를 비교해보면 여러 개의 메서드가 동일하게 구현되어 있음을 알 수 있다. 즉, 2개의 클래스는 많은 중복 코드를 가진다. 일반적으로 코드 중복은 유지보수성을 악화시키므로 바람직하지 않다.

이러한 코드 중복 문제는 다른 회사의 모터를 사용할 때마다 발생한다. 예를 들어 SamsungMotor, OtisMotor, HitachiMotor 클래스를 만들 경우 각 클래스의 코드 대부분은 동일하다.

2개 이상의 클래스가 유사한 기능을 제공하면서 중복된 코드가 있는 경우에는 상속을 이용해서 코드 중복 문제를 피할 수 있다. 예를 들어 HyundaiMotor 클래스와 LGMotor 클래스에서 공통의 상위 클래스로 Motor 클래스를 정의하고 Motor 클래스에 HyundaiMotor 클래스와 LGMotor 클래스에서 중복되는 코드를 Motor 클래스로 이동할 수 있다.

그림 11-4는 HyundaiMotor와 LGMotor 클래스의 상위 클래스로 Motor 클래스를 정의한 설계다.

그림 11-4 HyundaiMotor와 LGMotor 클래스의 상위 클래스인 Motor의 정의

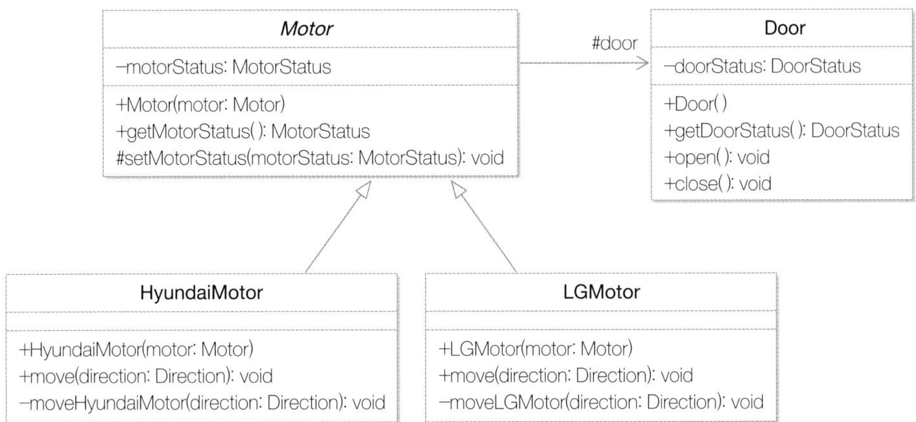

코드 11-3은 위 설계를 바탕으로 구현한 코드다.

코드 11-3

```
public abstract class Motor { // HyundaiMotor와 LGMotor에 공통적인 기능을 구현하는 클래스
  protected Door door;
  private MotorStatus motorStatus;

  public Motor(Door door) {
    this.door = door;
    motorStatus = MotorStatus.STOPPED;
  }
```

```
  public MotorStatus getMotorStatus() {
    return motorStatus;
  }

  protected void setMotorStatus(MotorStatus motorStatus) {
    this.motorStatus = motorStatus;
  }
}

public class HyundaiMotor extends Motor { // Motor를 상속받아 HyundaiMotor를 구현함
  public HyundaiMotor(Door door) {
    super(door);
  }

  private void moveHyundaiMotor(Direction direction) {
    // HyundaiMotor를 구동시킴
  }

  // move 메서드는 LGMotor와 상이하므로 여기서 구현함
  public void move(Direction direction) {
    MotorStatus motorStatus = getMotorStatus();
    if (motorStatus == MotorStatus.MOVING)
      return;

    DoorStatus doorStatus = door.getDoorStatus();
    if (doorStatus == DoorStatus.OPENED)
      door.close();

    moveHyundaiMotor(direction); // move 메서드는 이 구문을 제외하면 LGMotor와 동일함
    setMotorStatus(MotorStatus.MOVING);
  }
}
public class LGMotor extends Motor { // Motor를 상속받아 LGMotor를 구현함
  public LGMotor(Door door) {
    super(door);
  }

  private void moveLGMotor(Direction direction) {
    // LG Motor를 구동시킴
  }

  // move 메서드는 HyundaiMotor와 상이하므로 여기서 구현함
  public void move(Direction direction) {
    MotorStatus motorStatus = getMotorStatus();
```

```
    if (motorStatus == MotorStatus.MOVING)
      return;

    DoorStatus doorStatus = door.getDoorStatus();
    if (doorStatus == DoorStatus.OPENED)
      door.close();

    moveLGMotor(direction); // move 메서드는 이 구문을 제외하면 HyundaiMotor와 동일함
    setMotorStatus(MotorStatus.MOVING);
  }
}
```

Motor 클래스를 HyunaidMotor 클래스와 LGMotor 클래스의 상위 클래스로 정의함으로써 원래 2개의 클래스에 있었던 Door 클래스와의 연관 관계, motorStatus 필드, getMotorStatus와 setMotorStatus 메서드의 중복을 피할 수 있었다.

그러나 LGMotor 클래스의 move 메서드와 HyundaiMotor 클래스의 move 메서드를 비교해보면 대부분이 비슷하다는 것을 알 수 있다. 즉, HyundaiMotor 클래스와 LGMotor 클래스의 move 메서드는 여전히 코드 중복 문제가 있다.

표 11-1 HyundaiMotor 클래스와 LGMotor 클래스의 move 메서드 중복 코드

<table>
<tr><th>HyundaiMotor 클래스</th><th>LGMotor 클래스</th></tr>
<tr><td><pre>public void move(Direction direction) {
  MotorStatus motorStatus =
                     getMotorStatus();
  if (motorStatus == MotorStatus.MOVING)
    return;

  DoorStatus doorStatus=door.
                     getDoorStatus();
  if (doorStatus == DoorStatus.OPENED)
    door.close();

  moveHyundaiMotor(direction);
  setMotorStatus(MotorStatus.MOVING);
}</pre></td><td><pre>public void move(Direction direction) {
  MotorStatus motorStatus =
                     getMotorStatus();
  if (motorStatus == MotorStatus.MOVING)
    return;

  DoorStatus doorStatus=door.
                     getDoorStatus();
  if (doorStatus == DoorStatus.OPENED)
      door.close();

  moveLGMotor(directi on);
  setMotorStatus(MotorStatus.MOVING);
}</pre></td></tr>
</table>

11.3 해결책

HyundaiMotor 클래스와 LGMotor 클래스의 move 메서드처럼 완전히 중복되지는 않지만 부분적으로 중복되는 경우에도 상속을 활용해 코드 중복을 피할 수 있다. 즉, move 메서드에서 moveHyundaiMotor와 moveLGMotor 메서드를 호출하는 구문을 제외하면 두 클래스의 move 메서드는 동일하다. 그리고 moveHyundaiMotor 메서드와 moveLGMotor 메서드는 모터의 제조사에 따라 구현 방법은 다르지만 모터 구동을 실제로 구현한다는 기능 면에서는 동일하다.

이러한 경우에는 move 메서드를 상위 Motor 클래스로 이동시키고 다른 구문, 즉 moveHyundaiMotor와 moveLGMotor 메서드의 호출 부분을 하위 클래스에서 오버라이드하는 방식으로 move 메서드의 중복을 최소화할 수 있다.

그림 11-5는 move 메서드를 Motor 클래스로 이동시켜 설계한 모습이다.

그림 11-5 move 메서드의 중복 코드를 최소화한 설계

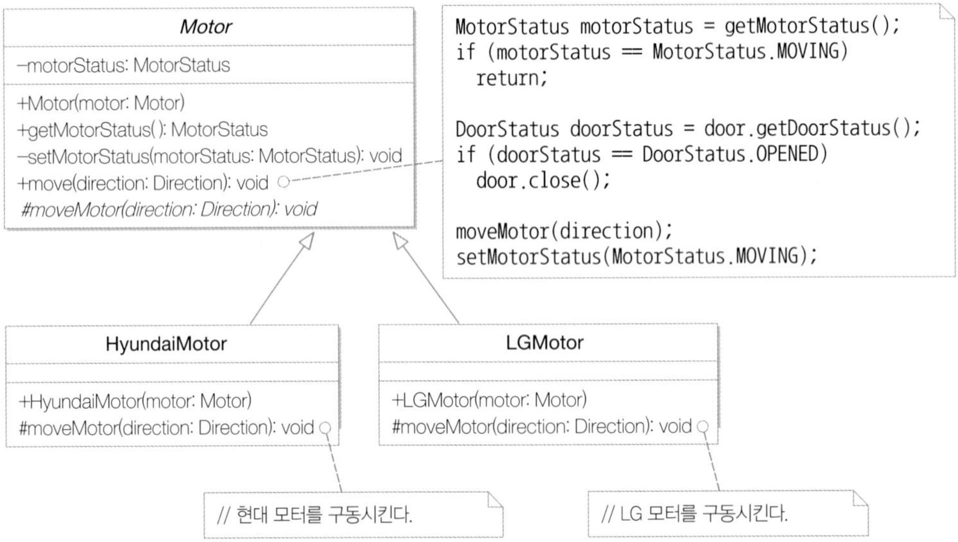

예시된 코드에서 볼 수 있듯이 두 클래스(HyundaiMotor와 LGMotor)의 move 메서드에서 다른 부분은 moveMotor 메서드 호출로 대체했다. moveMotor 메서드의 구현이 HyundaiMotor와 LGMotor에 따라 달라야 하므로 moveMotor 메서드는 Motor 클래스에서 추상abstract 메서드로 정의한 후 각 하위 클래스에서 적절하게 오버라이드되도록 한다. 즉, HyundaiMotor 클래스는

moveMotor 메서드를 오버라이드하면서 현대 모터를 구동하는 코드를 작성하고 LGMotor 클래스의 moveMotor 메서드는 LG 모터를 구동하는 코드를 작성한다.

코드 11-4는 이와 같은 방식으로 설계된 Motor 클래스, HyundaiMotor 클래스, LGMotor 클래스의 코드다.

코드 11-4

```
public abstract class Motor {
  private Door door;
  private MotorStatus motorStatus;

  public Motor(Door door) {
    this.door = door;
    motorStatus = MotorStatus.STOPPED;
  }

  public MotorStatus getMotorStatus() {
    return motorStatus;
  }

  private void setMotorStatus(MotorStatus motorStatus) {
    this.motorStatus = motorStatus;
  }

  // LGMotor와 HyundaiMotor의 move 메서드에서 공통되는 부분만을 가짐
  public void move(Direction direction) {
    MotorStatus motorStatus = getMotorStatus();
    if (motorStatus == MotorStatus.MOVING)
      return;

    DoorStatus doorStatus = door.getDoorStatus();
    if (doorStatus == DoorStatus.OPENED)
      door.close();

    moveMotor(direction); // 이 메서드는 HyundaiMotor와 LGMotor에서 특수화(오버라이드)됨
    setMotorStatus(MotorStatus.MOVING);
  }
  protected abstract void moveMotor(Direction direction);
}

public class HyundaiMotor extends Motor {
  public HyundaiMotor(Door door) {
```

```
    super(door);
  }

  protected void moveMotor(Direction direction) {
    // HyundaiMotor를 구동시킴
  }
}

public class LGMotor extends Motor {
  public LGMotor(Door door) {
    super(door);
  }

  protected void moveMotor(Direction direction) {
    // LGMotor를 구동시킴
  }
}
```

코드 11-3의 코드와 비교해보면 HyundaiMotor 클래스와 LGMotor 클래스에서 대부분의 구문이 중복되었던 move 메서드를 Motor 클래스로 이동했음을 확인할 수 있다. 즉, 다른 부분(moveMotor 메서드)만을 HyundaiMotor 클래스와 LGMotor 클래스에서 구현했음을 확인할 수 있다.

11.4 템플릿 메서드 패턴

템플릿 메서드 패턴Template Method Pattern은 전체적으로는 동일하면서 부분적으로는 다른 구문으로 구성된 메서드의 코드 중복을 최소화할 때 유용하다. 다른 관점에서 보면 동일한 기능을 상위 클래스에서 정의하면서 확장/변화가 필요한 부분만 서브 클래스에서 구현할 수 있도록 한다.

앞선 예제처럼 Motor 클래스의 move 메서드는 HyundaiMotor와 LGMotor에서 동일한 기능을 구현하면서 각 하위 클래스에서 구체적으로 정의할 필요가 있는 부분, 즉 moveMotor 메서드 부분만 각 하위 클래스에서 오버라이드되도록 한다. 이러한 경우 Motor 클래스의 move 메서드를 템플릿 메서드라고 부르고, move 메서드에서 호출되면서 하위 클래스에서 오버라이드될 필요가 있는 moveMotor 메서드를 primitive 또는 hook 메서드라 부른다.

그림 11-6 템플릿 메서드의 개념

```
public void move(Direction direction) {
  MotorStatus motorStatus = getMotorStatus();
  if (motorStatus == MotorStatus.MOVING)
    return;

  DoorStatus doorStatus = door.getDoorStatus();
  if (doorStatus == DoorStatus.OPENED)
    door.close();

  moveMotor(direction);

  setMotorStatus(MotorStatus.MOVING);
}
```

템플릿 메서드

Primitive 메서드 또는 hook 메서드

Keypoint_ 템플릿 메서드 패턴은 전체적인 알고리즘은 상위 클래스에서 구현하면서 다른 부분은 하위 클래스에서 구현할 수 있도록 하는 디자인 패턴이다. 전체적인 알고리즘 코드를 재사용하는 데 유용하다.

그림 11-7 템플릿 메서드 패턴의 컬레보레이션

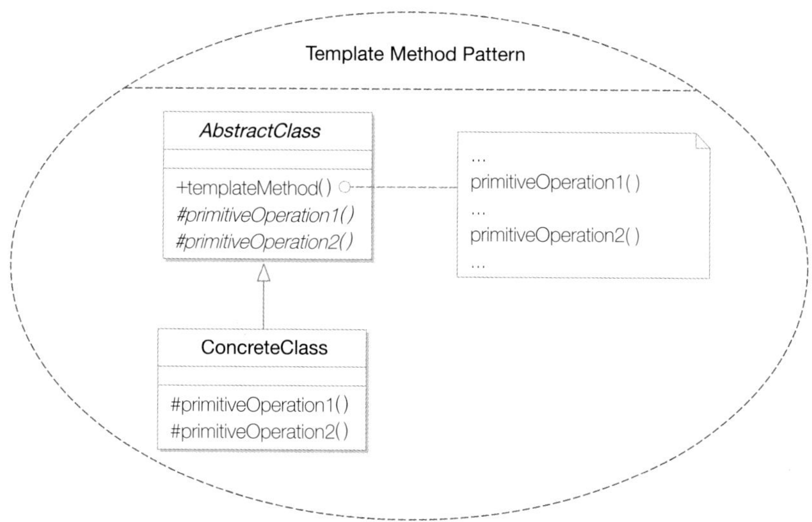

템플릿 메서드 패턴에서 나타나는 역할이 수행하는 작업은 다음과 같다.

- **AbstractClass**: 템플릿 메서드를 정의하는 클래스. 하위 클래스에 공통 알고리즘을 정의하고 하위 클래스에서 구현될 기능을 primitive 메서드 또는 hook 메서드로 정의하는 클래스다.
- **ConcreteClass**: 물려받은 primitive 메서드나 hook 메서드를 구현하는 클래스. 상위 클래스에 구현된 템플릿 메서드의 일반적인 알고리즘에서 하위 클래스에 적합하게 primitive 메서드나 hook 메서드를 오버라이드하는 클래스다.

그림 11-8은 템플릿 메서드 패턴의 순차 다이어그램이다.

그림 11-8 템플릿 메서드 패턴의 순차 다이어그램

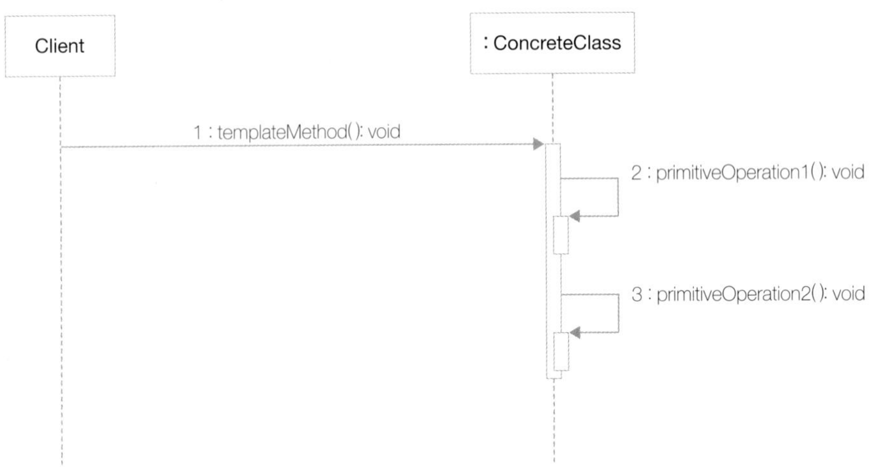

`Client`는 `ConcreteClass` 객체의 `templateMethod` 메서드를 호출한다. 실제로 `templateMethod` 메서드는 `AbstractClass`에 정의되었지만 `ConcreteClass`는 `AbstractClass`의 하위 클래스이므로 `Client`가 호출할 수 있다. `AbstractClass::templateMethod` 메서드에서는 `primitiveOperation1`과 `primitiveOperation2`를 호출한다. 이 2개의 메서드는 `ConcreteClass`에서 오버라이드된 것이다.

그림 11-9는 템플릿 메서드 패턴을 모터 예제에 적용한 경우다.

그림 11-9 템플릿 메서드 패턴을 모터 예제에 적용한 경우

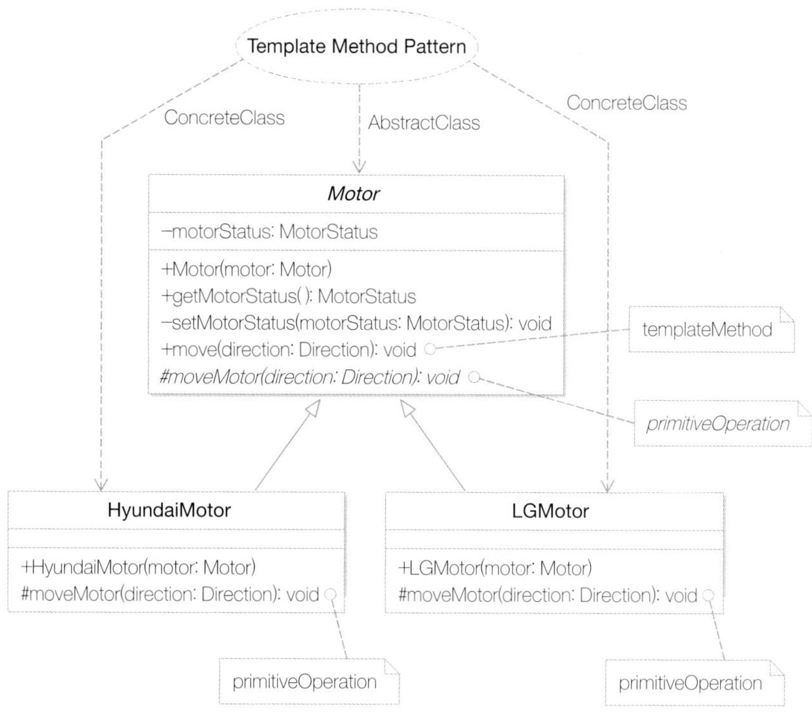

- Motor 클래스는 AbstractClass 역할을 한다.
- HyundaiMotor 클래스와 LGMotor 클래스는 각각 ConcreteClass 역할을 한다.
- Motor 클래스의 move 메서드는 템플릿 메서드, moveMotor 메서드는 primitive 메서드에 해당된다.

다음은 Customer 클래스와 SimpleReportGenerator 클래스의 코드다.

```
public class Customer {
  private String name;
  private int point;

  public Customer(String name, int point) {
    this.setName(name);
    this.setPoint(point);
  }

  public int getPoint() {
    return point;
  }

  public void setPoint(int point) {
    this.point = point;
  }

  public String getName() {
    return name;
  }

  public void setName(String name) {
    this.name = name;
  }
}

public class SimpleReportGenerator {
  public String generate(List<Customer> customers) {
    String report = String.format("고객 수: %d명\n", customers.size());
    for (int i = 0; i < customers.size(); i++) {
      Customer customer = customers.get(i);
      report += String.format("%s: %d\n", customer.getName(), customer.getPoint());
    }
    return report;
  }
}
```

1. 위 코드에서 구현된 각 클래스의 기능을 간략히 설명하라.

2. 다음 코드의 실행 결과를 작성하라.

```
public class Client {
  public static void main(String[] args) {
    List<Customer> customers = new ArrayList<Customer>();

    customers.add(new Customer("홍길동", 150));
    customers.add(new Customer("우수한", 350));
    customers.add(new Customer("부족한", 50));
    customers.add(new Customer("훌륭한", 450));
    customers.add(new Customer("최고의", 550));

    SimpleReportGenerator simpleGenerator = new SimpleReportGenerator();
    System.out.println(simpleGenerator.generate(customers));
  }
}
```

3. 위 클래스들의 설계 취약점을 OCP 측면에서 설명하라.

4. 템플릿 메서드 패턴을 활용해 위 클래스의 설계 취약점을 개선하는 방법을 설명하라.

5. 템플릿 메서드 패턴을 사용해 다음 요구사항을 충족하는 설계를 클래스 다이어그램으로 표현하라. 그리고 각 클래스를 설명하라.

- ComplexReportGenerator 클래스는 주어진 고객 중 점수가 100점 이상인 고객만을 대상으로 다음 보고서를 만든다.

  고객 수: OO명입니다.

  고객1 점수: 고객1 이름

  고객2 점수: 고객2 이름

  ...

  점수 합계: OOOO

- SimpleReportGenerator와 ComplexReportGenerator 클래스의 코드 중복을 최소화할 수 있게 템플릿 메서드 패턴을 이용한다.

6. 템플릿 패턴을 활용해 개선한 설계에서 템플릿 패턴의 각 구성 요소에 대응하는 클래스와 메서드를 구분하라.

7. 템플릿 메서드 패턴을 활용해 개선한 설계를 바탕으로 코드를 작성하라.

8. 템플릿 메서드 패턴이 활용된 클래스를 이용하도록 기존의 `Client` 클래스를 재작성하라. 추가로 `ComplexReportGenerator`를 이용하고 실행 결과를 기록하라.

CHAPTER 12

팩토리 메서드 패턴

학습목표

- 적합한 클래스의 객체를 생성하는 코드의 캡슐화 방법 이해하기
- 팩토리 메서드 패턴을 이용한 객체 생성 방법 이해하기
- 사례 연구를 통한 팩토리 메서드 패턴의 핵심 특징 이해하기

12.1 여러 가지 방식의 엘리베이터 스케줄링 방법 지원하기

엘리베이터가 1대만 있는 경우가 아니라 여러 대의 엘리베이터가 있는 경우를 생각해보자. 만약 엘리베이터 내부에서 버튼(ElevatorButton 클래스)을 눌렀을 때는 해당 사용자가 탄 엘리베이터를 이동시키면 된다. 그런데 사용자가 엘리베이터 외부, 즉 건물 내부의 층에서 버튼(FloorButton)을 누른 경우에는 여러 대의 엘리베이터 중 하나를 선택해 이동시켜야 한다. 이와 같이 주어진 요청(목적지 층과 방향)을 받았을 때 여러 대의 엘리베이터 중 하나를 선택하는 것을 '스케줄링'이라고 한다.

엘리베이터 스케줄링에는 여러 가지 전략이 있을 수 있다. 예를 들어 목적지 층과 가까우면서 목적지 층의 방향으로 이동 중인 엘리베이터를 선택하는 것이 하나의 전략이 될 수 있다. 이러한 전략은 하나의 엘리베이터가 이동하면서 요청을 받은 각 층에 정지해 이용자가 탑승할 수 있으므로 최대한 많은 이용자가 탑승할 수 있다.

그림 12-1은 복수의 엘리베이터를 스케줄링해 엘리베이터를 이동시키는 클래스 다이어그램이다.

그림 12-1 작업 처리량(Throughput)을 기준으로 한 스케줄링에 따른 엘리베이터 관리

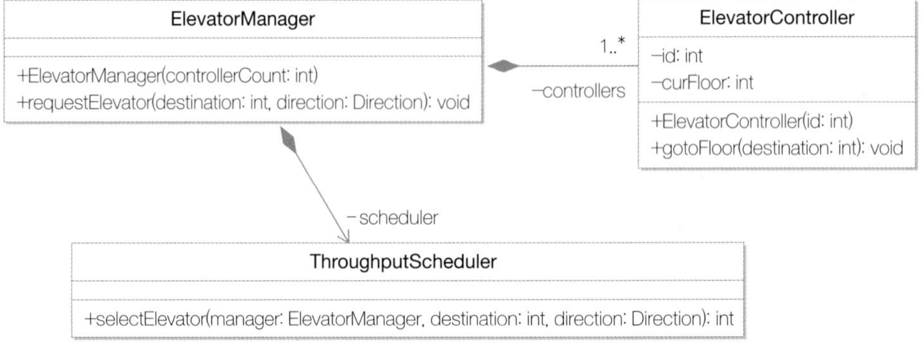

ElevatorManager 클래스는 이동 요청을 처리하는 클래스로 엘리베이터를 스케줄링(엘리베이터 선택)하기 위한 ThroughputScheduler 객체를 갖는다. 그리고 각 엘리베이터의 이동을 책임지는 ElevatorController 객체를 복수 개 갖는다. ElevatorManager 클래스의 requestElevator 메서드는 요청(목적지 층, 방향)을 받았을 때 우선 ThroughputScheduler 클래스의 selectElevator 메서드를 호출해 적절한 엘리베이터를 선택한다. 그리고 선택된 엘

리베이터에 해당하는 ElevatorController 객체의 gotoFloor 메서드를 호출해 엘리베이터를 이동시킨다.

코드 12-1은 이 설계를 바탕으로 작성한 코드다.

코드 12-1

```
public class ElevatorManager {
  private List<ElevatorController> controllers;
  private ThroughputScheduler scheduler;

  // 주어진 수만큼의 ElevatorController를 생성함
  public ElevatorManager(int controllerCount) {
    controllers = new ArrayList<ElevatorController>(controllerCount);
    for (int i = 0; i < controllerCount; i++) {
      ElevatorController controller = new ElevatorController(i);
      controllers.add(controller);
    }
    scheduler = new ThroughputScheduler(); // ThroughputScheduler 객체를 생성함
  }

  void requestElevator(int destination, Direction direction) {
    // ThroughputScheduler를 이용해 엘리베이터를 선택함
    int selectedElevator = scheduler.selectElevator(this, destination, direction);

    // 선택된 엘리베이터를 이동시킴
    controllers.get(selectedElevator).gotoFloor(destination);
  }
}

public class ElevatorController {
  private int id; // 엘리베이터 ID
  private int curFloor; // 현재 층

  public ElevatorController(int id) {
    this.id = id;
    curFloor = 1;
  }

  public void gotoFloor(int destination) {
    System.out.print("Elevator [" + id + "] Floor: " + curFloor);

    // 현재 층 갱신, 즉 주어진 목적지 층(destination)으로 엘리베이터가 이동함
```

```
      curFloor = destination;
      System.out.println(" ==> " + curFloor);
    }
  }

  public class ThroughputScheduler {
    public int selectElevator(ElevatorManager manager,
      int destination, Direction direction) {
      return 0; // 임의로 선택함
    }
  }
```

12.2 문제점

- 현재 ElevatorManager 클래스는 ThroughputScheduler 클래스를 이용한다. 즉, 엘리베이터의 처리량을 최대화시키는 전략을 사용한다는 의미다. 만약 다른 스케줄링 전략을 사용해야 한다면? 예를 들어 사용자의 대기 시간을 최소화하는 엘리베이터 선택 전략을 사용해야 한다면?
- 프로그램 실행 중에 스케줄링 전략을 변경, 즉 동적 스케줄링을 지원해야 한다면? 예를 들어 오전에는 대기 시간 최소화 전략을 사용하고, 오후에는 처리량 최대화 전략을 사용해야 한다면?

우선 대기 시간을 최소화하는 전략을 수행하기 위한 스케줄링 클래스가 필요하다. 예를 들어 ResponseTimeScheduler 클래스는 ThroughputScheduler 클래스와 달리 이용자의 대기 시간을 최소화하는 방식으로 엘리베이터를 선택하는 기능을 제공한다고 가정하자. 기존에는 ElevatorManager 클래스에서 ThroughputScheduler 객체를 이용했지만 이제는 주어진 전략에 따라 또는 실행 중에 전략이 변경될 수 있어야 한다.

코드 12-2는 동적 스케줄링을 지원하도록 수정된 ElevatorManager 클래스의 코드다.

코드 12-2

```
  public class ElevatorManager {
    private List<ElevatorController> controllers;

    public ElevatorManager(int controllerCount) {
      controllers = new ArrayList<ElevatorController>(controllerCount);
      for (int i = 0; i < controllerCount; i++) {
```

```
        ElevatorController controller = new ElevatorController(i + 1);
        controllers.add(controller);
      }
    }

    void requestElevator(int destination, Direction direction) {
      ElevatorScheduler scheduler;

      // 0..23
      int hour = Calendar.getInstance().get(Calendar.HOUR_OF_DAY);

      if (hour < 12) // 오전에는 ResponseTimeScheduler를 이용함
        scheduler = new ResponseTimeScheduler();
      else // 오후에는 ThroughputScheduler를 이용함
        scheduler = new ThroughputScheduler();

      int selectedElevator = scheduler.selectElevator(this, destination, direction);
      controllers.get(selectedElevator).gotoFloor(destination);
    }
  }
```

코드 12-1에서는 처리량 최대화 전략으로 고정된 스케줄링을 사용했다. 따라서 ElevatorManager 클래스의 생성자로 ThroughputScheduler 객체를 생성하고 이 객체를 requestElevator 메서드에서 사용했다. 그러나 이제는 오전에는 대기 시간 최소화 전략을, 오후에는 처리량 최대화 전략을 사용하는 동적 스케줄링을 해야 하므로 requestElevator 메서드가 실행될 때마다 현재 시간에 따라 적절한 스케줄링 객체를 생성해야 한다.

처리량 최대화 전략이나 대기 시간 최소화 전략이나 모두 ElevatorManager 클래스의 입장에서는 엘리베이터 스케줄링 전략의 일종이다. 그러므로 ElevatorManager 클래스는 ThroughputScheduler 객체와 ResponseTimeScheduler 객체를 생성한 후, 이를 각각의 클래스가 아니라 ElevatorScheduler라는 인터페이스를 통해 사용한다. 이는 결과적으로 스트래티지 패턴을 활용해 엘리베이터 스케줄링 전략(그림 12-2)을 설계한 것이다. 즉, ElevatorScheduler 인터페이스는 AbstractStrategy에 해당되고 ThroughputScheduler와 ResponseTimeScheduler 클래스는 ConcreateStrategy에 해당된다.

그림 12-2 스트래티지 패턴을 활용한 엘리베이터 스케줄링 전략 설계

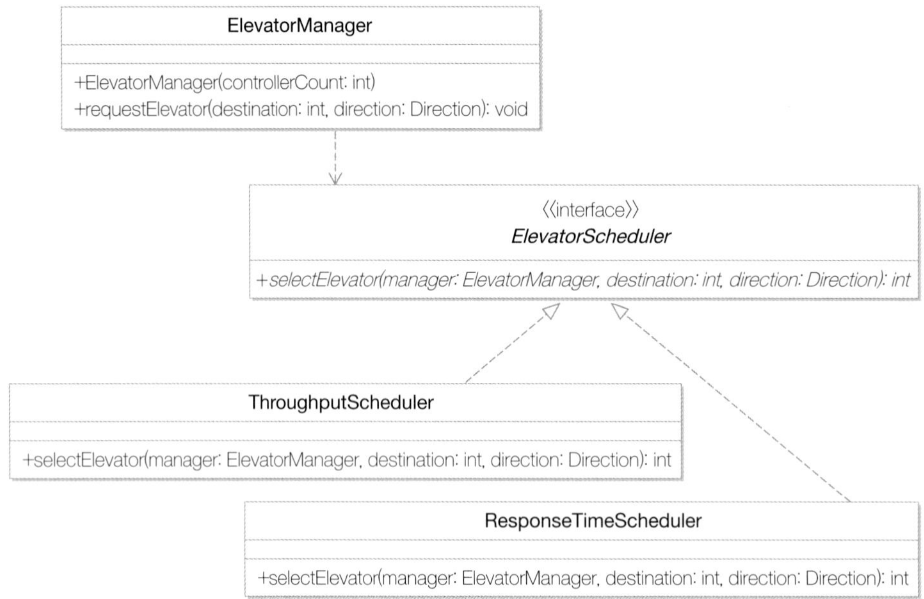

스트래티지 패턴을 사용하게 되면서 ElevatorManager 클래스는 ThroughputScheduler 또는 ResponseTimeScheduler 중 한 클래스를 동적으로 선택할 수 있게 되었다. 그러나 문제는 여전히 남아 있다. ElevatorManager 클래스는 엘리베이터 스케줄링 전략이 변경될 때 requestElevator 메서드도 수정되어야 하기 때문이다. 예를 들면 다음과 같다.

- 새로운 스케줄링 전략이 추가되는 경우. 예를 들어 특정 엘리베이터가 빈번히 사용되면 해당 엘리베이터가 노후화되고 결국 고장날 수 있다. 그러므로 노후화를 최소화하는 방식으로 엘리베이터를 선택하는 것도 추가될 수 있다.
- 현재는 오전에 ResponseTimeScheduler 클래스를 사용하고 오후에 ThroughputScheduler 클래스를 사용하는데, 이러한 선택이 변경될 수 있다. 예를 들어 오후에는 ResponseTimeScheduer 클래스, 오전에는 ThroughputScheduler 클래스를 사용하도록 변경하는 것이다. 그뿐만 아니라 밤에는 노후화 최소화 전략을 적용할 수도 있다.

정리하면 엘리베이터 스케줄링 전략이 추가되거나 동적 스케줄링 방식으로 전략을 선택하도록 변경되면 해당 스케줄링 전략을 지원하는 구체적인 클래스를 생성해야 할 뿐만 아니라 requestElevator 메서드도 수정할 수밖에 없다. 그런데 requestElevator 메서드는 엘리베이터 선택과 선택된 엘리베이터를 이동시키는 것이 근본 책임이다. 그러므로 엘리베이터를 선택하는 전략의 변경에 따라 requestElevator가 변경되는 것은 바람직하지 않다.

12.3 해결책

이러한 문제를 해결하려면 주어진 기능을 실제로 제공하는 적절한 클래스 생성 작업을 별도의 클래스/메서드로 분리시키는 편이 좋다. 예를 들어 엘리베이터 스케줄링 전략에 일치하는 클래스를 생성하는 코드를 requestElevator 메서드에서 분리해 별도의 클래스/메서드를 정의하면 된다.

그림 12-3은 ElevatorManager 클래스가 지금처럼 직접 ThroughputScheduler 객체와 ResponseTimeScheduler 객체를 생성하는 대신 SchedulerFactory 클래스가 이들 객체를 생성하도록 변경한 설계다.

그림 12-3 SchedulerFactory를 이용한 스케줄링 전략 객체의 생성

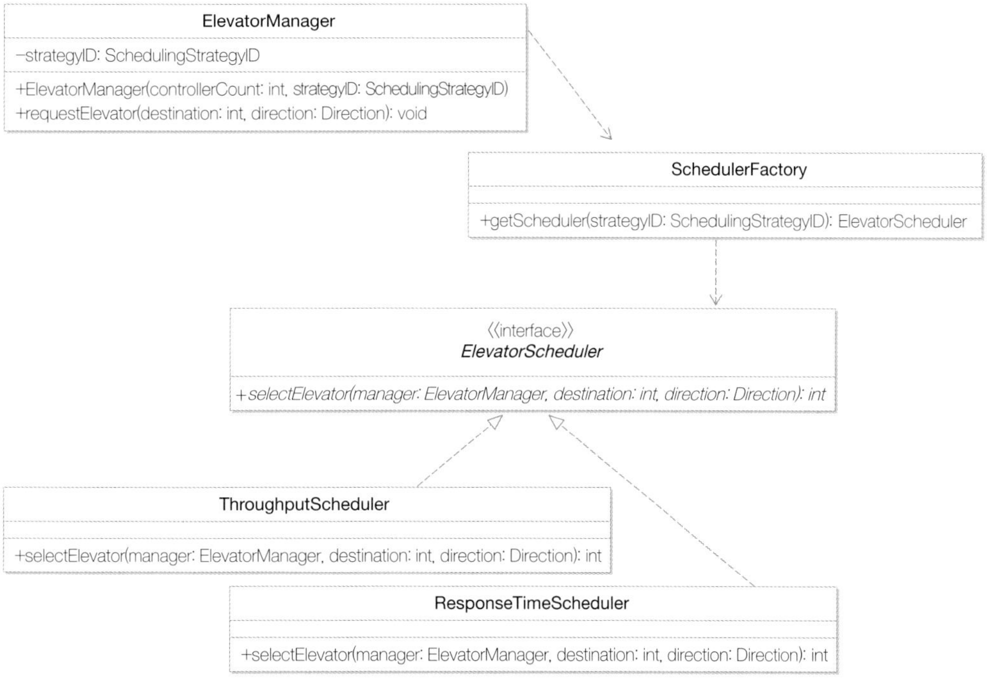

코드 12-3은 SchedulerFactory 클래스의 getScheduler 메서드가 스케줄링 전략에 맞는 객체를 생성하는 기능을 구현한 코드다.

코드 12-3

```
public enum SchedulingStrategyID { RESPONSE_TIME, THROUGHPUT, DYNAMIC }

public class SchedulerFactory {
  public static ElevatorScheduler getScheduler(SchedulingStrategyID strategyID) {
    ElevatorScheduler scheduler = null;
    switch (strategyID) {
      case RESPONSE_TIME: // 대기 시간 최소화 전략
        scheduler = new ResponseTimeScheduler();
        break;
      case THROUGHPUT: // 처리량 최대화 전략
        scheduler = new ThroughputScheduler();
        break;
      case DYNAMIC: // 오전에는 대기 시간 최소화 전략, 오후에는 처리량 최대화 전략
        int hour = Calendar.getInstance().get(Calendar.HOUR_OF_DAY);
        if (hour < 12) // 오전
          scheduler = new ResponseTimeScheduler();
        else  // 오후
          scheduler = new ThroughputScheduler();
        break;
    }
    return scheduler;
  }
}
```

SchedulerFactory 클래스의 getScheduler 메서드는 인자로 주어진 SchedulingPolicyID에 따라 적절한 스케줄링 객체를 생성한다. 예를 들어 THROUGHPUT이 주어진 경우에는 ThroughputScheduler 객체를, RESPONSE_TIME이 주어진 경우에는 ResponseTimeScheduler 객체를 생성한다. DYNAMIC이 주어진 경우에는 오전에는 ResponseTimeScheduler 객체를, 오후에는 ThroughputScheduler 객체를 생성한다.

이제 ElevatorManager 클래스의 requestElevator 메서드에서는 직접 스케줄링 클래스를 생성하는 대신 SchedulerFactory 클래스의 getScheduler 메서드를 호출하면 된다.

코드 12-4는 SchedulerFactory 클래스를 이용하도록 수정된 ElevatorManager 클래스의 코드다. 참고로 ElevatorManager 클래스의 생성자에 SchedulingStrategyID 인자

를 명시함으로써 해당 ElevatorManager 클래스의 스케줄링 전략을 지정하도록 했다. 물론 setStrategyID 메서드를 이용해 실행 중에 다른 스케줄링 전략을 지정할 수도 있다.

코드 12-4

```
public class ElevatorManager {
  private List<ElevatorController> controllers;
  private SchedulingStrategyID strategyID;

  public ElevatorManager(int controllerCount, SchedulingStrategyID strategyID) {
    controllers = new ArrayList<ElevatorController>(controllerCount);

    for (int i = 0; i < controllerCount; i++) {
      ElevatorController controller = new ElevatorController(i + 1);
      controllers.add(controller);
    }
    this.strategyID = strategyID; // 스케줄링 전략을 설정함
  }

  public void setStrategyID(SchedulingStrategyID strategyID) {
    this.strategyID = strategyID;
  }

  void requestElevator(int destination, Direction direction) {
    // 주어진 전략 ID에 해당되는 ElevatorScheduler를 사용함
    ElevatorScheduler scheduler = SchedulerFactory.getScheduler(strategyID);
    System.out.println(scheduler);
    int selectedElevator = scheduler.selectElevator(this, destination, direction);
    controllers.get(selectedElevator).gotoFloor(destination);
  }
}

public class Client {
  public static void main(String[] args) {
    ElevatorManager emWithResponseTimeScheduler =
      new ElevatorManager(2, SchedulingStrategyID.RESPONSE_TIME);
    emWithResponseTimeScheduler.requestElevator(10, Direction.UP);

    ElevatorManager emWithThroughputScheduler =
      new ElevatorManager(2, SchedulingStrategyID.THROUGHPUT);
    emWithThroughputScheduler.requestElevator(10, Direction.UP);
```

```
        ElevatorManager emWithDynamicScheduler =
          new ElevatorManager(2, SchedulingStrategyID.DYNAMIC);
        emWithDynamicScheduler.requestElevator(10, Direction.UP);
    }
}
```

Client 클래스에서는 총 3개의 ElevatorManager 객체를 사용한다. 첫 번째 객체는 ResponseTimeScheduler 클래스를 이용하고, 두 번째 객체는 ThroughputScheduler 클래스를 이용한다. 세 번째 객체는 동적 스케줄링 방식을 이용한다. 그러므로 모두 10층으로 이동 요청을 하지만 서로 다른 엘리베이터가 선택될 수 있다.

다음은 실행 결과다.

```
ResponseTimeScheduler@2d74e4b3
Elevator [2] Floor: 1 ==> 10
ThroughputScheduler@500c05c2
Elevator [1] Floor: 1 ==> 10
ThroughputScheduler@5e6a1140
Elevator [1] Floor: 1 ==> 10
```

위 실행 결과에서 볼 수 있듯이 두 번째 ElevatorManager 객체와 세 번째 ElevatorManager 객체는 ThroughputScheduler 객체를 사용한다. 이는 SchedulerFactory 클래스의 getScheduler 메서드에서 스케줄링 객체를 매번 생성하기 때문이다.

그러나 동일 스케줄링 방식이라고 하면 여러 번 스케줄링 객체를 생성하지 않고 한 번 생성한 것을 계속해서 사용하는 것이 바람직할 수 있다. 따라서 스케줄링 기능을 제공하는 ResponseTimeScheduler 클래스와 ThroughputScheduler 클래스는 오직 하나의 객체만 생성해서 사용해도 충분하다. 이는 바로 싱글턴 패턴에 해당된다. 즉, ResponseTimeScheduler 클래스와 ThroughputScheduler 클래스는 싱글턴 패턴을 적용해서 설계하면 좋다.

그림 12-4는 싱글턴 패턴을 사용해 스케줄링 전략 클래스를 설계한 결과를 보여준다.

그림 12-4 싱글턴 패턴을 적용한 스케줄링 전략 클래스의 설계

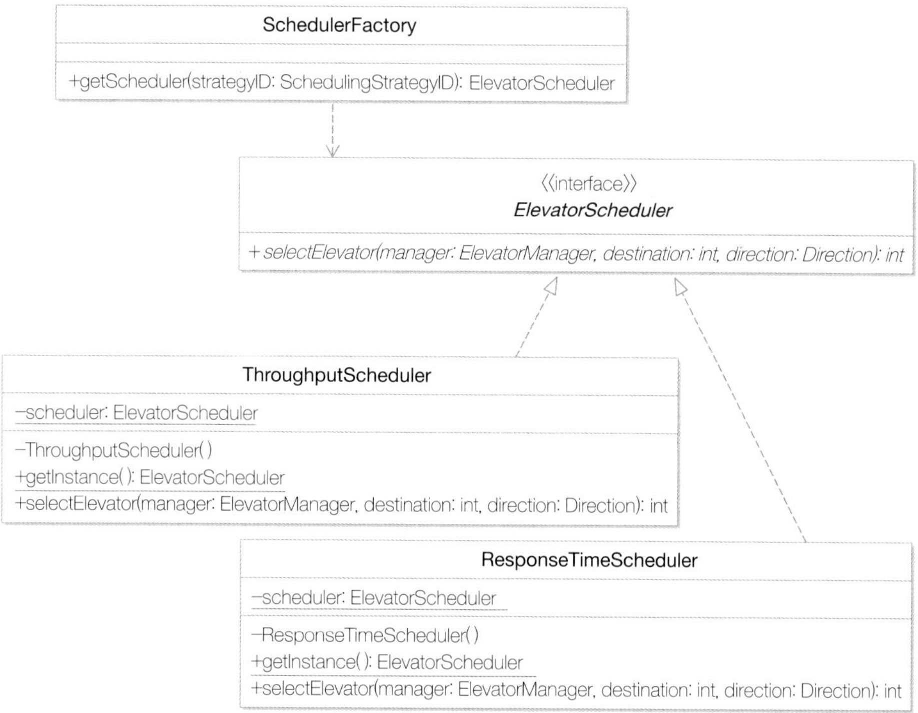

2개의 스케줄링 전략 클래스, 즉 ThroughputScheduler 클래스와 ResponseTimeScheduler 클래스는 생성자를 통해 직접 객체를 생성하는 것이 허용되지 않아야 한다. 그렇게 하기 위해 각 생성자를 private으로 정의했다. 대신 getInstance라는 정적 메서드로 객체 생성을 구현했다.

코드 12-5는 싱글턴 패턴을 적용해 구현된 SchedulerFactory 클래스, Throughput Scheduler 클래스, ResponseTimeScheduler 클래스의 코드다.

코드 12-5

```
public class SchedulerFactory {
  public static ElevatorScheduler getScheduler(SchedulingStrategyID strategyID) {
    ElevatorScheduler scheduler = null;
    switch (strategyID) {
      case RESPONSE_TIME:
        scheduler = ResponseTimeScheduler.getInstance();
```

```
        break;
      case THROUGHPUT:
        scheduler = ThroughputScheduler.getInstance();
        break;
      case DYNAMIC:
        int hour = Calendar.getInstance().get(Calendar.HOUR_OF_DAY);
        if (hour < 12) // 오전
          scheduler = ResponseTimeScheduler.getInstance();
        else // 오후
          scheduler = ThroughputScheduler.getInstance();
        break;
    }
    return scheduler;
  }
}

// 싱글턴 패턴으로 구현한 ThroughputScheduler 클래스
public class ThroughputScheduler implements ElevatorScheduler {
  private static ElevatorScheduler scheduler;
  private ThroughputScheduler() { }

  public static ElevatorScheduler getInstance() {
    if (scheduler == null)
      scheduler = new ThroughputScheduler();

    return scheduler;
  }

  public int selectElevator(ElevatorManager manager,
    int destination, Direction direction) {
    return 0;
  }
}

// 싱글턴 패턴으로 구현한 ResponseTimeScheduler 클래스
public class ResponseTimeScheduler implements ElevatorScheduler {
  private static ElevatorScheduler scheduler;
  private ResponseTimeScheduler() { }

  public static ElevatorScheduler getInstance() {
    if (scheduler == null)
      scheduler = new ResponseTimeScheduler();

    return scheduler;
```

```
    }

    public int selectElevator(ElevatorManager manager,
      int destination, Direction direction) {
      return 1;
    }
  }
```

이제 단 1개의 ThroughputScheduler와 ReponseTimeScheduler 객체만 사용할 수 있다. 아래 실행 결과에서 알 수 있듯이 두 번째와 세 번째 ElevatorManager 객체에서는 동일한 ThroughputScheduler 객체를 사용함을 확인할 수 있다.

```
ResponseTimeScheduler@5878ae82
Elevator [2] Floor: 1 ==> 10
ThroughputScheduler@5552bb15
Elevator [1] Floor: 1 ==> 10
ThroughputScheduler@5552bb15
Elevator [1] Floor: 1 ==> 10
```

12.4 팩토리 메서드 패턴

팩토리 메서드 패턴Factory Method Pattern은 객체의 생성 코드를 별도의 클래스/메서드로 분리함으로써 객체 생성의 변화에 대비하는 데 유용하다. 지금까지 설명한 엘리베이터 스케줄링의 예에서 볼 수 있듯이 프로그램이 제공하는 기능은 상황에 따라 변경될 수 있다. 그리고 특정 기능의 구현은 개별 클래스를 통해 제공되는 것이 바람직한 설계다. 그러므로 기능의 변경이나 상황에 따른 기능의 선택은 바로 해당 객체를 생성하는 코드의 변경을 초래한다. 게다가 상황에 따라 적절한 객체를 생성하는 코드는 자주 중복될 수 있다. 이런 경우 객체 생성 방식의 변화는 해당되는 모든 코드 부분을 변경해야 하는 문제를 일으킨다.

바로 이러한 경우에 객체 생성 코드를 별도의 클래스/메서드로 분리해 이용한다면 이 클래스/메서드만 변경함으로써 객체 생성 방식의 변화에 효과적으로 대응할 수 있다.

그림 12-5는 팩토리 메서드 패턴의 개념을 보여준다.

그림 12-5 팩토리 메서드 패턴의 개념

```
class A {
  void f1() {
    X x;
    if (...)
      x = new X1();
    else
      x = new X2();

    x.f1();
    ...
  }
}
          ⋮
class Z {
  void f() {
    X x;
    if (...)
      x = new X1();
    else
      x = new X2()

    x.f2();
    ...
  }
}
```

팩토리 메서드 패턴

```
class A {
  void f1() {
    X x = Factory.getX(...);
    x.f1();
    ...
  }
}
          ⋮
class Z {
  void f1() {
    X x = Factory.getX(...);
    x.f2();
    ...
  }
}
```

```
class Factory {
  static X getX(...) {
    X x;
    if (...)
      x = new X1();
    else
      x = new X2();

    return x;
  }
}
```

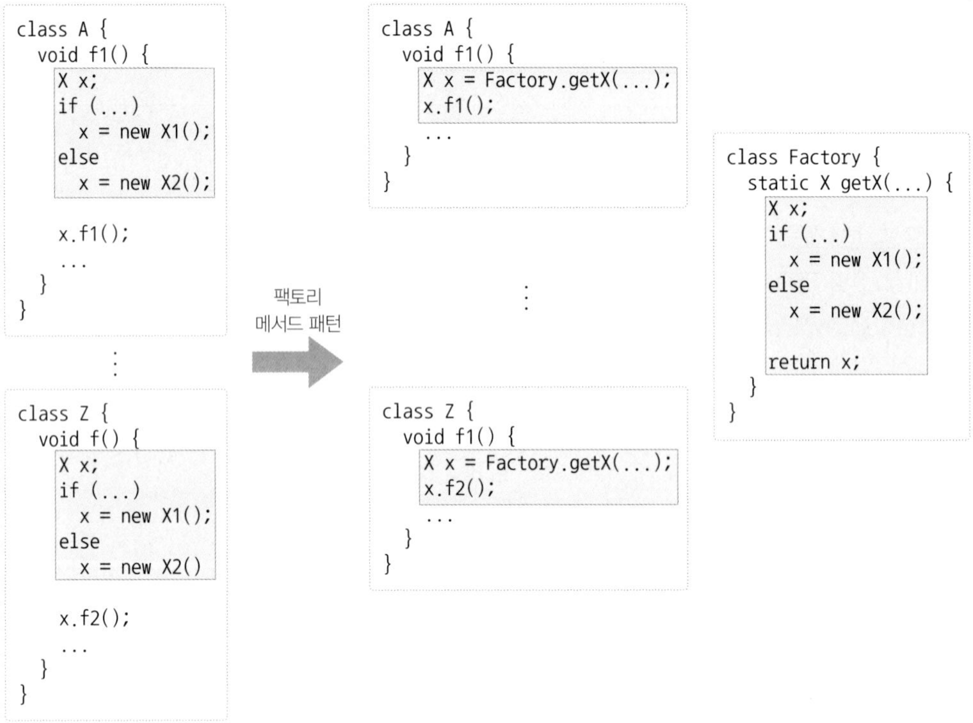

위 그림의 왼쪽처럼 여러 개의 클래스(클래스 A, 클래스 Z 등)에서 필요에 따라 클래스 X1의 객체와 클래스 X2의 객체를 생성해 사용한다. 만약 X1과 X2를 생성하는 방식이 달라지거나 X3와 같이 새로운 클래스의 객체를 생성해야 하는 경우에는 X1과 X2를 생성하는 모든 코드 부분을 변경해야 한다.

하지만 오른쪽과 같이 팩토리 메서드 패턴을 사용하면 객체 생성 기능을 제공하는 Factory 클래스를 정의하고 이를 활용하는 방식으로 설계하면 된다. 이렇게 설계하면 X1과 X2의 생성 방식이 변경되거나 X3를 추가해야 할 때 Factory 클래스만 변경하고 클래스 A, 클래스 Z 등은 변경할 필요가 없게 된다.

Keypoint_ 팩토리 메서드 패턴은 객체를 생성하는 코드를 별도의 클래스/메서드로 분리함으로써 객체 생성 방식의 변화에 대비하는 데 유용하다.

또한 팩토리 메서드 패턴은 객체 생성을 전담하는 별도의 클래스를 두는 대신 하위 클래스에서 적합한 클래스의 객체를 생성하는 방식으로도 적용할 수 있다. 예를 들어 SchedulerFactory 클래스에서 3가지 방식(최대 처리량, 최소 대기 시간, 동적 선택)에 맞춰 ThroughputScheduler 객체나 ResponseTimeScheduler 객체를 생성하지 않고 해당 스케줄링 전략에 따라 엘리베이터를 선택하는 클래스를 ElevatorManager 클래스의 하위 클래스로 정의할 수 있다.

그림 12-6은 이와 같은 방식으로 팩토리 메서드 패턴을 적용한 클래스 다이어그램이다.

그림 12-6 상속을 이용한 팩토리 메서드 패턴의 적용

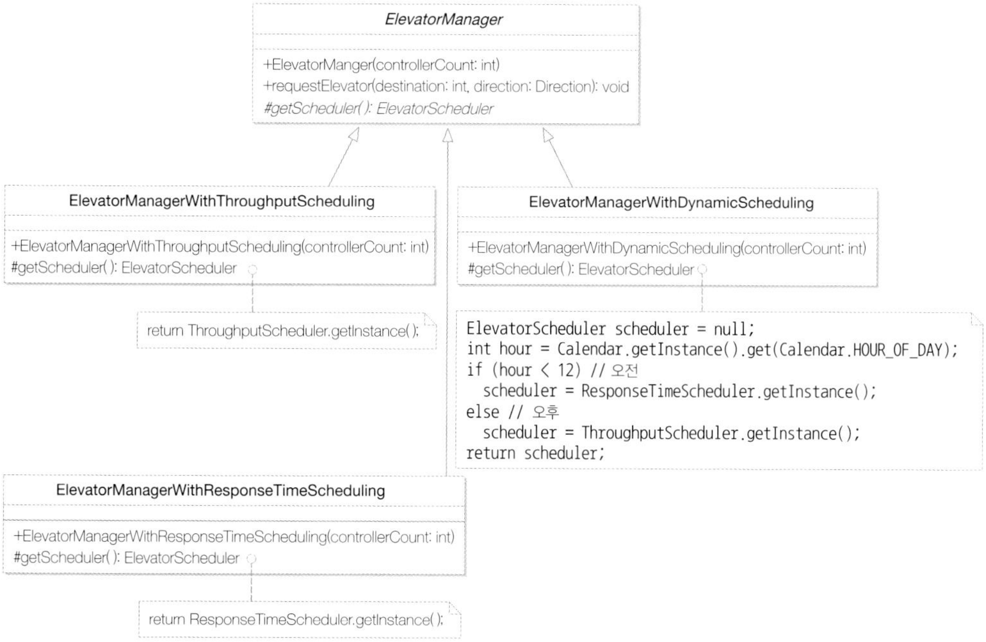

ElevatorManager
+ElevatorManger(controllerCount: int)
+requestElevator(destination: int, direction: Direction): void
#getScheduler( ): ElevatorScheduler

ElevatorManagerWithThroughputScheduling
+ElevatorManagerWithThroughputScheduling(controllerCount: int)
#getScheduler( ): ElevatorScheduler

return ThroughputScheduler.getInstance( );

ElevatorManagerWithDynamicScheduling
+ElevatorManagerWithDynamicScheduling(controllerCount: int)
#getScheduler( ): ElevatorScheduler

```
ElevatorScheduler scheduler = null;
int hour = Calendar.getInstance().get(Calendar.HOUR_OF_DAY);
if (hour < 12) // 오전
  scheduler = ResponseTimeScheduler.getInstance();
else // 오후
  scheduler = ThroughputScheduler.getInstance();
return scheduler;
```

ElevatorManagerWithResponseTimeScheduling
+ElevatorManagerWithResponseTimeScheduling(controllerCount: int)
#getScheduler( ): ElevatorScheduler

return ResponseTimeScheduler.getInstance( );

최대 처리량 전략을 사용하는 ElevatorManagerWithThroughputScheduling 클래스, 최소 대기 시간 전략을 사용하는 ElevatorManagerWithResponseTimeScheduling 클래

스, 동적 선택 전략을 사용하는 ElevatorManagerWithDynamicScheduling 클래스를 ElevatorManager 클래스의 하위 클래스로 정의했음을 확인할 수 있다.

ElevatorManager 클래스는 아직 구체적인 스케줄링 전략이 결정되지 않았으므로 getScheduler 메서드를 추상 메서드로 정의했다. 그리고 3개의 하위 클래스에서는 getScheduler 메서드를 오버라이드함으로써 구체적인 스케줄링 전략 객체를 생성하도록 했다.

코드 12-6은 이와 같은 방식으로 설계된 ElevatorManager 클래스의 코드다.

코드 12-6

```
public abstract class ElevatorManager {
  private List<ElevatorController> controllers;

  public ElevatorManager(int controllerCount) {
    controllers = new ArrayList<ElevatorController>(controllerCount);
    for (int i = 0; i < controllerCount; i++) {
      ElevatorController controller = new ElevatorController(i + 1);
      controllers.add(controller);
    }
  }
  protected abstract ElevatorScheduler getScheduler(); // primitive 또는 hook 메서드

  void requestElevator(int destination, Direction direction) { // 템플릿 메서드
    //하위 클래스에서 오버라이드된 getScheduler를 호출함
    ElevatorScheduler scheduler = getScheduler();
    int selectedElevator = scheduler.selectElevator(this, destination, direction);
    controllers.get(selectedElevator).gotoFloor(destination);
  }
}

public class ElevatorManagerWithThroughputScheduling extends ElevatorManager {
  public ElevatorManagerWithThroughputScheduling(int controllerCount) {
    super(controllerCount);
  }

  protected ElevatorScheduler getScheduler() { // 처리량 최대화 전략을 사용함
    ElevatorScheduler scheduler = ThroughputScheduler.getInstance();
    return scheduler;
  }
}
```

```
public class ElevatorManagerWithResponseTimeScheduling extends ElevatorManager {

  public ElevatorManagerWithResponseTimeScheduling(int controllerCount) {
    super(controllerCount);
  }

  protected ElevatorScheduler getScheduler() { // 대기 시간 최소화 전략을 사용함
    ElevatorScheduler scheduler = ResponseTimeScheduler.getInstance();
    return scheduler;
  }
}

public class ElevatorManagerWithDynamicScheduling extends ElevatorManager {
  public ElevatorManagerWithDynamicScheduling(int controllerCount) {
    super(controllerCount);
  }

  protected ElevatorScheduler getScheduler() { // 동적 스케줄링을 사용함
    ElevatorScheduler scheduler = null;
    int hour = Calendar.getInstance().get(Calendar.HOUR_OF_DAY);
    if (hour < 12) // 오전
      scheduler = ResponseTimeScheduler.getInstance();
    else // 오후
      scheduler = ThroughputScheduler.getInstance();

    return scheduler;
  }
}
```

참고로 ElevatorManager 클래스의 requestElevator 메서드는 getScheduler 메서드를 추상 메서드로 정의하고 ElevatorManager 클래스의 하위 클래스는 getScheduler 메서드를 오버라이드하는 방식으로 설계되었다. 이때 getScheduler 메서드는 스케줄링 전략 객체를 생성하는 기능을 제공하므로 팩토리 메서드라고 한다.

반면에 ElevatorManager 클래스의 requestElevator 메서드 관점에서 생각하면 3개의 하위 클래스에서 공통 기능(스케줄링 전략 객체 생성, 엘리베이터 선택, 엘리베이터 이동)의 일반 로직은 동일하지만 스케줄링 전략 객체 생성은 하위 클래스에서 오버라이드되었다. 그러므로 requestElevator 메서드는 템플릿 메서드에 해당된다.

이와 같이 상속 관계를 이용해 팩토리 메서드 패턴을 설계하는 경우, 팩토리 메서드를 이용해 구체적인 클래스의 객체를 생성하는 기능은 일반적으로 하위 클래스에서 오버라이드되게 한다. 그러므로 팩토리 메서드를 호출하는 상위 클래스의 메서드는 템플릿 메서드가 된다.

그림 12-7 팩토리 메서드 패턴의 컬래보레이션

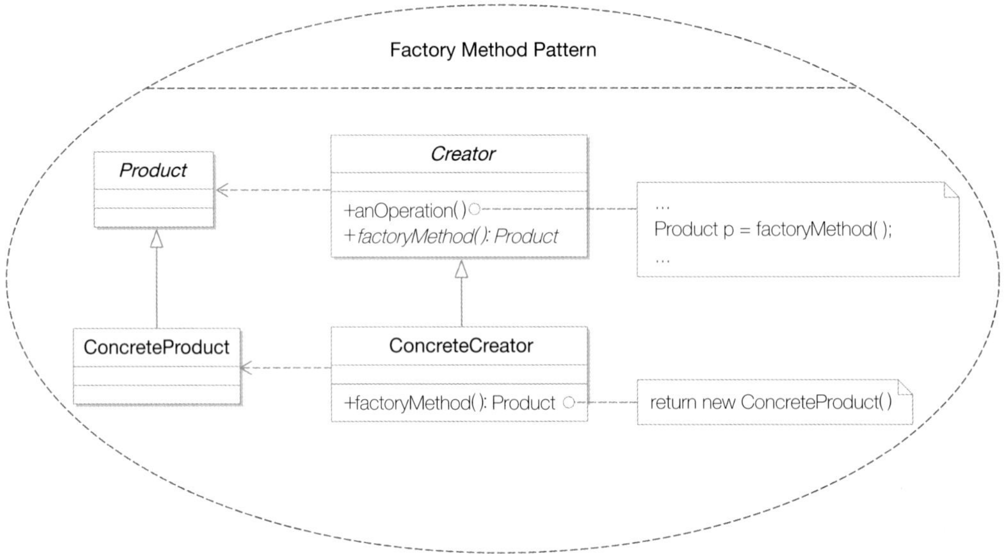

팩토리 메서드 패턴에서 나타나는 역할이 수행하는 작업은 다음과 같다.

- **Product**: 팩토리 메서드로 생성될 객체의 공통 인터페이스
- **ConcreteProduct**: 구체적으로 객체가 생성되는 클래스
- **Creator**: 팩토리 메서드를 갖는 클래스
- **ConcreteCreator**: 팩토리 메서드를 구현하는 클래스로 ConcreteProduct 객체를 생성한다.

그림 12-8은 `ElevatorManager` 클래스 예제에 템플릿 메서드 패턴을 적용한 경우다.

그림 12-8 팩토리 메서드 패턴을 엘리베이터 예제에 적용한 경우

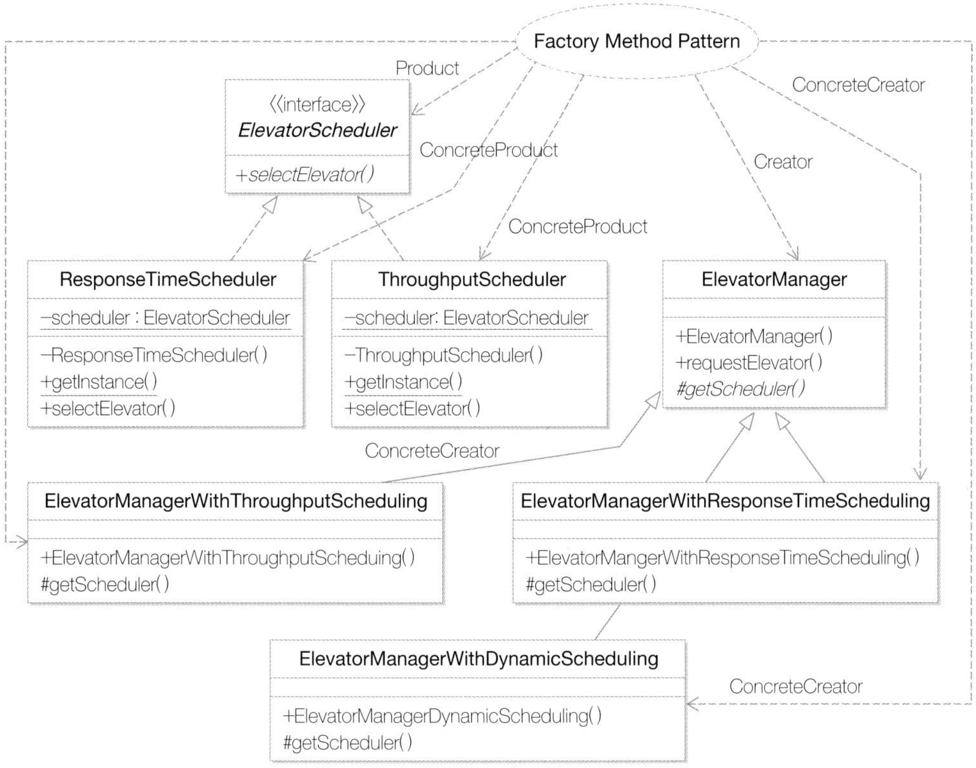

- ElevatorScheduler 인터페이스는 Product 역할을 한다.
- ResponseTimerScheduler 클래스와 ThroughputScheduler 클래스는 ConcreteProduct 역할을 한다.
- ElevatorManager 클래스는 Creater 역할을 한다.
- ElevatorManagerWithThroughputScheduling 클래스, ElevatorManagerWithDynamicScheduling 클래스, ElevatorManagerWithResponseTimeScheduling 클래스는 ConcreateCreator 역할을 한다.

1. 다음은 모터를 구동해 엘리베이터를 이동시키는 프로그램의 코드다.

```
public enum Direction { UP, DOWN }
public enum MotorStatus { MOVING, STOPPED }
public abstract class Motor {
  private MotorStatus motorStatus;

  public Motor() {
    motorStatus = MotorStatus.STOPPED;
  }

  public MotorStatus getMotorStatus() {
    return motorStatus;
  }

  private void setMotorStatus(MotorStatus motorStatus) {
    this.motorStatus = motorStatus;
  }

  public void move(Direction direction) {
    MotorStatus motorStatus = getMotorStatus();
    if (motorStatus == MotorStatus.MOVING)
      return;

    moveMotor(direction);
    setMotorStatus(MotorStatus.MOVING);
  }
  protected abstract void moveMotor(Direction direction);

  public void stop() {
    motorStatus = MotorStatus.STOPPED;
  }
}

public class LGMotor extends Motor {
  protected void moveMotor(Direction direction) {
    System.out.println("move LG Motor " + direction);
  }
}

public class HyundaiMotor extends Motor {
  protected void moveMotor(Direction direction) {
```

```
      System.out.println("move Hyundai Motor " + direction);
    }
  }

  public class ElevatorController {
    private int id;
    private int curFloor = 1;
    private Motor motor;

    public ElevatorController(int id, Motor motor) {
      this.id = id;
      this.motor = motor;
    }

    public void gotoFloor(int destination) {
      if (destination == curFloor)
        return;

      Direction direction;

      if (destination > curFloor)
        direction = Direction.UP;
      else
        direction = Direction.DOWN;

      motor.move(direction);

      System.out.print("Elevator [" + id + "] Floor: " + curFloor);
      curFloor = destination;
      System.out.println(" ==> " + curFloor + " with " + motor.getClass().getName());

      motor.stop();
    }
  }
```

1-1. 다음 Client 클래스의 실행 결과를 작성하라.

```
public class Client {
  public static void main(String[] args) {
    Motor lgMotor = new LGMotor();
    ElevatorController controller1 = new ElevatorController(1, lgMotor);
```

```
        controller1.gotoFloor(5);
        controller1.gotoFloor(3);

        Motor hyundaiMotor = new HyundaiMotor();
        ElevatorController controller2 = new ElevatorController(2, hyundaiMotor);
        controller2.gotoFloor(4);
        controller2.gotoFloor(6);
    }
}
```

1-2. 주어진 프로그램의 설계를 클래스 다이어그램으로 작성하라. 그리고 각 클래스를 간략히 설명하라.

1-3. 주어진 프로그램에서 이미 적용된 디자인 패턴과 패턴의 구성 요소에 대응되는 클래스를 구분하라.

1-4. 팩토리 메서드를 적용해 주어진 설계를 LGMotor와 HyundaiMotor를 생성할 수 있도록 수정한 결과를 클래스 다이어그램으로 표현하라.

1-5. 팩토리 메서드 패턴을 적용한 클래스, 즉 LGMotor와 HyundaiMotor 객체를 생성하는 클래스의 코드를 작성하라.

1-6. 새롭게 구현한 팩토리 클래스를 이용하도록 Client 클래스를 수정하라.

2. 자동차는 비정상 상태에 있을 때는 정해진 속도 이상으로는 동작하지 않도록 제어된다. 예를 들어 비정상 상태의 최고 속도가 60km/h로 정해져 있다면 가속 페달을 아무리 세게 밟아도 60km/h 이상으로는 가속되지 않는다. 이를 일반적으로 림프 모드Limp Mode라고 부른다.

   다음은 자동차의 가속/감속 기능을 상태 머신 다이어그램으로 표현한 것이다.

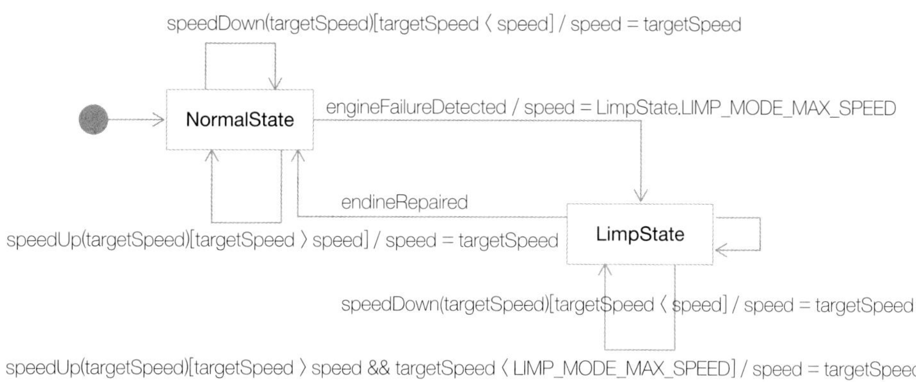

2-1. 위 상태 머신 다이어그램를 바탕으로 가속과 감속 기능을 설명하라.

2-2. 위 상태 머신 다이어그램을 바탕으로 Car 클래스의 클래스 다이어그램을 작성하라.

2-3. 다음은 Car 클래스를 스테이트 패턴을 이용해 설계한 클래스 다이어그램이다. 스테이트 패턴의 각 구성 요소에 해당되는 클래스를 구분하라.

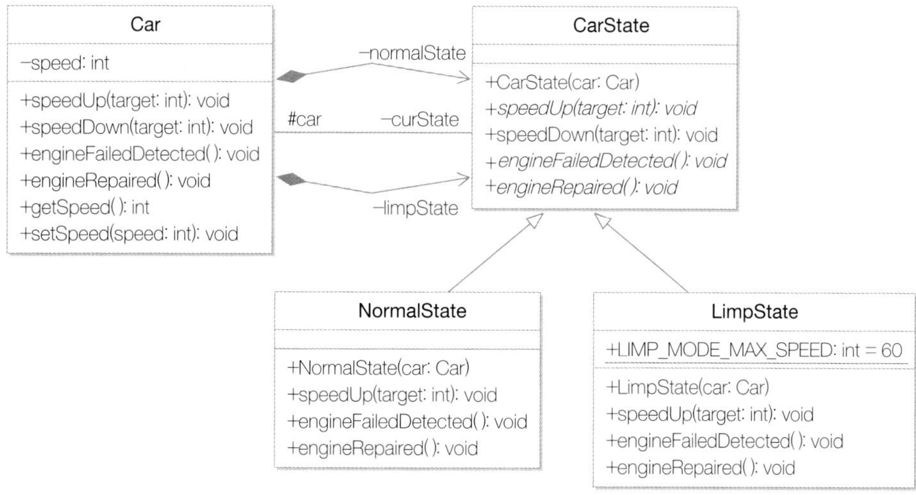

2-4. 위 스테이트 패턴을 바탕으로 다음 코드를 작성했다. Client 클래스의 실행 결과를 작성하라.

```
public class Car {
  private int speed;
  private CarState normalState;
  private CarState limpState;
  private CarState curState;

  public Car() {
    normalState = new NormalState(this);
    limpState = new LimpState(this);
    curState = normalState;
  }

  public CarState getLimpMode() {
    return limpState;
  }

  public void setState(CarState state) {
    curState = state;
  }

  public void speedDown(int targetSpeed) {
    curState.speedDown(targetSpeed);
  }

  public void engineFailedDetected() {
    curState.engineFailedDetected();
  }
  public void speedUp(int targetSpeed) {
    curState.speedUp(targetSpeed);
  }

  public void engineRepaired() {
    curState.engineRepaired();
  }

  public int getSpeed() {
    return speed;
  }

  public void setSpeed(int speed) {
```

```
    this.speed = speed;
  }

  public CarState getNormalMode() {
    return normalState;
  }
}

public abstract class CarState {
  protected Car car;

  protected CarState(Car car) {
    this.car = car;
  }

  public void speedDown(int targetSpeed) {
    System.out.print("Speed: " + car.getSpeed());
    if (targetSpeed < car.getSpeed())
      car.setSpeed(targetSpeed);

    System.out.println(" ==> " + car.getSpeed());
  }
  public abstract void speedUp(int targetSpeed);
  public abstract void engineFailedDetected();
  public abstract void engineRepaired();
}

public class NormalState extends CarState {
  public NormalState(Car car) {
    super(car);
  }

  public void speedUp(int targetSpeed) {
    System.out.print("Speed: " + car.getSpeed());
    if (targetSpeed > car.getSpeed())
      car.setSpeed(targetSpeed);

    System.out.println(" ==> " + car.getSpeed());
  }

  public void engineFailedDetected() {
    System.out.print("Speed: " + car.getSpeed());
    car.setSpeed(LimpState.LIMP_MODE_MAX_SPEED);
    System.out.println(" ==> " + car.getSpeed());
```

```
    car.setState(car.getLimpMode());
  }

  public void engineRepaired() {
    System.out.println("Unexpected Event");
  }
}

public class LimpState extends CarState {
  public static final int LIMP_MODE_MAX_SPEED = 60;

  public LimpState(Car car) {
    super(car);
  }

  public void speedUp(int targetSpeed) {
    System.out.print("Speed: " + car.getSpeed());
    if (targetSpeed > car.getSpeed() && targetSpeed < LIMP_MODE_MAX_SPEED)
      car.setSpeed(targetSpeed);

    System.out.println(" ==> " + car.getSpeed());
  }

  public void engineFailedDetected() {
    // 이미 림프 모드로 동작 중임
  }

  public void engineRepaired() {
    car.setState(car.getNormalMode());
  }
}

public class Client {
  public static void main(String[] args) {
    Car car = new Car();
    car.speedUp(150);
    car.speedDown(130);

    car.engineFailedDetected();

    car.speedUp(100);
    car.speedDown(30);

    car.speedUp(50);
```

```
      car.speedUp(100);

      car.engineRepaired();
      car.speedUp(100);
    }
  }
```

2-5. 위 코드에서 팩토리 메서드 패턴이 적용될 수 있는 부분을 찾아 설명하라.

2-6. 팩토리 메서드 패턴을 적용해 설계한 모습을 클래스 다이어그램으로 작성하라. 이때 NormalState와 LimpState는 각각 객체 하나만 생성할 수 있는 싱글턴 패턴을 적용하도록 하라.

2-7. 2-6에서 설계한 클래스 다이어그램을 바탕으로 팩토리 메서드 패턴과 싱글턴 패턴을 적용해 설계한 코드를 작성하라.

CHAPTER 13

추상 팩토리 패턴

학습목표

- 관련된 여러 클래스의 객체를 생성하는 코드의 캡슐화 방법 이해하기
- 추상 팩토리 패턴을 이용한 관련 객체의 생성 방법 이해하기
- 사례 연구를 통한 추상 팩토리 패턴의 핵심 특징 이해하기

13.1 엘리베이터 부품 업체 변경하기

엘리베이터를 구성하는 많은 부품 중에서 모터와 문을 생각해보자. 엘리베이터 제조 업체가 여러 군데라면 각 제조 업체별로 부품을 개발할 것이다. 예를 들어 LG는 LG 모터와 LG 문을 제공하고 현대는 현대 모터와 현대 문을 제공할 것이다.

엘리베이터만 생각하면 여러 제조 업체의 부품을 사용하더라도 같은 동작을 지원하게 하는 것이 바람직하다. 예를 들어 건물 A에서는 LG의 부품이 사용되고, 건물 B에서는 현대의 부품이 사용되더라도 엘리베이터 프로그램의 변경을 최소화할 필요가 있다.

우선 LG의 모터와 현대의 모터는 구체적인 제어 방식은 다르지만 엘리베이터 입장에서는 모터를 구동해 엘리베이터를 이동시킨다는 면에서는 동일하다. 그러므로 추상 클래스로 `Motor`를 정의하고 `LGMotor`와 `HyundaiMotor`를 하위 클래스로 정의할 수 있다. 마찬가지로 `LGDoor`와 `HyundaiDoor`를 `Door` 클래스의 하위 클래스로 정의할 수 있다.

그림 13-1은 LG와 현대의 모터와 문을 지원하는 클래스들을 상속 관계로 설계한 클래스 다이어그램이다.

그림 13-1 LG와 현대의 모터와 문

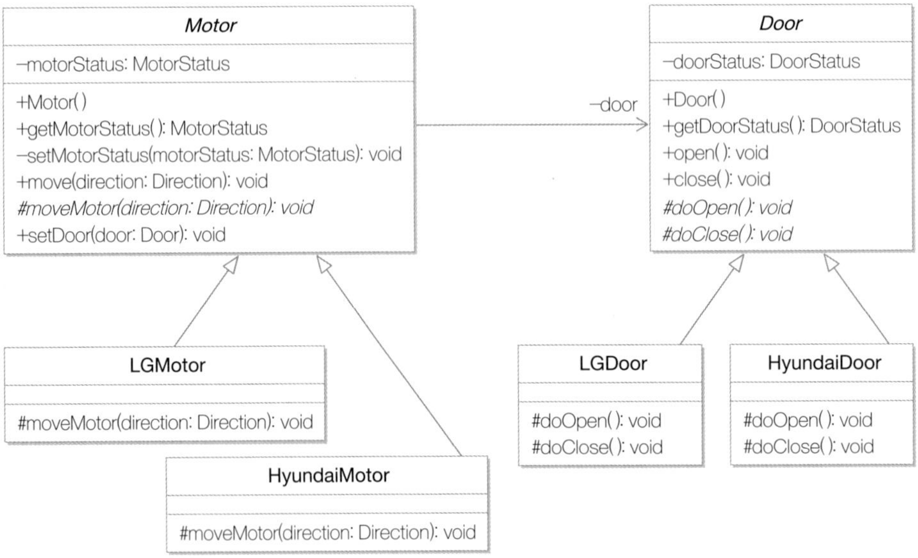

엘리베이터는 LG와 현대라는 제조 업체에 따라 LGMotor나 HyundaiMotor 객체와 LGDoor나 HyundaiDoor 객체가 사용된다. Motor 클래스와 Door클래스는 이들을 일반화하고 실제로는 객체로 생성되지 않으므로 추상 클래스로 정의했다.

그리고 Motor 클래스는 이동하기 전에 문을 닫아야 한다. 그래서 Door 객체의 getDoorStatus 메서드를 호출하려고 Motor 클래스에서 Door 클래스로의 연관 관계를 정의했다.

Motor의 핵심 기능인 이동은 move 메서드로 정의했다. move 메서드의 기본 기능은 다음과 같다.

```
public void move(Direction direction) {
  // 1) 이미 이동 중이면 무시한다.
  // 2) 만약 문이 열려 있으면 문을 닫는다.
  // 3) 모터를 구동해서 이동시킨다.
  // 4) 모터의 상태를 이동 중으로 설정한다.
}
```

그런데 이러한 4단계의 move 메서드 동작은 LGMotor와 HyundaiMotor 클래스에서 모두 동일하다. 다만 "3) 모터를 구동해서 이동시킨다" 부분만 LGMotor와 HyundaiMotor에서 달라진다. 이와 같이 일반적인 흐름에서는 동일하지만 특정 부분만 다른 동작을 하는 경우에는 일반적인 기능을 상위 클래스에 템플릿 메서드로서 설계할 수가 있다(Motor 클래스의 move 메서드에 템플릿 메서드 패턴을 활용하는 방법은 296쪽 '11장. 템플릿 메서드 패턴'에서 자세히 설명했다).

Door 클래스의 경우에도 open과 close 메서드 각각에 템플릿 메서드 패턴을 적용할 수 있다. 예를 들어 open 메서드의 경우 다음과 같이 일반적인 흐름은 LGDoor와 HyundaiDoor 클래스에서 동일하게 동작하고 "2) 문을 닫는다" 부분만 LGDoor와 HyundaiDoor 클래스에서의 동작이 다를 수 있다.

```
public void open() {
  // 1) 이미 문이 열려 있으면 무시한다.
  // 2) 문을 연다.
  // 3) 문의 상태를 '열림'으로 설정한다.
}
```

그러므로 Door 클래스의 close 메서드는 앞에서 설명한 다른 일반적인 흐름은 동일하게 정의하고 "2) 문을 닫는다"만 하위 클래스에서 오버라이드할 수 있도록 설계한다.

코드 13-1은 템플릿 메서드 패턴을 적용해 설계한 Door, LGDoor, HyundaiDoor 클래스의 코드다.

코드 13-1

```
public abstract class Door {
  private DoorStatus doorStatus;

  public Door() {
    doorStatus = DoorStatus.CLOSED;
  }

  public DoorStatus getDoorStatus() {
    return doorStatus;
  }

  public void close() { // 템플릿 메서드
    if (doorStatus == DoorStatus.CLOSED) // 이미 문이 닫혀 있으면 아무 동작을 하지 않음
      return;

    doClose(); // 실제로 문을 닫는 동작을 수행함, 하위 클래스에서 오버라이드될 것임
    doorStatus = DoorStatus.CLOSED; // 문의 상태를 닫힘으로 기록함
  }
  protected abstract void doClose(); // primitive 또는 hook 메서드

  public void open() {
    if (doorStatus == DoorStatus.OPENED) // 이미 문이 열려 있으면 아무 동작을 하지 않음
      return;

    doOpen(); // 실제로 문을 여는 동작을 수행함. 하위 클래스에서 오버라이드될 것임
    doorStatus = DoorStatus.OPENED; // 문의 상태를 열림으로 기록함
  }
  protected abstract void doOpen(); // primitive 또는 hook 메서드
}

public class LGDoor extends Door {
  protected void doClose() {
    System.out.println("close LG Door");
  }
```

```
    protected void doOpen() {
      System.out.println("open LG Door");
    }
  }

  public class HyundaiDoor extends Door {
    protected void doClose() {
      System.out.println("close Hyundai Door");
    }

    protected void doOpen() {
      System.out.println("open Hyundai Door");
    }
  }
```

또한 엘리베이터 입장에서는 특정 제조 업체의 모터와 문을 제어하는 클래스가 필요하다. 예를 들면 LGMotor 객체와 LGDoor 객체가 필요하다. 이미 앞에서 객체의 생성 방식은 팩토리 메서드 패턴을 적용한다고 설명했는데, 이 경우에도 팩토리 메서드 패턴을 적용할 수 있다. 즉, MotorFactory 클래스를 정의해 LGMotor와 HyundaiMotor 중에서 특정 제조 업체에 따라 해당 Motor 객체를 생성할 수가 있다.

그림 13-2은 팩토리 메서드 패턴을 적용해 설계한 MotorFactory의 클래스 다이어그램이다.

그림 13-2 모터 객체 생성을 위한 MotorFactory 클래스

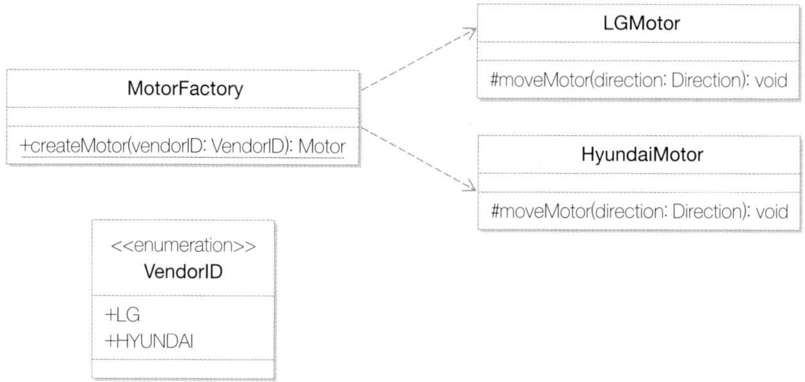

MotorFactory 클래스의 createMotor 메서드는 인자로 주어진 VendorID에 따라 LGMotor 객체 또는 HyundaiMotor 객체를 생성한다.

코드 13-2는 MotorFactory 클래스의 코드다.

코드 13-2

```
public enum VendorID { LG, HYUNDAI }

public class MotorFactory { // 팩토리 메서드 패턴을 사용함
  // vendorID에 따라 LGMotor 또는 HyundaiMotor 객체를 생성함
  public static Motor createMotor(VendorID vendorID) {
    Motor motor = null;
    switch (vendorID) {
      case LG:
        motor = new LGMotor();
        break;
      case HYUNDAI:
        motor = new HyundaiMotor();
        break;
    }
    return motor;
  }
}
```

마찬가지 방식으로 팩토리 메서드 패턴을 적용해 주어진 제조 업체에 따라 LGDoor와 HyundaiDoor 중에서 해당 Door 클래스를 생성하는 DoorFactory 클래스를 이용할 수가 있다.

코드 13-3은 DoorFactory 클래스의 코드다.

코드 13-3

```
public class DoorFactory { // 팩토리 메서드 패턴을 사용함
  // vendorID에 따라 LGDoor 또는 HyundaiDoor 객체를 생성함
  public static Door createDoor(VendorID vendorID) {
    Door door = null;
    switch (vendorID) {
      case LG:
        door = new LGDoor();
        break;
      case HYUNDAI:
        door = new HyundaiDoor();
        break;
    }
```

```
        return door;
    }
}
```

이제 제조 업체에 따라 모터와 문에 해당하는 구체적인 클래스를 생성하게 해야 한다. 예를 들어 LG 업체의 모터와 문을 이용한다면 LGMotor 객체와 LGDoor 객체가 필요하다.

코드 13-4는 앞에서 정의한 MotorFactory와 DoorFactory 클래스를 이용해 LGDoor, LGMotor 객체를 사용하는 Client 클래스의 코드다.

코드 13-4

```
public class Client {
  public static void main(String[] args) {
    Door lgDoor = DoorFactory.createDoor(VendorID.LG); // 팩토리 메서드를 호출함
    Motor lgMotor = MotorFactory.createMotor(VendorID.LG); // 팩토리 메서드를 호출함
    lgMotor.setDoor(lgDoor);

    lgDoor.open();
    lgMotor.move(Direction.UP);
  }
}
```

LGDoor와 LGMotor 객체를 활용하므로 move 메서드를 호출하기 전 open 메서드에 의해 문이 열려 있는 상태다. 그러므로 move 메서드는 문을 먼저 닫고 이동을 시작한다. 이때 LGDoor와 LGMotor 객체가 모두 사용된다.

실행 결과는 다음과 같다.

```
open LG Door
close LG Door
move LG Motor
```

13.2 문제점

- 현재 코드는 LG의 부품(LGMotor와 LGDoor 클래스)을 사용한다. 만약 다른 제조 업체의 부품을 사용해야 한다면? 예를 들어 LG의 부품 대신 현대의 부품(HyundaiMotor와 HyundaiDoor 클래스)을 사용해야 한다면?
- 게다가 새로운 제조 업체의 부품을 지원해야 한다면? 예를 들어 삼성에서 엘리베이터 부품을 생산하기 시작해 삼성의 부품(SamsungMotor와 SamsungDoor 클래스)을 지원해야 한다면?

13.2.1 다른 제조 업체의 부품을 사용해야 하는 경우

엘리베이터 프로그램에서 현대의 부품, 즉 HyundaiMotor와 HyundaiDoor 객체를 사용하려면 MotorFactory와 DoorFactory 클래스를 이용해서 이미 정의된 HyundaiMotor 객체와 HyundaiDoor 객체를 생성하도록 프로그램을 수정한다.

코드 13-5는 현대의 부품을 사용하도록 수정한 코드다.

코드 13-5

```
public class Client {
  public static void main(String[] args) {
    Door hyundaiDoor = DoorFactory.createDoor(VendorID.HYUNDAI);
    Motor hyundaiMotor = MotorFactory.createMotor(VendorID.HYUNDAI);
    hyundaiMotor.setDoor(hyundaiDoor);

    hyundaiDoor.open();
    hyundaiMotor.move(Direction.UP);
  }
}
```

MotorFactory와 DoorFactory 객체를 사용해서 현대 부품의 객체를 생성하도록 비교적 쉽게 코드가 수정되었다. 즉, 2개의 구문을 수정함으로써 현대 부품을 지원하도록 수정한 것이다.

그러나 이런 구조라면 만약 엘리베이터가 모터와 문은 물론이고 세 종류의 램프, 두 종류의 센서, 스피커, 두 종류의 버튼 등 총 10개의 부품을 사용해야 한다면 각 Factory 클래스를 구현하고 이들의 Factory 객체를 각각 생성해야 한다. 예를 들어 그림 13-3은 MotorFactory와

DoorFactory 클래스 이외에 추가적으로 8개의 Factory 클래스를 추가한 클래스 다이어그램이다. 각 Factory 클래스는 LG와 현대 업체별로 해당 부품을 생성한다.

그림 13-3 각 부품별 Factory 클래스를 추가한 클래스 다이어그램

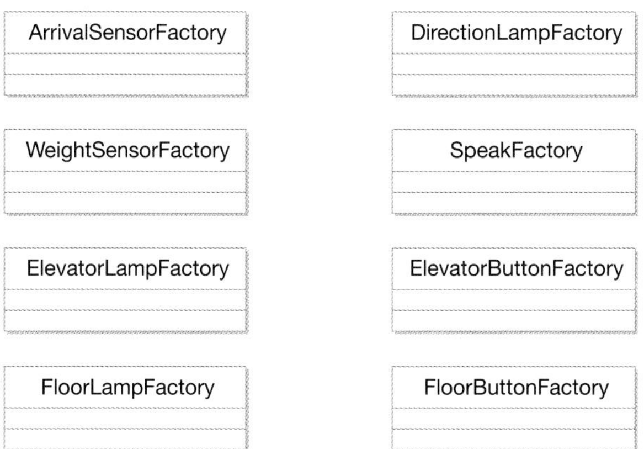

코드 13-6은 총 10개의 Factory 객체를 사용해 엘리베이터를 구성하는 10개의 부품을 현대 부품으로 사용하도록 수정한 Client 클래스다.

코드 13-6

```
public class Client {
  public static void main(String[] args) {
    Door hyundaiDoor = DoorFactory.createDoor(VendorID.HYUNDAI);
    Motor hyundaiMotor = MotorFactory.createMotor(VendorID.HYUNDAI);
    hyundaiMotor.setDoor(hyundaiDoor);
    ArrivalSensor hyundaiArrivalSensor =
      ArrivalSensorFactory.createArrivalSensor(VendorID.HYUNDAI);
    WeightSensor hyundaiWeightSensor =
      WeightSensorFactory.createWeightSensor(VendorID.HYUNDAI);
    ElevatorLamp hyundaiElevatorLamp =
      ElevatorLampFactory.createElevatorLamp(VendorID.HYUNDAI);
    FloorLamp hyundaiFloorLamp =
      FloorLampFactory.createFloorLamp(VendorID.HYUNDAI);
    DirectionLamp hyundaiDirectionLamp =
      DirectionLampFactory.createDirectionLamp(VendorID.HYUNDAI);
    Speaker hyundaiSpeaker = SpeakerFactory.createSpeaker(VendorID.HYUNDAI);
    ElevatorButton hyundaiElevatorButton =
      ElevatorButtonFactory.createElevatorButton(VendorID.HYUNDAI);
```

```java
      FloorButton hyundaiFloorButton =
        FloorButtonFactory.createElevatorFloorButton(VendorID.HYUNDAI);
      hyundaiDoor.open();
      hyundaiMotor.move(Direction.UP);
    }
  }
```

코드에서 확인할 수 있듯이 부품의 수가 많아지면 특정 업체별 부품을 생성하는 코드의 길이가 길어지고 복잡해질 수 있다. 게다가 이러한 코드 구조가 많아진다면 코드를 수정하는 것이 더욱 쉽지 않다.

13.2.2 새로운 제조 업체의 부품을 지원해야 하는 경우

예를 들어 삼성에서 엘리베이터 부품 사업을 시작한다면 SamsungMotor, SamsungDoor 클래스 등을 지원할 수 있어야 한다. 이런 경우에는 MotorFactory와 DoorFactory 클래스가 SamsungMotor와 SamsungDoor 클래스를 지원할 수 있도록 수정되어야 한다.

예를 들어 코드 13-7은 SamsungDoor 객체를 생성하도록 수정한 DoorFactory 클래스의 코드다.

코드 13-7

```java
public class DoorFactory {
  public static Door createDoor(VendorID vendorID) {
    Door door = null;
    switch (vendorID) {
      case LG:
        door = new LGDoor();
        break;
      case HYUNDAI:
        door = new HyundaiDoor();
        break;
      case SAMSUNG:
        door = new SamsungDoor();
        break;
    }
```

```
        return door;
    }
}
```

DoorFactory 클래스뿐만 아니라 나머지 9개 부품과 연관된 Factory 클래스에서도 마찬가지로 삼성의 부품을 생성하도록 변경할 필요가 있다. 또한 코드 13-6의 코드가 이제는 삼성의 부품을 생성하도록 모두 수정해야 한다.

결론적으로 지금까지 언급한 문제점을 요약하면 기존의 팩토리 메서드 패턴을 이용한 객체 생성은 관련 있는 여러 개의 객체를 일관성 있는 방식으로 생성하는 경우에 많은 코드 변경이 발생하게 된다는 것이다.

13.3 해결책

엘리베이터는 특정 모터와 특정 문을 제어할 필요가 있다. 그런데 일반적으로 현대의 모터를 사용하면 현대의 문을 사용하고 LG의 모터를 사용하면 LG의 문을 사용할 것이다. 이와 같이 여러 종류의 객체를 생성할 때 객체들 사이의 관련성이 있는 경우라면 각 종류별로 별도의 Factory 클래스를 사용하는 대신 관련 객체들을 일관성 있게 생성하는 Factory 클래스를 사용하는 것이 편리할 수가 있다.

예를 들어 엘리베이터 프로그램의 경우 MotorFactory, DoorFactory 클래스와 같이 부품별로 Factory 클래스를 만드는 대신 LGElevatorFactory나 HyundaiElevatorFactory 클래스와 같이 제조 업체별로 Factory 클래스를 만들 수도 있다. LGElevatorFactory는 LGMotor와 LGDoor 객체를 생성하는 팩토리 클래스고 HyundaiElevatorFactory는 HyundaiMotor와 HyundaiDoor 객체를 생성하는 팩토리 클래스다.

그림 13-4 LGElevatorFactory와 HyundaiElevatorFactory 클래스를 이용한 설계

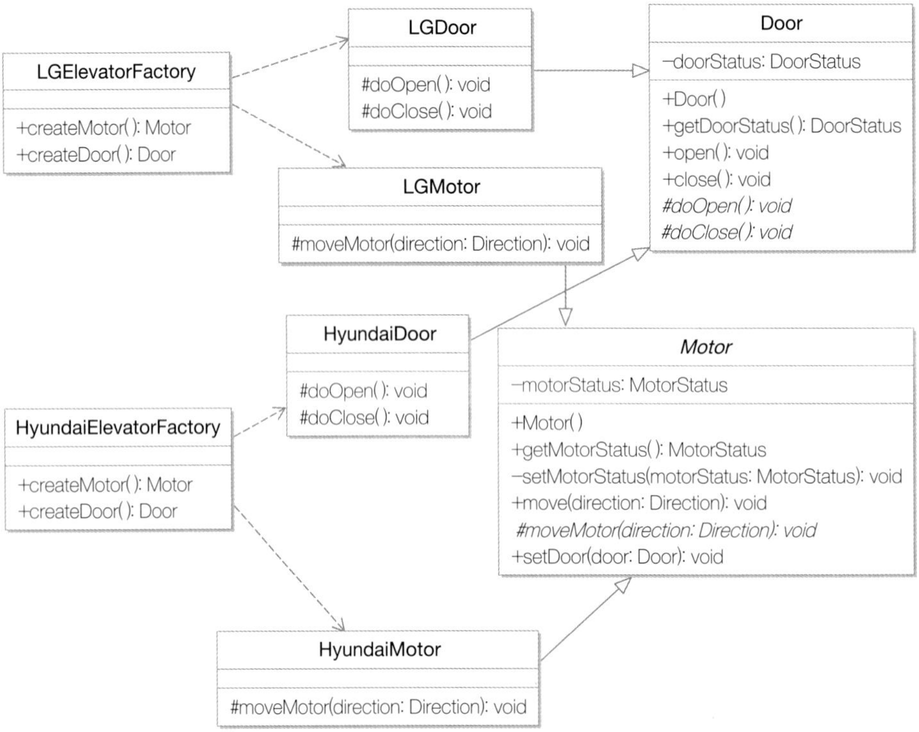

LGElevatorFactory 클래스는 createMotor 메서드와 createDoor 메서드를 통해 LGMotor 객체와 LGDoor 객체를 생성하는 기능을 제공한다. 마찬가지로 HyundaiElevatorFactory도 createMotor 메서드와 createDoor 메서드를 통해 HyundaiMotor 객체와 HyundaiDoor 객체를 생성한다.

그림 13-4의 클래스 다이어그램에서 볼 수 있듯이 2개의 ElevatorFactory 클래스는 모두 createMotor 메서드와 createDoor 메서드를 제공한다. 즉, 엘리베이터를 구성하는 각 부품 객체를 생성하는 메서드가 공통으로 있다. 그러므로 2개의 ElevatorFactory 클래스를 일반화한 상위 클래스를 정의할 수가 있다.

그림 13-5는 ElevatorFactory 클래스를 LGElevatorFactory와 HyundaiElevatorFactory의 상위 클래스로 설계한 클래스 다이어그램이다.

그림 13-5 LGElevatorFactory와 HyundaiElevatorFactory 클래스의 일반화

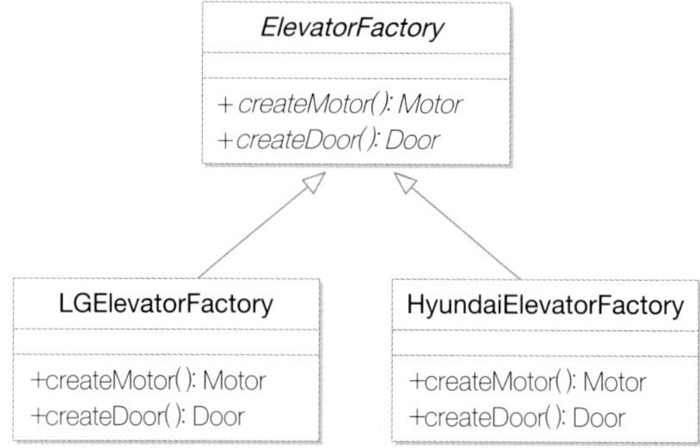

ElevatorFactory는 추상 클래스고 createMotor와 createDoor도 추상 메서드로 정의되었다. 코드 13-8은 ElevatorFactory, LGElevatorFactory, HyundaiElevatorFactory 클래스의 코드다.

코드 13-8

```
public abstract class ElevatorFactory { // 추상 부품을 생성하는 추상 팩토리
  public abstract Motor createMotor();
  public abstract Door createDoor();
}

public class LGElevatorFactory extends ElevatorFactory { // LG 부품을 생성하는 팩토리
  public Motor createMotor() {
    return new LGMotor();
  }

  public Door createDoor() {
    return new LGDoor();
  }
}

// 현대 부품을 생성하는 팩토리
public class HyundaiElevatorFactory extends ElevatorFactory {
  public Motor createMotor() {
    return new HyundaiMotor();
  }

  public Door createDoor() {
```

```
      return new HyundaiDoor();
    }
  }
```

이제 제조 업체별로 Factory 클래스를 정의했으므로 제조 업체별 부품 객체를 아주 간단히 생성할 수 있다. 즉, LG의 부품을 이용할 때는 LGElevatorFactory 객체를 생성할 수 있고 현대의 부품을 이용할 때는 HyundaiElevatorFactory 객체를 생성할 수 있다.

코드 13-9는 인자로 주어진 업체 이름에 따라 부품을 생성하는 Client 클래스의 코드다.

코드 13-9

```
public class Client {
  public static void main(String[] args) {
    ElevatorFactory factory = null;
    String vendorName = args[0];
    if (vendorName.equalsIgnoreCase("LG")) // 인자에 따라 LG 또는 현대 팩토리를 생성함
      factory = new LGElevatorFactory();
    else
      factory = new HyundaiElevatorFactory();

    Door door = factory.createDoor();
    Motor motor = factory.createMotor();
    motor.setDoor(door);

    door.open();
    motor.move(Direction.UP);
  }
}
```

Client 클래스는 인자로 주어진 업체 이름에 따라 적절한 부품 객체를 생성한다. 즉, LG의 부품을 이용하든 현대의 부품을 이용하든 이제 이 코드는 변경할 필요가 없다.

이 코드의 실행 결과는 다음과 같다.

표 13-1 코드 13-9 Client 클래스의 실행 예

코드 인자	LG	Hyundai
실행 결과	open LG Door close LG Door move LG Motor	open Hyundai Door close Hyundai Door move Hyundai Motor

새로운 제조 업체의 부품을 지원하는 경우 앞의 예처럼 삼성의 부품을 이용해 엘리베이터 프로그램을 개발하는 경우라면 삼성 부품의 객체를 생성하도록 코드를 수정할 필요가 있다. 기존 방식, 즉 `MotorFactory`나 `DoorFactory` 클래스 등과 같이 부품별 `Factory` 클래스를 활용하는 경우에는 삼성 부품의 객체를 생성하도록 각 `Factory` 클래스를 수정해야 했다.

그러나 이제는 부품이 아니라 제조 업체별로 `Factory` 클래스를 설계했으므로 삼성 부품의 객체를 생성하는 `SamsungFactory` 클래스만 새롭게 만들면 된다.

그림 13-6은 `SamsungFactory` 클래스가 `ElevatorFactory`의 하위 클래스로 `SamsungMotor` 객체와 `SamsungDoor` 객체를 생성하도록 설계한 클래스 다이어그램이다.

그림 13-6 SamsungFactory 클래스를 이용한 삼성 부품의 객체 생성

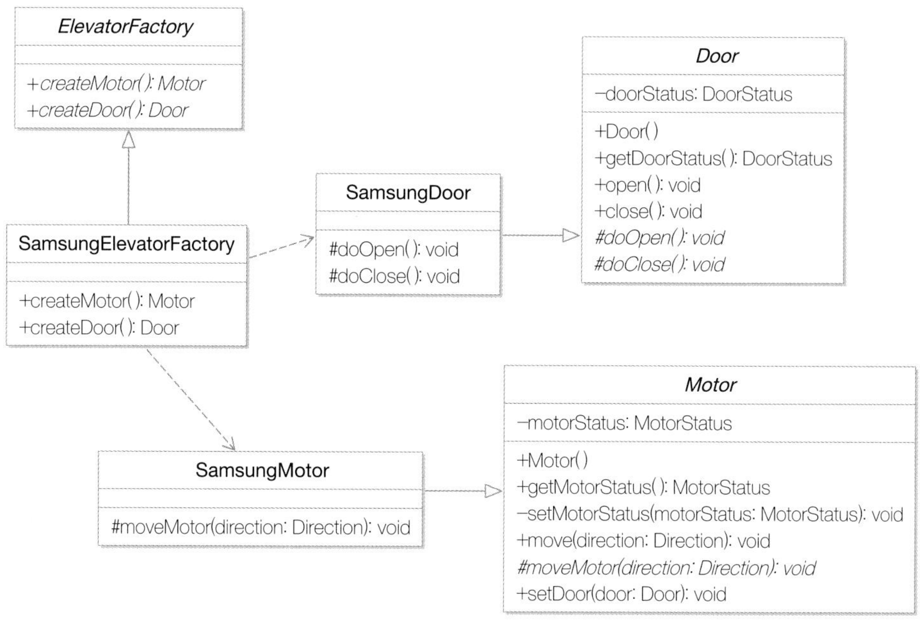

코드 13-10은 SamsungDoor, SamsungMotor, SamsungElevatorFactory 클래스의 코드다.

코드 13-10

```
// 삼성 부품을 생성하는 삼성 팩토리
public class SamsungElevatorFactory extends ElevatorFactory {
  public Motor createMotor() {
    return new SamsungMotor();
  }

  public Door createDoor() {
    return new SamsungDoor();
  }
}

public class SamsungDoor extends Door {
  protected void doClose() {
    System.out.println("close Samsung Door");
  }

  protected void doOpen() {
    System.out.println("open Samsung Door");
  }
}

public class SamsungMotor extends Motor {
  protected void moveMotor(Direction direction) {
    System.out.println("move Samsung Motor");
  }
}
```

이제 SamsungElevatorFactory 클래스를 정의했으므로 삼성 부품을 사용하는 엘리베이터 프로그램을 쉽게 작성할 수 있다.

코드 13-11은 기존 LG 부품, 현대 부품과 더불어 삼성 부품을 지원할 수 있는 Client 클래스의 코드다.

코드 13-11

```
public class Client {
  public static void main(String[] args) {
    ElevatorFactory factory = null;
```

```
      String vendorName = args[0];
      if (vendorName.equalsIgnoreCase("LG"))
        factory = new LGElevatorFactory();

      // 삼성 부품을 생성하는 삼성 팩토리를 이용함
      else if (vendorName.equalsIgnoreCase("Samsung"))
        factory = new SamsungElevatorFactory();
      else
        factory = new HyundaiElevatorFactory();

      Door door = factory.createDoor();
      Motor motor = factory.createMotor();
      motor.setDoor(door);

      door.open();
      motor.move(Direction.UP);
    }
  }
```

코드 13-9와 비교하면 SamsungElevatorFactory 객체를 생성하는 구문만 수정되었고, Door나 Motor 객체를 생성하고 이용하는 부분은 아무런 변화도 없다. 즉, 새로운 제조 업체의 부품을 지원하려면 해당 제조 업체의 부품을 생성하는 Factory 클래스를 추가하면 된다. 기존의 코드는 변경하지 않고도 새로운 제조 업체의 객체를 지원할 수 있다.

다음은 Samsung을 인자로 했을 때의 실행 결과다. 삼성 부품을 이용하고 있음을 확인할 수 있다.

표 13-2 코드 13-10 Client 클래스의 실행 예

프로그램 인자	Samsung
실행 결과	open Samsung Door close Samsung Door move Samsung Motor

그리고 몇 가지 살펴봐야 할 부분이 있다. Client 클래스는 특정 제조 업체에 따라 적절한 Factory 클래스가 생성된 후에는 이 Factory 클래스를 이용해 구체적인 부품을 생성한다. 이때 제조 업체별로 Factory 클래스를 생성하는 부분은 팩토리 메서드 패턴을 적용해 설계한 것이다. 즉, 구체적인 Factory 클래스를 생성하는 팩토리 메서드를 사용함으로써 제조 업체별 Factory 객체를 생성하는 방식을 캡슐화할 수 있다.

```
if (vendorName.equalsIgnoreCase("LG"))
  factory = new LGElevatorFactory();
else if (vendorName.equalsIgnoreCase("Samsung"))
  factory = new SamsungElevatorFactory();
else
  factory = new HyundaiElevatorFactory();
```

제조 업체별 Factory 객체는 각각 1개만 있으면 된다. 즉, LGElevatorFactory 객체 1개, HyundaiElevatorFactory 객체도 1개, SamsungElevatorFactory 객체도 1개만 필요하다. 따라서 LGElevatorFactory, HyundaiElevatorFactory, SamsungElevatorFactory 클래스는 싱글턴 패턴으로 설계할 필요가 있다.

그림 13-7은 3개의 제조 업체별 Factory 클래스를 싱글턴으로 설계하고 주어진 vendorID에 따라 해당 제조 업체의 Factory 객체를 생성하는 ElevatorFactoryFactory의 클래스 다이어그램이다.

그림 13-7 팩토리 메서드와 싱글턴 패턴을 적용한 제조 업체별 Factory 클래스 다이어그램

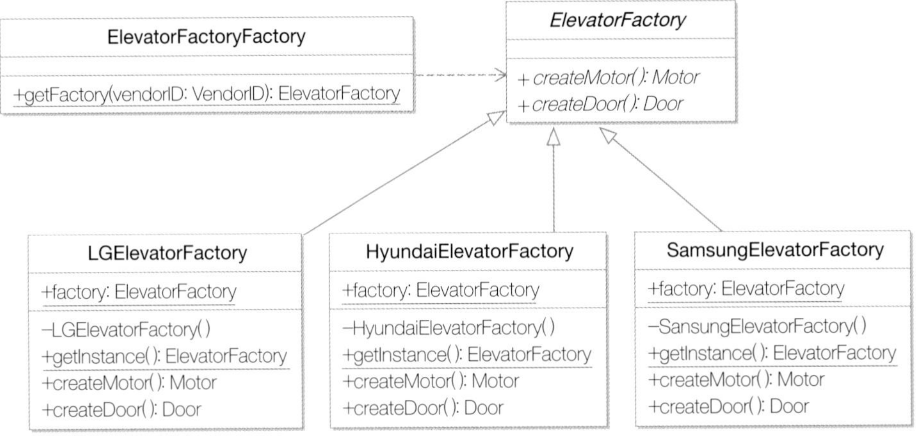

ElevatorFactoryFactory 클래스의 getFactory가 팩토리 메서드 역할을 한다. 그리고 각 제조 업체별 Factory 클래스는 싱글턴 패턴으로 설계한다.

코드 13-12는 그림 13-7을 기반으로 한 ElevatorFactoryFactory 클래스와 LG ElevatorFactory 클래스의 코드다. 참고로 HyundaiElevatorFactory 클래스와 SamsungElevatorFactory 클래스는 LGElevatorFactory 클래스와 비슷하므로 생략했다.

코드 13-12

```
public class ElevatorFactoryFactory { // 팩토리 클래스에 팩토리 메서드 패턴을 적용함
  public static ElevatorFactory getFactory(VendorID vendorID) {
    ElevatorFactory factory = null;
    switch (vendorID) {
      case LG:
        factory = LGElevatorFactory.getInstance(); // LG 팩토리의 생성
        break;
      case HYUNDAI:
        factory = HyundaiElevatorFactory.getInstance(); // 현대 팩토리의 생성
        break;
      case SAMSUNG:
        factory = SamsungElevatorFactory.getInstance(); // 삼성 팩토리의 생성
        break;
    }
    return factory;
  }
}

// 싱글턴 패턴을 적용한 LG 팩토리
public class LGElevatorFactory extends ElevatorFactory {
  private static ElevatorFactory factory;
  private LGElevatorFactory() { }

  public static ElevatorFactory getInstance() {
    if (factory == null)
      factory = new LGElevatorFactory();

    return factory;
  }

  public Motor createMotor() {
    return new LGMotor();
  }

  public Door createDoor() {
```

```
      return new LGDoor();
    }
  }
```

제조 업체별 Factory 객체를 생성하는 코드가 ElevatorFactoryFactory 클래스의 getFactory 메서드를 사용해 캡슐화되었다.

코드 13-13은 ElevatorFactoryFactory 클래스를 활용하도록 수정한 Client 클래스의 코드다.

코드 13-13

```
public class Client {
  public static void main(String[] args) {
    String vendorName = args[0];
    VendorID vendorID;
    if (vendorName.equalsIgnoreCase("LG"))
      vendorID = VendorID.LG;
    else if (vendorName.equalsIgnoreCase("Samsung"))
      vendorID = VendorID.SAMSUNG;
    else
      vendorID = VendorID.HYUNDAI;

    ElevatorFactory factory = ElevatorFactoryFactory.getFactory(vendorID);

    Door door = factory.createDoor();
    Motor motor = factory.createMotor();
    motor.setDoor(door);

    door.open();
    motor.move(Direction.UP);
  }
}
```

코드 13-11과 비교하면 큰 차이가 없어 보인다. 하지만 이제는 제조 업체별 Factory 클래스에 싱글턴 패턴을 적용했으며, vendorID에 주어지는 인자에 따라 제조 업체별 Factory 객체를 생성하는 방식을 캡슐화했다는 점이 다르다.

13.4 추상 팩토리 패턴

추상 팩토리 패턴Abstract Factory Pattern은 관련성 있는 여러 종류의 객체를 일관된 방식으로 생성하는 경우에 유용하다. 지금까지 설명한 엘리베이터 예제에서 볼 수 있듯이 LG 부품을 위한 코드는 LG의 모터와 문을 이용할 것이다. 만약 현대 부품을 지원하도록 코드를 수정해야 한다면 모터와 문이 일관성 있게 LG에서 현대로 변경되어야 한다.

바로 이러한 경우에 부품별로 `Factory`를 정의하는 대신 관련 객체들을 일관성 있게 생성할 수 있도록 `Factory` 클래스를 정의하는 것이 효과적이다. 예를 들어 `Motor` 클래스를 위한 `MotorFactory` 클래스와 `Door` 클래스를 위한 `DoorFactory` 클래스를 정의하는 대신 LG 부품들을 위한 `LGFactory` 클래스와 현대 부품들을 위한 `HyundaiFactory` 클래스를 정의하는 것이 바람직하다.

그림 13-8 추상 팩토리 패턴의 컬레보레이션

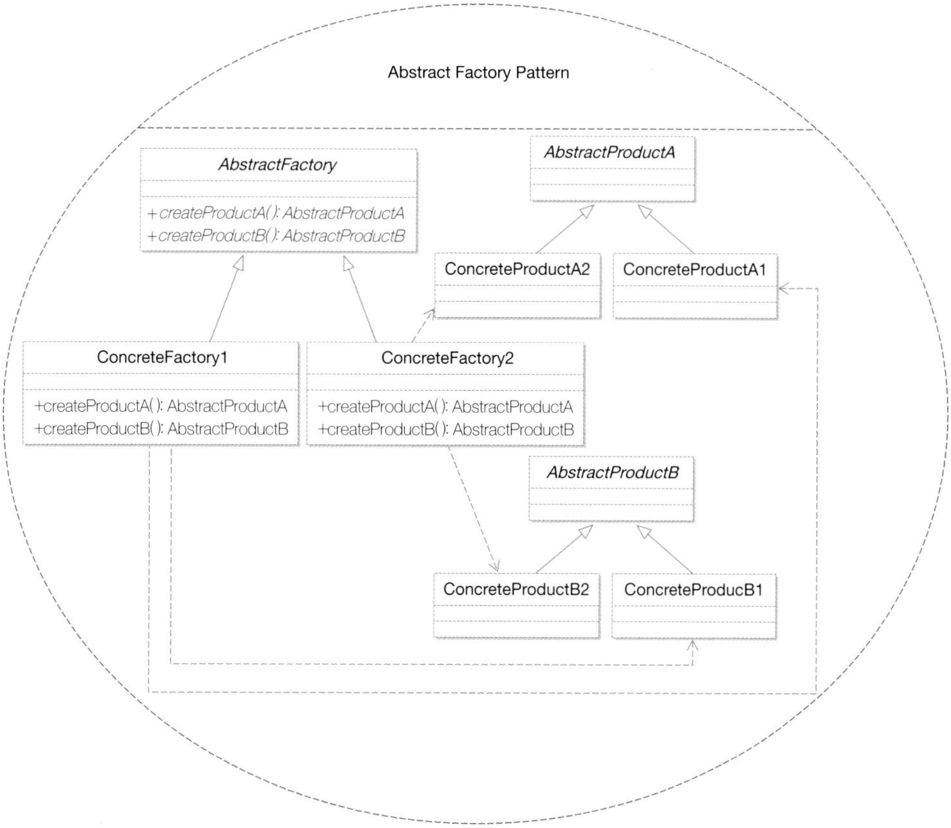

> **Keypoint_** 추상 팩토리 패턴은 관련성 있는 여러 종류의 객체를 일관성 있는 방식으로 생성할 때 유용하다.

추상 팩토리 패턴에서 나타나는 역할이 수행하는 작업은 다음과 같다.

- **AbstractFactory**: 실제 팩토리 클래스의 공통 인터페이스. 각 제품의 부품을 생성하는 기능을 추상 메서드로 정의한다.
- **ConcreteFactory**: 구체적인 팩토리 클래스로 AbstractFactory 클래스의 추상 메서드를 오버라이드함으로써 구체적인 제품을 생성한다.
- **AbstractProduct**: 제품의 공통 인터페이스
- **ConcreteProduct**: 구체적인 팩토리 클래스에서 생성되는 구체적인 제품

그림 13-9는 추상 팩토리 패턴의 순차 다이어그램이다.

그림 13-9 추상 팩토리 패턴의 순차 다이어그램

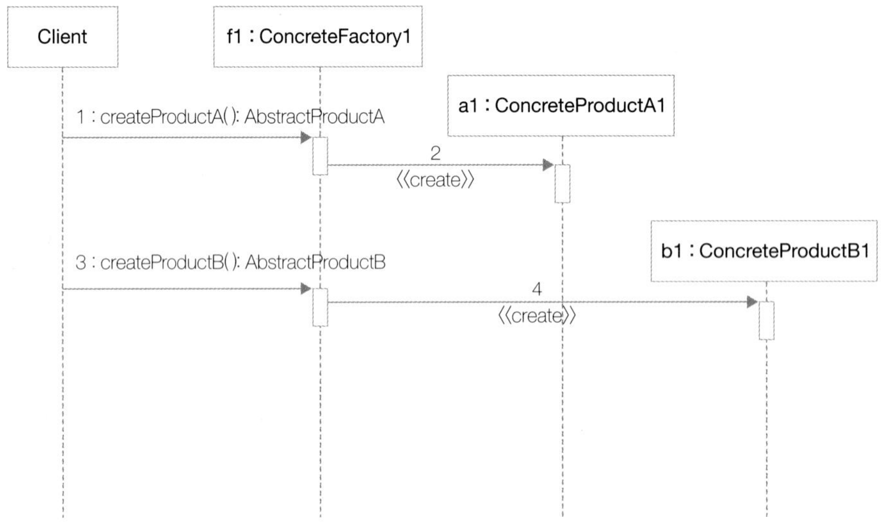

AbstractFactory의 구체적인 팩토리로는 ConcreteFactory1 객체 f1이 있다. 이 ConcreteFactory1 객체를 이용해 ConcreteProductA1과 ConcreteProductB1 객체를 생성한다.

Client 클래스는 ConcreteFactory1 클래스의 createProductA 메서드를 호출함으로써 ConcreteProductA1 객체 a1을 생성한다. 그러나 createProductA 메서드의 타입이 AbstractProductA이므로 Client 클래스는 AbstractProductA 클래스를 통해야만 ConcreteProductA1 객체에 접근할 수 있다. 이렇게 하면 ConcreteFactory1 클래스가 아니라 ConcreteFactory2 클래스에 의해 ConcreteProductA2 객체가 생성되어도 Client 클래스는 여전히 AbstractProductA 클래스를 통해 생성된 객체에 접근할 수 있다. 즉, Client 객체는 ConcreteFactory의 변화에 의해 영향을 받지 않을 수 있다.

그림 13-10은 LGElevatorFactory와 HyundaiElevatorFactory 클래스에 추상 팩토리 패턴을 적용한 클래스 다이어그램이다.

그림 13-10 추상 팩토리 패턴을 엘리베이터 부품 업체 예제에 적용한 경우

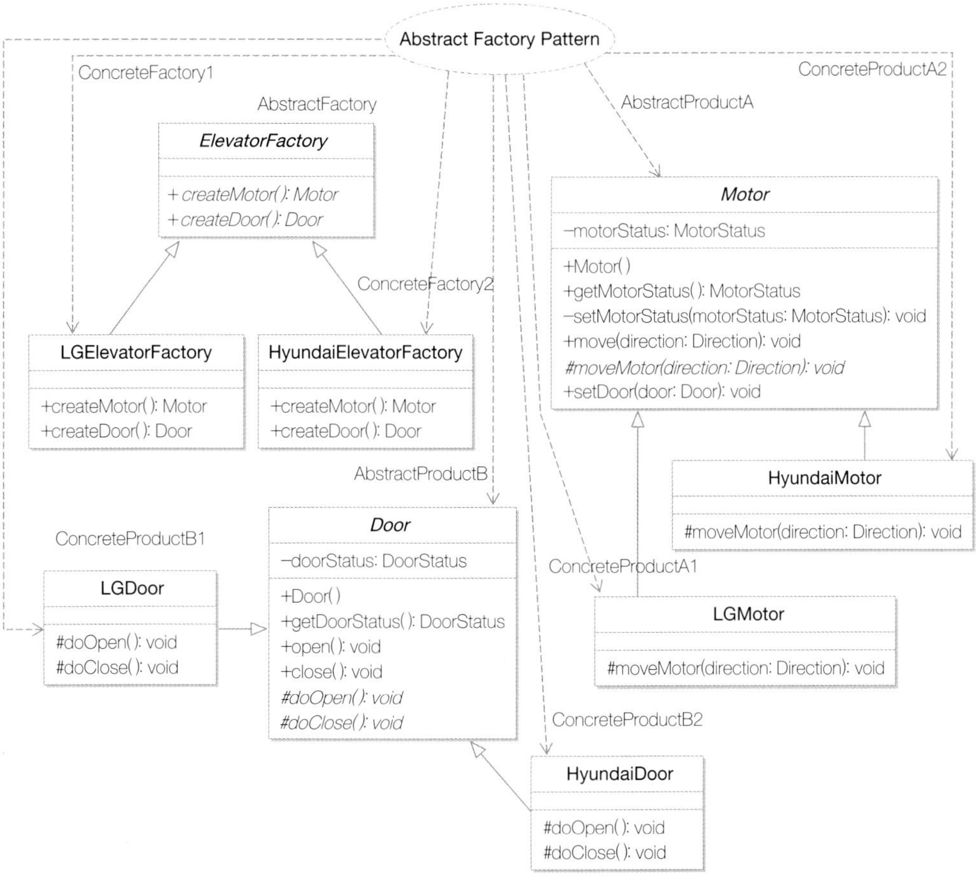

- ElevatorFactory 클래스는 AbstractFactory 역할을 한다.
- LGElevatorFactory 클래스와 HyundaiElevatorFactory 클래스는 ConcreteFactory 역할을 한다.
- Motor 클래스는 AbstractProductA 역할을 한다.
- LGMotor 클래스와 HyundaiMotor 클래스는 ConcreteProductA 역할을 한다.
- Door 클래스는 AbstractProductB 역할을 한다.
- LGDoor 클래스와 HyundaiDoor 클래스는 ConcreteProductB 역할을 한다.

1. 다음은 간단한 내비게이션을 구현하는 클래스의 코드다.

```
public class Location { }

public abstract class GPS {
  public abstract Location findCurrentLocation();
}

public class CheapGPS extends GPS {
  public Location findCurrentLocation() {
    System.out.println("Find current location with Cheap GPS");
    return null;
  }
}

public class ExpensiveGPS extends GPS {
  public Location findCurrentLocation() {
    System.out.println("Find current location with Expensive GPS");
    return null;
  }
}

public abstract class Map { }
public class SmallMap extends Map { }
public class LargeMap extends Map { }

public abstract class Screen {
  public abstract void drawMap(Map map);
}

public class SDScreen extends Screen {
  public void drawMap(Map map) {
    System.out.println("Draw map " + map.getClass().getName() + " on SD screen");
  }
}

public class HDScreen extends Screen {
  public void drawMap(Map map) {
    System.out.println("Draw map " + map.getClass().getName() + " on HD screen");
  }
}

public class Path { }
```

```
public abstract class PathFinder {
  public abstract Path findPath(Location from, Location to);
}

public class SlowPathFinder extends PathFinder {
  public Path findPath(Location from, Location to) {
    System.out.println("Slow Path Finder");
    return null;
  }
}

public class FastPathFinder extends PathFinder {
  public Path findPath(Location from, Location to) {
    System.out.println("Fast Path Finder");
    return null;
  }
}
```

1-1. 다음 Client 클래스의 실행 결과를 작성하라.

```
public class Client {
  public static void main(String[] args) {
    GPS gps = new CheapGPS();
    Screen mapScreen = new SDScreen();
    PathFinder pathFinder = new SlowPathFinder();

    Map map = new SmallMap();
    mapScreen.drawMap(map);

    Location l1 = gps.findCurrentLocation();
    Location l2 = gps.findCurrentLocation();

    pathFinder.findPath(l1,  l2);
  }
}
```

1-2. 주어진 내비게이션의 설계를 클래스 다이어그램으로 작성하라. 그리고 각 클래스를 간략히 설명하라.

1-3. 다음과 같이 두 종류의 내비게이션 프로그램을 개발한다고 생각해보자.

- **기본(Basic) 모델**: CheapGPS, SmallMap, SDScreen, SlowPathFinder 클래스로 구성됨
- **고급(Premium) 모델**: ExpensiveGPS, LargeMap, HDScreen, FastPathFinder 클래스로 구성됨

이와 같을 때 추상 팩토리 패턴을 활용해 각 모델별로 필요한 부품을 생성하도록 설계하고 이를 클래스 다이어그램으로 표현하라. 즉, 추상 팩토리 클래스와 구체 팩토리 클래스를 클래스 다이어그램으로 표현하라.

1-4. 추상 팩토리 패턴을 활용한 설계에서 추상 팩토리 패턴의 구성 요소를 구분하라.

1-5. 추상 팩토리 패턴을 활용한 설계를 바탕으로 팩토리 클래스들의 소스 코드를 작성하라.

1-6. 추상 팩토리 패턴을 구현한 클래스들을 이용하도록 기존의 `Client` 클래스를 수정하라.

1-7. 고급 모델을 지원하도록 위 1-6의 `Client` 클래스를 수정하라. 그리고 실행 결과를 기록하라.

2. 프로그램의 가장 기본적인 테스트를 단위 테스트라고 한다. 단위 테스트는 프로그램의 기본 구성 단위를 테스트하는 것을 뜻한다. 예를 들어 내비게이션 프로그램에서는 `GPS`, `Map`, `Screen` 클래스 등이 기본 단위가 되므로 이들을 테스트하는 것이 단위 테스트가 된다.

   단위 테스트를 할 때는 테스트 대상이 되는 클래스가 이용하는 클래스를 대신하는 테스트 클래스를 정의한 다음 새로 정의한 클래스를 테스트한다. 1번 예제에서 `PathFinder` 클래스가 `GPS` 클래스, `Map` 클래스, `Screen` 클래스를 이용한다면 `GPSSimulator`, `TestMap`, `TestScreen`이라는 테스트 클래스를 만들어 `PathFinder` 클래스를 테스트한다. `GPS` 클래스가 이용하는 클래스가 `Map`, `Screen`, `PathFinder`라면 `TestMap`, `TestScreen`, `TestPathFinder` 클래스를 만들어 `GPS` 클래스를 테스트하면 된다.

요약하면 단위 테스트 실행을 위해 각 프로그램의 구성 요소 기능을 대신하는 클래스를 준비할 필요가 있다. 이러한 클래스를 일반적으로 스텁stub이라고 하며, 다음 코드는 스텁 클래스의 코드 예다.

```
public class GPSSimulator extends GPS {
  public Location findCurrentLocation() {
    System.out.println("Find current location with GPS Simulator");
    return null;
  }
}

public class TestMap extends Map { }

public class TestScreen extends Screen {
  public void drawMap(Map map) {
    System.out.println("Draw map " + map.getClass().getName() + " on Test screen");
  }
}

public class TestPathFinder extends PathFinder {
  public Path findPath(Location from, Location to) {
    System.out.println("Test Path Finder");
    return null;
  }
}
```

2-1. 위에서 설명한 스텁 클래스의 각 객체를 생성하려면 새로운 팩토리 클래스가 필요하다. 스텁 객체를 생성하는 팩토리 클래스의 코드를 작성하라.

2-2. SlowPathFinder 클래스의 단위 테스트를 실행하고자 한다. 따라서 SlowPathFinder 객체와 GPS, Map, Screen의 스텁 객체가 필요하다. 팩토리 클래스를 이용해 필요한 객체를 생성하는 Client 클래스를 작성하라.

CHAPTER 14

컴퍼지트 패턴

학습목표

- 부분–전체의 관계가 있는 객체의 설계 방법 이해하기
- 컴퍼지트 패턴을 이용한 부분–전체 객체의 설계 방법 이해하기
- 사례 연구를 통한 컴퍼지트 패턴의 핵심 특징 이해하기

14.1 컴퓨터에 추가 장치 지원하기

컴퓨터를 모델링해보자. 그림 14-1처럼 컴퓨터는 데이터를 입력받는 키보드(Keyboard 클래스), 이를 처리하는 본체(Body 클래스), 그리고 처리 결과를 출력하는 모니터(Monitor 클래스)가 있다.

그림 14-1 컴퓨터의 구성

그러므로 컴퓨터를 모델링할 때는 구성 장치인 Keyboard, Body, Monitor 클래스를 정의해야 한다. 그리고 Computer 클래스는 이들 구성 장치를 포함하는 것으로 구현할 수 있다.

클래스 다이어그램에서는 Computer 클래스와 구성 장치 사이의 관계를 합성Composition 관계로 표현할 수 있다. 그림 14-2는 Computer 클래스와 Keyboard, Body, Monitor 클래스 사이의 합성 관계를 이용해 Computer 클래스의 부품을 표현한 클래스 다이어그램이다.

클래스 다이어그램에서는 연관 관계의 한쪽 끝에 마름모 표시를 함으로써 합성 관계를 표기한다. 이때 마름모가 표시된 클래스는 전체whole의 의미가 있고 반대쪽 클래스는 부분part의 의미가 있다. 그러므로 위 클래스 다이어그램에서 Computer는 전체 클래스가 되고 나머지 Keyboard, Body, Monitor는 각각 부분 클래스가 된다.

또한 컴퓨터의 가격(price 변수)과 전력 소비량(power 변수)을 계산하는 데 필요한 속성과 연산이 있다. 그리고 키보드, 본체, 모니터 같은 컴퓨터 부품은 각자 자신의 가격과 전력 소비량을 속성으로서 갖는다. 그리고 컴퓨터의 가격과 전력 소비량은 부품에 따라 계산되므로 이를 위한 별도의 속성을 정의하지 않았다.

그림 14-2 Computer 클래스의 클래스 다이어그램

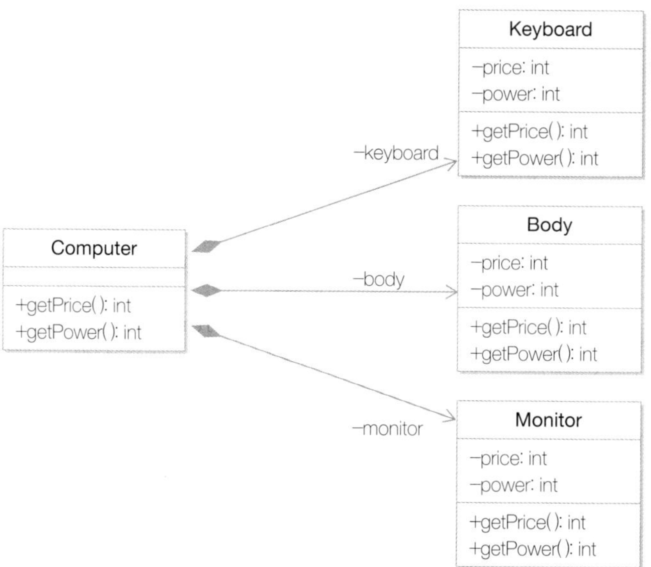

코드 14-1은 컴퓨터를 구성하는 Keyboard, Body, Monitor 클래스의 코드다.

코드 14-1

```
public class Keyboard {
  private int price;
  private int power;

  public Keyboard(int power, int price) {
    this.power = power;
    this.price = price;
  }

  public int getPrice() {
    return price;
  }

  public int getPower() {
    return power;
  }
}

public class Body {
```

```
    private int price;
    private int power;

    public Body(int power, int price) {
      this.power = power;
      this.price = price;
    }

    public int getPrice() {
      return price;
    }

    public int getPower() {
      return power;
    }
  }

  public class Monitor {
    private int price;
    private int power;

    public Monitor(int power, int price) {
      this.power = power;
      this.price = price;
    }

    public int getPrice() {
      return price;
    }

    public int getPower() {
      return power;
    }
  }
```

그리고 Computer 클래스는 이들 클래스의 객체를 부분으로 갖는다. 즉, Keyboard, Body, Monitor 객체의 참조를 필드로 정의할 필요가 있다.

코드 14-2는 Computer 클래스의 코드다.

코드 14-2

```
public class Computer {
  private Body body;
  private Keyboard keyboard;
  private Monitor monitor;

  public void addBody(Body body) {
    this.body = body;
  }

  public void addKeyboard(Keyboard keyboard) {
    this.keyboard = keyboard;
  }

  public void addMonitor(Monitor monitor) {
    this.monitor = monitor;
  }

  public int getPrice() {
    int bodyPrice = body.getPrice();
    int keyboardPrice = keyboard.getPrice();
    int monitorPrice = monitor.getPrice();
    return bodyPrice + keyboardPrice + monitorPrice;
  }

  public int getPower() {
    int bodyPower = body.getPower();
    int keyboardPower = keyboard.getPower();
    int monitorPower = monitor.getPower();
    return bodyPower + keyboardPower + monitorPower;
  }
}
```

addBody, addKeyboard, addMonitor 메서드는 각각 Computer 클래스의 부품으로 Body 객체, Keyboard 객체, Monitor 객체를 설정한다. 그리고 getPrice 메서드는 부품으로 설정된 각 객체의 가격을 구하고 이를 합해 컴퓨터 가격을 구한다.

코드 14-3은 우선 컴퓨터의 부품으로 Keyboard, Body, Monitor 객체를 생성하며, 이들을 Computer 객체에 부품으로 설정하는 Client 클래스의 코드다.

코드 14-3

```
public class Client {
  public static void main(String[] args) {
    // 컴퓨터의 부품으로 Body, Keyboard, Monitor 객체를 생성함
    Body body = new Body(100, 70);
    Keyboard keyboard = new Keyboard(5, 2);
    Monitor monitor = new Monitor(20, 30);

    // Computer 객체를 생성하고 부품 객체들을 설정함
    Computer computer = new Computer();
    computer.addBody(body);
    computer.addKeyboard(keyboard);
    computer.addMonitor(monitor);

    // 컴퓨터의 가격과 전력 소비량을 구함
    int computerPrice = computer.getPrice();
    int computerPower = computer.getPower();
    System.out.println("Computer Power: " + computerPower + "W");
    System.out.println("Computer Price: " + computerPrice + "만 원");
  }
}
```

먼저 각 부품에 해당하는 Body, Keyboard, Monitor 객체를 생성한다. 그리고 각 객체를 생성할 때 부품별로 가격과 전력 소비량을 명시한다. 예를 들어 Body 객체의 소비 전력량은 100이고 가격은 70이다. 전력 소비량을 명시한 후에는 Computer 객체를 생성하고 각 부품 객체를 설정한다. 그리고 Computer의 가격과 소비 전력량을 구한다.

다음은 Client 클래스의 실행 결과다.

```
Computer Power: 125W
Computer Price: 102만 원
```

14.2 문제점

- 현재 Computer 클래스는 Body, Keyboard, Monitor 객체로 구성되어 있다. 만약 Computer 클래스의 부품으로 Speaker 클래스를 추가한다면? 또는 Mouse 클래스를 추가한다면?

현재 Computer 클래스는 Body, Keyboard, Monitor 클래스라는 부품이 있다. 그런데 기술이 발전하면 새로운 종류의 부품을 컴퓨터에 장착할 수 있다. 그렇다면 기존의 Computer 클래스는 새롭게 추가되는 부품을 지원할 수 있도록 확장할 필요가 있다. 예를 들어 그림 14-3과 같이 스피커(Speaker 클래스)를 컴퓨터에 새로운 부품으로 추가할 수 있다.

그림 14-3 스피커를 컴퓨터 부품으로 추가한 경우

이제 Computer 클래스가 Speaker 객체를 지원할 수 있도록 기존의 Computer 클래스를 확장하는 방법을 생각해보자. 쉽게 생각하면 Speaker 객체도 기존의 Body, Keyboard, Monitor 클래스와 동일한 방식으로 Computer 클래스의 부품으로서 정의하면 된다. 따라서 Speaker 클래스를 정의하고 합성 관계를 이용해 Computer 클래스의 부분으로 표현하도록 한다.

그림 14-4는 Speaker 클래스를 Computer 클래스의 부분으로 표현한 클래스 다이어그램이다.

그림 14-4 Speaker 클래스의 추가

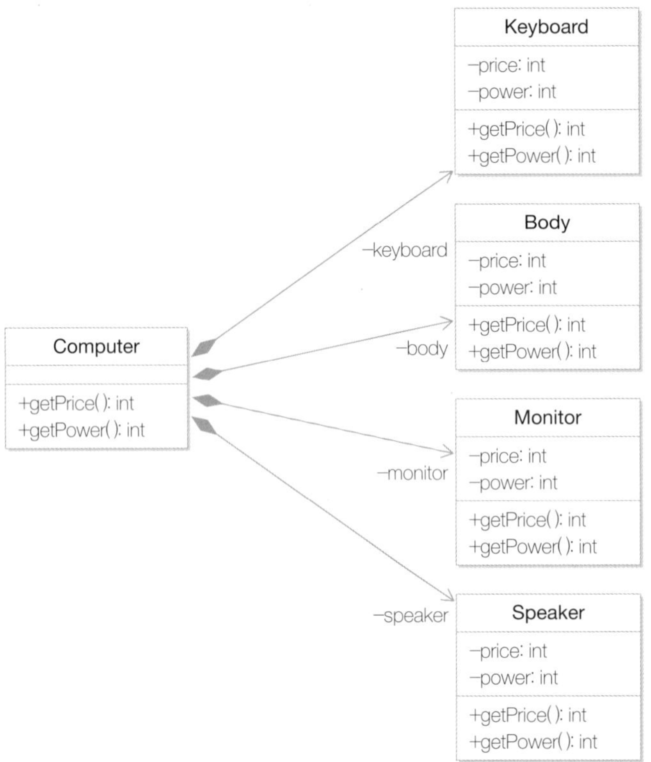

그런데 이런 상황이면 컴퓨터의 가격과 소비 전력량을 계산할 때 필요한 스피커 가격과 소비 전력량을 구해야 한다. 따라서 Speaker 클래스에도 가격과 소비 전력량을 구하는 필드와 메서드를 정의했다.

코드 14-4는 Speaker 클래스의 코드다.

코드 14-4

```
public class Speaker {
  private int price;
  private int power;

  public Speaker(int power, int price) {
    this.power = power;
    this.price = price;
  }
```

```
    public int getPrice() {
      return price;
    }

    public int getPower() {
      return power;
    }
  }
```

실제로 Speaker 클래스를 포함해 Body, Monitor, Keyboard 클래스는 가격을 저장하는 price 변수와 소비 전력량을 저장하는 power 변수 이외에도 각 부품 고유의 필드와 메서드가 있을 수 있다. 하지만 편의상 컴퍼지트 패턴을 설명하기 위해 다른 필드나 메서드는 고려하지 않았다.

이제 Computer 클래스는 Speaker 객체를 가질 수 있도록 수정할 필요가 있다. 코드 14-5는 Speaker 클래스를 지원하기 위해 수정한 Computer 클래스의 코드다.

코드 14-5

```
public class Computer {
  private Body body;
  private Keyboard keyboard;
  private Monitor monitor;
  private Speaker speaker;

  public void addBody(Body body) {
    this.body = body;
  }

  public void addKeyboard(Keyboard keyboard) {
    this.keyboard = keyboard;
  }

  public void addMonitor(Monitor monitor) {
    this.monitor = monitor;
  }

  public void addSpeaker(Speaker speaker) {
    this.speaker = speaker;
```

```
    }

    public int getPrice() {
      int bodyPrice = body.getPrice();
      int keyboardPrice = keyboard.getPrice();
      int monitorPrice = monitor.getPrice();
      int speakerPrice = speaker.getPrice();
      return bodyPrice + keyboardPrice + monitorPrice + speakerPrice;
    }

    public int getPower() {
      int bodyPower = body.getPower();
      int keyboardPower = keyboard.getPower();
      int monitorPower = monitor.getPower();
      int speakerPower = speaker.getPower();
      return bodyPower + keyboardPower + monitorPower + speakerPower;
    }
  }
```

Speaker 클래스를 지원하려고 Computer 클래스를 수정하긴 했지만 이와 같은 방식의 설계는 확장성이 좋지 않다. 새로운 부품을 위한 클래스를 Computer 클래스에 추가할 때마다 Computer 클래스의 코드를 수정해야 하기 때문이다.

만약 새로운 부품을 추가하려면 다음과 같이 수정해야 한다.

- 새로운 부품에 대한 참조를 필드로 추가한다.
- 새로운 부품 객체를 설정하는 setter 메서드로 addDevice와 같은 메서드를 추가한다.
- getPrice, getPower 등과 같이 컴퓨터의 부품을 이용하는 모든 메서드에서는 새롭게 추가된 부품 객체를 이용할 수 있도록 수정한다.

이와 같이 부품을 추가하려면 Computer 클래스의 코드를 수정해야 한다. 그런데 이는 OCP를 위반하는 것이다. 즉, Computer 클래스에 부품을 추가(확장)할 때 Computer 클래스의 코드가 변경되지 않아야 하지만 현재 설계나 구현에서는 Computer 클래스의 코드를 변경할 수밖에 없다.

14.3 해결책

앞서 살펴본 문제점의 핵심은 Computer 클래스에 속한 부품의 구체적인 객체를 가리키게 되면 OCP를 위반하게 된다는 점이다. 즉, Computer 클래스가 Monitor, Body, Keyboard, Speaker 객체 등을 직접 가리키면 이러한 부품의 변화에 따라 Computer 클래스의 코드도 변할 수밖에 없다. 그러므로 구체적인 부품들을 일반화한 클래스를 정의하고 이를 Computer 클래스가 가리키게 하는 것이 올바른 설계다.

그림 14-5는 OCP를 준수할 수 있도록 개선한 Computer 클래스의 클래스 다이어그램이다.

그림 14-5 일반화된 부품을 갖도록 개선한 Computer 클래스 설계

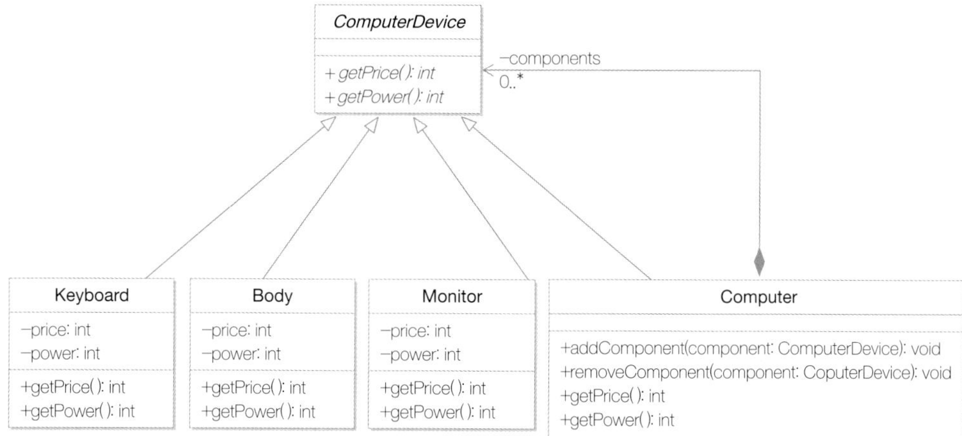

클래스 다이어그램의 주요 개선점은 다음과 같다.

- Computer가 가질 수 있는 부품들을 일반화해 ComputerDevice라는 클래스를 정의했다. ComputerDevice 클래스는 Keyboard, Body, Monitor 등 구체적인 부품 클래스의 공통 기능만 가지며 실제로 존재하는 구체적인 부품이 될 수는 없다. 즉, ComputerDevice 객체를 실제로 생성할 수는 없다. 그러므로 ComputerDevice 클래스는 추상 클래스가 된다. 참고로 클래스 다이어그램에서는 추상 클래스에 해당하는 클래스를 이텔릭체로 표시한다.
- Keyboard, Body, Monitor 등 구체적인 부품 클래스들은 ComputerDevice의 하위 클래스로 정의했다.

- Computer 클래스는 복수 개(0..*)의 ComputerDevice 객체를 갖는 것으로 표현했다. 앞에서 설명한 것처럼 ComputerDevice는 추상 클래스며 Keyboard, Body, Monitor가 하위 클래스로 정의되었으므로 Computer 클래스는 ComputerDevice 클래스의 하위 클래스인 Keyboard, Body, Monitor를 부분 클래스로 가질 수 있다.
- 게다가 Computer 클래스도 ComputerDevice 클래스의 하위 클래스로 정의했다. 즉, Computer 클래스도 ComputerDevice 클래스의 일종이라고 볼 수 있다. 그러므로 ComputerDevice 클래스를 이용하면 클라이언트 프로그램은 Body, Keyboard 등과 동일한 방식으로 Computer 클래스를 사용할 수 있게 된다.

코드 14-6은 ComputerDevice 클래스와 Keyboard 클래스의 코드다. 참고로 Body 클래스와 Monitor 클래스는 코드가 Keyboard 클래스와 유사하므로 생략했다.

코드 14-6

```
public abstract class ComputerDevice {
  public abstract int getPrice();
  public abstract int getPower();
}

public class Keyboard extends ComputerDevice {
  private int price;
  private int power;

  public Keyboard(int power, int price) {
    this.power = power;
    this.price = price;
  }

  public int getPrice() {
    return price;
  }

  public int getPower() {
    return power;
  }
}
```

Computer 클래스는 ComputerDevice의 하위 클래스면서 복수 개의 ComputerDevice를 갖도록 설계했다.

코드 14-7은 이 설계를 바탕으로 작성한 Computer 클래스의 코드다.

코드 14-7

```
public class Computer extends ComputerDevice {
  // 복수 개의 ComputerDevice 객체를 가리킴
  private List<ComputerDevice> components = new ArrayList<ComputerDevice>();

  // ComputerDevice 객체를 Computer 클래스에 추가함
  public void addComponent(ComputerDevice component) {
    components.add(component);
  }

  // ComputerDevice 객체를 Computer 클래스에서 제거함
  public void removeComponent(ComputerDevice component) {
    components.remove(component);
  }
  // 전체 가격을 포함하는 각 부품의 가격을 합산함
  public int getPrice() {
    int price = 0;
    for (ComputerDevice component:components)
      price += component.getPrice();

    return price;
  }
  // 전체 소비 전력량을 포함하는 각 부품의 소비 전력량을 합산함
  public int getPower() {
    int power = 0;
    for (ComputerDevice component:components)
      power += component.getPower();

    return power;
  }
}
```

List<ComputerDevice> components 필드는 복수 개의 ComputerDevice를 가리키려고 정의했다. 그리고 addComponent 메서드를 통해 ComputerDevice의 구체적인 부품인 Keyboard, Body, Monitor 객체 등을 Computer 클래스의 부품으로 설정했다.

코드 14-8은 개선된 Computer 클래스를 이용하는 Client 클래스의 코드다.

코드 14-8

```
public class Client {
  public static void main(String[] args) {
    // 컴퓨터의 부품으로 Body, Keyboard, Monitor 객체를 생성함
    Body body = new Body(100, 70);
    Keyboard keyboard = new Keyboard(5, 2);
    Monitor monitor = new Monitor(20, 30);

    // Computer 객체를 생성하고 부품 객체들을 설정함
    Computer computer = new Computer();
    computer.addComponent(body);
    computer.addComponent(keyboard);
    computer.addComponent(monitor);

    int computerPrice = computer.getPrice();
    int computerPower = computer.getPower();
    System.out.println("Computer Power: " + computerPower + "W");
    System.out.println("Computer Price: " + computerPrice + "만 원");
  }
}
```

Body, Keyboard, Monitor 객체를 생성하는 것은 코드 14-3과 동일하며, Computer 객체에 부품 객체를 추가하는 메서드가 변경되었다. 즉, 기존에는 addMonitor, addKeyboard 등과 같이 부품에 해당하는 별도의 메서드가 Computer에 있었지만 이제는 addComponent 메서드와 같이 일반화된 이름을 사용함으로써 부품 종류에 관계 없이 동일한 메서드로 부품을 추가할 수 있도록 개선되었다.

이제 Computer 클래스는 OCP를 준수한다. 즉, Computer 클래스에 새로운 부품 객체를 추가해 Computer 클래스를 확장하려고 할 때 Compuer 클래스의 코드는 변경할 필요가 없다. 이는 Computer 클래스의 코드에서 Body, Monitor 등과 같은 구체적인 부품을 뜻하는 클래스를 이용하는 대신 일반화된 부품을 의미하는 ComputerDevice 클래스만 이용하기 때문이다.

그러므로 ComputerDevice 클래스를 상속받는 클래스를 부품으로 사용한다면 Computer 클래스는 임의의 부품을 추가하면서도 코드를 변경하지 않아도 된다. 예를 들어 스피커를 컴퓨터에 추가하고 싶다면 Speaker 클래스를 ComputerDevice의 하위 클래스로 구현하면 된다는 뜻이다.

그림 14-6은 Speaker 클래스가 추가된 클래스 다이어그램이다. 참고로 Speaker 클래스의 코드는 코드 14-6의 Keyboard 클래스와 동일하므로 생략했다.

그림 14-6 Speaker 클래스의 추가

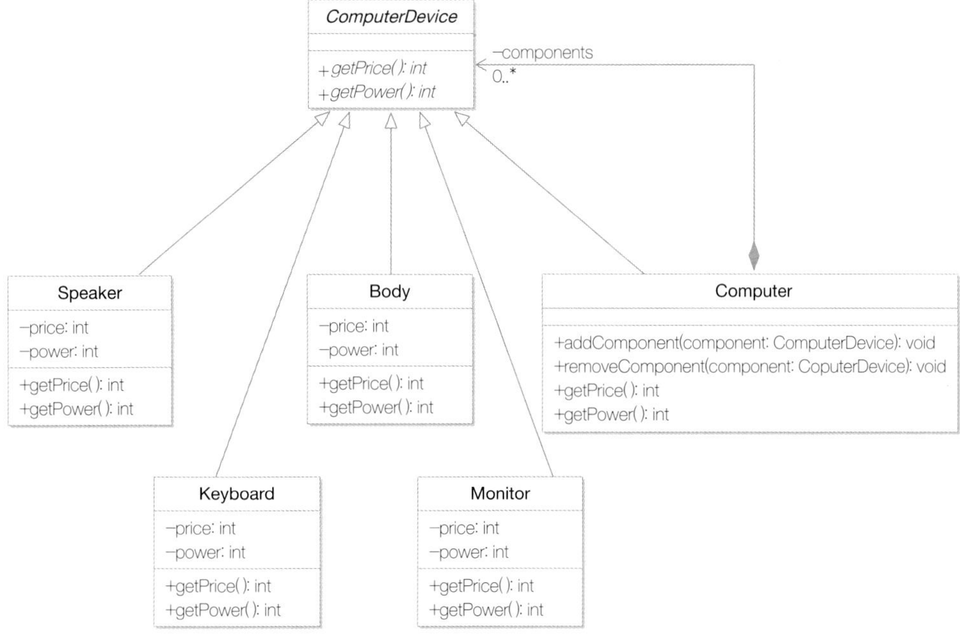

클래스 다이어그램에서 볼 수 있듯이 Computer 클래스는 Speaker 클래스와 아무런 관계가 없고 ComputerDevice 클래스와만 관련이 있다. 그러므로 Speaker 클래스가 추가되더라도 Computer 클래스는 변경되지 않는다.

코드 14-9는 Client 클래스의 코드다.

코드 14-9

```
public class Client {
  public static void main(String[] args) {
    // 컴퓨터의 부품으로 Body, Keyboard, Monitor, Speaker 객체를 생성함
    Body body = new Body(100, 70);
    Keyboard keyboard = new Keyboard(5, 2);
    Monitor monitor = new Monitor(20, 30);
    Speaker speaker = new Speaker(10, 10);
```

```
        // Computer 객체를 생성하고 부품 객체들을 설정함
        Computer computer = new Computer();
        computer.addComponent(body);
        computer.addComponent(keyboard);
        computer.addComponent(monitor);
        computer.addComponent(speaker);

        int computerPrice = computer.getPrice();
        int computerPower = computer.getPower();
        System.out.println("Computer Power: " + computerPower + "W");
        System.out.println("Computer Price: " + computerPrice + "만 원");
    }
}
```

Speaker 객체를 Computer 클래스의 부품으로 추가한 것을 확인할 수 있다.

이제 Computer 클래스에는 기존의 Keyboard, Body, Monitor 클래스뿐만 아니라 Speaker 클래스가 부품으로 설정되었다. 그러므로 다음 실행 결과에는 컴퓨터의 가격과 소비 전력량을 계산하면 스피커의 가격과 소비 전력량이 추가된 값이 출력된다.

```
Computer Power: 135W
Computer Price: 112만 원
```

14.4 컴퍼지트 패턴

컴퍼지트 패턴Composite Pattern은 부분-전체part-whole의 관계를 갖는 객체들을 정의할 때 유용하다. 지금까지 설명한 컴퓨터 예제에서 알 수 있듯이 Monitor, Body 등의 객체가 Computer 클래스 전체 객체의 일부분으로 정의되었다. 이런 경우 부분 객체의 추가나 삭제 등이 있어도 전체 객체의 클래스 코드를 변경하지 않으면 컴퍼지트 패턴은 유용하다.

> **Keypoint_** 컴퍼지트 패턴은 전체-부분의 관계를 갖는 객체들 사이의 관계를 정의할 때 유용하다. 그리고 클라이언트는 전체와 부분을 구분하지 않고 동일한 인터페이스를 사용할 수 있다.

그림 14-7 컴퍼지트 패턴의 컬레보레이션

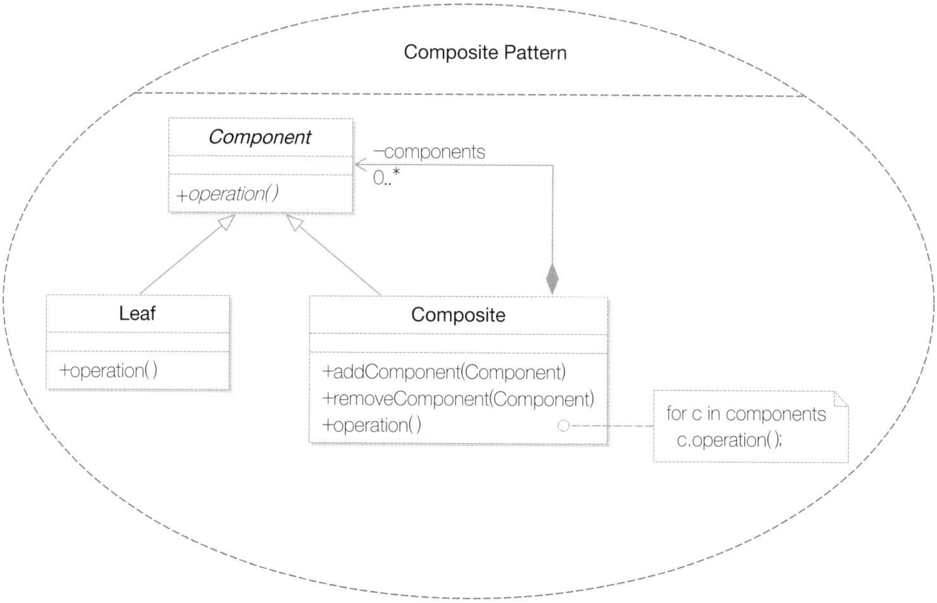

컴퍼지트 패턴에서 나타나는 역할이 수행하는 작업은 다음과 같다.

- **Component**: 구체적인 부분, 즉 Leaf 클래스와 전체에 해당하는 Composite 클래스에 공통 인터페이스를 정의한다.
- **Leaf**: 구체적인 부분 클래스로 Composite 객체의 부품으로 설정한다.
- **Composite**: 전체 클래스로 복수 개의 Component를 갖도록 정의한다. 그러므로 복수 개의 Leaf, 심지어 복수 개의 Composite 객체를 부분으로 가질 수 있다.

그림 14-8은 컴퍼지트 패턴의 순차 다이어그램이다.

그림 14-8 컴퍼지트 패턴의 순차 다이어그램

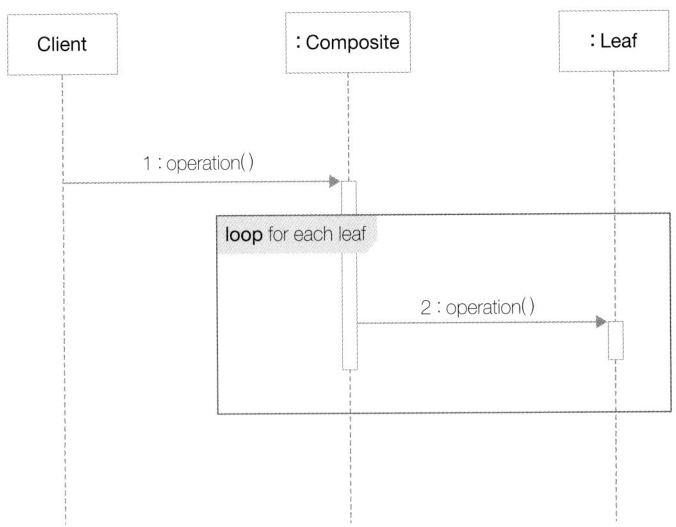

Client는 Composite 객체에 operation 메서드를 호출한다. 예를 들면 Computer 클래스의 getPrice 메서드에 해당한다. Composite 객체는 안에 포함되어 있는 각 Leaf 객체에 동일한 operation 메서드를 호출하고 이 결과를 조합한다. 예를 들어 Computer 클래스의 getPrice 메서드는 자신의 부품인 Keyboard, Body, Monitor 등의 객체에 getPrice 메서드를 호출하고 이 결과를 합해서 컴퓨터의 가격을 구한다.

그림 14-9는 컴퍼지트 패턴을 컴퓨터 관련 클래스 예제에 적용한 경우다.

그림 14-9 컴퍼지트 패턴을 컴퓨터 추가 장치 예제에 적용한 경우

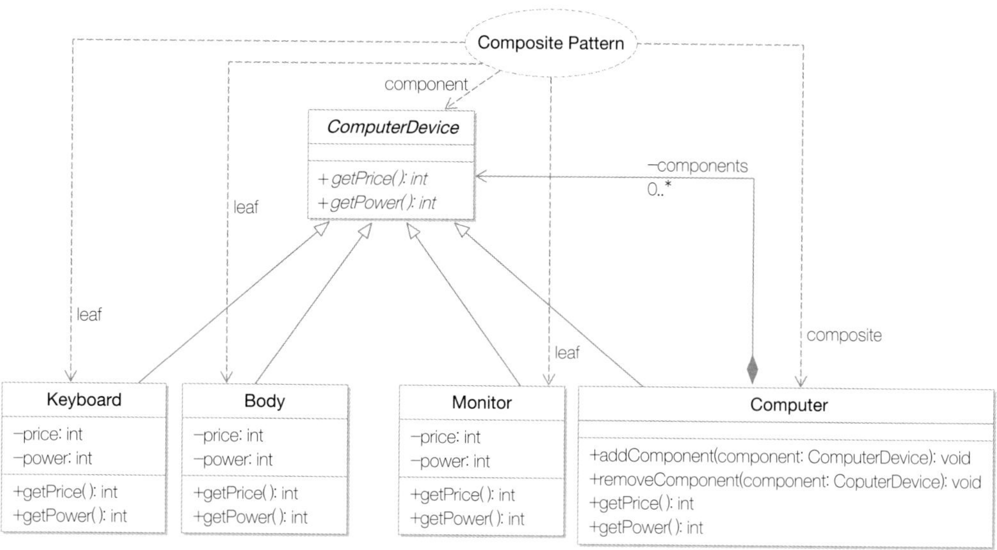

- ComputerDevice 클래스는 Component 역할을 한다.
- Keyboard 클래스, Body 클래스, Monitor 클래스는 각각 Leaf 역할을 한다.
- Computer 클래스는 Composite 역할을 한다.

다음은 간단한 디렉터리 관리를 위해 구현한 클래스의 코드다.

```
public class File {
  private String name;
  private int size;
  private int depth = 0;

  public File(String name, int size) {
    this.name = name;
    this.size = size;
  }

  public void setDepth(int depth) {
    this.depth = depth;
  }

  public String getName() {
    return name;
  }

  public int getSize() {
    return size;
  }

  public void print() {
    for (int i = 0; i < depth; i++)
      System.out.print("\t");

    System.out.println("[File] " + name + ", Size: " + size);
  }
}

public class Directory {
  private String name;
  private int depth = 0;
  private List<Object> entries = new ArrayList<Object>();

  public Directory(String name) {
    this.name = name;
  }

  public void addEntry(Object entry) {
    entries.add(entry);
```

```
        if (entry instanceof File)
            ((File) entry).setDepth(depth + 1);
        if (entry instanceof Directory)
            ((Directory) entry).setDepth(depth + 1);
    }

    private void setDepth(int depth) {
        this.depth = depth;
    }

    public void removeEntry(Object entry) {
        entries.remove(entry);
    }

    public String getName() {
        return name;
    }

    public int getSize() {
        int size = 0;
        for (Object entry:entries) {
            if (entry instanceof File)
                size += ((File) entry).getSize();
            if (entry instanceof Directory)
                size += ((Directory) entry).getSize();
        }
        return size;
    }

    public void print() {
        for (int i = 0; i < depth; i++)
            System.out.print("\t");

        System.out.println("[Directory] " + name + ", Size: " + getSize());

        for (Object entry:entries) {
            if (entry instanceof File)
                ((File) entry).print();
            if (entry instanceof Directory)
                ((Directory) entry).print();
        }
    }
}
```

1 다음 Client 클래스의 실행 결과를 작성하라.

```
public class Client {
  public static void main(String[] args) {
    Directory dir1 = new Directory("root");
    Directory dir2 = new Directory("Dir1");

    File f1 = new File("f1", 100);
    File f2 = new File("f2", 200);
    File f3 = new File("f3", 300);
    File f4 = new File("f4", 400);

    dir1.addEntry(f1);
    dir1.addEntry(dir2);
    dir2.addEntry(f2);
    dir2.addEntry(f3);
    dir1.addEntry(f4);

    dir1.print();
  }
}
```

2. 주어진 디렉터리 관리 프로그램의 각 클래스를 간략히 설명하라.

3. 현재 Directory 클래스는 File 객체가 아니라 Object 클래스의 ArrayList 객체로 정의했다. 그 이유는 무엇인가?

4. Directory 클래스를 Object 클래스의 ArrayList 객체로 정의했을 때의 문제점을 설명하라.

5. 4번 문제를 해결하는 데 컴퍼지트 패턴을 사용할 수 있다. 컴퍼지트 패턴은 어떤 경우에 유용한지 설명하라.

6. 컴퍼지트 패턴을 사용해 위 Directory와 File 클래스를 다시 설계하고 이를 클래스 다이어그램으로 표현하라. 단, 기존의 Client 클래스는 동일하게 동작하도록 하라.

7. 컴퍼지트 패턴을 적용한 설계에서 컴퍼지트 패턴의 구성 요소를 파악하라. 즉, Component, Leaf, Composite에 해당되는 클래스는 무엇인지 설명하라.

8. 컴퍼지트 패턴을 적용한 설계를 바탕으로 클래스들의 코드를 작성하라. 단, 기존의 Client 클래스는 동일하게 동작하도록 하라.

연습문제

정답 및 해설

CHAPTER 1

문제 1. ④

문제 2. ④

문제 3. ②

문제 4. ③

문제 5. ④

활동 다이어그램, 통신 다이어그램, 상태 다이어그램은 행위적인 측면을 다루지만 클래스 다이어그램은 구조적인 측면을 기술한다.

문제 6. ②

문제 7.

```
public class Account {
  private int id;
  private String owner;
  private double balance;

  public void deposit(double amount) { ... }
  public void withdraw(double amount) { ... }

  protected double getBalance() { ... }
}
```

문제 8.

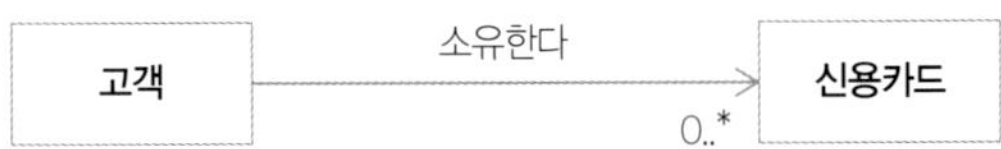

문제 9. ④

문제 10.

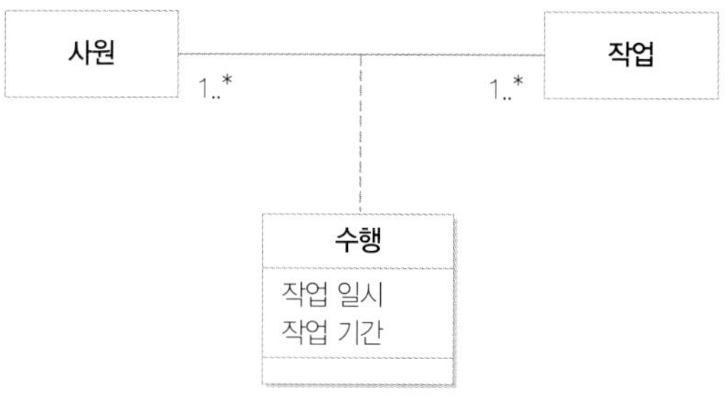

문제 11.

사원
*
수행
작업 일시
작업 기간
*
작업

문제 12.

```
public Vector<Student> getStudents() {
  Vector<Student> students = new Vector<Student>();
  Iterator<Transcript> itor = transcripts.iterator();

  while (itor.hasNext()) {
    Transcript tr = itor.next();
    students.add(tr.getStudent());
  }
  return students;
}
```

문제 13. ④

문제 14.

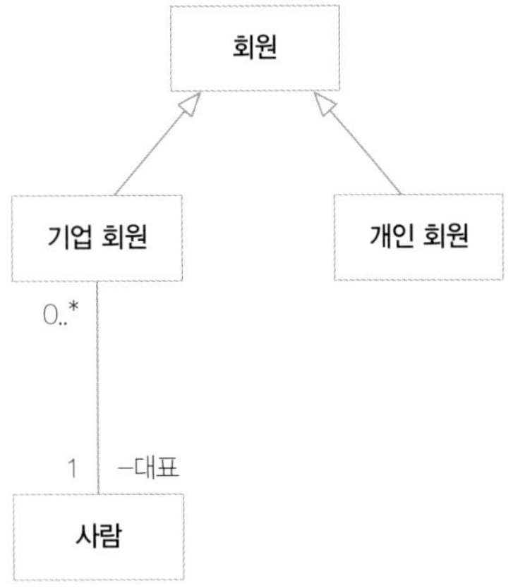

문제 15. ④

문제 16.

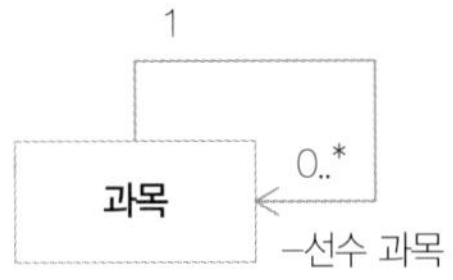

문제 17.

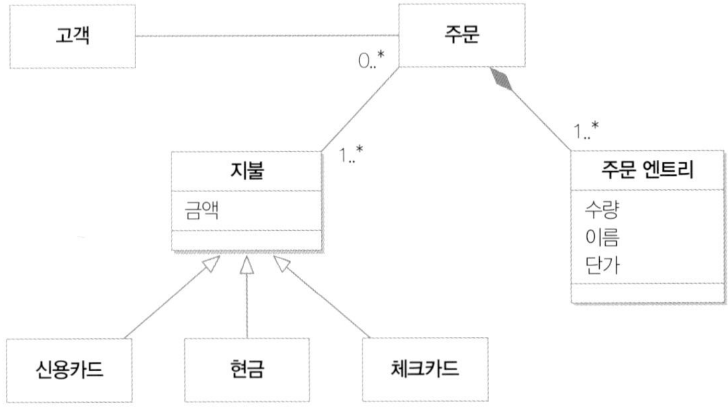

문제 18.

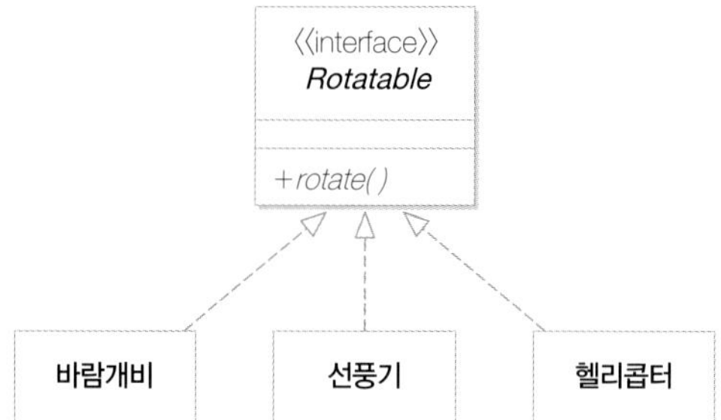

CHAPTER 2

문제 1. ②

위임 관계을 이용해 기능을 재사용할 수 있다.

문제 2. ④

문제 3. ③

문제 4.

새로운 할인 모드가 생기면 CartForSongs 클래스의 calculateTotalPrice 메서드는 그에 따라 변경되어야 한다. 예를 들어 할인율이 50%인 ChristmasSale이라는 할인 모드가 새롭게 생겼다고 할 때 calculateTotalPrice 메서드는 다음처럼 변경되어야 한다.

CartForSongs.java

```
public class CartForSongs {
  ArrayList<Song> cart = new ArrayList<Song>();

  public double calculateTotalPrice() {
    double total = 0.0;
    Iterator<Song> itr = cart.iterator();

    while (itr.hasNext()) {
      Song s = itr.next();

      if (s.getDiscountMode().equals("OnSale"))
        total = total + (s.getPrice() - 0.1 * s.getPrice());
      else if (s.getDiscountMode().equals("TodayEvent"))
        total = total + (s.getPrice() - 0.3 * s.getPrice());
      else if (s.getDiscountMode().equals("ChristmasSale")) // 새로 추가된 할인 모드
        total = total + (s.getPrice() - 0.5 * s.getPrice());
      else
        total = total + s.getPrice();
```

```
    }
    return total;
  }

  public void add(Song s) {
    cart.add(s);
  }
}
```

즉, 현재 프로그램 구조는 새로운 요구사항이 있을 때마다 매번 수정되어야 한다. 이를 개선하려면 일반화 관계를 통해 할인율 모드를 외부에 은닉캡슐화할 필요가 있으며 다형성과 동적 바인딩을 통해 적합한 할인율이 적용되도록 해야 한다.

클래스 다이어그램

DiscountMode 클래스를 통해 구체적인 할인 모드를 캡슐화했다. 만약 새로운 할인 모드를 추가하려면 해당하는 할인 모드 클래스를 DiscountMode 클래스의 자식 클래스로 설정하면 된다.

CartForSongs.java

```
public class CartForSongs {
  ArrayList<Song> cart = new ArrayList<Song>();

  public double calculateTotalPrice() {
    double total = 0.0;
    Iterator<Song> itr = cart.iterator();

    while (itr.hasNext()) {
      Song s = itr.next();
      total = total + s.getPrice();
```

```
    }
    return total;
  }

  public void add(Song s) {
    cart.add(s);
  }
}
```

Song.java

```
public class Song {
  private DiscountMode mode;

  public void setMode(DiscountMode mode) {
    this.mode = mode;
  }

  public double getPrice() {
    return 10.0 - (10.0 * this.mode.getDiscountRate());
  }
}
```

NonDiscounted.java

```
public class NonDiscounted extends DiscountMode {
  @Override
  public double getDiscountRate() {
    return 0.0;
  }
}
```

OnSale.java

```
public class OnSale extends DiscountMode {
  @Override
  public double getDiscountRate() {
    return 0.1;
  }
}
```

TodayEvent.java

```
public class TodayEvent extends DiscountMode {
  @Override
  public double getDiscountRate() {
    return 0.3;
  }
}
```

Main.java

```
public class Main {
  public static void main(String[] args) {
    Song s1 = new Song();
    s1.setMode(new NonDiscounted());
    Song s2 = new Song();
    s2.setMode(new NonDiscounted());
    Song s3 = new Song();
    s3.setMode(new OnSale());
    Song s4 = new Song();
    s4.setMode(new TodayEvent());

    CartForSongs c = new CartForSongs();
    c.add(s1);
    c.add(s2);
    c.add(s3);
    c.add(s4);

    System.out.println(c.calculateTotalPrice());
  }
}
```

문제 5.

이 설계는 일단 음원에 적용할 수 있는 할인율 모드가 고정될 수 있는 위험이 있다. 즉, 어떤 음악에 OnSale 할인 모드를 적용할 경우 TodayEvent나 NonDisCount 할인 모드로 변경하기가 매우 어려운 구조다. 가령 Song s = new OnSale( )를 통해 음원 s에 OnSale 할인 모드를 적용했다면 나중에 TodayEvent 할인 모드를 받게 할 뾰족한 방법이 없다. 자바에서는 TodayEvent s1 = s와 같은 코드를 사용할 수 없다. 일반화(혹은 상속) 관계에서 자식 클래스 사이의 타입 전환이 허용되지 않기 때문이다.

따라서 이 예와 같이 할인율 모드에 변동이 있다면 다음과 같이 동적 분류를 사용하는 편이 좋다. 동적 분류는 한 클래스의 인스턴스가 다른 클래스의 인스턴스로 할당될 수 있다는 사실을 기억하라.

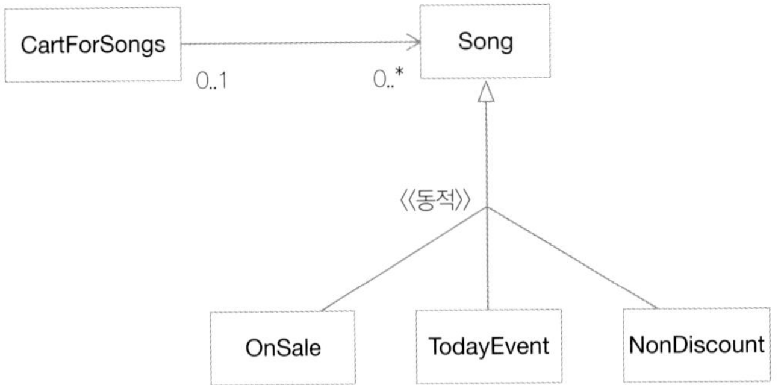

《동적》 분류는 다음 클래스 다이어그램과 같이 위임 관계를 이용해 표현할 수 있다.

문제 6.

Queue.java

```
import java.util.LinkedList;

public class Queue<String> extends LinkedList<String> {
  public boolean addQueue(String element) {
    return this.offer(element); // 큐에 element를 추가함
  }

  public String removeQueue() {
    return this.poll(); // 큐에서 가장 먼저 추가된 element를 삭제함
  }

  public String peekQueue() {
```

```
      return this.peek(); // 큐에서 가장 먼저 추가된 element를 반환하지만 큐에서 삭제하지는 않음
    }
  }
```

Main.java

```
public class Main {
  public static void main(String[] args) {
    Queue<String> q = new Queue<String>();
    q.addQueue("insang1");
    q.addQueue("insang2");
    q.addQueue("insang3");
    System.out.println(q);
  }
}
```

문제 7.

큐queue가 만족해야 하는 기본 특성은 FIFOFirst-In First-Out다. 그러나 LinkedList 클래스는 이와 같은 큐의 불변성을 해칠 수 있는 많은 연산을 제공한다. 가령 add(int index, E element) 연산은 리스트의 특정 위치에 element 인자를 삽입할 수 있는데, 이는 아주 쉽게 큐의 FIFO 특성을 만족하지 못하게 할 수 있다.

이 문제를 해결하려면 위임을 이용해 LinkedList 클래스에서 큐에 필요한 연산만 재사용해야 한다.

Queue.java

```
public class Queue<String> {
  private LinkedList<String> q = new LinkedList<String>();

  public boolean addQueue(String element) {
    return q.offer(element); // 큐에 element를 추가함
  }

  public String removeQueue() {
    return q.poll(); // 큐에서 가장 먼저 추가된 element를 삭제함
  }
```

```
    public String peekQueue() {
      return q.peek(); // 큐에서 가장 먼저 추가된 element를 반환하지만 큐에서 삭제하지는 않음
    }
  }
```

문제 8.

회원 등급은 고정되어 있지 않고 지난 한 달간의 구매액에 따라 유연하게 조정해야 한다. 그러나 현재 설계는 등급 사이의 전환이 수월하지 않다. 이 문제를 해결하려면 《동적》 분류를 사용하는 것이 좋다.

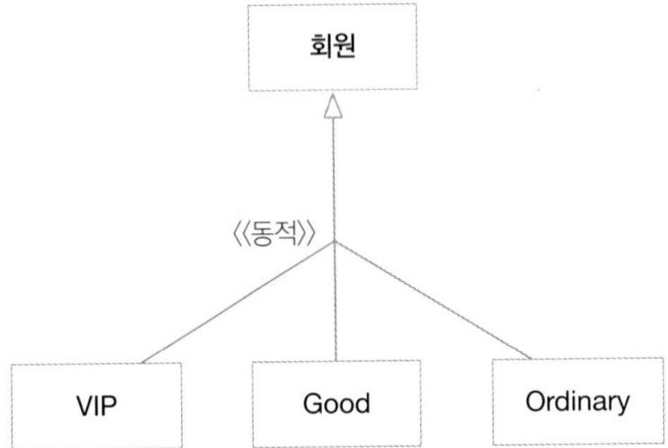

이러한 동적 분류는 보통 다음 클래스 다이어그램처럼 구현할 수 있다.

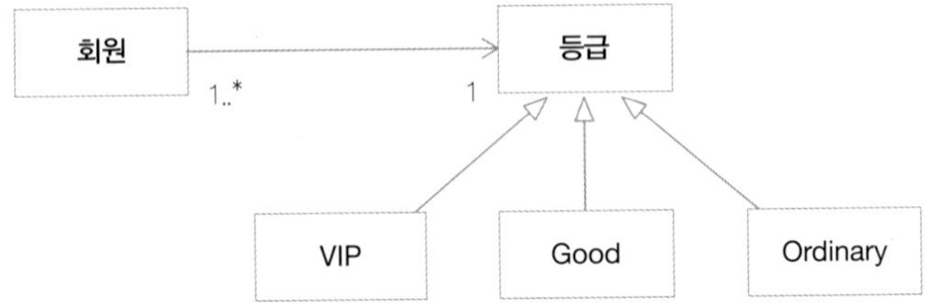

CHAPTER 3

문제 1. ①

단일 책임 원칙을 상기하라.

문제 2. ①

문제 3. ③

문제 4. ③

임금 계산이라는 단일 책임을 수행하지만 임금 계산 방법이 고정되어 있다. 따라서 새로운 임금 계산 로직을 추가하려면 `calculatePay` 메서드를 수정해야만 한다. 이는 OCP 위반이다.

문제 5.

클래스 다이어그램

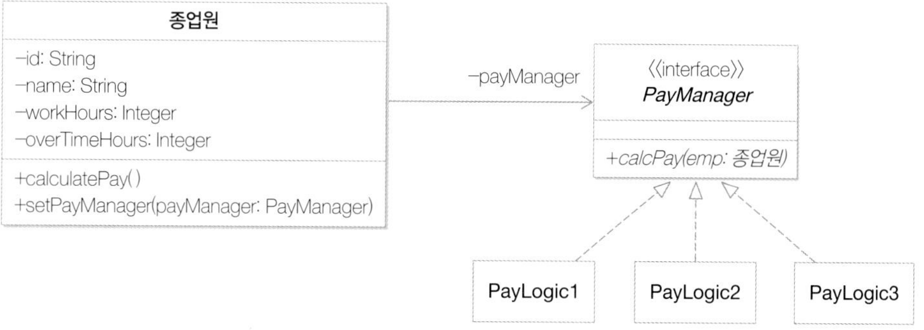

정답 코드

종업원의 `calculatePay` 메서드는 다음과 같다:

```
public int calculatePay() {
  return payManager.calcPay(this);
}
```

만약 PayLogic1 클래스에서는 정상 작업 1시간당 10,000원이 지급되고 초과되는 1시간마다 15,000원이 지급되도록 임금 로직이 설계되었다고 하면 PayLogic1의 calcPay 메서드는 다음처럼 구현될 것이다.

```
class PayLogic1 implements PayManager {
  public int calcPay(종업원 emp) {
    return 10000 * emp.getWorkHours() + 15000 * emp.getOverTimeHours();
  }
}
```

종업원 임금을 PayLogic1 클래스에서 정의된 calcPay 메서드를 이용해 계산하려면 다음처럼 구현하면 된다.

```
종업원 emp1 = new 종업원();
emp1.setPayManager(new PayLogic1());
emp1.calculatePay();
```

이 설계를 이용하면 종업원 클래스에 전혀 영향을 주지 않고 새로운 임금 계산 로직을 추가할 수 있다. 새로운 임금 로직이 개발되면 해야 할 일은 오직 PayManager 인터페이스를 실현하는 클래스를 만드는 것이다.

```
class NewPayLogic implements PayManager {
  public int calcPay(종업원 emp) {
    return bla bla bla;
  }
}
```

문제 6. ①

임금을 계산하는 기능과 콘솔에 출력하는 기능 2가지를 실행하므로 SRP를 만족하지 않는다. 또한 이를 변경하려면 기존의 코드를 변경해야 하므로 OCP도 만족하지 않는다.

문제 7.

현재 설계는 출력 매체가 변경될 때마다 writeEmployeePay 메서드가 변경되어야 하는데, 이는 명백하게 OCP를 위반하는 설계다. OCP를 만족하려면 출력 매체가 변경되거나 추가되더라도 writeEachEmployeePay 메서드가 영향을 받지 않도록 해야 한다. 이를 위해 writeEmployeePay 메서드를 다음처럼 수정한다.

```
class PayrollManager {
  private ArrayList<Employee> employees = new ArrayList<Employee>();
  protected abstract void writePayment();

  public void writeEmployeePay() {
    Iterator<Employee> iter = employees.iterator();

    While (iter.hasNext()) {
      Employee curEmp = iter.next();
      int amount = curEmp.calculatePay();
      writePayment(amount);
    }
  }
}
```

writePayment 메서드의 접근 제어자가 protected인 추상 메서드임을 주의하라. 이는 자식 클래스에서 어떤 출력 매체에 출력할지 결정할 수 있음을 의미한다.

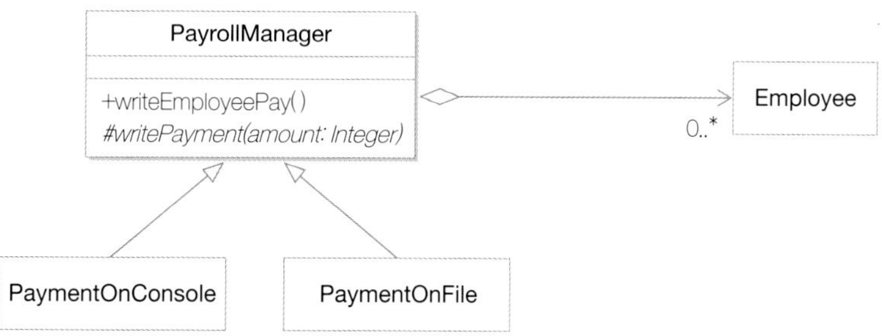

가령 콘솔에 출력하고 싶다면 다음 클래스를 PayrollManager 클래스의 하위 클래스로 설정하면 된다.

```
class PaymentOnConsole {
  protected void writePayment(int amount) {
    System.out.println(amount);
}
```

문제 8. ③

현재 설계는 PayrollManager 클래스가 추상 클래스나 인터페이스가 아닌 Employee라는 구성 클래스와 직접적인 연관을 맺었으므로 DIP에 위배된다. 다음 클래스 다이어그램은 Payable이라는 인터페이스를 도입해 PayrollManager 클래스가 인터페이스와 연관되도록 한 설계다.

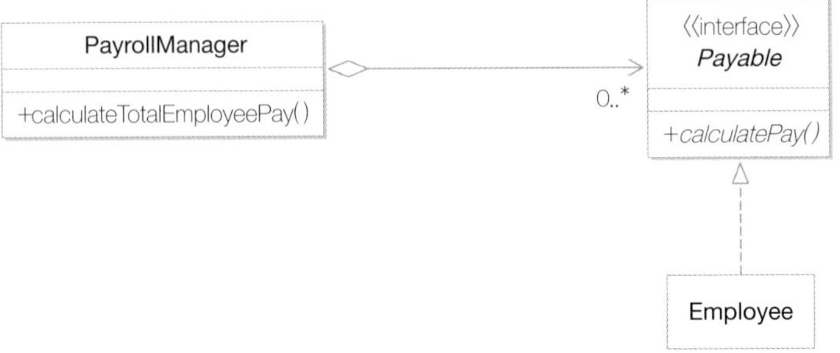

문제 9. ④

ISP를 위반한다. 클라이언트에 특화된 인터페이스를 사용하지 않았기 때문이다. 다음은 이를 개선한 설계다.

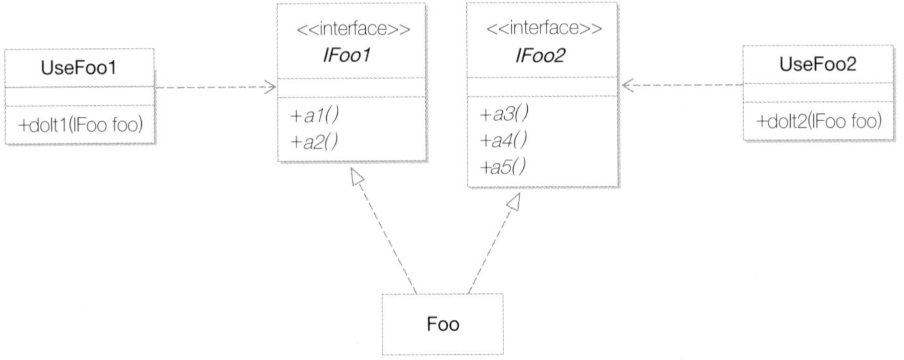

문제 10.

CalculatePayMachine 클래스의 변경 사유는 크게 2가지다. 하나는 GUI가 변경되는 경우고 다른 하나는 임금을 계산하는 로직이 변경되는 경우다. 따라서 하나의 클래스는 하나의 변경 사유만 있어야 한다는 SRP를 위반한다. SRP를 따르려면 우선 2가지 변경 사유를 각기 다른 클래스에서 담당하도록 해야 한다. 다음과 같이 GUI만을 담당하는 클래스와 임금을 계산하는 클래스로 분리한다.

```
class PayGUI extends Frame implements ActionListener, DocumentListener {
  private PayCalculator pc; // 추가
  private JLabel workingHoursLabel = ...;
  ...

  public PayGUI(PayCalculator pc) {
    super("Payment Calculation");
    this.pc = pc; // 추가된 부분
    this.init();
    ...

  }
  ...

  public void actionPerformed(ActionEvent e) {
      ...

    /* int payAmount = 0;
    payAmount = 10 * x + 15 * y;는 다음과 같이 변경 */
    int payAmount = this.pc.getPay(x, y);

    tfResult.setText(String.valueOf(payAmount));
    resetButton.setEnabled(true);
  }
}
```

그러나 이 설계는 SRP를 만족하지만 OCP를 만족하지 않는다. 만약 임금 로직이 변경되는 경우에는 PayGUI 클래스도 영향을 받는다. PayGUI 클래스가 임금을 계산하는 구체적인 구체 클래스와 직접적인 연관을 맺었기 때문이다. 이 문제를 해결하려면 다음과 같이 PayGUI 클래스가 인터페이스와 연관을 갖는 것이 더 나은 설계가 된다.

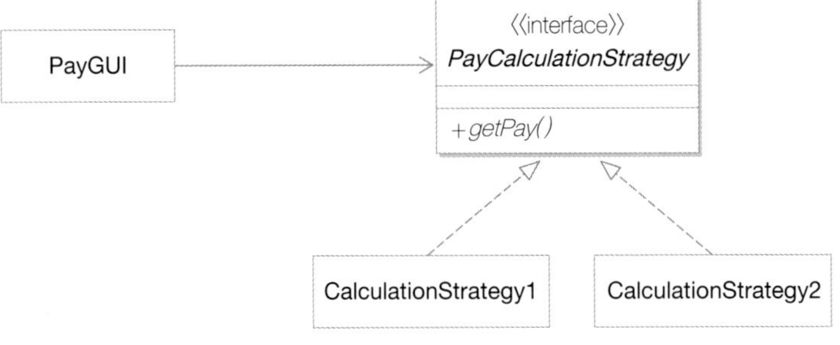


```
class PayGUI extends Frame implements ActionListener, DocumentListener {
  private PayCalculationStrategy pc; // 변경
  ...

  public PayGUI(PayCalculationStrategy pc) { // 변경
    super("Payment Calculation");
    this.pc = pc;
    ...
   }
}

public class DefaultStrategy implements PayCalculationStrategy {
  @Override
  public int getPay(int workHours, int overtimeHours) {
    return 10 * workHours + 15 * overtimeHours;
  }
}

public class Main {
  public static void main(String[] ar) {
    PayGUI m = new PayGUI(new DefaultStrategy());
  }
}
```

만약 새로운 임금 로직을 사용하는 클래스(NewStrategy 클래스)를 이용하고 싶다면 다음과 같이 인터페이스 PayCalculationStrategy의 하위 클래스로 두고 클라이언트 프로그램(Main)에서 이 인스턴스를 전달하면 된다.

```
public class NewStrategy implements PayCalculationStrategy {
  @Override
  public int getPay(int workHours, int overtimeHours) {
    return ...; // 새로운 임금 로직을 이용한 임금 계산
  }
}

public class Main {
  public static void main(String[] ar) {
    PayGUI m = new PayGUI(new NewStrategy());
  }
}
```

이 설계는 새로운 기능, 즉 새로운 임금 로직을 추가하는 경우에도 기존의 코드에는 전혀 영향을 주지 않음을 알 수 있으며 OCP를 만족하는 설계가 된다. 물론 OCP를 만족하는 설계가 되기 위해 DIP를 만족하도록 했음도 알 수 있다. 위와 같은 설계는 새로운 기능 추가만이 아닌 프로그램 테스트를 할 때도 유용하다. 만약 클래스가 분리되기 전 원래의 프로그램을 테스트하려면 항상 GUI가 있어야만 가능한데, 이 방식은 JUnit과 같은 테스트 수행 도구를 이용해 테스트를 자동화하는 데 걸림돌이 된다. 반대로 개선된 설계는 GUI가 없더라도 단독으로 임금 로직을 테스트할 수 있다. 임금 로직을 담당하는 코드 어느 곳에서도 GUI에 의존적이지 않기 때문이다.

CHAPTER 4

문제 1. ③

③은 프로그래밍 관용구다.

문제 2. ④

①, ②, ③은 아키텍처 패턴에 포함된다.

문제 3. ①

문제 4. ①

①은 구조 패턴에 속하지만 나머지는 행위 패턴에 속한다.

문제 5. ④

문제 6.

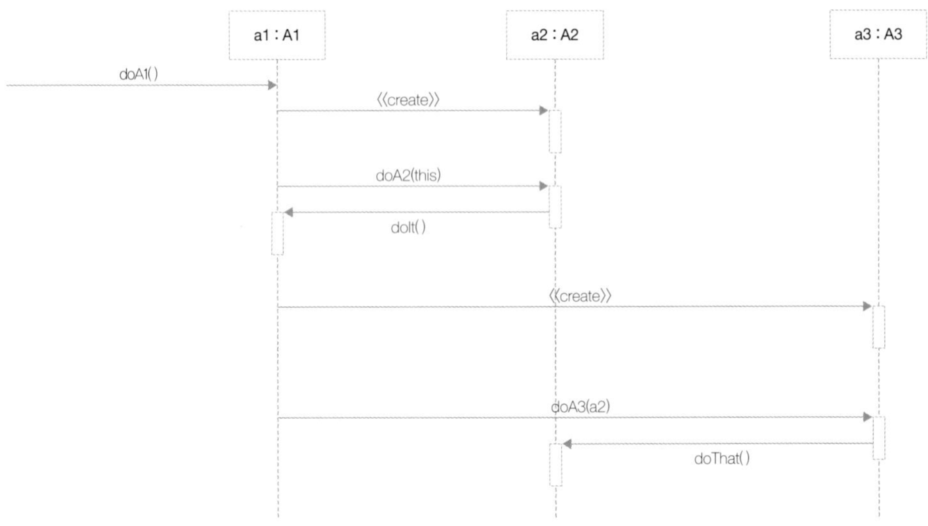

문제 7.

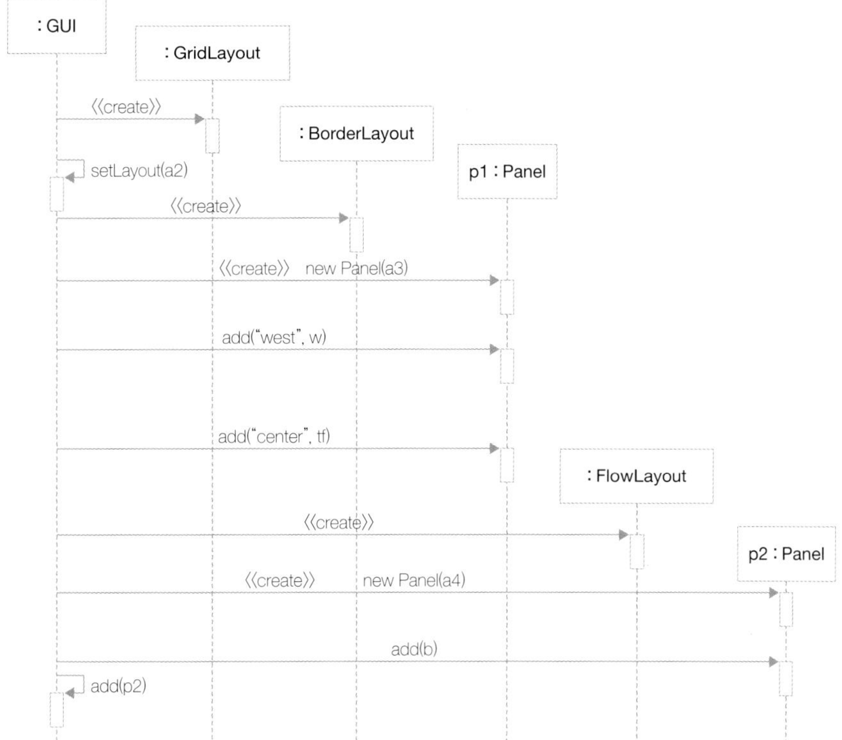
: GUI
: GridLayout
《create》
: BorderLayout
setLayout(a2)
p1 : Panel
《create》
《create》 new Panel(a3)
add("west", w)
add("center", tf)
: FlowLayout
《create》
p2 : Panel
《create》 new Panel(a4)
add(b)
add(p2)

CHAPTER 5

문제 1. ④

①은 옵서버 패턴, ②는 팩토리 메서드 패턴, ③은 컴퍼지트 패턴이다.

문제 2.

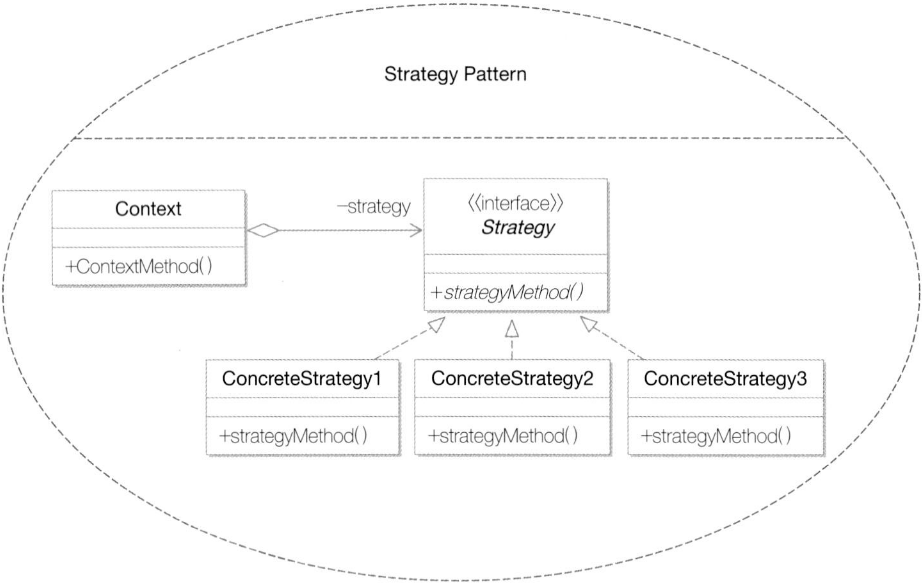

문제 3.

정답 코드

```
public class Member {

  // 회원은 이름과 누적 대여 금액을 갖음
  private String name; // 이름
  private int accPrice; // 누적 대여 금액

  public Member(String name) {
    this.name = name;
```

```
    accPrice = 0;
  }

  public String getName() {
    return name;
  }

  public void addAccPrice(int price) {
    accPrice += price;
  }

  public int getAccPrice() {
    return accPrice;
  }
}

public class Book {
  // 책은 서명, 출판년도, 가격을 갖음
  private String name; // 서명
  private int publishYear; // 출판년도
  private int price; // 가격

  public Book(String name, int publishYear, int price) {
    this.name = name;
    this.publishYear = publishYear;
    this.price = price;
  }

  public String getName() {
    return this.name;
  }

  public int getPublishYear() {
    return this.publishYear;
  }

  public int getPrice() {
    return this.price;
  }
}

public class Rental {
  private Member member;
```

```
  private Book book;
  private PricePolicy pricePolicy; // 가격 정책 참조
  int n;

  public Rental(Member member, Book book, PricePolicy pricePolicy, int n) {
    this.member = member;
    this.book = book;
    this.pricePolicy = pricePolicy; // 가격 정책 주입
    this.n = n;
    this.member.addAccPrice(pricePolicy.calcPrice(book.getPrice(), n));
  }

  public int getPrice() {
    return pricePolicy.calcPrice(book.getPrice(), n); // 가격 정책에 따른 책 가격을 계산함
  }
}

interface PricePolicy {
  public int calcPrice(int price, int n);
}

public class OrdinaryPricePolicy implements PricePolicy {
  public int calcPrice(int price, int n) {
    return price * n;
  }
}

public class BookDiscountPricePolicy implements PricePolicy { // 책 자체 가격 할인 정책
  public int calcPrice(int price, int n) {
    return (int)(price * n * 0.95);
  }
}

public class MemberDiscountPricePolicy implements PricePolicy { // 회원 가격 할인 정책
  public int calcPrice(int price, int n) {
    return (int)(price * n * 0.9);
  }
}

public class Client {
  public static void main(String[] args) {
    Member member1 = new Member("member1");
    Member member2 = new Member("member2");
```

```
        Book book1 = new Book("book1", 2005, 1000);
        Book book2 = new Book("book2", 2004, 1200);
        Book book3 = new Book("book3", 2001, 4300);

        Rental rental1 = new Rental(member1, book2, new OrdinaryPricePolicy(), 2);
        Rental rental2 = new Rental(member2, book1, new OrdinaryPricePolicy(), 3);
        Rental rental3 = new Rental(member2, book3, new BookDiscountPricePolicy(), 4);
        Rental rental4 = new Rental(member1, book2, new MemberDiscountPricePolicy(), 3);

        System.out.println(rental1.getPrice());
        System.out.println(rental2.getPrice());
        System.out.println(rental3.getPrice());
        System.out.println(rental4.getPrice());
    }
}
```

실행 결과

```
2400
3000
16340
3240
```

문제 3-1.

클래스 다이어그램

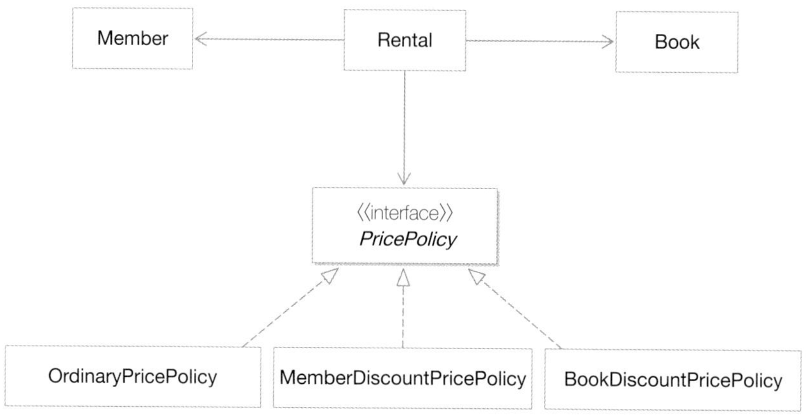

클래스 설명

클래스 이름	클래스 설명
Book	책 정보를 갖는 클래스
Member	책을 대여하는 사람의 정보를 갖는 클래스
Rental	Book과 Member의 연관 클래스로, 회원(Member 클래스)이 책(Book 클래스)을 사는 행위에 대한 데이터를 취급함
《interface》 PricePolicy	가격 정책에 대한 인터페이스. Book이나 Member 클래스에 따라 가격 정책이 변함
OrdinaryDiscountPolicy BookDiscountPolicy MemberDiscountPolicy	가격 정책 인터페이스를 실제로 구현한 클래스

문제 4-1.

클래스 다이어그램

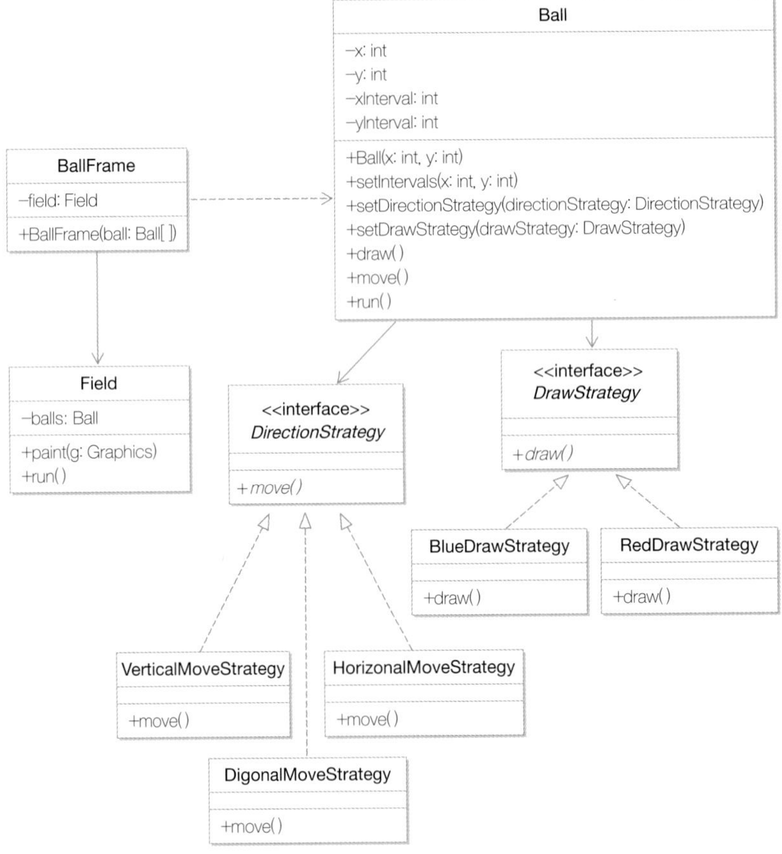

클래스 설명

클래스 이름	클래스 설명
BallFrame	JFrame 클래스를 상속받아 프로그램 전체의 프레임을 구성하는 클래스
Field	JPanel을 상속받아 공이 직접 움직이는 클래스로, paint 함수를 사용해 초당 30번씩 공을 뿌려줌
Ball	공 클래스, 공의 위치와 공의 이동 간격을 가지며 DirectionStrategy와 DrawStrategy 추상 클래스에 따라 각각 다른 알고리즘이 실행됨
DirectionStrategy	공의 방향을 결정하는 전략 추상 클래스
VerticalMoveStrategy HorizonalMoveStrategy DigonalMoveStrategy	DirectionStrategy 추상 클래스를 상속받아 각각 수직(상하), 수평(좌우), 대각선 방향으로 공의 움직임을 결정하는 실제 클래스
DrawStrategy	공을 그리는 방법(색깔)을 결정하는 전략 추상 클래스
RedDrawStrategy BlueDrawStrategy	DrawStrategy 추상 클래스를 상속받아 각각 빨간색, 파란색으로 공의 색깔을 결정하는 실제 클래스

문제 4-2. 스트래티지 패턴

문제 4-3.

```
// 수직으로 공을 움직이게 하는 전략
public class VerticalMoveStrategy extends DirectionStrategy {
  public void move(Ball ball) {
    ball.setIntervals(0, Ball.INTERVAL); // 볼의 시작점에 위치
    while (true) {
      ball.setY(ball.getY() + ball.getYinterval()); // 볼의 크기만큼 수직으로 이동
      if ((ball.getY() < 0 && ball.getYinterval() < 0)
        || ball.getY() + Ball.SIZE > BallFrame.HEIGHT - 40 && ball.getYinterval() > 0) {

        // 프레임의 경계에 도달했을 때 볼의 진행 방향을 바꿈
        ball.setIntervals(0, -ball.getYinterval());
      }
      try {
        Thread.sleep(30);
      } catch (InterruptedException e) { }
    }
  }
}
```

문제 4-4.

```
// 볼을 대각선으로 움직이게 하는 전략
public class DiagonalMoveStrategy extends DirectionStrategy {
  public void move(Ball ball) {
    ball.setIntervals(Ball.INTERVAL, Ball.INTERVAL); // 볼의 시작점을 설정함
    while (true) {
      // 대각선 방향으로 볼의 크기만큼 볼을 이동함
      ball.setX(ball.getX() + ball.getXinterval());
      ball.setY(ball.getY() + ball.getYinterval());
      if ((ball.getX()< 0 && ball.getXinterval() < 0) ||
        ball.getX() + Ball.SIZE > BallFrame.WIDTH - 15 && ball.getXinterval() > 0) {
        ball.setIntervals(-ball.getXinterval(), ball.getYinterval());
      }
      if ((ball.getY() < 0 && ball.getYinterval() < 0) ||
          ball.getY() + Ball.SIZE > BallFrame.HEIGHT - 40 && ball.getYinterval() > 0) {
        // 프레임의 경계에 도달했을 때 볼의 진행 방향을 바꿈
        ball.setIntervals(ball.getXinterval(), -ball.getYinterval());
      }
      try {
        Thread.sleep(30);
      } catch (InterruptedException e) { }
    }
  }
}
```

문제 5-1.

사람이 걸어가는 모습을 표현한 프로그램이다.

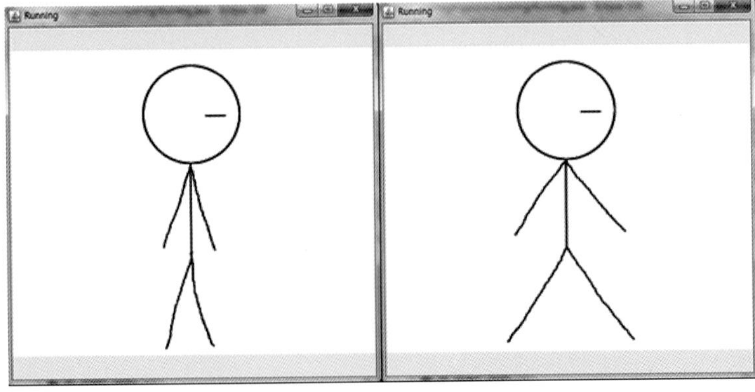

문제 5-2.

달리기 이미지를 처리하고 싶다면 다음처럼 Field 클래스를 수정하면 된다.

```
public class Field extends JPanel implements Runnable {
  private JLabel lbl;
  private String[] runningImage = { "run11.gif", "run2.gif", "run3.gif" };
  public Field() {
    setLayout(new BorderLayout());
    lbl = new JLabel();
    lbl.setIcon(new ImageIcon("./src/run1.gif"));
    add(lbl, BorderLayout.CENTER);
  }

  public void run() {
    while (true) {
      String[] path = runningImage;
      for (int i = 0; i < path.length; i++) {
        lbl.setIcon(new ImageIcon("./src/" + path[i]));
        try {
          Thread.sleep(300);
        } catch (InterruptedException e) { }
      }
    }
  }
}
```

코드에서 변경된 부분은 진한 글씨로 표시했다. 이와 같이 매번 새로운 이미지를 처리할 때마다 코드를 수정하는 작업은 매우 번거롭고 오류를 일으킬 확률도 높아질 수밖에 없다. 이는 코드가 OCP를 따르지 않고 설계되었기 때문인데, 이를 해결하려면 새로운 이미지 처리 기능을 스트래티지 패턴을 사용해 추가해야 한다.

스트래티지 패턴을 사용한 코드

```
public class Running extends JFrame {
  private Field field;

  public Running(Field field) {
    super("Running");
    setDefaultCloseOperation(EXIT_ON_CLOSE);
```

```
    setLayout(new BorderLayout());

    add(field, BorderLayout.CENTER);

    setSize(500, 500);
    setVisible(true);

    Thread th = new Thread(field);
    th.start();
  }
}

public class Field extends JPanel implements Runnable {
  private JLabel lbl;
  private MovingStrategy strategy = new WalkingStrategy();

  public void setMovingStrategy(MovingStrategy strategy) {
    this.strategy = strategy;
  }

  public Field() {
    setLayout(new BorderLayout());
    lbl = new JLabel();
    add(lbl, BorderLayout.CENTER);
  }

  public void run() {
    strategy.drawImages(lbl);
  }
}

public abstract class MovingStrategy {
  public abstract void drawImages(JLabel lb1);
}

public class WalkingStrategy extends MovingStrategy {
  private String[] walkingImage = { "walk1.gif", "walk2.gif" };

  @Override
  public void drawImages(JLabel lbl) {
    lbl.setIcon(new ImageIcon("./src/walk1.gif"));
    while (true) {
      String[] path = walkingImage;
      for (int i = 0; i < path.length; i++) {
        lbl.setIcon(new ImageIcon("./src/" + path[i]));
```

```
          try {
            Thread.sleep(100);
          } catch (InterruptedException e) { }
        }
      }
    }
  }

  public class Client {
    public static void main(String[] args) {
      Field field = new Field();
      field.setMovingStrategy(new WalkingStrategy());
      new Running(field);
    }
  }
```

우선 MovingStrategy라는 추상 클래스를 만들고 하위 클래스로 개별적인 이미지를 처리하는 클래스(예를 들어 WalkingStrategy 클래스)를 둔다. Field 클래스는 스트래티지 패턴에서 Context 클래스 역할을 하므로 스트래티지 패턴을 설정하는 메서드 setMovingStrategy를 정의했다. Running 클래스는 스트래티지 패턴이 설정된 Field 스레드 객체를 인자로 받아 이를 실행시키는 역할을 한다. Field 객체는 현재 설정된 스트래티지 패턴 객체(strategy)에 인자로 전달한 판넬 객체에 적절한 이미지를 그리는 작업을 위임한다.

이 설계가 OCP를 따르는 설계임을 보이기 위해 사람이 달리는 이미지를 처리하는 기능을 추가해보자. 이전 설계에서처럼 기존의 코드를 전혀 수정할 필요 없이 다음 RunningStrategy 클래스를 MovingStrategy 추상 클래스의 하위 클래스로 두면 된다.

```
  public class RunningStrategy extends MovingStrategy {
    private String[] runningImage = { "run11.gif", "run2.gif", "run3.gif" };
    @Override
    public void drawImages(JLabel lbl) {
      lbl.setIcon(new ImageIcon("./src/run1.gif"));
      while (true) {
        String[] path = runningImage;
        for (int i = 0; i < path.length; i++) {
          lbl.setIcon(new ImageIcon("./src/" + path[i]));
          try {
            Thread.sleep(100);
```

```
        } catch (InterruptedException e) { }
      }
    }
  }
}
```

물론 스트래티지 패턴은 다음과 같이 클라이언트 역할을 하는 main 메서드에 설정하면 된다.

```
public class Client {
  public static void main(String[] args) {
    Field field = new Field();
    field.setMovingStrategy(new RunningStrategy());
    new Running(field);
  }
}
```

혹시 이 코드에서 더 개선할 점을 찾은 독자가 있을지도 모르겠다. drawImage 메서드의 실행 흐름이 RunningStrategy나 WalkingStrategy 클래스와 거의 같다. 다른 점은 판넬에 그릴 이미지가 담긴 파일의 이름이다. 이 점을 이용해 다음과 같이 MovingStrategy라는 추상 클래스에 공통적인 실행 흐름을 가진 drawImage 메서드를 정의해 코드의 중복을 없앤다.

```
public abstract class MovingStrategy {
  public void drawImages(JLabel lbl) {
    String[] path = getImageNames();
    lbl.setIcon(getImageIcon(path[0]));
    while (true) {
      for (int i = 0; i < path.length; i++) {
        lbl.setIcon(getImageIcon(path[i]));
        try {
          Thread.sleep(100);
        } catch (InterruptedException e) { }
      }
    }
  }
  protected abstract ImageIcon getImageIcon(String name);
  protected abstract String[] getImageNames();
}

public class WalkingStrategy extends MovingStrategy {
```

```
    private String[] walkingImage = { "walk1.gif", "walk2.gif" };
    @Override
    protected ImageIcon getImageIcon(String name) {
      return new ImageIcon("./src/"+name);
    }

    @Override
    protected String[] getImageNames() {
      return walkingImage;
    }
  }

  public class RunningStrategy extends MovingStrategy {
    private String[] runningImage = { "run11.gif", "run2.gif", "run3.gif" };

    @Override
    protected ImageIcon getImageIcon(String name) {
      return new ImageIcon("./src/" + name);
    }

    @Override
    protected String[] getImageNames() {
      return runningImage;
    }
  }
```

여기에서 눈여겨봐야 할 점은 이미지 처리에서 다른 부분은 모두 protected 접근 제어자로 선언한 메서드로 대치해 자식 클래스에서 재정의할 수 있게 했다는 점이다. 이와 같이 실행 흐름은 동일하지만 어느 특정 실행 단계의 구현을 자식 클래스에서 결정하도록 함으로써 서로 다른 자식 클래스가 서로 다른 구현을 실행해 다른 기능이 실행되도록 한다. 이와 같이 동일한 흐름을 지닌 메서드의 중복을 없애고 자식 클래스에서 각 실행 흐름의 내용을 결정하도록 하는 디자인 패턴을 템플릿 메서드template method 패턴이라고 한다.

문제 6.

현재의 코드는 특정 기기(HD108ReceiptPrinter 클래스)와 실제로 연결되어야만 동작한다. 실제 테스트를 실행할 때는 HD108ReceiptPrinter 클래스를 대신하는 객체가 필요하다. 따라서 스트래티지 패턴을 이용해 테스트할 때는 HD108ReceiptPrinter 클래스를 대신하는 객체를 사용하고 실제 운용할 때는 HD108ReceiptPrinter 클래스를 사용하도록 하면 된다.

클래스 다이어그램

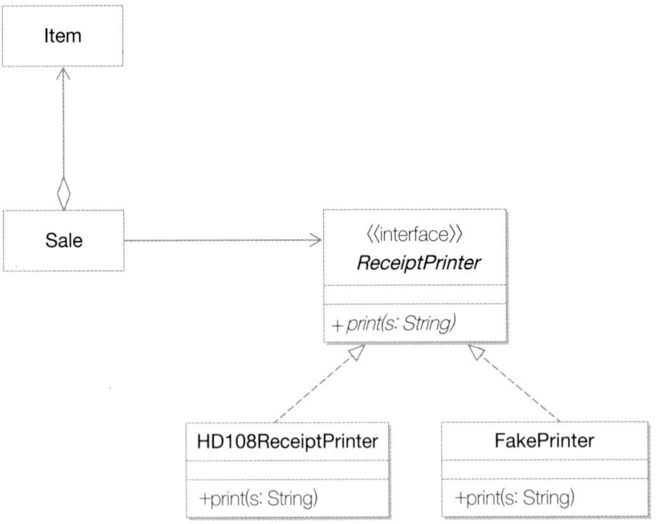

정답 코드

```
public interface ReceiptPrinter {
  public void print(String s);
}

public class HD108ReceiptPrinter implements ReceiptPrinter {
  @Override
  public void print(String s) {
    // 실제 영수증을 출력하는 코드
  }

}

public class FakePrinter implements ReceiptPrinter {
  private String s;

  @Override
  public void print(String s) {
    this.s = s;
  }
```

```
    public String getReceiptContents() {
      return s;
    }
  }

  public class Sale {
    private ArrayList<Item> items = new ArrayList<Item>();
    private ReceiptPrinter printer;

    public void printReceipt() {
      Iterator<Item> itr = items.iterator();
      StringBuffer buf = new StringBuffer();
      while (itr.hasNext()) {
        Item item = itr.next();
        buf.append(item.getName());
        buf.append(item.getPrice());
      }
      printer.print(buf.toString());
    }

    public void add(Item item) {
      items.add(item);
    }

    public void setReceiptPrinter(ReceiptPrinter printer) {
      this.printer = printer;
    }
  }
```

특히 Sale 클래스에는 영수증 프린터를 외부에서 주입할 수 있도록 setReceiptPrinter(ReceiptPrinter) 메서드가 정의되어 있다. 이 메서드를 이용해 테스트할 때는 가짜 프린터(FakePrinter 클래스)의 객체를, 실제 운용할 때는 실제 기기(HD108ReceiptPrinter 클래스)의 객체를 주입한다. FakePrinter 클래스에서는 Sale 클래스에서 전달한 여러 정보를 확인할 수 있도록 getReceiptContents 메서드를 정의했다.

다음은 FakePrinter 클래스를 사용해 테스트를 실행하는 코드다. 물론 JUnit 프레임워크*를 이용해 훨씬 더 훌륭하게 코드를 작성할 수 있지만 이번 예제에서는 이 정도로 만족하자.

* http://junit.org/에서 다운로드해 사용할 수 있다.

```
public class Client {
  public static void main(String[] args) {
    Item item1 = new Item("Shampoo", 3000);
    Item item2 = new Item("Cookie", 1000);
    Sale sale = new Sale();
    String expected = "Shampoo3000Cookie1000";

    sale.add(item1);
    sale.add(item2);

    FakePrinter printer = new FakePrinter();
    sale.setReceiptPrinter(printer);
    sale.printReceipt();
    if (expected.equals(printer.getReceiptContents()))
      System.out.println("pass!");
    else
      System.out.println("fail!");
  }
}
```

CHAPTER 6

문제 1.

다음은 수정된 올바른 코드다. 수정된 곳은 진한 글씨로 표시했다.

```
public class Singleton {
  private static Singleton instance = null;
  private Printer() { }

  public synchronized static Singleton getInstance() {
    if (instance == null)
      instance = new Singleton();

    return instance;
  }

  public void doSomething(void) {
    ...
  }
}
```

문제 2.

클래스 다이어그램

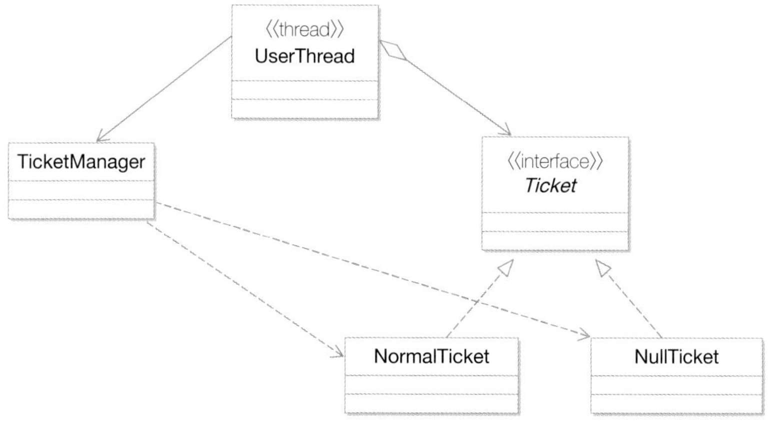

클래스 설명

클래스 이름	클래스 설명
TicketManager	티켓을 발행할 책임이 있는 클래스. 싱글턴 패턴으로 구현해 유일한 시리얼 번호를 생성한다.
Ticket	티켓 인터페이스. 시리얼 번호를 설정하고 외부에 알려줄 책임이 있다.
NormalTicket	정상적인 시리얼 번호가 있는 티켓
NullTicket	발행할 수 있는 티켓보다 더 많은 티켓을 요구할 때 발행되는 유효하지 못한 티켓
UserThread	TicketManager 클래스에게 티켓의 발행을 요구하는 스레드 클래스

정답 코드

```
public class TicketManager {
  private static TicketManager mgr;
  private int limits; // 발행할 수 있는 티켓의 수
  private int count; // 현재 발행된 티켓의 수

  private TicketManager() {
    count = 0;
  }

  // 오직 하나의 티켓 발행기를 생성함
  public synchronized static TicketManager getTicketManger() {
    if (mgr == null) {
      mgr = new TicketManager();
    }
    return mgr;
  }

  public synchronized void setTicketLimits(int limits) {
    this.limits = limits;
  }

  public synchronized Ticket getTicket() {
    if (this.count < this.limits)
      return new NormalTicket(++this.count);

    return new NullTicket();
  }
}
```

```
interface Ticket {
  public int getTicketNum();
}

public class NormalTicket implements Ticket {
  private int serial_num;

  public NormalTicket(int num) {
    this.serial_num = num;
  }

  public int getTicketNum() {
    return this.serial_num;
  }
}

// NullTicket 클래스: 발행할 수 있는 티켓보다 더 많은 티켓을 요구할 때 발행되는 무효 티켓
public class NullTicket implements Ticket {
  public int getTicketNum() {
    return 0;
  }
}

public class UserThread extends Thread {
  private Ticket myTicket;

  public UserThread(String name) {
    super(name);
  }

  public void run() {
    TicketManager mgr = TicketManager.getTicketManager();
    myTicket = mgr.getTicket(); // 티켓 구입 요령
  }

  public Ticket getMyTicket() {
    return myTicket;
  }
}

public class Main {
  private static final int THREAD_NUM = 15;
```

```
  public static void main(String[] args) {
    TicketManager mgr = TicketManager.getTicketManger();
    mgr.setTicketLimits(5); // 발행할 수 있는 티켓을 5장으로 제한함
    UserThread[] user = new UserThread[THREAD_NUM]; // 15개의 티켓을 요구하는 사용자 스레드

    for (int i = 0; i < THREAD_NUM; i++) {
      user[i] = new UserThread((i + 1) + "-thread");
      user[i].start(); // 스레드 실행
    }

    for (int i = 0; i < THREAD_NUM; i++) {
      try {
        user[i].join();
      } catch (InterruptedException e) {
        e.printStackTrace();
      }
    }

    for (int i = 0; i < THREAD_NUM; i++) {
      if (user[i].getMyTicket().getTicketNum() != 0)
        System.out.println("User" + i + "-th Thread get ticket"
          + user[i].getMyTicket().getTicketNum());
    }
  }
}
```

실행 결과

```
User-0-th Thread get ticket1
User-8-th Thread get ticket5
User-9-th Thread get ticket4
User-10-th Thread get ticket3
User-11-th Thread get ticket2
```

문제 3.

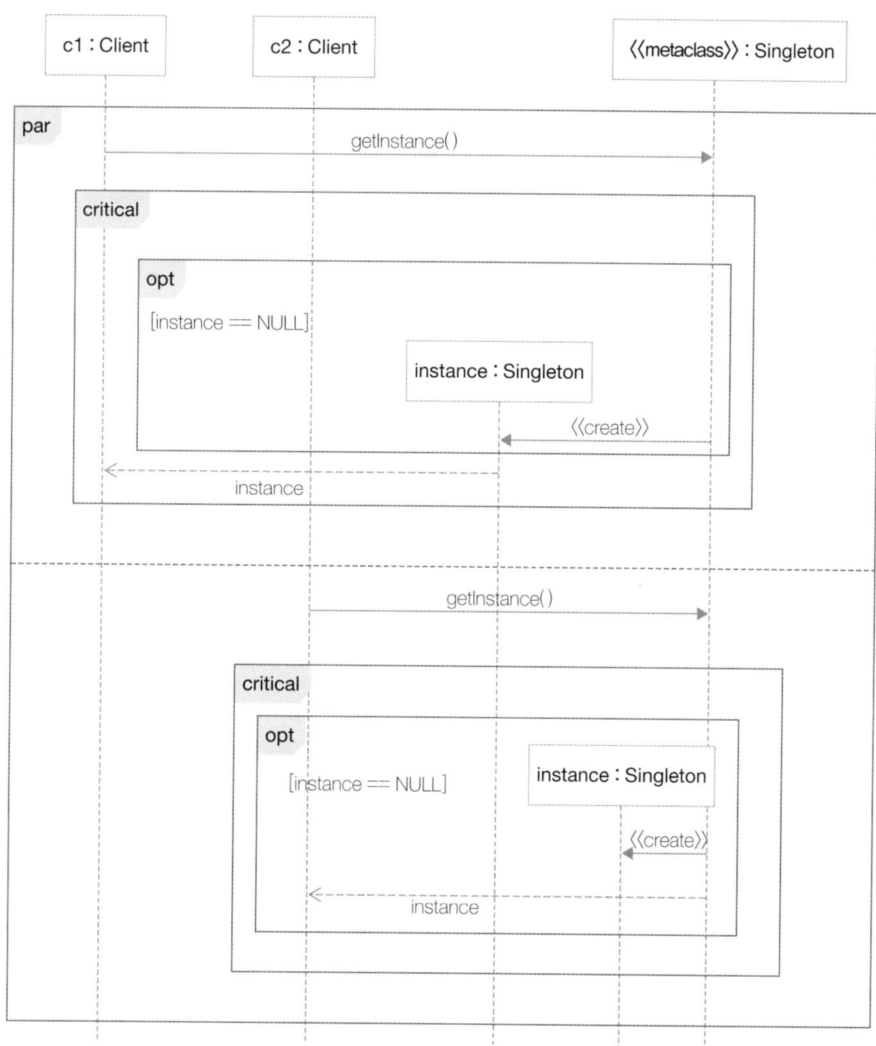

이 순차 다이어그램에서 `par` 상호작용 프레임은 병렬성을 나타내는 데 사용되었고, `critical` 상호작용 프레임은 단 하나의 스레드가 실행할 수 있는 영역임을 나타내는 데 사용되었다.

문제 4.

```
public class PrintertManager {
  private static PrinterManager mgr = null;
  private ArrayList<Printer> managedPrinters = new ArrayList<Printer>();

  // 프린터 관리자는 하나만 존재해야 하므로 싱글턴 패턴으로 구현함
  // 3개의 Printer 인스턴스를 미리 생성해 저장함
  private PrinterManager() {
    managedPrinters.add(new Printer());
    managedPrinters.add(new Printer());
    managedPrinters.add(new Printer());
  }

  public synchronized static PrinterManager getPrinterManager() {
    if (mgr == null) {
      mgr = new PrinterManager();
    }
    return mgr;
  }

  public synchronized Printer getPrinter() {
    while (true) {
      for (Printer printer:managedPrinters) {
        if (printer.isAvailable()) { // 프린터를 이용할 수 있는지 검사함
          printer.setAvailable(false);
          return printer;
        }
      }
    }
  }
}
```

문제 5.

Server Factory

```
public interface ServerProvider {
  public Server getServer();
}

public class ServerFactory implements ServerProvider {
  private static ServerProvider serverProvider = new ServerProvider() {
    public Server getServer() {
      return new ServerProxy();
    }
  }

  public synchronized static ServerProvider getInstance() {
    return serverProvider;
  }

  public Server getServer() {
    return serverProvider.getServer();
  }

  public static void setServer(ServerProvider sp) {
    serverProvider = sp;
  }
}

public interface Server {
  public void doSomeThing();
}

public class ServerProxy implements Server {
  @Override
  public void doSomeThing() {
    // 실제 서버와 네트워크 연결 같은 여러 작업을 수행함
  }
}
public class FakeServer implements Server { // 테스트용 가짜 서버
  private StringBuffer result = new StringBuffer();

  @Override
  public void doSomeThing() {
```

```
    result.append("invoked");
  }

  public String getResult() {
    return result.toString();
  }
}

public class UseServer {
  private Server server;

  public Server getServer() {
    return server;
  }

  public void doSomeThing() {
    ServerProvider factory = ServerFactory.getInstance();
    server = factory.getServer();
    server.doSomeThing();
  }
}

import junit.framework.TestCase;

public class ServerFactoryTests extends TestCase {
  public void setUp() {
    ServerFactory.setServer(new ServerProvider()) {
      public Server getServer() {
        return new FakeServer();
      }
    }
  }

  public void testSomething() {
    UseServer use = new UseServer();
    use.doSomeThing();
    FakeServer server = (FakeServer) use.getServer();
    assertEquals("invoked", server.getResult());
  }
}
```

우선 ServerProvider 인터페이스를 제공해 테스트용으로 개발된 서버 객체(FakeServer 클래스)를 반환하는 ServerFactory 클래스를 이용할 수 있게 했다. 기본적으로는 실제 서버와 통신하는 프록시 객체를 반환한다. FakeServer 객체는 메서드가 실제 호출되었는지 알 수 있게 하려고 getResult 메서드를 제공한다. 테스트의 필요성에 따라 FakeServer 클래스에 다양한 메서드를 제공할 수 있다.

다음은 FakeServer 객체를 이용해 JUnit을 기반으로 작성한 UseServer 객체가 서버의 올바른 메서드를 호출하는지를 알아보는 테스트다. 이 테스트는 네트워크나 서버의 다운 여부에 상관없이 매우 빠르게 실행할 수 있다.

```
import junit.framework.TestCase;

public class ServerFactoryTests extends TestCase {
  public void setUp() {
    // 테스트를 실행하는 경우에는 가짜 서버를 반환하도록 getServer 연산을 재정의함
    ServerFactory.setServer(new ServerProvider()) {
      public Server getServer() {
        return new FakeServer();
      }
    }
  }

  public void testSomething() {
    UseServer use = new UseServer();
    use.doSomeThing();
    FakeServer server = (FakeServer) use.getServer(); // 가짜 서버 인스턴스를 반환함
    assertEquals("invoked", server.getResult());
  }
}
```

CHAPTER 7

문제 1.

두 패턴은 행위 자체를 별도의 클래스로 캡슐화하고, 연관 관계를 이용해 행위를 캡슐화한 클래스(스트래티지 패턴에서는 각 스트래티지 클래스, 스테이트 패턴에서는 각 스테이트 클래스)에 실제 작업 수행을 위임하는 측면에서 동일하다. 또한 두 패턴은 실행 중에 행위를 변경할 수 있다.

그러나 스테이트 패턴에서 클라이언트는 상태 객체와 관련된 어떤 지식도 없다. 예를 들어 코드 7-1에서 소개한 Client 클래스의 행위를 다시 살펴보자.

```
public class Client {
  public static void main(String[] args) {
    Light light = new Light();
    light.off(); // 반응 없음
    light.on();
    light.off();
  }
}
```

이 코드에서 상태를 알 수 있는 어떤 단서를 발견할 수 있는가? Client 클래스는 어떤 상태 정보나 상태 변경과는 무관하다. 단순히 Light 클래스(Context 요소를 구현한 클래스)의 메서드(on이나 off)를 호출할 뿐이다. Client 클래스 입장에서는 Light 객체의 행위에 변경이 있을 때마다 자신의 클래스가 변경되는 것처럼 보일 뿐이다(예를 들어 Light 객체에 처음 off 메서드를 호출했을 때와 on 메서드를 실행한 후에 off 메서드를 호출했을 때의 반응이 다르다). 동일한 객체에 동일한 메서드를 호출했는 데도 반응이 다르므로 Client 클래스 입장에서는 객체가 클래스를 변경하는 것처럼 보인다. 물론 이는 자바에서 불가능한 일이다.

스트래티지 패턴에서도 스테이트 패턴과 같이 실행 중에 동적으로 자신의 행위를 변경할 수 있다. 그러나 스테이트 패턴에서는 행위가 자주 변경되지만 스트래티지 패턴에서는 Context 요소에서 행위(즉, 전략)가 한 번 고정되면 자주 변경되지 않는다. 또한 행위를 변경하는 주체가 스테이트 패턴과는 다르다. 스테이트 패턴에서는 상태 변경을 State 요소를 구현한 클래스 자신이 수행하지만 스트래티지 패턴에서는 Client 클래스가 수행한다. 즉, 행위 시작과 변경이 Client 클래스에서 이루어지며 통제된다. Client 클래스는 현재 사용 중인 Strategy 요소를 구현한 클래스 객체의 정보를 유지하며 Context 객체에 적절한 Strategy 객체를 설정하는 역할을 수행한다. 이 점이 스테이트 패턴과의 주요 차이점이다.

문제 2.

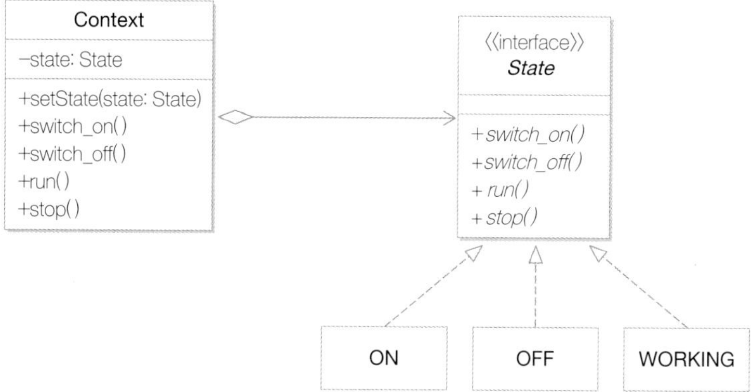

문제 3.

```
public class Light {
  private LightState state = OFF.getInstance(); // 형광등의 초기 상태는 OFF

  public void setState(LightState state) { // 현재 상태를 설정함
    this.state = state;
  }

  public void on_button_pushed() {
    state.on_button_pushed(this); // On 버튼을 누르는 경우 현재 상태에 따라 동작이 달라짐
  }

  public void off_button_pushed() {
    state.off_button_pushed(this); // Off 버튼을 누르는 경우 현재 상태에 따라 동작이 달라짐
  }
}

public interface LightState {
  public void on_button_pushed(Light light);
  public void off_button_pushed(Light light);
```

```
}

public class OFF implements LightState {

  // OFF 클래스의 인스턴스는 하나만 생성되어 사용됨
  private static LightState instance = new OFF();

  public static LightState getInstance() {
    return instance;
  }

  @Override
  public void on_button_pushed(Light light) {
    System.out.println("Light On!!");
    light.setState(ON.getInstance());
  }

  @Override
  public void off_button_pushed(Light light) {
    System.out.println("반응 없음");
    light.setState(OFF.getInstance());
  }
}

public class ON implements LightState {
  // ON 클래스의 인스턴스는 하나만 생성되어 사용됨
  private static LightState instance = new ON();

  public static LightState getInstance() {
    return instance;
  }

  @Override
  public void on_button_pushed(Light light) {
    System.out.println("취침등 상태");
    light.setState(SLEEPING.getInstance());
  }

  @Override
  public void off_button_pushed(Light light) {
    System.out.println("Light off!!");
    light.setState(OFF.getInstance());
  }
}
```

```
public class SLEEPING implements LightState {
  private static LightState instance = new SLEEPING();

  public static LightState getInstance() {
    return instance;
  }

  @Override
  public void on_button_pushed(Light light) {
    System.out.println("Light On Back!!");
    light.setState(ON.getInstance());
  }

  @Override
  public void off_button_pushed(Light light) {
    System.out.println("Light Off Back!!");
    light.setState(OFF.getInstance());
  }
}
```

문제 4.

클래스 다이어그램

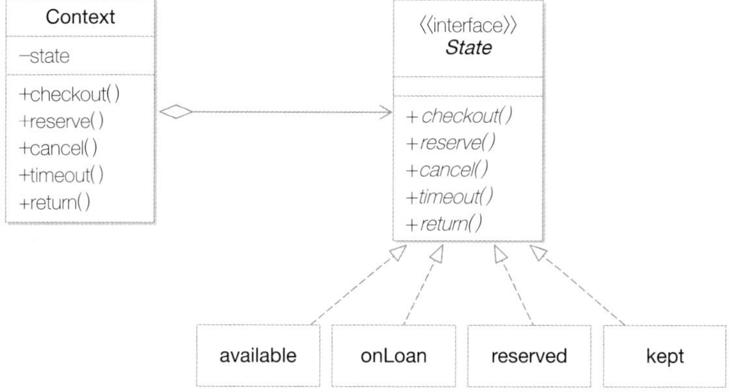

상태 머신 다이어그램

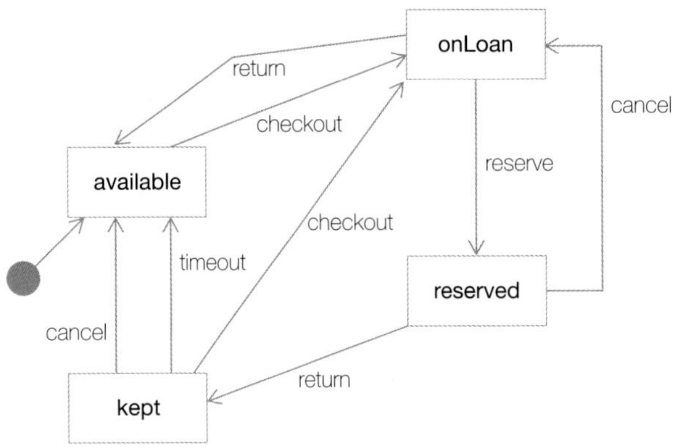

문제 5.

클래스 다이어그램

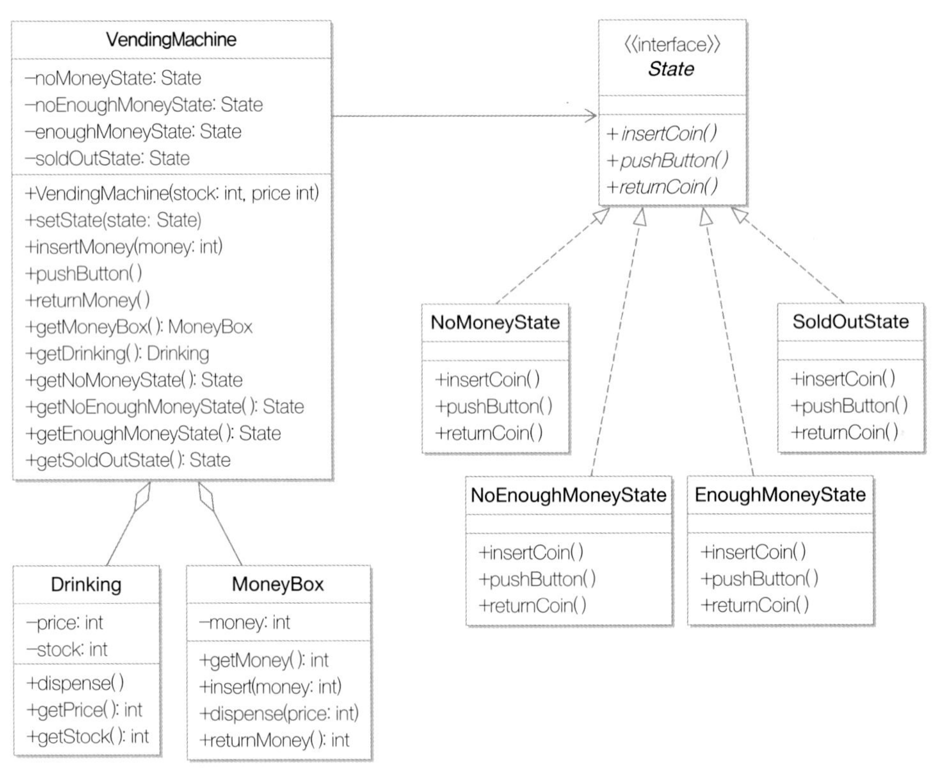

클래스 설명

클래스 이름	클래스 설명
VendingMachine	VendingMachine 클래스. MoneyBox나 Drinking 클래스에 따라 상태가 달라지며, 상태에 따라 다른 일을 수행함
Drinking	음료에 대한 클래스. 가격과 재고 데이터를 가짐
MoneyBox	VendingMachine 클래스가 가진 돈에 대한 클래스
《interface》 State	VendingMachine 클래스의 상태를 갖는 인터페이스
NoMoneyState NoEnoughMoneyState EnoughMoneyState SoldOutState	Vendingmachine 클래스의 상태를 구현한 구체적인 클래스. NoMoneyState 클래스는 돈이 하나도 없는 상태, NoEnoughMoneyState는 돈은 있으나 음료를 사기에 부족한 상태, EnoughMoneyState는 음료를 사기에 돈이 충분한 상태, SoldOutState 클래스는 음료가 매진된 상태임

정답 코드

```
package vending;

public class VendingMachine {
  private State noMoneyState; // 돈이 하나도 없는 상태
  private State noEnoughMoneyState; // 돈은 있으나 음료를 사기에 부족한 상태
  private State enoughMoneyState; // 음료를 사기에 돈이 충분한 상태
  private State soldOutState; // 음료가 매진된 상태
  private State state;

  private MoneyBox moneyBox;
  private Drinking drinking;

  public VendingMachine(int stock, int price) {
    noMoneyState = new NoMoneyState(this);
    noEnoughMoneyState = new NoEnoughMoneyState(this);
    enoughMoneyState = new EnoughMoneyState(this);
    soldOutState = new SoldOutState(this);

    moneyBox = new MoneyBox();
    drinking = new Drinking(stock, price);

    if (drinking.getStock() > 0)
      // 음료 재고가 있는 경우 돈이 하나도 없는 상태가 벤딩 머신의 초기 상태임
      state = noMoneyState;
    else
      // 음료 재고가 있는 경우 벤딩 머신의 초기 상태는 매진 상태임
```

```
      state = soldOutState;
    }

    public void setState(State state) { // 현재 상태를 설정함
      this.state = state;
    }

    public void insertMoney(int money) {
      state.insertMoney(money);
    }

    public void pushButton() {
      int price = drinking.getPrice();
      state.pushButton(price);
    }

    public void returnMoney() {
      state.returnMoney();
    }

    public MoneyBox getMoneyBox() {
      return moneyBox;
    }

    public Drinking getDrinking() {
      return drinking;
    }

    public State getNoMoneyState() {
      return noMoneyState;
    }

    public State getNoEnoughMoneyState() {
      return noEnoughMoneyState;
    }

    public State getEnoughMoneyState() {
      return enoughMoneyState;
    }

    public State getSoldOutState() {
      return soldOutState;
    }
  }
```

```
public class Drinking {
  private int price;
  private int stock;

  public Drinking(int stock, int price) {
    this.stock = stock;
    this.price = price;
  }

  public void dispense() {
    this.stock--;
  }

  public int getPrice() {
    return price;
  }

  public int getStock() {
    return stock;
  }
}

public class MoneyBox {
  private int money = 0;

  public int getMoney() {
    return money;
  }

  public void insert(int money) {
    this.money += money;
  }

  public void dispense(int price) {
    this.money -= price;
  }

  public int returnMoney() {
    int tmp = this.money;
    this.money = 0;
    return tmp;
  }
}
```

```
interface State {
  public void insertMoney(int money); // 돈을 투입함
  public void pushButton(int price); // 버튼을 누름
  public void returnMoney(); // 거스름돈을 반환함
}

public class NoMoneyState implements State {
  private VendingMachine machine;

  public NoMoneyState(VendingMachine machine) {
    this.machine = machine;
  }

  public void insertMoney(int money) {
    machine.getMoneyBox().insert(money);
    System.out.println(money + "원을 넣었습니다.");

    // 돈이 전혀 투입되지 않은 상태에서 음료를 사기에 충분한 돈을 투입한 경우
    if (money >= machine.getDrinking().getPrice()) {
      machine.setState(machine.getEnoughMoneyState()); // EnoughMoney 상태로 변경
    }
    else { // 음료를 사기에 충분한 돈이 투입되지 않은 경우
      machine.setState(machine.getNoEnoughMoneyState()); // NoEnoughMoney 상태로 진입
    }
    System.out.println("현재 금액은 " + machine.getMoneyBox().getMoney() + "원입니다.");
  }

  public void pushButton(int price) { // 돈이 전혀 투입되지 않은 경우 버튼을 누르는 경우
    System.out.println("동전을 넣어주세요."); // 동전 투입 요구 메시지 출력
  }

  public void returnMoney() { // 돈이 전혀 투입되지 않은 경우에 돈 반환을 요구하는 경우
    System.out.println("반환할 동전이 없습니다."); // 반환할 동전이 없다는 메시지 출력
  }
}

public class NoEnoughMoneyState implements State {
  private VendingMachine machine;

  public NoEnoughMoneyState(VendingMachine machine) {
    this.machine = machine;
  }

  public void insertMoney(int money) {
```

```
    machine.getMoneyBox().insert(money);
    System.out.println(money + "원을 넣었습니다.");

    // 돈이 충분하게 투입되지 않은 상태에서 음료를 사기에 충분한 돈을 투입한 경우
    if (machine.getMoneyBox().getMoney() >= machine.getDrinking().getPrice()) {
      machine.setState(machine.getEnoughMoneyState()); // EnoughMoney 상태로 변경
    }

    // 다음 else문은 실제로 상태 변화가 이루어지지 않으므로 생략 가능함
    else { // 음료를 사기에 충분한 돈이 투입되지 않은 경우
      machine.setState(machine.getNoEnoughMoneyState()); // NoEnoughMoney 상태로 변경
    }
    System.out.println("현재 금액은 " + machine.getMoneyBox().getMoney() + "원입니다.");
  }

  public void pushButton(int price) { // 돈이 충분히 투입되지 않은 상태에서 버튼을 누르는 경우
    System.out.println("동전이 부족합니다."); // 동전이 부족하다는 메시지 출력
  }

  public void returnMoney() { // 돈이 충분히 투입되지 않은 경우 돈 반환을 요구하면 돈을 반환함
    int tmp = machine.getMoneyBox().returnMoney();
    System.out.println(tmp + "원이 반환되었습니다.");
    machine.setState(machine.getNoMoneyState());
  }
}

public class EnoughMoneyState implements State {
  private VendingMachine machine;

  public EnoughMoneyState(VendingMachine machine) {
    this.machine = machine;
  }

  public void insertMoney(int money) {
    machine.getMoneyBox().insert(money);
    System.out.println(money + "원을 넣었습니다.");
    System.out.println("현재 금액은 " + machine.getMoneyBox().getMoney() + "원입니다.");
  }

  public void pushButton(int price) {
    machine.getMoneyBox().dispense(price);
    machine.getDrinking().dispense(); // 음료수 구입
    System.out.println("음료수가 나왔습니다.");
```

```
    if (machine.getDrinking().getStock() == 0) { // 음료수 재고가 없다면
      machine.setState(machine.getSoldOutState()); // 매진 상태로 변경
    }

    // 잔액이 새 음료수를 구입하기에 충분하지 못한 경우
    else if (machine.getMoneyBox().getMoney() < machine.getDrinking().getPrice()) {
      machine.setState(machine.getNoEnoughMoneyState()); // NoEnough 상태로 변경
    }
    else if (machine.getMoneyBox().getMoney() == 0) { // 잔액이 하나도 없는 경우
      machine.setState(machine.getNoMoneyState()); // NoMoney 상태로 변경
    }
  }

  // 잔액을 반환한 후 NoMoney 상태로 변경
  public void returnMoney() {
    int tmp = machine.getMoneyBox().returnMoney();
    System.out.println(tmp + "원이 반환되었습니다.");
    machine.setState(machine.getNoMoneyState()); // NoMoney 상태로 변경
  }
}

public class SoldOutState implements State {
  private VendingMachine machine;

  public SoldOutState(VendingMachine machine) {
    this.machine = machine;
  }

  // 매진 상태에서 돈이 투입되면 재고가 없다는 메시지 출력
  public void insertMoney(int money) {
    System.out.println("재고가 없습니다.");
  }

  public void pushButton(int price) { } // 매진 상태에서는 구입 버튼을 눌러도 동작하지 않음

  public void returnMoney() { // 매진 상태에서 투입된 돈을 반환
    int tmp = machine.getMoneyBox().returnMoney();
    System.out.println(tmp + "원이 반환되었습니다.");
    machine.setState(machine.getNoMoneyState()); // NoMoney 상태로 변경
  }
}

public class Client {
  public static void main(String[] args) {
```

```
        VendingMachine machine = new VendingMachine(5, 1000);

        machine.insertMoney(1000);
        machine.insertMoney(500);
        machine.pushButton();
        machine.returnMoney();
        machine.insertMoney(1000);
        machine.insertMoney(1000);
        machine.pushButton();
    }
}
```

실행 결과

```
1000원을 넣었습니다.
현재 금액은 1000원입니다.
500원을 넣었습니다.
현재 금액은 1500원입니다.
음료수가 나왔습니다.
500원이 반환되었습니다.
1000원을 넣었습니다.
현재 금액은 1000원입니다.
1000원을 넣었습니다.
현재 금액은 2000원입니다.
음료수가 나왔습니다.
```

CHAPTER 8

문제 1-1.

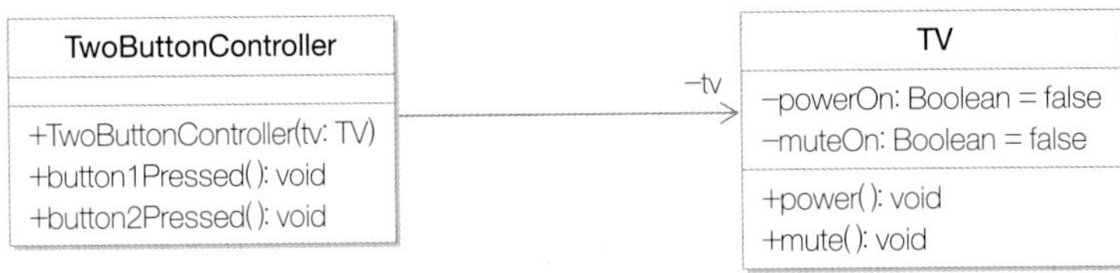

문제 1-2.

```
Power On
Mute On
Power Off
```

문제 1-3.

TwoButtonController 클래스는 OCP에 위배된다. 즉, 2개의 버튼 모두 동작하는 기능을 변경할 때 TwoButtonController 클래스의 소스 코드를 수정해야 한다. 현재 button1은 전원 기능으로, button2는 음소거 기능으로 고정되어 있다.

문제 1-4.

커맨드 패턴을 이용해 각 버튼을 눌렀을 때 실행될 기능을 캡슐화할 수 있다. 즉, 버튼을 눌렀을 때 클라이언트에 의해 설정된 특정 기능을 실행하도록 설계를 변경할 수 있다. 이렇게 하면 버튼에 어떤 기능을 설정하느냐에 따라 버튼을 눌렀을 때 동작하는 기능이 달라질 수 있다.

문제 2-1.

```
public class TwoButtonController {
  private Command command1; // button1에 필요한 Command 인스턴스
  private Command command2; // button2에 필요한 Command 인스턴스
```

```
    public void setCommand(Command command1, Command command2) {
      this.command1 = command1;
      this.command2 = command2;
    }

    // button1을 누르면 설정된 command1의 execute 메서드를 호출함
    public void button1Pressed() {
      command1.execute();
    }

    // button2를 누르면 설정된 command2의 execute 메서드를 호출함
    public void button2Pressed() {
      command2.execute();
    }
  }

  public interface Command {
    public abstract void execute();
  }
```

문제 2-2.

클래스 다이어그램

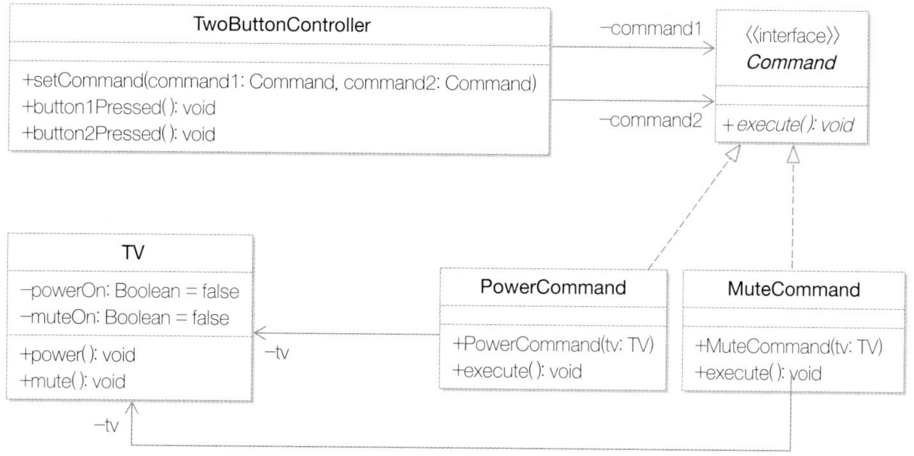

클래스 설명

클래스 이름	클래스 설명
TV	TV 켜기/끄기 기능과 음소거 작동/취소 기능을 구현한 클래스
TwoButtonController	TV를 제어하는 클래스. button1과 button2로 버튼을 눌렀을 때 동작하는 기능을 구현함
<<interface>> Command	커맨드 패턴을 위한 인터페이스.
PowerCommand	TV 켜기/끄기 기능을 구현하는 ConcreteCommand 클래스
MuteCommand	음소거 작동/취소 기능을 구현하는 ConcreteCommand 요소 클래스

문제 2-3.

커맨드 패턴 구성 요소	해당 클래스
Invoker	TwoButtonController
Command	Command
ConcreteCommand	PowerCommand MuteCommand
Receiver	TV

문제 2-4.

```
public class MuteCommand implements Command { // 음소거 제어를 위한 클래스
  private TV tv;

  public MuteCommand(TV tv) {
    this.tv = tv;
  }

  public void execute() { // Invoker인 TV 클래스의 mute 메서드를 호출해 음소거 기능을 구현함
    tv.mute();
  }
}

public class PowerCommand implements Command { // 전원 제어를 위한 클래스
  private TV tv;

  public PowerCommand(TV tv) {
    this.tv = tv;
  }
```

```
    public void execute() { // Invoker인 TV 클래스의 power 메서드를 호출해 전원 기능을 구현함
      tv.power();
    }
  }
```

문제 2-5.

정답 코드

```
public class Client {
  public static void main(String[] args) {
    TV tv = new TV();
    TwoButtonController rc = new TwoButtonController();

    Command powerCommand = new PowerCommand(tv);

    // 2개의 버튼에 동일한 powerCommand 객체를 전달함
    rc.setCommand(powerCommand, powerCommand);

    rc.button1Pressed(); // Power On

    // button2와 button1은 동일한 powerCommand 객체를 공유한다. 그러므로 Power Off
    rc.button2Pressed();
    rc.button1Pressed(); // Power On
    rc.button1Pressed(); // Power Off
    rc.button2Pressed(); // Power On
    rc.button1Pressed(); // Power Off
  }
}
```

실행 결과

```
Power On
Power Off
Power On
Power Off
Power On
Power Off
```

문제 2-6.

정답 코드

```
public class Client {
  public static void main(String[] args) {
    TV tv = new TV();
    TwoButtonController rc = new TwoButtonController();

    Command powerCommand = new PowerCommand(tv);
    Command muteCommand = new MuteCommand(tv);

    // button1에는 muteCommand 객체를 설정하고 button2에는 powerCommand 객체를 설정함
    rc.setCommand(muteCommand, powerCommand);

    rc.button1Pressed(); // 전원이 없는 상태이므로 음소거 기능은 동작하지 않음. 즉, No action
    rc.button2Pressed(); // Power On
    rc.button1Pressed(); // Mute On
    rc.button1Pressed(); // Mute Off
    rc.button2Pressed(); // Power Off
    rc.button1Pressed(); // 전원이 없는 상태이므로 No action
  }
}
```

실행 결과

```
Power On
Mute On
Mute Off
Power Off
```

문제 3-1.

클래스 이름	클래스 설명
ElevatorController	엘리베이터 하나를 이동시키는 기능을 제공한다.
ElevatorManager	복수 개의 엘리베이터를 관리하는 기능으로, 이동 요청을 받으면 적절한 엘리베이터를 선택한 후 ElevatorController 클래스를 통해 해당 엘리베이터를 이동시킨다.
ElevatorButton	엘리베이터 내부에서 목적지 층을 선택하는 버튼 기능과 건물 내부의 어떤 층에서 엘리베이터를 요청하는 버튼 기능을 제공한다.
《interface》 Command	커맨드 패턴을 위한 인터페이스
DestinationSelectionCommand	엘리베이터 내부의 버튼을 눌렀을 때 해당 엘리베이터를 이동시키는 ConcreteCommand 요소 클래스로, ElevatorController 클래스를 이용한다.
ElevatorRequestCommand	건물의 층에서 버튼을 눌렀을 때 여러 엘리베이터 중 선택된 엘리베이터를 이동시키는 ConcreteCommand 요소 클래스로, ElevatorManager 클래스를 이용한다.

문제 3-2.

커맨드 패턴 구성 요소	해당 클래스
Invoker	ElevatorButton
Command	Command
ConcreteCommand	DestinationSelectionCommand ElevatorRequestCommand
Receiver	ElevatorManager ElevatorController

문제 3-3.

```
public interface Command {
  public abstract void execute();
}

// 엘리베이터 내부에서 버튼을 눌렀을 때 해당 엘리베이터를 지정된 층으로 이동시킴
public class DestinationSelectionCommand implements Command {
  private ElevatorController controller; // 이동될 엘리베이터에 대한 컨트롤러
  private int destination; // 목적지 층
```

```
    // 생성자의 매개로서 목적지 층과 대상 엘리베이터의 이동을 담당하는
    // ElevatorController를 전달받음
    public DestinationSelectionCommand(int destination,
      ElevatorController controller) {
      this.destination = destination;
      this.controller = controller;
    }

    // 주어진 ElevatorController의 gotoFloor를 호출해 지정된 목적지 층으로 엘리베이터를 이동시킴
    public void execute() {
      controller.gotoFloor(destination);
    }
  }

  // 건물의 층에서 버튼을 눌렀을 때 여러 엘리베이터 중에서 적절한 엘리베이터를 해당 층으로 이동시킴
  public class ElevatorRequestCommand implements Command {
    private Direction direction; // 요청 방향, 즉 위로 또는 아래로
    private int destination; // 목적지 층, 즉 버튼이 눌린 층

    // 적절한 엘리베이터를 이동시킬 때 필요한 ElevatorManager
    private ElevatorManager manager;

    public ElevatorRequestCommand(int destination,
      Direction direction, ElevatorManager manager) {
      this.destination = destination;
      this.direction = direction;
      this.manager = manager;
    }

    // 주어진 ElevatorManager의 requestElevator 메서드를 호출해 목적지 층(destination)과
    // 요청 방향(direction)에 따라 적절한 엘리베이터를 이동시킴
    public void execute() {
      manager.requestElevator(destination, direction);
    }
  }

  public class ElevatorController { // 하나의 엘리베이터를 이동시키는 클래스
    private int id; // 엘리베이터 식별자
    private int curFloor; // 엘리베이터의 현재 위치(층)

    public ElevatorController(int id) {
      this.id = id;
    }

    public void gotoFloor(int destination) { // 주어진 층으로 엘리베이터를 이동시킴
```

```
      curFloor = destination;
      System.out.println("Elevator [" + id + "] Current Floor: " + curFloor);
    }
  }

  public class ElevatorManager { // 복수 개의 엘리베이터를 관리하는 클래스
    private List<ElevatorController> controllers;

    public ElevatorManager(int controllerCount) {
      controllers = new ArrayList<ElevatorController>(controllerCount);
    }

    // ElevatorController 객체를 추가함
    public void addController(ElevatorController controller) {
      controllers.add(controller);
    }

    public void requestElevator(int destination, Direction direction) {
      // 적절한 엘리베이터를 선택함
      int selectedElevator = selectElevator(destination, direction);

      // 선택된 엘리베이터를 목적지 층으로 이동함
      controllers.get(selectedElevator).gotoFloor(destination);
    }

    // 목적지 층과 요청 방향에 따라 엘리베이터를 선택함
    private int selectElevator(int destination, Direction direction) {
      return 0;
      // 엘리베이터를 선택함. 현재는 첫 번째 엘리베이터를 선택하고 있음
    }
  }

  public class ElevatorButton { // 엘리베이터 내부 또는 층에서 엘리베이터를 이동/요청하는 버튼
    private Command command;

    // DestinationSelectionCommand 또는 ElevatorRequestCommand 객체가 주어짐
    public ElevatorButton(Command command) {
      this.command = command;
    }

    public void pressed() { // 버튼이 눌리면 주어진 command의 execute를 호출함
      command.execute();
    }
  }
```

문제 3-4.

```
Elevator [1] Current Floor: 1
Elevator [2] Current Floor: 2
Elevator [1] Current Floor: 2
```

CHAPTER 9

문제 1-1.

클래스 이름	클래스 설명
Battery	배터리 잔량에 변경이 생기면 BatteryLevelDisplay 클래스와 LowBatteryWarning 클래스에게 배터리 잔량이 변경되었음을 알린다.
BatteryLevelDisplay	배터리의 잔량이 변경될 때마다 배터리 잔량을 출력한다.
LowBatteryWarning	잔량이 30보다 작으면 배터리 부족 경고를 출력한다.

문제 1-2.

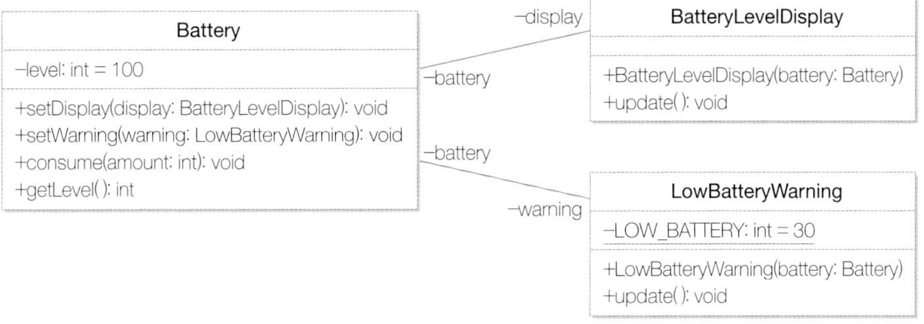

문제 1-3.

```
Level: 80
Level: 30
Level: 20
<Warning> Low Battery: 20 Compared with 30
```

문제 1-4.

Battery 클래스는 OCP를 위반한다. 즉, Battery의 상태 변화에 관심을 갖는 클래스가 현재는 각각 1개의 BatteryLevelDisplay 객체와 LowBatteryWarning 객체로 고정되어 있다. 만약 이들 클래스의 더 많은 객체에게 상태 변화를 통보하거나 새로운 클래스의 객체에 상태 변화를 통보하도록 Battery 클래스를 확장하려면 Battery 클래스의 코드를 변경해야 한다.

```
public class Battery {
  private int level = 100;
  private BatteryLevelDisplay display;
  private LowBatteryWarning warning;

  public void setDisplay(BatteryLevelDisplay display) {
    this.display = display;
  }

  public void setWarning(LowBatteryWarning warning) {
    this.warning = warning;
  }

  public void consume(int amount) {
    level -= amount;

    display.update();
    warning.update();
  }

  public int getLevel() {
    return level;
  }
}
```

문제 1-5.

Battery 객체의 상태가 변경될 때, 이를 통보받고자 하는 객체의 수와 클래스는 계속해서 변경할 수 있다. 이와 같이 통보 대상 클래스나 객체의 변화에도 Battery 클래스의 코드를 변경하지 않으려면 옵서버 패턴을 사용하는 것이 바람직하다.

즉, Battery를 Subject 클래스의 하위 클래스로 설정하고 통보 기능은 Subject 클래스에서 담당하도록 한다. 따라서 Battery 클래스에서는 BatteryLevelDisplay 클래스와 LowBatteryWarning 클래스를 직접 사용할 필요가 없다.

BatteryLevelDisplay 클래스와 LowBatteryWarning 클래스는 Observer 인터페이스(또는 추상 클래스)를 구현하도록 함으로써 Subject 클래스에게 변경을 통보받을 수 있게 된다.

문제 1-6.

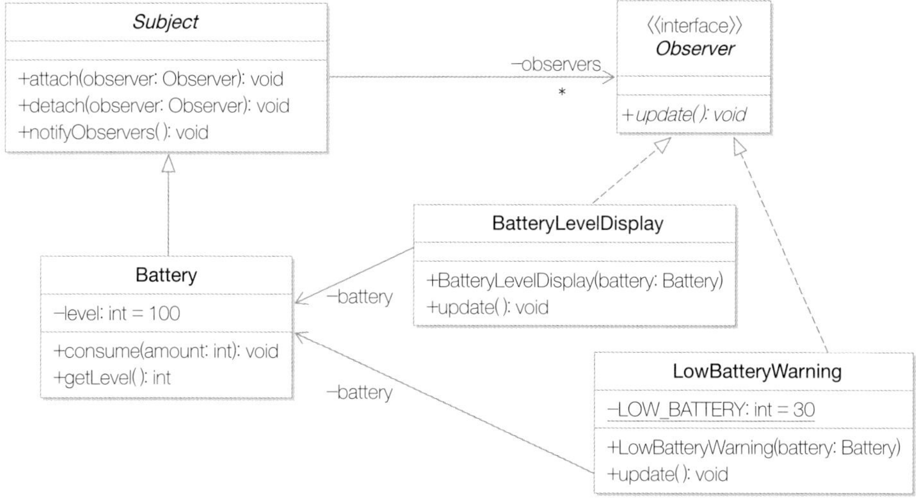

문제 1-7.

옵서버 패턴 구성 요소	해당 클래스/인터페이스
Subject	Subject
ConcreteSubject	Battery
Observer	Observer
ConcreteObserver	BatteryLevelDisplay LowBatteryWarning

문제 1-8.

```
public interface Observer { // Observer 인터페이스는 항상 동일함
  public abstract void update();
}

public abstract class Subject { // Subject 클래스도 항상 동일함
  private List<Observer> observers = new ArrayList<Observer>();
```

```
  public void attach(Observer observer) {
    observers.add(observer);
  }

  public void detach(Observer observer) {
    observers.remove(observer);
  }

  public void notifyObservers() {
    for (Observer o:observers)
      o.update();
  }
}

public class Battery extends Subject { // 변경 관리 대상이 되는 데이터는 Subject를 상속함
  private int level = 100;

  public void consume(int amount) {
    level -= amount;
    notifyObservers(); // 데이터 변경 시 Subject 클래스의 notifyObservers 메서드를 호출함
  }

  public int getLevel() {
    return level;
  }
}

// 변경을 통보받는 클래스는 Observer를 구현함
public class BatteryLevelDisplay implements Observer {
  private Battery battery;

  public BatteryLevelDisplay(Battery battery) {
    this.battery = battery;
  }

  // 변경 관리 대상이 되는 데이터, 즉 Battery 클래스의 변경 시 호출되는 메서드
  public void update() {
    int level = battery.getLevel();
    System.out.println("Level: " + level); // 현재 배터리 잔량을 출력함
  }
}

// 변경을 통보받는 클래스는 Observer를 구현함
public class LowBatteryWarning implements Observer {
```

```
  private static final int LOW_BATTERY = 30;
  private Battery battery;

  public LowBatteryWarning(Battery battery) {
    this.battery = battery;
  }

  public void update() {
    int level = battery.getLevel();
    if (level < LOW_BATTERY) // 배터리 잔량이 LOW_BATTERY(30)보다 작으면 경고 메시지를 출력함
      System.out.println (
        "<Warning> Low Battery: " + level + " Compared with " + LOW_BATTERY);
  }
}
```

문제 1-9.

```
public class Client {
  public static void main(String[] args) {
    Battery battery = new Battery();

    Observer batteryDisplay =
      new BatteryLevelDisplay(battery); // BatteryLevelDisplay 옵서버 생성
    Observer lowBatteryWarning =
      new LowBatteryWarning(battery); // LowBatteryWarning 옵서버 생성

    // BatteryLevelDisplay 옵서버를 Battery(Subject)에 설정함
    battery.attach(batteryDisplay);

    // LowBatteryWarning 옵서버를 Battery(Subject)에 설정함
    battery.attach(lowBatteryWarning);

    battery.consume(20); // 배터리 20 소비
    battery.consume(50); // 배터리 50 소비
    battery.consume(10); // 배터리 10 소비
  }
}
```

문제 2-1.

클래스 이름	클래스 설명
Subject	ConcreteObserver 객체를 관리하는 클래스
ElevatorController	ConcreteSubject 클래스로 엘리베이터의 위치가 변경되면 Subject의 notifyObservers 메서드를 호출해 ConcreteObsever 객체에게 통보함
《interface》 Observer	변경을 통보받기 위한 인터페이스
ElevatorDisplay	ConcreteObserver로 엘리베이터의 위치를 엘리베이터 내부에 출력함
VoiceNotice	ConcreteObserver로 엘리베이터의 위치를 음성으로 안내함
FloorDisplay	ConcreteObserver로 엘리베이터의 위치를 건물 내부의 층 표시 장치에 출력함
ControlRoomDisplay	ConcreteObserver로 엘리베이터의 위치를 중앙통제실에 출력함

문제 2-2.

옵서버 패턴 구성 요소	해당 클래스/인터페이스
Subject	Subject
ConcreteSubject	ElevatorController
Observer	Observer
ConcreteObserver	ElevatorDisplay
	VoiceNotice
	FloorDisplay
	ControlRoomDisplay

문제 2-3.

```
public interface Observer { // Observer 인터페이스는 항상 동일함
  public abstract void update();
}

public abstract class Subject { // Subject 클래스도 항상 동일함
  private List<Observer> observers = new ArrayList<Observer>();

  public void attach(Observer observer) {
    observers.add(observer);
  }
```

```
  public void detach(Observer observer) {
    observers.remove(observer);
  }

  public void notifyObservers() {
    for (Observer o:observers)
      o.update();
  }
}

// 층수 변경을 통보하므로 Subject 클래스를 상속받음
public class ElevatorController extends Subject {
  private int curFloor = 1;

  public void gotoFloor(int destination) {

    // 목적지 층을 현재 층으로 설정, 즉 엘리베이터를 목적지 층으로 이동시킴
    curFloor = destination;
    notifyObservers(); // 현재 층의 변경을 Observer들에게 통보함
  }

  public int getCurFloor() {
    return curFloor;
  }
}

// 엘리베이터 내부에 층수를 표시하는 클래스
// 변경을 통보받으려고 Observer를 구현함
public class ElevatorDisplay implements Observer {
  private ElevatorController controller;

  public ElevatorDisplay(ElevatorController controller) {
    this.controller = controller;
  }

  public void update() { // 엘리베이터 내부에 엘리베이터의 위치를 표시함
    int curFloor = controller.getCurFloor();
    System.out.println("Elevator Display: " + curFloor);
  }
}

// 음성으로 안내하는 클래스
public class VoiceNotice implements Observer { // 변경을 통보받으려고 Observer를 구현함
  private ElevatorController controller;
```

```
    public VoiceNotice(ElevatorController controller) {
      this.controller = controller;
    }

    public void update() { // 엘리베이터의 위치를 음성으로 안내
      int curFloor = controller.getCurFloor();
      System.out.println("Voice Notice: " + curFloor);
    }
  }

  // 건물의 층에 엘리베이터 위치를 표시하는 클래스
  public class FloorDisplay implements Observer {
    private ElevatorController controller;

    public FloorDisplay(ElevatorController controller) {
      this.controller = controller;
    }

    public void update() { // 엘리베이터 내부에 층 표시
      int curFloor = controller.getCurFloor();
      System.out.println("Floor Display: " + curFloor);
    }
  }

  // 중앙 통제실에 엘리베이터의 위치를 표시하는 클래스
  // 변경을 통보받으려고 Observer를 구현함
  public class ControlRoomDisplay implements Observer {
    private ElevatorController controller;

    public ControlRoomDisplay(ElevatorController controller) {
      this.controller = controller;
    }

    public void update() { // 엘리베이터의 위치를 중앙 통제실에 표시
      int curFloor = controller.getCurFloor();
      System.out.println("Control Room: " + curFloor);
    }
  }
```

문제 2-4.

정답 코드

```
public class Client {
  public static void main(String[] args) {
    ElevatorController controller = new ElevatorController();

    Observer elevatorDisplay = new ElevatorDisplay(controller);
    Observer voiceNotice = new VoiceNotice(controller);
    Observer floorDisplay = new FloorDisplay(controller);
    Observer controlRoomDisplay = new ControlRoomDisplay(controller);

    controller.attach(elevatorDisplay); // ElevatorDisplay 옵서버 추가
    controller.attach(voiceNotice); // VoiceNotice 옵서버 추가
    controller.attach(floorDisplay); // FloorDisplay 옵서버 추가
    controller.attach(controlRoomDisplay); // ControlRoom 옵서버 추가

    controller.gotoFloor(5);
    controller.gotoFloor(10);
  }
}
```

실행 결과

```
Elevator Display: 5
Voice Notice: 5
Floor Display: 5
Control Room: 5
Elevator Display: 10
Voice Notice: 10
Floor Display: 10
Control Room: 10
```

CHAPTER 10

문제 1-1.

클래스 이름	클래스 설명
BasicEMailContent	기본 이메일 내용은 주어진 문자열로 구성한다.
ExternalEMailContent	외부 전송을 위해 'Company Disclaimer' 문자열을 기존 이메일 내용에 추가한다.
SecureEMailContent	기존 이메일 내용을 암호화한다.

문제 1-2.

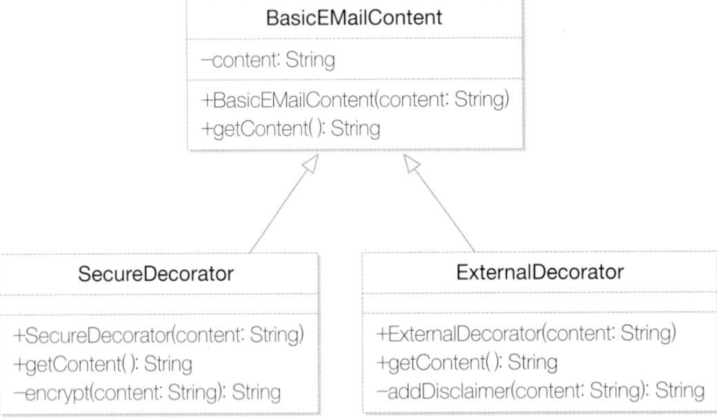

문제 1-3.

```
Hello
Hello Company Disclaimer
Hello Encrypted
```

문제 1-4.

문제 1의 3개 클래스는 OCP를 위반한다. 즉, 현재 클래스는 기본 메일(BasicEMailContent 클래스), 외부 메일(ExternalEMailContent 클래스), 보안 메일(SecureEMailContent 클래스)을 지원하지만 기본 메일에 외부 메일이나 보안 메일의 조합을 추가하고자 할 때는 BasicEMailContent의 하위 클래스를 새로 만들어야 한다.

문제 1-5.

기본 기능, 즉 기본 메일(BasicEMailContent 클래스)에 외부 메일 기능과 보안 메일 기능은 필요에 따라 선택적으로 조합해 제공할 필요가 있다. 예를 들어 기본 메일에 외부 메일 기능을 추가한 후 다시 보안 메일 기능을 추가할 수 있다. 또는 기본 메일 기능에 보안 메일 기능을 추가한 후 다시 외부 메일 기능을 추가할 수 있다. 이와 같은 경우 데커레이터 패턴을 적용해 외부 메일 기능과 보안 메일 기능을 Decorator로 정의할 수 있다.

문제 1-6.

클래스 다이어그램

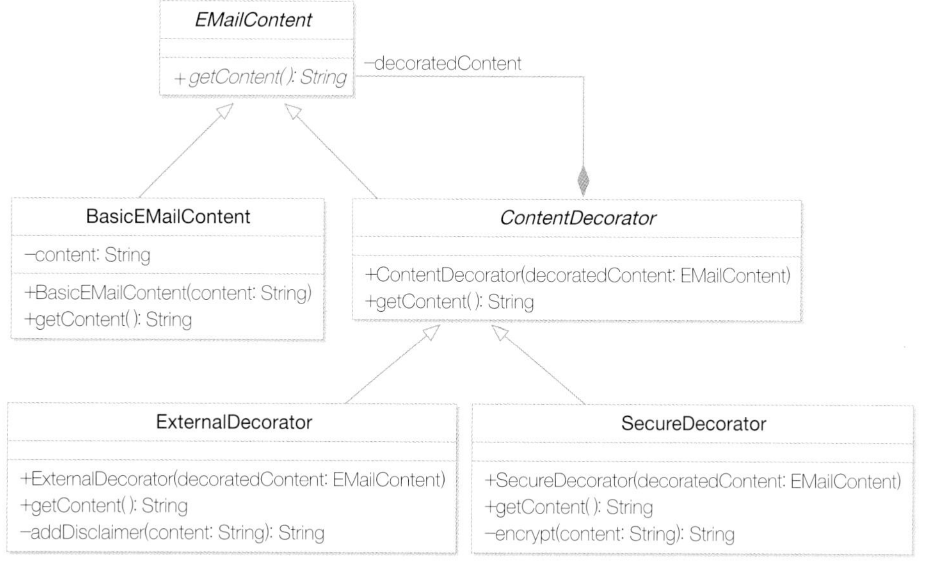

클래스 설명

클래스 이름	클래스 설명
EMailContent	Component 역할로서 ConcreteComponent와 Decorator의 공통 인터페이스로 이메일 내용을 구하는 getContent라는 추상 메서드를 정의한다.
BasicEMailContent	주어진 문자열을 이메일 내용으로 구성하는 ConcreteComponent 클래스다.
ContentDecorator	ExternalDecorator 클래스와 SecureDecorator 클래스의 상위 클래스로 Decorator의 공통 기능을 정의한다.
ExternalDecorator	ConcreteDecorator로 기존 이메일 내용에 'Company Disclaimer' 문자열을 추가하는 기능을 제공한다.
SecureDecorator	ConcreteDecorator로 기존 이메일 내용을 암호화하는 기능을 제공한다.

문제 1-7.

데커레이터 패턴 구성 요소	해당 클래스/인터페이스
Component	EMailContent
ConcreteComponent	BasicEMailContent
Decorator	ContentDecorator
ConcreteDecorator	ExternalDecorator SecureDecorator

문제 1-8.

```
public abstract class EMailContent { // Component 클래스
  public abstract String getContent();
}

public class BasicEMailContent extends EMailContent { // ConcreteComponent 클래스
  private String content;

  public BasicEMailContent(String content) {
    this.content = content;
  }

  public String getContent() {
    return content;
  }
}
```

```
public abstract class ContentDecorator extends EMailContent { // Decorator 클래스
  private EMailContent decoratedContent;

  public ContentDecorator(EMailContent decoratedContent) {
    this.decoratedContent = decoratedContent;
  }

  public String getContent() {
    return decoratedContent.getContent();
  }
}

public class ExternalDecorator extends ContentDecorator { // ConcreteDecorator 클래스
  public ExternalDecorator(EMailContent decoratedContent) {
    super(decoratedContent);
  }

  public String getContent() {
    String content = super.getContent(); // 기존 메일 내용을 가져옴
    String externalContent = addDisclaimer(content); // 외부 메일 내용을 추가함
    return externalContent;
  }

  private String addDisclaimer(String content) {
    return content + " Company Disclaimer";
  }
}

public class SecureDecorator extends ContentDecorator { // ConcreteDecorator 클래스
  public SecureDecorator(EMailContent decoratedContent) {
    super(decoratedContent);
  }

  public String getContent() {
    String content = super.getContent(); // 기존 메일 내용을 가져옴
    String encryptedContent = encrypt(content); // 보안 메일을 위해 암호화를 수행함
    return encryptedContent;
  }

  private String encrypt(String content) {
    return content + " Encrypted";
  }
}
```

문제 1-9.

정답 코드

```
public class Client {
  public static void main(String[] args) {
    EMailContent simple = new BasicEMailContent("Hello"); // 기본 메일
    System.out.println(simple.getContent());

    EMailContent external = new ExternalDecorator(simple); // 외부 메일
    System.out.println(external.getContent());

    EMailContent secure = new SecureDecorator(simple); // 암호 메일
    System.out.println(secure.getContent());

    // 외부 메일 후에 암호 메일
    EMailContent secureAfterExternal = new SecureDecorator(external);
    System.out.println(secureAfterExternal.getContent());
  }
}
```

실행 결과

```
Hello
Hello Company Disclaimer
Hello Encrypted
Hello Company Disclaimer Encrypted
```

문제 2-1.

클래스 이름	클래스 설명
CarComponent	기본 차량(BasicCar 클래스)과 차량 옵션의 데커레이터(CarOption Decorator 클래스) 공통 인터페이스로서 차량 가격을 구하는 getPrice 메서드와 차량 정보를 구하는 getCarInfo 메서드를 정의한다.
BasicCar	ConcreteComponent로 기본 차량의 가격과 정보를 구현하는 클래스다.
CarOptionDecorator	여러 가지 차량 옵션의 공통 데커레이터다.
AirBagDecorator	ConcreteDecorator로 AirBag 옵션에 대한 추가 기능을 제공한다.
NaviDecorator	ConcreteDecorator로 Navi 옵션에 대한 추가 기능을 제공한다.
ESCDecorator	ConcreteDecorator로 ESC 옵션에 대한 추가 기능을 제공한다.
SCCDecorator	ConcreteDecorator로 SCC 옵션에 대한 추가 기능을 제공한다.

문제 2-2.

데커레이터 패턴 구성 요소	해당 클래스/인터페이스
Component	CarComponent
ConcreteComponent	BasicCar
Decorator	CarOptionDecorator
ConcreteDecorator	AirBagDecorator NaviDecorator ESCDecorator SCCDecorator

문제 2-3.

```
public abstract class CarComponent { // Component 클래스
  public abstract int getPrice();
  public abstract String getCarInfo();
}

public class BasicCar extends CarComponent { // ConcreteComponent 클래스
  private int price;

  public BasicCar(int price) {
    this.price = price;
  }
```

```
  public int getPrice() {
    return price;
  }

  public String getCarInfo() {
    return "Car";
  }
}

public class CarOptionDecorator extends CarComponent { // Decorator 클래스
  private CarComponent decoratedCar;

  public CarOptionDecorator(CarComponent decoratedCar) {
    this.decoratedCar = decoratedCar;
  }

  public int getPrice() {
    return decoratedCar.getPrice();
  }

  public String getCarInfo() {
    return decoratedCar.getCarInfo();
  }
}

public class AirBagDecorator extends CarOptionDecorator { // AirBag 데커레이터 클래스
  private int airBagPrice;

  public AirBagDecorator(CarComponent decoratedCar, int airBagPrice) {
    super(decoratedCar);
    this.airBagPrice = airBagPrice;
  }

  public int getPrice() {
    int decoratedCarPrice = super.getPrice();
    int airBagPrice = getAirBagPrice();

    return decoratedCarPrice + airBagPrice;
  }

  private int getAirBagPrice() {
    return airBagPrice;
  }
```

```
    public String getCarInfo() {
      return super.getCarInfo() + " with Air Bag";
    }
  }

  public class NaviDecorator extends CarOptionDecorator { // Navi 데커레이터 클래스
    private int naviPrice;

    public NaviDecorator(CarComponent decoratedCar, int naviPrice) {
      super(decoratedCar);
      this.naviPrice = naviPrice;
    }

    public int getPrice() {
      int decoratedCarPrice = super.getPrice();
      int naviPrice = getNaviPrice();

      return decoratedCarPrice + naviPrice;
    }

    private int getNaviPrice() {
      return naviPrice;
    }

    public String getCarInfo() {
      return super.getCarInfo() + " with Navigation";
    }
  }

  public class ESCDecorator extends CarOptionDecorator { // ESC 데커레이터 클래스
    private int escPrice;

    public ESCDecorator(CarComponent decoratedCar, int escPrice) {
      super(decoratedCar);
      this.escPrice = escPrice;
    }

    public int getPrice() {
      int decoratedCarPrice = super.getPrice();
      int escPrice = getESCPrice();

      return decoratedCarPrice + escPrice;
    }
```

```
  private int getESCPrice() {
    return escPrice;
  }

  public String getCarInfo() {
    return super.getCarInfo() + " with Electronic Stability Control";
  }
}

public class SCCDecorator extends CarOptionDecorator { // SCC 데커레이터 클래스
  private int sccPrice;

  public SCCDecorator(CarComponent decoratedCar, int sccPrice) {
    super(decoratedCar);
    this.sccPrice = sccPrice;
  }

  public int getPrice() {
    int decoratedCarPrice = super.getPrice();
    int sscPrice = getSCCPrice();

    return decoratedCarPrice + sscPrice;
  }

  private int getSCCPrice() {
    return sccPrice;
  }

  public String getCarInfo() {
    return super.getCarInfo() + " with Smart Cruise Conrol";
  }
}
```

문제 2-4.

정답 코드

```
public class Client {
  public static void main(String[] args) {
    CarComponent car = new BasicCar(1000);
    for (String decoratorName:args) {
      if (decoratorName.equalsIgnoreCase("AirBag"))
```

```
        car = new AirBagDecorator(car, 100);
      if (decoratorName.equalsIgnoreCase("ESC"))
        car = new ESCDecorator(car, 50);
      if (decoratorName.equalsIgnoreCase("Navi"))
        car = new NaviDecorator(car, 30);
      if (decoratorName.equalsIgnoreCase("SCC"))
        car = new SCCDecorator(car, 70);
    }
    System.out.println(car.getPrice());
    System.out.println(car.getCarInfo());
  }
}
```

실행 결과

```
프로그램 인자
실행 결과 1000
Car

프로그램 인자 AirBag
실행 결과 1100
Car with Air Bag

프로그램 인자 AirBag SCC
실행 결과 1170
Car with Air Bag with Smart Cruise Conrol

프로그램 인자 SCC Navi ESC
실행 결과 1150
Car with Smart Cruise Conrol with Navigation with Electronic Stability Control
```

CHAPTER 11

문제 1.

클래스 이름	클래스 설명
Customer	고객(Customer 클래스)은 이름과 점수(Point 변수)를 갖는다.
SimpleReportGenerator	고객 목록을 바탕으로 보고서를 출력한다.

문제 2.

```
고객 수: 5명
홍길동: 150
우수한: 350
부족한: 50
훌륭한: 450
최고의: 550
```

문제 3.

SimpleReportGenerator 클래스는 주어진 고객 정보를 바탕으로 보고서를 출력한다. 그런데 보고서의 양식이 고정되어 있다. 보고서의 양식을 변경하려면 generate 메서드의 코드 변경이 불가피하다. 예를 들어 주어진 고객의 일부만을 선택한다든가 출력 메시지의 내용을 변경한다든가 하려면 코드를 변경할 수밖에 없다.

문제 4.

보고서 출력의 일반적인 기능 흐름이 있을 수 있다. 예를 들어 주어진 고객들 중에서 특정 조건을 충족하는 고객만 선택한다. 그리고 헤더를 출력하고, 각 고객별 메시지를 출력하고, 마지막으로 푸터를 출력할 수 있다.

보고서의 유형에 따라서도 고객 선택 방법, 헤더, 각 고객별 메시지 내용, 푸터의 내용이 달라질 수 있다. 그러므로 이들을 고정하는 대신 이와 같은 일반적인 흐름을 상위 클래스에서는 템플릿 메서드로 정의하고, 하위 클래스에서는 세부 기능을 오버라이드하는 방식으로 설계한다.

문제 5.

클래스 다이어그램

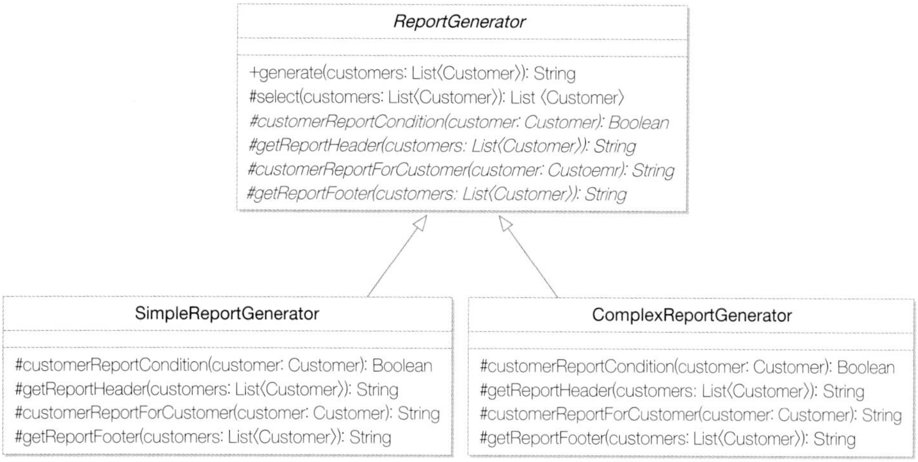

ReportGenerator

+generate(customers: List〈Customer〉): String
#select(customers: List〈Customer〉): List 〈Customer〉
#customerReportCondition(customer: Customer): Boolean
#getReportHeader(customers: List〈Customer〉): String
#customerReportForCustomer(customer: Custoemr): String
#getReportFooter(customers: List〈Customer〉): String

SimpleReportGenerator

#customerReportCondition(customer: Customer): Boolean
#getReportHeader(customers: List〈Customer〉): String
#customerReportForCustomer(customer: Customer): String
#getReportFooter(customers: List〈Customer〉): String

ComplexReportGenerator

#customerReportCondition(customer: Customer): Boolean
#getReportHeader(customers: List〈Customer〉): String
#customerReportForCustomer(customer: Customer): String
#getReportFooter(customers: List〈Customer〉): String

클래스 설명

클래스 이름	클래스 설명
ReportGenerator	SimpleReportGenerator와 ComplexReportGenerator 클래스의 공통 기능을 구현하는 클래스. 즉, generate 메서드가 템플릿 메서드로 보고서 대상 선택, 보고서 헤더, 각 고객 보고서, 보고서 푸터를 차례로 구현한다. 선택, 헤더, 고객 보고서, 푸터는 SimpleReportGenerator와 ComplexReportGenerator 클래스에 따라 달라질 수 있으므로 이들을 primitive 메서드로 정의한다.
SimpleReportGenerator	ReportGenerator 클래스를 상속받아 단순 보고서를 작성한다. 즉, 모든 고객을 선택하고, '고객 수: OO명'을 헤더로 출력하고, 각 고객의 '이름: 점수'로 보고서를 작성하고, 푸터는 구현하지 않는다.
ComplexReportGenerator	ReportGenerator 클래스를 상속받아 상세 보고서를 작성한다. 즉, 100점 이상인 고객을 선택하고, '고객 수: OO명 입니다'를 헤더로 출력하고, 각 고객의 '점수: 이름'으로 보고서를 작성하고, '전체 점수: OO'를 푸터로 출력한다.

문제 6.

템플릿 메서드 패턴 구성 요소	해당 클래스/연산
AbstractClass	ReportGenerator
templateMethod	generate() select()
primitiveOperation	select() customerReportCondition() getReportHeader() getReportForCustomer() getReportFooter()
ConcreteClass	SimpleReportGenerator ComplexReportGenerator

문제 7.

```
public class Customer {
  private String name;
  private int point;

  public Customer(String name, int point) {
    this.setName(name);
    this.setPoint(point);
  }

  public int getPoint() {
    return point;
  }

  public void setPoint(int point) {
    this.point = point;
  }

  public String getName() {
    return name;
  }

  public void setName(String name) {
    this.name = name;
  }
```

```
}

public abstract class ReportGenerator {
  public String generate(List<Customer> customers) {
    List<Customer> selectedCustomers = select(customers); // 주어진 고객 중의 일부를 선택함
    String report = getReportHeader(selectedCustomers); // 선택 고객 대상으로 헤더를 생성

    for (int i = 0; i < selectedCustomers.size(); i++) {
      Customer customer = selectedCustomers.get(i);
      report += getReportForCustomer(customer); // 각 고객별로 보고서를 생성함
    }
    report += getReportFooter(selectedCustomers); // 푸터를 생성함

    return report;
  }

  protected List<Customer> select(List<Customer> customers) {
    List<Customer> selected = new ArrayList<Customer>();
    for (Customer customer:customers)

      // customerReportCondition에 일치하는 고객만 선택함
      if (customerReportCondition(customer))
        selected.add(customer);

    return selected;
  }

  protected abstract boolean customerReportCondition(Customer customer);
  protected abstract String getReportHeader(List<Customer> customers);
  protected abstract String getReportForCustomer(Customer customer);
  protected abstract String getReportFooter(List<Customer> customers);
}

public class SimpleReportGenerator extends ReportGenerator {
  // 기본은 모든 고객을 선택함
  protected boolean customerReportCondition(Customer customer) {
    return true;
  }

  protected String getReportHeader(List<Customer> customers) { // 기본 헤더
    return String.format("고객 수: %d명\n", customers.size());
  }
```

```
  protected String getReportForCustomer(Customer customer) { // 각 고객별 보고서
    return String.format("%s: %d\n", customer.getName(), customer.getPoint());
  }

  protected String getReportFooter(List<Customer> customers) { // 기본 푸터
    return "";
  }
}

public class ComplexReportGenerator extends ReportGenerator {
  // 100점 이상인 고객만 선택함
  protected boolean customerReportCondition(Customer customer) {
    return customer.getPoint() >= 100;
  }

  protected String getReportHeader(List<Customer> customers) {
    return String.format("고객 수: %d명입니다\n", customers.size());
  }

  protected String getReportForCustomer(Customer customer) {
    return String.format("%d: %s\n", customer.getPoint(), customer.getName());
  }

  protected String getReportFooter(List<Customer> customers) { // 푸터를 생성함
    int totalPoint = 0;

    for (Customer customer:customers)
      totalPoint += customer.getPoint();

    return String.format("%d", totalPoint);
  }
}
```

문제 8.

정답 코드

```
public class Client {
  public static void main(String[] args) {
    List<Customer> customers = new ArrayList<Customer>();
```

```
        customers.add(new Customer("홍길동", 150));
        customers.add(new Customer("우수한", 350));
        customers.add(new Customer("부족한", 50));
        customers.add(new Customer("훌륭한", 450));
        customers.add(new Customer("최고의", 550));

        // SimpleReportGenerator를 이용한 보고서를 생성함
        ReportGenerator simpleGenerator = new SimpleReportGenerator();
        System.out.println(simpleGenerator.generate(customers));

        // ComplexReportGenerator를 이용한 보고서를 생성함
        ReportGenerator complexGenerator = new ComplexReportGenerator();
        System.out.println(complexGenerator.generate(customers));
    }
}
```

실행 결과

```
고객 수: 5명
홍길동: 150
우수한: 350
부족한: 50
훌륭한: 450
최고의: 550

고객 수: 4명
150: 홍길동
350: 우수한
450: 훌륭한
550: 최고의
점수 합계: 1500
```

CHAPTER 12

문제 1-1.

```
move LG Motor UP
Elevator [1] Floor: 1 ==> 5 with LGMotor
move LG Motor DOWN
Elevator [1] Floor: 5 ==> 3 with LGMotor
move Hyundai Motor UP
Elevator [2] Floor: 1 ==> 4 with HyundaiMotor
move Hyundai Motor UP
Elevator [2] Floor: 4 ==> 6 with HyundaiMotor
```

문제 1-2.

클래스 다이어그램

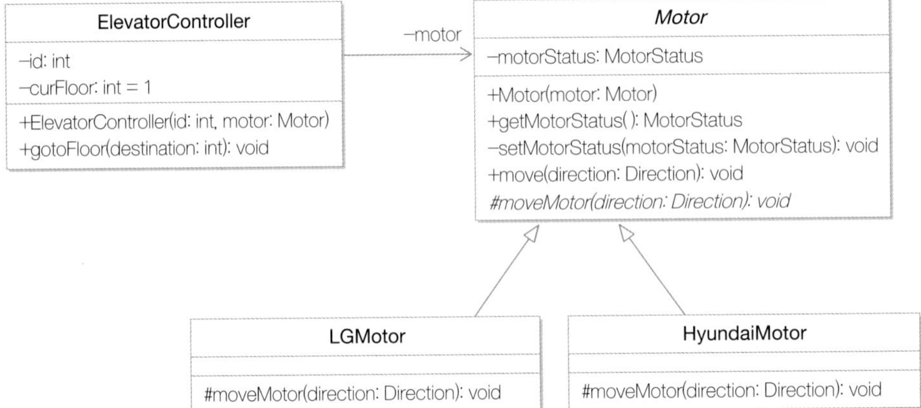

클래스 설명

클래스 이름	클래스 설명
ElevatorController	gotoFloor 메서드를 통해 주어진 목적지 층으로 엘리베이터를 이동시킨다. 엘리베이터의 이동은 모터를 통해 실행된다. ElevatorController 클래스는 생성자를 통해 Motor 클래스가 주어진다.
Motor	HyundaiMotor나 LGMotor 등 구체적인 모터 클래스의 공통적인 상위 클래스다. 즉, 모든 모터의 공통 기능을 정의한다. 특히 move 메서드가 모터를 구동시키는 기능을 제공한다. 모터의 구동 방식은 현대, LG 등 제조 업체마다 다를 수 있으므로 moveMotor 메서드를 primitive나 hook 메서드로 정의하고 HyundaiMotor, LGMotor 클래스에서 오버라이드하도록 했다. 즉, move 메서드는 템플릿 메서드 역할을 한다.
HyundaiMotor	현대 모터의 기능을 제공한다. moveMotor 메서드를 구현함으로써 현대 모터 고유의 구동 방식을 구현한다.
LGMotor	LG 모터의 기능을 제공한다. moveMotor 메서드를 구현함으로써 LG 모터 고유의 구동 방식을 구현한다.

문제 1-3.

템플릿 메서드 패턴 구성 요소	해당 클래스/연산
AbstractClass	Motor
templateMethod	move( )
primitiveOperation	moveMotor( )
ConcreteClass	LGMotor
	HyundaiMotor

문제 1-4.

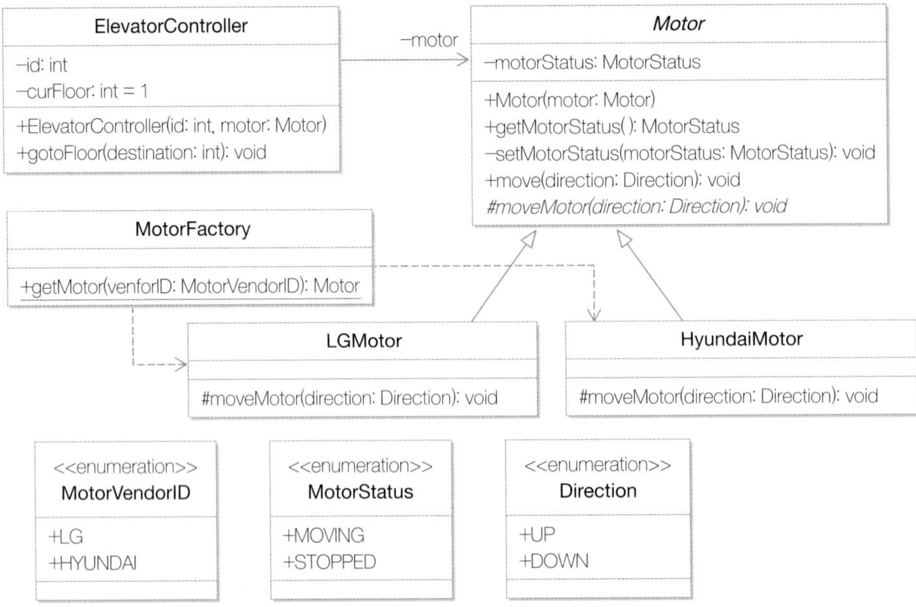

문제 1-5.

```
public class MotorFactory {
  public static Motor getMotor(MotorVendorID vendorID) {
    Motor motor = null;
    switch (vendorID) { // 주어진 vendorID에 따라 LGMotor 또는 HyundaiMotor 객체를 생성함
      case LG:
        motor = new LGMotor();
        break;
      case HYUNDAI:
        motor = new HyundaiMotor();
        break;
    }
    return motor;
  }
}
```

문제 1-6.

```
public class Client {
  public static void main(String[] args) {
    Motor lgMotor = MotorFactory.getMotor(MotorVendorID.LG);
    ElevatorController controller1 = new ElevatorController(1, lgMotor);
    controller1.gotoFloor(5);
    controller1.gotoFloor(3);

    Motor hyundaiMotor = MotorFactory.getMotor(MotorVendorID.HYUNDAI);
    ElevatorController controller2 = new ElevatorController(2, hyundaiMotor);
    controller2.gotoFloor(4);
    controller2.gotoFloor(6);
  }
}
```

문제 2-1.

가속 기능, 즉 speedUp 메서드는 NormalState 클래스에서는 제약이 없다. 그러나 LimpState 클래스에서는 지정된 LIMP_MODE_MAX_SPEED 이상으로는 가속되지 않는다.

감속 기능, 즉 speedDown 메서드는 NormalState 클래스와 LimpState 클래스에서 동일하게 동작한다.

문제 2-2.

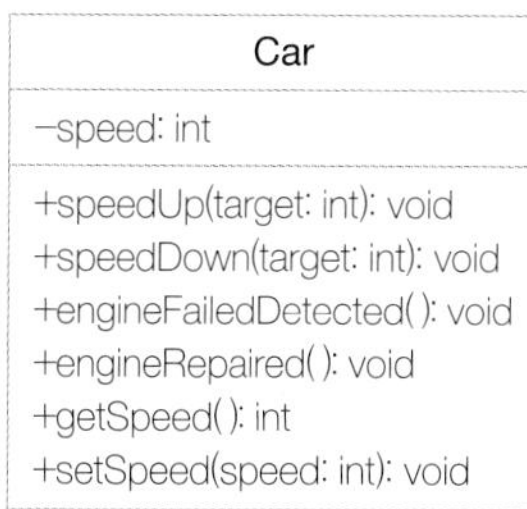

Car
-speed: int
+speedUp(target: int): void
+speedDown(target: int): void
+engineFailedDetected( ): void
+engineRepaired( ): void
+getSpeed( ): int
+setSpeed(speed: int): void

문제 2-3.

상태 패턴 구성 요소	해당 클래스
Context	Car
State	CarState
ConcreteState	NormalState LimpState

문제 2-4.

```
Speed: 0 ==> 150
Speed: 150 ==> 130
Speed: 130 ==> 60
Speed: 60 ==> 60
Speed: 60 ==> 30
Speed: 30 ==> 50
Speed: 50 ==> 50
Speed: 50 ==> 100
```

문제 2-5.

Car 클래스의 생성자는 NormalState 객체와 LimpState 객체를 생성한다. NormalState와 LimpState는 모두 CarState 클래스의 하위 클래스이므로 이들 하위 클래스의 객체를 생성하는 별도의 팩토리 클래스/메서드를 설계할 수 있다.

문제 2-6.

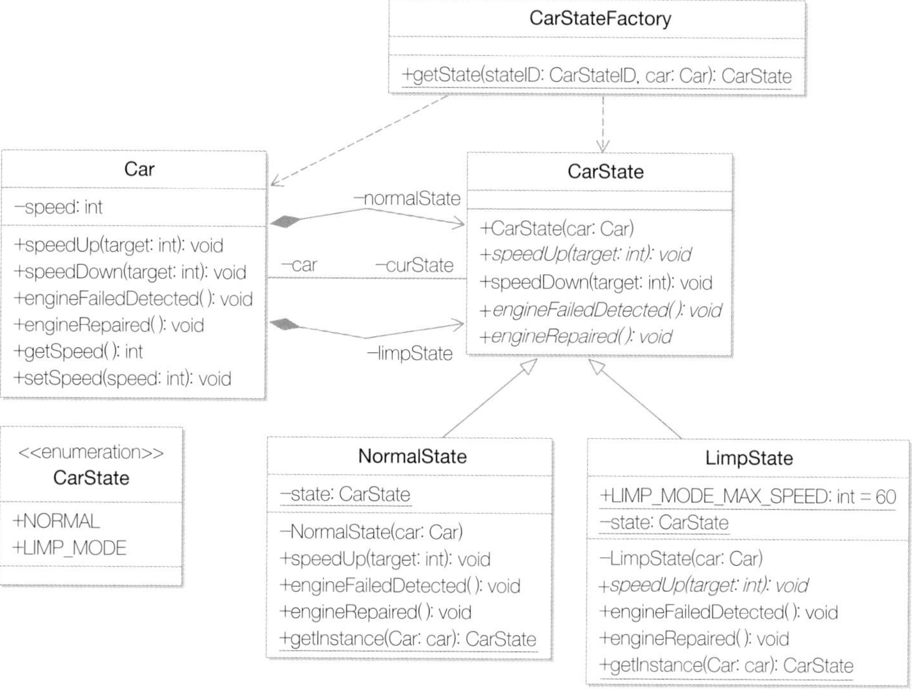

문제 2-7.

```
public enum CarStateID { NORMAL, LIMP_MODE }

public class CarStateFactory { // CarState 객체 생성을 위한 팩토리 클래스
  public static CarState getState(CarStateID stateID, Car car) {
    CarState state = null;
    switch (stateID) {
      case NORMAL:
        state = NormalState.getInstance(car); // NormalState 객체 생성
        break;
      case LIMP_MODE:
        state = LimpState.getInstance(car); // LimpState 객체 생성
        break;
    }
    return state;
  }
}
```

```
public class NormalState extends CarState {
  private static CarState state; // 싱글턴 패턴 적용

  private NormalState(Car car) { // 싱글턴 패턴 적용
    super(car);
  }

  public void speedUp(int targetSpeed) {
    System.out.print("Speed: " + car.getSpeed());
    if (targetSpeed > car.getSpeed())
      car.setSpeed(targetSpeed);

    System.out.println(" ==> " + car.getSpeed());
  }

  public void engineFailedDetected() {
    System.out.print("Speed: " + car.getSpeed());
    car.setSpeed(LimpState.LIMP_MODE_MAX_SPEED);

    System.out.println(" ==> " + car.getSpeed());
    car.setState(car.getLimpMode());
  }

  public static CarState getInstance(Car car) { // 싱글턴 패턴 적용
    if (state == null)
      state = new NormalState(car);

    return state;
  }

  public void engineRepaired() {
    System.out.println("Unexpected Event");
  }
}

public class LimpState extends CarState {
  public static final int LIMP_MODE_MAX_SPEED = 60;
  private static CarState state; // 싱글턴 패턴 적용

  private LimpState(Car car) { // 싱글턴 패턴 적용
    super(car);
  }

  public void speedUp(int targetSpeed) {
```

```
    System.out.print("Speed: " + car.getSpeed());
    if (targetSpeed > car.getSpeed() && targetSpeed < LIMP_MODE_MAX_SPEED)
      car.setSpeed(targetSpeed);

    System.out.println(" ==> " + car.getSpeed());
  }

  public void engineFailedDetected() {
    // 이미 림프 모드로 동작 중임
  }
  public static CarState getInstance(Car car) { // 싱글턴 패턴 적용
    if (state == null)
      state = new LimpState(car);

    return state;
  }

  public void engineRepaired() {
    car.setState(car.getNormalMode());
  }
}
```

CHAPTER 13

문제 1-1.

```
Draw map SmallMap on SD screen
Find current location with Cheap GPS
Find current location with Cheap GPS
Slow Path Finder
```

문제 1-2.

클래스 다이어그램

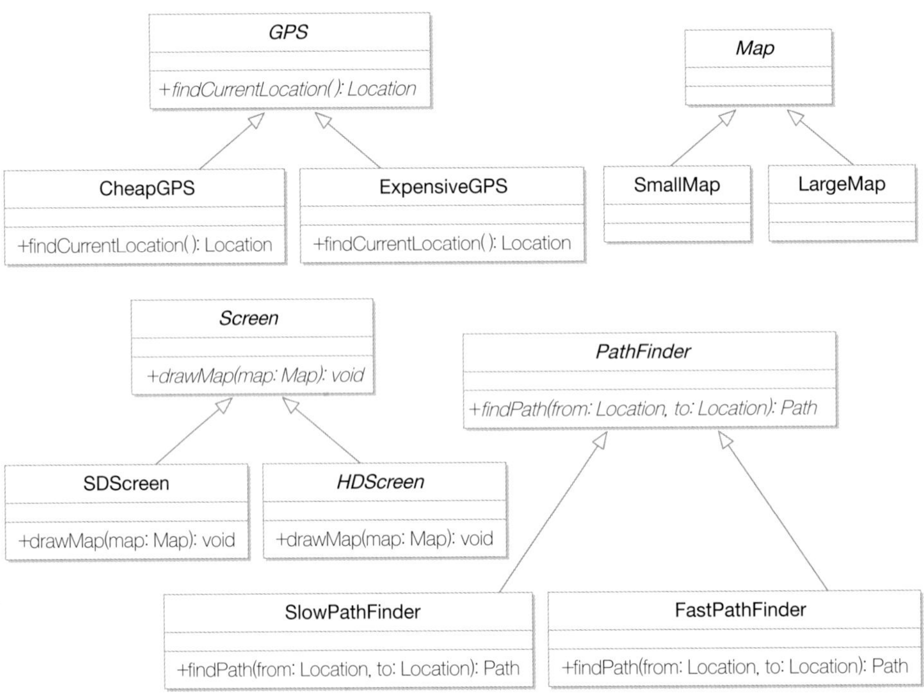

클래스 설명

클래스 이름	클래스 설명
GPS	GPS 장치에 대한 추상 클래스
CheapGPS	GPS의 하위 클래스로서 저렴한 GPS를 표현함
ExpensiveGPS	GPS의 하위 클래스로서 비싼 GPS를 표현함
Map	지도에 대한 추상 클래스
SmallMap	Map 클래스의 하위 클래스로서 작은 크기의 지도를 표현함
LargeMap	Map 클래스의 하위 클래스로서 큰 크기의 지도를 표현함
Screen	화면에 대한 추상 클래스
SDScreen	Screen 클래스의 하위 클래스로서 일반 해상도를 표현함
HDScreen	Screen 클래스의 하위 클래스로서 고해상도를 표현함
PathFinder	주어진 2개의 위치(Location)를 바탕으로 경로를 찾는 추상 클래스
SlowPathFinder	PathFinder 클래스의 하위 클래스로서 속도가 느린 알고리즘을 적용함
FastPathFinder	PathFinder 클래스의 하위 클래스로서 속도가 빠른 알고리즘을 적용함

문제 1-3.

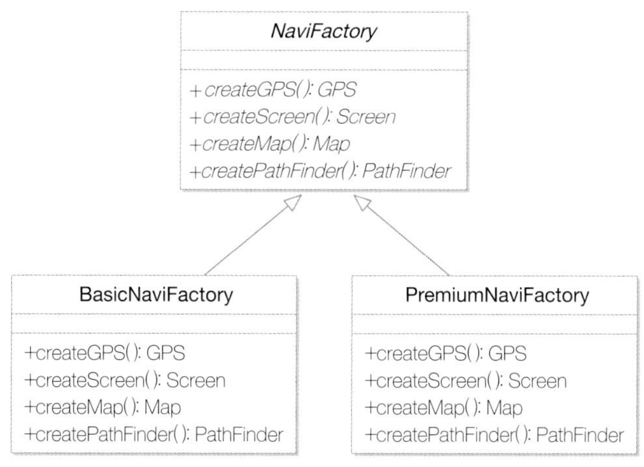

문제 1-4.

추상 팩토리 패턴 구성 요소	해당 클래스
AbstractFactory	NaviFactory
AbstractProduct	GPS
	Screen
	Map
	PathFinder
ConcreteFactory	BasicNaviFactory
	PremiumNaviFactory
ConcreteProduct	CheapGPS, SmallMap, SDScreen, SlowPathFinder, ExpensiveGPS, LargeMap, HDScreen, FastPathFinder

문제 1-5.

```
public abstract class NaviFactory { // 추상 팩토리 클래스
  public abstract GPS createGPS();
  public abstract Screen createScreen();
  public abstract PathFinder createPathFinder();
  public abstract Map createMap();
}

public class BasicNaviFactory extends NaviFactory { // 기본 모델 팩토리 클래스
  public GPS createGPS() {
    return new CheapGPS();
  }

  public Screen createScreen() {
    return new SDScreen();
  }

  public PathFinder createPathFinder() {
    return new SlowPathFinder();
  }

  public Map createMap() {
    return new SmallMap();
  }
}
```

```
public class PremiumNaviFactory extends NaviFactory { // 고급 모델 팩토리 클래스
  public GPS createGPS() {
    return new ExpensiveGPS();
  }

  public Screen createScreen() {
    return new HDScreen();
  }

  public PathFinder createPathFinder() {
    return new FastPathFinder();
  }

  public Map createMap() {
    return new LargeMap();
  }
}
```

문제 1-6.

```
public class Client {
  public static void main(String[] args) {
    NaviFactory factory = new BasicNaviFactory();

    GPS gps = factory.createGPS();
    Screen mapScreen = factory.createScreen();
    PathFinder pathFinder = factory.createPathFinder();

    Map map = factory.createMap();
    mapScreen.drawMap(map);

    Location l1 = gps.findCurrentLocation();
    Location l2 = gps.findCurrentLocation();

    pathFinder.findPath(l1, l2);
  }
}
```

문제 1-7

정답 코드

```
public class Client {
  public static void main(String[] args) {
    NaviFactory factory = new PremiumNaviFactory(); // 이 한 줄만 수정하면 됨

    GPS gps = factory.createGPS();
    Screen mapScreen = factory.createScreen();
    PathFinder pathFinder = factory.createPathFinder();

    Map map = factory.createMap();
    mapScreen.drawMap(map);

    Location l1 = gps.findCurrentLocation();
    Location l2 = gps.findCurrentLocation();

    pathFinder.findPath(l1, l2);
  }
}
```

실행 결과

```
Draw map LargeMap on HD screen
Find current location with Expensive GPS
Find current location with Expensive GPS
Fast Path Finder
```

문제 2-1.

```
public class NaviTestFactory extends NaviFactory { // 스텁을 생성하는 팩토리 클래스
  public GPS createGPS() {
    return new GPSSimulator();
  }

  public Screen createMapScreen() {
```

```
      return new TestScreen();
    }

    public PathFinder createPathFinder() {
      return new TestPathFinder();
    }

    public Map createMap() {
      return new TestMap();
    }
  }
```

문제 2-2.

```
public class Client {
  public static void main(String[] args) {
    NaviFactory basicNavifactory = new BasicNaviFactory();
    NaviFactory testFactory = new NaviTestFactory();

    GPS gps = testFactory.createGPS();
    Screen mapScreen = testFactory.createMapScreen();
    PathFinder pathFinder = basicNavifactory.createPathFinder();

    Map map = testFactory.createMap();
    mapScreen.drawMap(map);

    Location l1 = gps.findCurrentLocation();
    Location l2 = gps.findCurrentLocation();

    pathFinder.findPath(l1, l2);
  }
}
```

CHAPTER 14

문제 1.

```
[Directory] root, Size: 1000
[File] f1, Size: 100
[Directory] Dir1, Size: 500
[File] f2, Size: 200
[File] f3, Size: 300
[File] f4, Size: 400
```

문제 2.

클래스 이름	클래스 설명
File	파일 이름과 크기가 주어진다. print 메서드는 이름과 크기를 출력한다.
Directory	디렉터리 이름과 복수 개의 객체를 갖는다. 객체는 파일이나 디렉터리인 것으로 가정한다. 디렉터리의 크기는 하위 파일의 크기와 디렉터리 크기의 합으로 계산한다.

문제 3.

이는 Directory 클래스가 File 객체뿐만 아니라 Directory 객체를 가질 수 있기 때문이다. 만약 File 클래스의 ArrayList 객체로 생성하면 File 객체만 갖게 되고 Directory 클래스의 ArrayList 객체로 생성하면 Directory 객체만 갖게 된다. 그러므로 File과 Directory 객체를 모두 가질 수 있도록 File과 Directory 클래스의 묵시적인 상위 클래스인 Object 클래스의 ArrayList 객체로 정의했다.

문제 4.

의미적으로 Directory 클래스에는 File 객체와 Directory 객체만이 addEntry 메서드의 매개변수로 사용되어야 한다. 그러나 addEntry 메서드의 매개변수와 ArrayList 객체의 타입이 Object 클래스이므로 File과 Directory 객체 이외에 다른 임의의 클래스도 Directory 객체에 addEntry 메서드를 호출할 수 있다. 이는 Directory 클래스의 개념과는 일치하지 않는다.

그뿐만 아니라 Directory 클래스의 getSize 메서드와 print 메서드에서 볼 수 있듯이 File이나 Directory 클래스로의 형변환이 이루어져야 한다. 이렇게 File이나 Directory로 형변환을 하는 방식으로 클래스를 구현하면 getSize나 print 메서드는 OCP를 위반하게 된다. 즉, File이나 Directory 이외의 다른 클래스가 Directory 클래스에 속하는 경우 getSize나 print 메서드에서 형변환이 이루어져야 한다.

문제 5.

컴퍼지트 패턴은 Directory 클래스의 하위 클래스로, File뿐만 아니라 Directory 클래스가 있는 것처럼 계층을 구성하는 경우에 유용하다. 그리고 Directory 클래스는 자신이 갖는 원소가 File 객체인지 Directory 객체인지 구분하지 않고 원소의 기능을 호출할 수 있다.

문제 6.

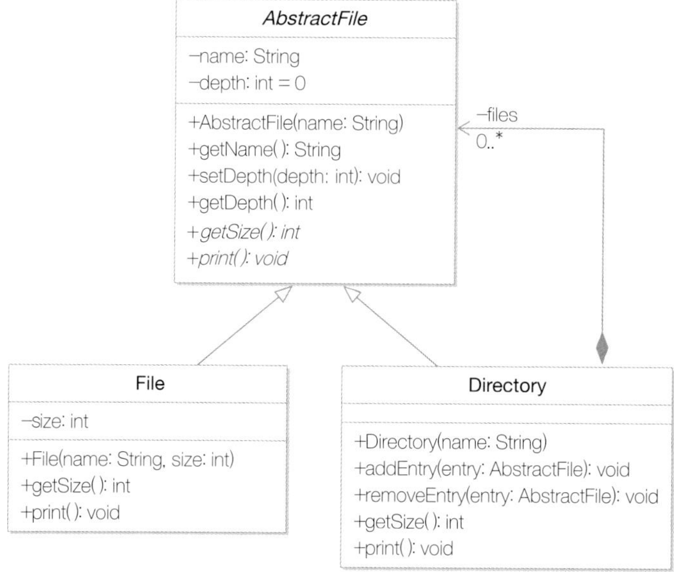

문제 7.

추상 팩토리 패턴 구성 요소	해당 클래스
Component	AbstractFile
Leaf	File
Composite	Directory

문제 8.

```
public abstract class AbstractFile { // 파일과 디렉터리의 공통 기능
  private String name;
  private int depth = 0;

  public AbstractFile(String name) {
    this.name = name;
  }

  public String getName() {
    return name;
  }

  public void setDepth(int depth) {
    this.depth = depth;
  }

  public int getDepth() {
    return depth;
  }

  public abstract int getSize();
  public abstract void print();
}

public class File extends AbstractFile { // 구체적인 파일에 대한 클래스
  private int size;

  public File(String name, int size) {
    super(name);
    this.size = size;
  }

  public int getSize() {
    return size;
```

```
  }

  public void print() {
    for (int i = 0; i < getDepth(); i++)
      System.out.print("\t");

    System.out.println("[File] " + getName() + ", Size: " + size);
  }
}

public class Directory extends AbstractFile { // 디렉터리에 대한 클래스
  private List<AbstractFile> files = new ArrayList<AbstractFile>();

  public Directory(String name) {
    super(name);
  }

  public void addEntry(AbstractFile entry) {
    entry.setDepth(getDepth() + 1);
    files.add(entry);
  }

  public void removeEntry(AbstractFile entry) {
    files.remove(entry);
  }

  public int getSize() {
    int totalSize = 0;
    for (AbstractFile entry:files) // 전체 크기는 포함된 파일/디렉터리의 크기를 합산함
      totalSize += entry.getSize();

    return totalSize;
  }

  public void print() {
    for (int i = 0; i < getDepth(); i++)
      System.out.print("\t");

    System.out.println("[Directory] " + getName() + ", Size: " + getSize());

    for (AbstractFile entry:files) // 포함된 각 파일/디렉터리를 출력함
      entry.print();
  }
}
```

INDEX